日本語文法ハンドブック

言語理論と言語獲得の観点から

日本語文法ハンドブック

言語理論と言語獲得の観点から

村杉恵子
斎藤　衛
宮本陽一
瀧田健介
［編］

開拓社

は じ め に

斎藤　衛・村杉　恵子
南山大学

1. 本書について

　本書は，国立国語研究所領域指定型プロジェクト「言語の普遍性及び多様性を司る生得的制約：日本語獲得に基づく実証的研究」（リーダー：村杉恵子，2010〜2014）の研究者 10 名が，プロジェクトの成果を取り入れつつ，書き下ろしたものである．日本語の文法及び獲得に関する主要な研究テーマを扱った 13 章から成り，学部 3・4 年生，大学院生を読者として想定している．

　まず，本書の構成を簡単に紹介しておこう．第 1 章から第 3 章のテーマは，文構造である．第 1 章「複文の構造と埋め込み補文の分類」（藤井友比呂）は，文の統語構造を調べる手続きを説明した上で，時制の有無等を手掛かりとして，日本語の埋め込み文を英語と比較しつつ分類する．第 2 章「日本語における補文の分布と解釈」（斎藤衛）は，補文標識に焦点をあて，日本語における各種補文の分析を提示して，意味解釈理論に対する帰結を探る．第 3 章「文構造の獲得」（村杉恵子）は，日本語獲得の実証的データに基づき，日本語を母語とする幼児が文構造を獲得する諸段階を明らかにし，文法獲得過程の普遍性について考察する．

　第 4 章から第 6 章では，述部・項構造と文法格をとりあげる．第 4 章「文の構造と格関係」（岸本秀樹）は，述部の項構造と文の統語構造との関係，そして文法格（格助詞）の分布について論じ，日本語が提示する理論的問題を明らかにする．第 5 章「名詞修飾節における格の交替現象」（越智正男）は，先行研究を概観しつつ属格主語の分布と解釈を検討し，新たな分析の可能性を追求する．第 6 章「動詞と格の獲得」（村杉恵子）は，自他動詞の獲得過程，文構造と文法格獲得の関連等を論じ，言語獲得研究の統語分析に対する帰結を指摘する．

　第 7 章から第 9 章は，項削除や名詞句内の削除を扱った省略現象に関する論考である．第 7 章「項省略」（高橋大厚）は，音声を伴わない空項の存在を

論証した上で，日本語における主語，目的語等の項削除現象を分析し，日本語文法がなぜこのような省略を許容するのかを問う．第 8 章「名詞句内の省略」（宮本陽一）は，N' 削除と呼ばれる日本語の名詞句内省略現象をとりあげ，中国語との比較や日本語方言の検討を通して，分析の精緻化を試みる．第 9 章「省略の獲得」（杉崎鉱司）は，日本語を母語とする幼児が，項削除という複雑な現象に関する知識を極めて早期に獲得していることを示す実証的研究を報告する．

第 10 章から第 13 章は，スクランブリングを中心とした移動現象分析の成果を示す．第 10 章「2 種類のスクランブリング」（高野祐二）は，制御の移動理論を採用し，長らく問題とされてきた長距離 A スクランブリングが実は存在しないことを提案する．第 11 章「移動と語順の制約」（瀧田健介）は，日本語における語順に対する制約が，従来考えられてきたようにスクランブリングの特異性によるものではなく，線状化の帰結として分析しうることを示す．第 12 章「否定辞と数量詞の作用域：柴田義行氏の研究」（斎藤衛・瀧田健介）は，複雑なパターンを示す日本語の否定と数量詞の作用域関係が，意味解釈理論とスクランブリングの義務的適用を誘発する日本語動詞の形態的特徴から導かれるとする柴田義行氏の分析を紹介する．第 13 章「スクランブリングの獲得」（杉崎鉱司・村杉恵子）は，日本語を母語とする幼児のスクランブリングの早期獲得を示唆する先行研究を概観し，発展させる．

それぞれの章が独立した内容を提示しており，どの章からお読みいただいても不都合は生じない．また，いずれの章も，学部 3・4 年生を対象とした第 1 部と，より発展的な第 2 部からなる 2 部構成となっている．本書をテキストとして使用される場合には，受講生に合わせてとりあげる部分をご考慮いただけたら幸いである．

本書は，日本語の文法現象あるいは幼児による日本語文法の獲得過程をとりあげて，分析の方向性を示すものであるが，「分析」は，「有効な日本語教育のため」，「人間の言語知識を解明するため」といったように，目的によりその形が異なってくる．本書の著者が，人間の言語知識に関する科学的理論を構築し，発展させることをめざす生成文法の研究者であることに鑑みて，本論に入る前に，次節では簡単に生成文法について紹介することとする．

2. 生成文法における分析

どの言語を母語としようとも，私たちは，膨大な知識に基づいて，複雑な表現を無意識に操り，聞いたこともない文を苦も無く理解する．これは，外国語

習得の困難さと考え合わせるとき，それ自体驚くべき事実である．母語話者が有する言語知識とは，どのようなものであろうか．また，母語話者は，その知識をどのように獲得するのだろうか．

2.1. 普遍文法——原理とパラメータの理論

人は，通常，母語の文法を生後 4〜5 歳で獲得する．他の能力において未熟な幼児が，短期間に，そして一様に複雑な言語知識を獲得することは注目に値する．さらに，幼児は，経験のみによっては，文法を身につけるために必要な情報を得ることができない．これは刺激の貧困と称される問題である．

幼児が接する発話は，質的にも量的にも限られたものであり，断片的なものも多い．また，文法知識には，経験を通して得られるとは考えにくい事項が多く含まれる．以下の例を考えてみよう．

(1) a. 太郎がロンドンに出張する．
    b. 花子が太郎にロンドンに出張させる．
    c. 花子が太郎をロンドンに出張させる．
(2) a. 花子が太郎に声をかける．
    b. 先生が花子に太郎に声をかけさせる．
    c. *先生が花子を太郎に声をかけさせる．

(1b) および (1c) は，(1a) を含む使役文であり，花子が「太郎がロンドンに出張すること」をさせるという意味である．使役文では，「出張する」の主語である「太郎」は，(1b) のように与格，あるいは (1c) のように対格を伴って表れる．しかし，(2a) を同様に使役文にした場合，「かける」の主語「花子」が与格を伴う (2b) は文法的に適格であるが，対格を伴う (2c) は非文法的になる．(2c) は対格の名詞句が 2 つ含まれており，Harada (1973) 等で議論されている二重対格現象の例である．

母語話者であれば，皆，(2c) の非文法性を認識する知識を一様に有している．しかし，この知識が直接的な経験を通して与えられたとは考えにくい．もちろん，実際の発話には，文法的に不適格な文が多く含まれることから，幼児が (2c) のような文を聞く可能性は排除できない．しかし，そのような経験は，この種の文の非文法性を知る根拠とはならない．また，すべての幼児が，二重対格文の文法的な誤りについて，具体的に周囲から指摘され，「直接的な否定情報」を得るとも考えにくい．

さらに，幼児の言語獲得過程においては，直接的な否定情報が役割を果たさないことはよく知られている．それを端的に示す例の 1 つとして，鈴木 (1987)

に報告されている以下の会話をみてみよう．

(3) 子ども： パパ，フウセン，フクランデ！ （パパ，風船を膨らませて！）
    父： 「膨らんで」じゃないでしょ！「膨らまして」でしょ！
    子ども： フクラマセテ （膨らませて！）
        （父が風船を膨らませて，子どもに手渡す．間もなくして，子どもが別の風船を持ってきて）
    子ども： フクランデ！ （膨らませて！）

ここで親が子どもに与えているのは，子どもの発した文が非文法的であるという情報と，文法的に適格な表現である．親が当該の文が不適格であるというメタ言語的なコメントを与えても，それは直ぐには子どもの文法知識に反映されない．たとえ，子どもが直後に親の発話を繰り返すことがあっても，それはその場限りのことに過ぎない．子どもはこのような否定情報に基づくのではなく，周囲の（往々にして断片的な）発話からヒントを得て，自らの文法を形成し，その文法に従うのである．

では，私たちは，(2c)を非文法的であると判断する知識をどのようにして得たのだろうか．人間の膨大な文法知識の大半が同様の問題を提示することから，生成文法理論では，言語知識の中核的な部分は，人間という種に生得的に与えられているものであると考えられている．

この仮説については，文法知識の獲得のみならず，言語間の文法比較からも根拠が得られる．以下の日英語の類似点に注目しよう．

(4) a. Mary scolded John. （主語-述部）
    b. Mary departed from Tokyo Station. （前置詞-目的語）
    c. John said that Mary is angry. （補文標識-埋め込み文）
(5) a. 花子が 太郎を 叱った． （主語-述部）
    b. 花子が 東京駅 から 発った． （目的語-後置詞）
    c. 太郎が 花子が 怒っている と 言った． （埋め込み文-補文標識）

日本語や英語に限らず，どの言語においても，文は，主語と述部によって構成される．また，前置詞／後置詞と目的語から成る前置詞句／後置詞句があり，文の埋め込みは，埋め込まれる文と補文標識によって行われる．ここで注目すべきは，言語がこのような性質を有する論理的必然性はないということである．(6)は，人工的に作られた算数の言語の文であるが，主語と述部によって構成されているわけではない．

(6)　(4 × 6) = (19 + 5)

　(4) と (5) の類似性は，人間が同じ「型」をもつ言語を獲得するように，先天的に決定されていることを示唆する．この共通の型を説明する法則が，人間言語の文法原理である．

　私たちの文法知識は，さらに興味深い問題を提示する．もし，人間が生まれながらにして，すべての文法知識を有しているとすれば，世界の言語の文法は同一でなければならない．しかし，言語間の相違は，語彙のみに留まらず，文法においても見られる．

　(4) と (5) の例に戻って考えてみよう．(4a) および (5a) の述部は動詞句であり，動詞を中心に構成される．この最も重要な動詞が，英語では述部の先頭に，そして日本語では述部の最後に位置する．前置詞句／後置詞句は，前置詞／後置詞が目的語をとって成立するが，英語では句の先頭に前置詞が，そして日本語では句の最後に後置詞が表れる．埋め込み文では，補文標識が文の種類を決定する．「と」を補文標識 (Complementizer) とする (7a) の埋め込み文は平叙文，「か」を伴う (7b) の埋め込み文は疑問文として解釈される．

(7)　a.　太郎が 花子が そこに いる と 報告した．
　　　b.　太郎が 花子が そこに いる か 尋ねた．

この重要な補文標識が，英語では埋め込み文の先頭に，日本語では埋め込み文の最後に表れる．したがって，言語には，最も重要な要素を句の先頭に置くか，最後に置くか，という選択肢があり，英語は前者，日本語は後者を選択するようである．このような選択肢をパラメータと呼ぶ．

　この仮説に従えば，人間の生得的言語知識は，言語の型を決定する原理群と選択項目を含む各種のパラメータによって構成される．幼児は，語彙の習得に加え，パラメータの値を設定することにより，母語の文法を形成していく．言語学の課題は，この原理群とパラメータを解明し，幼児の言語獲得に説明を与えることにある．（原理とパラメータのアプローチについては，例えば，Chomsky (1981, 1995) を参照されたい．）統語論では，各言語の文法分析と比較を通してこのプロジェクトを遂行し，言語獲得論では，幼児の母語獲得過程を考察，分析することにより，言語理論を発展させることをめざしているのである．

2.2.　言語獲得研究

　言語知識が生得的であるとしても，それが時間を経て，こころ（脳）の中で

発達し発現する可能性は否定されず，必ずしも誕生の時点ですべての言語知識が大人と同様に幼児に備わっているとは限らない．一方で，上述したように言語知識は経験に依って学習されえないものであることから，幼児は試行錯誤を経ることなく，このような知識を獲得すると予測される．この点について，Sugisaki (2012) のとりあげる対比を例にとりながら考えてみよう．

(8) a. なぜ かえるさんが帰ってきたと お母さんは思いましたか？
 b. なぜ ごはんを食べる前に かえるさんはお風呂に入りましたか？

(8a) は多義的であり，かえるが帰ってきた理由を問う文としても，お母さんが思った理由を問う文としても解釈できる．前者の場合には，「なぜ」が補文に属する (9a) の構造，後者の場合には，「なぜ」を主文の要素とする (9b) の構造が想定される．

(9) a. [なぜ かえるさんが帰ってきたと] お母さんは思いましたか？
 b. なぜ [かえるさんが帰ってきたと] お母さんは思いましたか？

他方，Huang (1982) や Lasnik and Saito (1984) が詳細に論じているように，(8b) のような例においては多義性は認められない．この例は，お風呂に入った理由を問う文として解釈できるが，ごはんを食べる理由を問う文としては解釈できない．このことは，「なぜ」を主文に置く (10b) の構造が文法的に許容されるのに対して，「なぜ」が修飾節に含まれる (10a) が許容されないことを示している．

(10) a. *[なぜ ごはんを食べる] 前に かえるさんはお風呂に入りましたか？
 b. なぜ [ごはんを食べる] 前に かえるさんはお風呂に入りましたか？

日本語話者は一様に，文法知識に基づいて，(10a) が (8b) の構造として不適格であると判断するが，この知識が経験を通して学習されているとは考えにくい．Sugisaki (2012) は，3歳から6歳の幼児37名を対象とした実験研究に基づいて，日本語を母語とする幼児が，試行錯誤を経ることなく，観察しうる極めて早期の段階から (8a) と (8b) の対比を理解していることを示し，この対比が生得的文法知識を反映したものであると主張する．

一方で，言語獲得過程の幼児が，大人とは部分的に異なる文法知識を有することを示す事実もまた，少なからず存在する．(3) では，幼児が「膨らませる」という他動詞に代えて「膨らむ」という自動詞を使用する例を紹介したが，

Murasugi and Hashimoto (2004) は，このような他動詞と自動詞の「混同」が幼児の発話に頻繁に観察されることを指摘し，その要因を探っている．対応する自他動詞は，英語では (11) に例示するように同形であることが多いのに対して，日本語では (12) に見るように形態的に区別される．

(11) a. The door opened.
b. Mary opened the door.
(12) a. ドアが開いた．
b. 花子がドアを開けた．

Murasugi and Hashimoto (2004) の分析を簡略化して述べれば，日本語を母語とする幼児は，当初，日本語においても英語の場合と同様に，自他動詞が同形であると仮定すると考えられる．

　幼児は，生得的言語知識を有し，それに基づいて，周囲の発話から得られる情報を解釈して，個別言語の文法を脳内に形成していく．この文法獲得プロセスの中心をなすものが，パラメータの値の設定と語彙の獲得である．文法獲得の中間段階で観察される「誤り」を考察することにより，生得的言語知識に基づく個別言語の文法獲得過程について，重要かつ直接的なヒントを得ることができる．

3. 科学としての言語学

　生成文法は，言語学を科学として追求する歴史的な流れの中に位置付けられ，人間の言語知識を対象として研究を進めている．科学は，事実の記述に留まることなく，観察される事実の根源，つまり「それはなぜか」を問うことによって発展してきたのである．60 年に及ぶ生成文法の歴史も例外ではない．(4) と (5) に示した例は，日本語や英語の構造を考える際に重要なデータとなり，このようなデータに基づいて，人間言語の構造が一定の「型」を持つことが判明する．Chomsky (1970) 以降，この「型」に関する研究が進められ，1980 年代に結実するが，言語構造の分析はここで終了するわけではない．研究の結実が，人間言語はなぜこのような「型」を有するのかという新たな問いを提示し，Chomsky (1994) を契機として，人間言語の本質に迫るより深い研究が展開されていくことになる．

　日本語を特徴づける個別現象の分析についても，また然りである．本書の各章は，それぞれ日本語文法あるいはその獲得に関する興味深い事実を紹介し，分析を提示している．それぞれの章で掲げられる最初の問いは，日本語におい

て，なぜそのような事実が観察されるのかというものである．そこで展開される分析の主旨が，日本語にはある基本的な性質があり，この基本的な性質から当該の事実が説明されるというものであったとしよう．その場合，分析は，事実に説明を与えるだけではなく，日本語の基本的性質を指摘し，日本語になぜそのような基本的な性質があるのかという，より深い問いを提示するものでもある．各章において示される分析を「この事実はこう分析される」といった「正解」として捉えるのではなく，言語研究を深める契機となる新たな「なぜ」を提示するものとしてご理解いただければ，自然科学としての生成文法の醍醐味も感じていただけるのではないかと思う．

　本書の各章は，数回に亘るワークショップでの議論や査読者のコメントに基づいて推敲され，現在の形に至っている．査読を快くお引き受けくださった内堀朝子，岡俊房，奥聡，高橋真彦，福原正雄，牧秀樹，松尾歩，松岡和美，八代和子，山腰京子の各氏，特に，複数の章を担当してくださった多田浩章氏にお礼を申し上げたい．また，開拓社の川田賢氏，編集の補助をしてくださった川村知子氏ならびに南山大学言語学研究センターの活動と国立国語研究所領域指定型プロジェクト「言語の普遍性及び多様性を司る生得的制約：日本語獲得に基づく実証的研究」の活動を支えてくださった皆様に，この場を借りて感謝申し上げる．

　なお，本書に著された研究プロジェクトの一部は，南山大学パッヘ研究奨励金（2015-2016）ならびに科学研究費補助金（基盤研究C：26370515）によって補助を受けている．ここに記して感謝する．

参考文献

Chomsky, Noam (1970) "Remarks on Nominalization," *Readings in English Transformational Grammar*, ed. by Roderick Jacobs and Peter Rosenbaum, 184–221, Blaisdell, Waltham, MA.
Chomsky, Noam (1981) *Lectures on Government and Binding*, Foris, Dordrecht.
Chomsky, Noam (1994) "Bare Phrase Structure," *Government and Binding Theory and the Minimalist Program*, ed. by Gert Webelhuth, 383–439, Blackwell, Oxford.
Chomsky, Noam (1995) *The Minimalist Program*, MIT Press, Cambridge, MA.
Harada, Shin-Ichi (1973) "Counter Equi NP Deletion," *Annual Bulletin* 7, 113–147, The Research Institute of Logopedics and Phoniatrics, University of Tokyo.
Huang, C.-T. James (1982) *Logical Relations in Chinese and the Theory of Grammar*,

Doctoral dissertation, MIT.

Lasnik, Howard and Mamoru Saito (1984) "On the Nature of Proper Government," *Linguistic Inquiry* 15, 235-289.

Murasugi, Keiko and Tomoko Hashimoto (2004) "Three Pieces of Acquisition Evidence for the *v*-VP Frame," *Nanzan Linguistics* 1, 1-19, Center for Linguistics, Nanzan University.

Sugisaki, Koji (2012) "LF Wh-movement and Its Locality Constraints in Child Japanese," *Language Acquisition* 19, 174-181.

鈴木精一（1987）「幼児の文法能力」『子どもの言語心理（2）：幼児のことば』，福沢周亮（編），141-180，大日本図書，東京．

目　次

はじめに
　　……………………………………………斎藤　衛・村杉恵子　v

第 I 部　文の構造

第1章　複文の構造と埋め込み補文の分類
　　………………………………………………藤井友比呂　2

第2章　日本語における補文の分布と解釈
　　……………………………………………………斎藤　衛　38

第3章　文構造の獲得
　　……………………………………………………村杉　恵子　71

第 II 部　格と構造

第4章　文の構造と格関係
　　……………………………………………………岸本　秀樹　102

第5章　名詞修飾節における格の交替現象
　　……………………………………………………越智　正男　146

第 6 章　動詞と格の獲得
　　　　　……………………………………………………… 村杉　恵子　189

第 III 部　省　略

第 7 章　項省略
　　　　　……………………………………………………… 高橋　大厚　228

第 8 章　名詞句内の省略
　　　　　……………………………………………………… 宮本　陽一　265

第 9 章　省略の獲得
　　　　　……………………………………………………… 杉崎　鉱司　299

第 IV 部　移　動

第 10 章　2 種類のスクランブリング
　　　　　……………………………………………………… 高野　祐二　332

第 11 章　移動と語順の制約
　　　　　……………………………………………………… 瀧田　健介　366

第 12 章　否定辞と数量詞の作用域：柴田義行氏の研究
　　　　　……………………………………………… 斎藤　衛・瀧田健介　408

第 13 章　スクランブリングの獲得
　　　　　……………………………………………… 杉崎鉱司・村杉恵子　444

おわりに ………………………………………………宮本陽一・瀧田健介　467

索　引 ………………………………………………………………　471

第Ⅰ部
文の構造

第 1 章

複文の構造と埋め込み補文の分類[*]

藤井　友比呂
横浜国立大学

「ヒロシは DeNA が勝ったと言った」のような文は単文と対比され複文と呼ばれる．この文が「ヒロシは」，「DeNA が」，「勝った」，「と」，「言った」といった要素からなっていると仮に考えよう．そのとき「DeNA が」，「勝った」，「と」からなる連鎖は埋め込み文あるいは補文と呼ばれるが，これらの3要素は統語構造上（A）のようにまとまりをなしているのであろうか．それとも，例えば（B）のような他のまとまり方をしているのであろうか．もしくは（C）のように複文には内部構造など存在しないのであろうか．

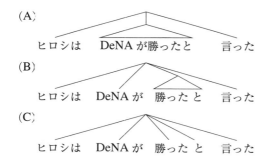

本章では，複文の統語構造を同定するのにどのようなデータが重要で，それらのデータからどのような結論を導くのかを見る．

---

[*] 本章を準備するにあたり大きなお力添えをいただいた編者である村杉恵子，斎藤衛，宮本陽一，瀧田健介各氏に心から感謝申し上げたい．また査読者2氏，平岩健氏，川村知子氏からのコメントも大変有益であった．感謝申し上げたい．誤りはすべて筆者の責任である．

本章の構成

本章第1部では複文の構成素構造（constituent structure）を検討する．まず第1節で構成素構造を論じるための技術的な導入を行い，第2節で通常補文と見なされる語の連鎖が実際に構成素をなしているかを検討する．そこで，補文が構成素をなしているとする結論を支える根拠を見たのち，第3節において補文の内部構造を検討する．第3節では「文（S）」とラベル付けされる語の連鎖と補文標識（Complementizer）が組み合わさり補文標識句（Complementizer Phrase（CP））を形成するという標準的な見方に賛成すべき根拠を挙げる．第4節は，言語理論一般に対する本考察の意味合いを議論し，第1部を終える．第2部は補文分類を巡るいくつかの話題を取り上げる．第1節で，命題，疑問と言った節タイプ（clause type）の分類，叙実性（factivity）の有無による分類を扱う．そして第2節で英語等に見られる定性（finiteness），すなわち定形節と非定形節の別と深く関係する現象としてコントロールを取り上げ，日本語において対応する領域で何が起こっているかを検討する．

第1部　複文の構成素構造

第1部では日本語の複文，とくに補文を含む複文の構成素構造を見る．[1] まず語（あるいは形態素）の連鎖と構成素構造の関係について，技術的な背景を第1節で導入し，その後複文の構成素構造を同定するのに必要なデータを吟味する．次に，主節レベルの構成素構造に関わる事実を第2節で，埋め込み節内部の構成素構造に関わる事実を第3節で検討し，日本語の複文がCPを有し，そのCPが標準的な書き換え規則 CP → S C で捉えられるような内部構造をもつことを経験的に——つまりデータにもとづいて——支持することを目標にする．

1. 技術的背景

日本語の複文の構造を検討する前に，一般的に語の連鎖の構成素構造がどう確定されるかを確認せねばならない．英語の単文を例にしてその確認をしよう．（本節の議論は Carnie (2010), Larson (2010) に多くを負っている．）

---

[1] 本章を通じて付加詞節（adjunct clause）および補文と付加詞節の間で曖昧である可能性のあるトコロ節や主要部内在関係節には立ち入らない．副詞節としてノ節については三原 (1994)，村杉 (1997)，Hoshi (1996) 等の論考があり，黒田 (1999) に種々の立場がまとめられている．

1.1. 構成素テスト，および「構成素」の定義

　構成素テストは語の連鎖の構成素構造を同定するための道具である．本節では置き換え (replacement)，省略 (ellipsis)，移動 (movement) という3つのテストが，*Mary will chase Bart* という文の構成素構造をどう明らかにするかを紹介する．まずは置き換えテストから始める．

　(1) の対を見てみよう．*do so* を含む (1b) は，(1a) の下線部を *do so* に置き換えてできた文である．

(1) a.　Homer will chase Bart, and Marge will <u>chase Bart</u>, too.
　　b.　Homer will chase Bart, and Marge will do so, too.

do so 置き換えが *chase* と *Bart* という2語を標的にしていると解釈して，テストを (2) のように定式化する．(3) は (2) 中の「構成素をなす」の定義であり，「支配する」の定義もその後に付け加えておく．[2]

(2)　置き換えテスト：　語の連鎖 $w_1\ w_2\ \ldots\ w_n$ が置き換え操作の適用を受けることができるならば，$w_1\ w_2\ \ldots\ w_n$ は構成素をなす．
(3)　構成素：　終端節点 $w_1\ w_2\ \ldots\ w_n$ が構成素をなすのは，$w_1\ w_2\ \ldots\ w_n$ を支配するがそれ以外の終端節点は支配しない節点があるとき，そしてそのときのみである．
cf.　支配：　節点 X が節点 Y を支配するのは ($X \neq Y$)，樹形図において X から木の枝を下方向へのみたどって Y にたどり着くとき，そしてそのときのみである．

　これらの定義群がどう働くか見ていこう．(2) のもとでは，置き換えが可能であるという (1) の事実は連鎖 *chase Bart* が構成素をなすことを示唆するということになる．いったんこの事実が得られると，(3) の構成素の定義により *Marge will chase Bart* に対して (5a) や (5b) ではなく (4) のような構成素構造が付与される．それぞれの樹形図の下に対応する括弧付け標識も示しておく．

---

[2] ここで言う「語」の概念は「採用した枠組みにおいて統語構造の終端節点と見なされる要素」と理解されたい．例えば *chased* を終端節点とみなすのか，*chase* と *-ed* をそれぞれ終端節点とみなすのかは分析次第であるが，(2) や (3) の定義はそれらの分析に中立ということである．

(4)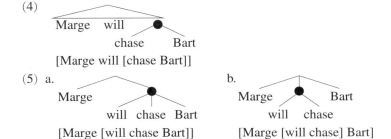
[Marge will [chase Bart]]

(5) a.　　　　　　　　　　　　　b.
　　　　Marge　　　　　　　　　　　　　Marge　　　　　　Bart
　　　　　　will　chase　Bart　　　　　　　will　chase
　　　[Marge [will chase Bart]]　　　　[Marge [will chase] Bart]

　(4) においてのみ，*chase* と *Bart* を支配するがそれ以外の終端節点は支配しない節点 ● が存在することに注意したい．(5a) では ● は *will* も支配しているので *will*, *chase*, *Bart* が構成素をなしていることになる．(5b) は *will* と *chase* が構成素をなすという分析になっていて，これも *chase* と *Bart* からなる連鎖が置き換えの対象になっているという (1) の事実を捉えられない．

　置き換え以外の構成素テストを見る前に (4) の樹形図中の三角形の意味を明確にしておこう．これは *Marge*, *will*, ● (*chase* と *Bart* からなる句) がどのような関係になるかについて限定的なことを言わないという意味である．ここで見たデータからは，最上位の節点から *Marge*, *will*, [*chase Bart*] の 3 節点がぶら下がっているのか，[*Marge will*], [*chase Bart*] の 2 節点がぶら下がっているのか，はたまた *Marge*, [*will chase Bart*] の 2 節点がぶら下がっているのかは結論できないのでこのような表示が便利である．(どの構造が正しいかについては，前掲の Carnie や Larson を参照のこと．)

1.2. 複数のテストの結果が収束するということ

　以上，置き換えを例に構成素テストの働きを確認したが，置き換えが唯一のテストではない．あるテストで得られた結論が他のテストでも再現されればその結論は強まることになるが，どうであろうか．以下では移動と省略を取り上げる．

(6) 移動テスト：　語の連鎖 $w_1 w_2 \ldots w_n$ の連鎖が移動操作の適用を受けることができるならば，$w_1 w_2 \ldots w_n$ は構成素をなす．

(7) Everyone says that Marge will chase Bart, and chase Bart, she will ___ indeed.

(8) 省略テスト：　語の連鎖 $w_1 w_2 \ldots w_n$ の連鎖が省略操作の適用を受けることができるならば，$w_1 w_2 \ldots w_n$ は構成素をなす．

(9) a.　Homer will chase Bart, and Marge will chase Bart, too.

b. Homer will chase Bart, and Marge will ∅, too.

(7) は動詞句前置と呼ばれる過程で，*chase Bart* が文頭へ移動されている．（＿＿は移動元を表している．）(9) は動詞句削除と呼ばれる過程で，*chase Bart* が省略を受けている．（∅は省略が起こっていることを表している．）これらのテストの結果も置き換えテストの結果と同じであることを確認されたい．

1.3. 構成素テストの論理

これまでに3つの構成素テストを導入したが，第2節以降の議論で必要となる構成素テストの論理を少し詳しく見たい．3つのポイントを考える．

第一に，構成素テストは「$w_1 w_2 \ldots w_n$ が○○操作の標的になれば，$w_1 w_2 \ldots w_n$ は構成素をなす」という条件文の形式をとる．例えば，仮に連鎖 x y z のなかの y z の部分が移動操作の標的になることが分かったとき，y z が構成素をなすと結論できる．ではこの構成素テストの結果から，y z ではない連鎖（例えば，x y）は構成素をなさないと結論することはできるだろうか．答えは否である．なぜか．なぜならば連鎖 x y z が構造的に曖昧である可能性があるからである．実例を見てみよう．

(10) a. John and Mary's father
b. [John and Mary]'s father
c. [John] and [Mary's father]

(10a) の表現は (10b) と (10c) の2分析の間で構造的に曖昧である．代名詞置き換えによって (10a) を (11a) のように書き換えられるが，このことは連鎖が (10b) に加え，(10c) をも許すことを排除しない（実際に (11b) という置き換え結果も可能である）．したがって，ある構成素構造があることが示されたからと言って，他の構成素構造が許されないとは限らない．

(11) a. their father
b. John and him

構成素テストの論理に関して重要なことの2つ目は，テストの前件が明らかに満たされていない場合に関わる．Larson (2010) は (12a) を取り上げてこの点を議論している．これは *know Bart* が *do so* に置き換えられないという事実を示すが，その事実から *know Bart* が構成素をなさないという結論を導き出すことはできないと言うのである．なぜそうか．

(12) Homer may know Bart, and Marge may {a. *do so / b. ∅}, too.

まず論理上，(2) の定式化が「語の連鎖は，代用形で置き換えられれば構成素である」という風に p → q の形になっているという点が重要である．p → q は，~p → ~q（「語の連鎖は，代用形で置き換えることができないなら，構成素でない」）と同値ではない．[3] したがって，(12a) の結果を得てもなお *know* と *Bart* が構成素をなしている可能性は消えない．そして実際に，(12b) の事実が示唆するように，*know Bart* が構成素をなす証拠がある．省略操作の対象となるのである．では，置き換えが失敗する (12a) では何が起こっているのか．標準的な説明は，*know Bart* は構成素をなすが，*do so* で状態動詞からなる動詞句を置き換えられないという構成素構造とは独立の条件（Lakoff and Ross (1976)）が満たされていないため，(12a) は非文法的というものである．(12a) が非文法的という事実から *know Bart* が構成素でないという結論は導けないということが了解できるであろう．

最後に構成素テストの前件が満たされているかいないか明らかでない事態について触れる．英語の移動テストのケースを例にとって確認したい．(7) の例を私たちは *chase Bart* が移動した結果であると解釈した．しかしながら，もう 1 つのデータの見方は，(7) は 2 つの移動操作が *chase* と *Bart* それぞれを標的にした結果であるという見方である．もしそうだとすると *chase Bart* がまとまりとして移動の標的になったとは言えないので，(6) の移動テストの定式化が与えられたとしても，(7) を根拠にしてこの 2 語の連鎖が構成素であると言えなくなってしまう．このような可能性は，英語の動詞句の場合は杞憂に過ぎないことが分かる．(13a) が示すように目的語のみの移動は可能であるが，(13b) が示すように動詞のみが移動することはないため，(7) を 2 つの移動操作の結果だと考える積極的な理由はなくなるのである．

(13) a. Bart$_i$, she will chase ___$_i$.
b. Everyone says Marge will chase Bart, and *chase$_i$ she will ___$_i$ Bart indeed.

第 1 節をまとめる．(i) 語のある連鎖が統語操作の標的になる場合それらの連鎖は構成素をなすことが帰結するが，それ以外の構成素構造が存在しないとは結論できない．同一の連鎖が構造的に曖昧である可能性がある．(ii) テストにおいて語のある連鎖が統語操作の標的になれない場合，その連鎖が構成素を

---

[3]「普通運転免許を持っていれば，18 歳以上である」は，その裏「普通免許を持っていなければ，18 歳以上ではない」とは同値ではない．その対偶「18 歳以上でなければ，普通免許を持っていない」とは同値である．

なさないとは導けない．構成素をなしていても操作の他の適用条件が整っていない可能性がある．(iii) テストを適用し容認可能な文が得られた場合でも連鎖の一部を標的にした複数の操作が存在する可能性があるので注意が必要である．

2. 複文の主節レベルにおける構成素構造

構成素テストを導入したので，本節と次節では日本語複文の統語構造を詳しく調べて行く．ここでは，埋め込まれた節にルやタのような時制辞が出現する文に焦点を絞る．「納豆を食べ始める」に見られる複合動詞補文，「納豆を食べに来た」，「納豆を食べて欲しい」などに見られるニ節・テ節補文の構成素構造については取り上げる紙数的余裕がない．複合動詞については膨大な文献があるが Shibatani (1973)，Nakau (1973: Ch. 7.4)，Kitagawa (1986: Ch. 2) に構成素テストの観点から議論がある．複合動詞の研究の発展は Nishiyama (2008) を，ニ節，テ節構文については，それぞれ，Miyagawa (1987)，McCawley and Momoi (1986)，近年の発展としては Takahashi (2012)，Hayashi and Fujii (2015) およびその引用文献を参照されたい．

2.1. 3種類のテストを適用した当初結果

(14) のようなト節を含む例は主文の要素との関係において (15a) のような構造をもつと考えられてきた．すなわち「DeNA が勝ったと」を構成素とみなす分析である．そのような見方は例えば (15b) のような分析とは異なる．(15b) においては「DeNA が」と「勝ったと」がそれぞれ構成素であり，その2つの構成素はより大きい構成素をなさない．(15b) の ○ が「言った」も支配しているからである ((3) の定義を参照)．

(14) ヒロシは DeNA が勝ったと言った．
(15) a. 「DeNA が勝ったと」を構成素とみなす分析の一例

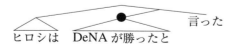

b.「DeNA が勝ったと」を構成素とみなさない分析の一例

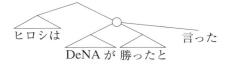

以下では移動，省略，置き換えのテストにもとづき（15a）が支持されることを示す．（以降（15a）の分析を，主語，述語，トの連鎖が節をなすとする分析であることから，ト節説と呼ぶことにする．）[4]

それぞれのテストの当初結果は（16）-（18）の通りである．いずれのケースもト節説を支持しているように見える．（16）はスクランブリングの例，（17）は項省略の例，（18）はソウ置き換えの例である．

(16) DeNA が勝ったと，ヒロシは ＿＿ 言った．
(17) ケンは DeNA が勝ったと言った．
　　a. …ヒロシも <u>DeNA が勝ったと</u> 言った．
　　b. …ヒロシも ∅ 言った．
(18) ケンは DeNA が勝ったと言った．
　　a. …ヒロシも <u>DeNA が勝ったと</u> 言った．
　　b. …ヒロシも そう 言った．

しかしながら，これらのデータのみからト節説が正しいと結論づけることはできない．議論をしやすくするために「DeNA が」，「勝った」，「と」が語，すなわち終端節点であると仮定しよう．（以下の結論はこの仮定に依存しない．「勝った」の語幹 kat と時制形態素 ta をそれぞれ「語」と数えても結論は同じである．注 2 参照．）このうえで（16）-（18）を考えると，連鎖の構成要素（ここでは「DeNA が」，「勝った」，「と」）が各々に操作の標的になり構成素テストの前件が満たされているように見えているだけ，という可能性を排除していく必要がある．

2.2. 統語操作の部分適用の可能性を吟味する

移動の場合から検討していこう．「DeNA が勝ったと」の中の語を個別に前置してできた例が以下の例である．（19a, b）が両方とも文法的であるか，も

---

[4] ただし，動詞とト節が動詞句をなすという（15a）の特徴はここでは議論しない．動詞がなす構成素構造については岸本（本書）を参照．

しくは（19a, c, d）が三者とも文法的であるならば，(16) が複数の部分移動の結果である可能性が浮上する．しかし実際は（19a）以外はすべて完全に容認不可能である．

(19) a.??DeNA が${}_i$ ヒロシは ___${}_i$ 勝った と 言った．主語
　　　b. *勝ったと${}_i$ ヒロシは DeNA が ___${}_i$ 言った．動詞-補文標識
　　　c. *と${}_i$ ヒロシは DeNA が勝った ___${}_i$ 言った．補文標識
　　　d. *勝った${}_i$ ヒロシは DeNA が ___${}_i$ と言った．動詞

これで (16) の移動テストの結果がト節説を支持することが確からしくなった．
省略テストについては，まず (20) のように補文主語「DeNA が」の省略が可能な場合があるので，動詞や補文標識を部分省略することができるかどうかが問題になる．[5]

(20)　ケンは DeNA が${}_i$ 勝ったと言った．ヒロシも ∅${}_i$ 勝ったと言った．

以下に見るように，動詞，補文標識を省略した (21a)，そして（少なくとも標準語では）補文標識を省略した (21c) は容認できない文である．(21b) は少し容認度が上がるように思われ，より詳しい分析を必要とするが，これが仮に文法的であったにせよ，トの単独の省略が (21c) が示す通り不可能なので，(17b) の部分省略分析を信じる積極的な根拠はない．ついでに (22) の主語-動詞の省略のパターンも見ておくと，これも明らかに容認できない例である．

(21)　ケンは中日が勝ったと言った．
　　　a. … *ヒロシは DeNA が ∅ 言った．動詞-補文標識の省略
　　　b. … ??ヒロシは DeNA が ∅ と言った．動詞の省略
　　　c. … *ヒロシは DeNA が勝った ∅ 言った．補文標識の省略
(22)　ケンは DeNA が勝ったと言った．*ヒロシも ∅　と言った．主語-動詞の省略

(21a, c) が明らかに容認不可能であることは部分省略分析にとって不都合であるが，もちろん補助的な仮定を立て部分省略分析の辻褄を合わせることはできる．例えば，ト単体を省略することは主語省略と動詞省略の両方が起きたときのみ許されると仮定すれば，(21) のデータと部分省略分析の矛盾はなくなる．しかし，このように複雑な条件を持つトの省略を仮定する積極的な利点

---

[5] 空主語は空代名詞化による可能性もある．本章では省略との分析上の区別は捨象して考える．高橋（本書）を参照のこと．

が見つからないうちは，独立した根拠のない代案として斥けておいてよいだろう．[6]

最後に置き換えの場合を議論する．(18)（=(23)）が例である．この当初結果をそのままト節説の根拠と考えにくい理由は，ソウが「勝ったと」だけを置き換えている可能性が残っているからである．

(23)　ケンは DeNA が勝ったと言った．
　　　a.　… ヒロシも <u>DeNA が勝ったと</u> 言った．
　　　b.　… ヒロシも そう 言った．

以下の (24) は (23a) の補文主語「DeNA が」を音声的に空にしてできる例である．補文主語の省略が可能となると，(23b) の音声連鎖を，空主語を含む (25) のように分析する可能性が浮かび上がってくるのである．この可能性があるとト節説を (23b) に依拠して支持できなくなる．(25) の分析においては，(23b) の文法性は (15b) の仮説とも両立するからである．

(24)　ケンは DeNA が$_i$ 勝ったと言った．ヒロシも ∅$_i$ 勝ったと 言った．
(25)　ケンは DeNA が$_i$ 勝ったと言った．ヒロシも ∅$_i$ そう 言った．

この「空主語＋部分置き換え」の可能性が実際には存在しないことが，部分置き換えが空主語とは独立して起こるかどうかを確かめた (26) から確認できる．[7]

---

[6] ト節の省略はいわゆる項省略 (argument ellipsis) の一種と考えられることが多い (Shinohara (2006), Saito (2007), Tanaka (2008), 高橋 (本章) 参照)．これには Kasai (2014), Funakoshi (2014) などの異論がある．

[7] 査読者が正しく指摘するように，(23b) が (i) のようないわゆる ECM 構文を基底に持つ可能性も考慮しなくてはならない．(23b) は ECM 構文の対格名詞句が空化し，ソウが「勝ったと」と置き換わってできるという分析である．この分析が成り立つと，(23b) の文法性が (15a) を支持するという議論は弱くなってしまう．

　(i)　ケンは中日が強いと言った．ヒロシは DeNA をそう言った．

しかし，この分析は本当に (23b) の正しい分析となりうるのか．先行詞を置いた以下の (ii) の後半は座りが悪いように思われる．

　(ii)　ケンは中日が勝ったと言った．*?ヒロシは DeNA をそう言った．

これは，ECM 構文が補文述語として出来事を表す述語よりも，総称・習慣の述語を好むという事実 (Yoon (2007) など) に起因すると考えられる．だとすると，(23b) が ECM 構文を基底とするという代案は強力とは言えない．一方で，総称・習慣述語を使った (i) はどう分析されるべきかはこれからの課題として残る．

(26) ケンは中日が勝ったと言った．*ヒロシは DeNA がそう言った．

(26) は非文法的である．これは主語を残して動詞−補文標識（「勝ったと」）の連鎖を置き換えの標的にはできないことを示唆している．部分置き換えの可能性はこれだけではない．(23b) を動詞部分にのみソウ置き換えを適用し，「ヒロシも 空主語 そう−空補文標識 言った」とする分析がある．(27) はその可能性を調べたものである．

(27) ケンは中日が勝ったと言った．
　　a. ??ヒロシは DeNA が そう と言った．
　　b. *ヒロシは DeNA が 勝った ∅ 言った．

(27a, b) がともに文法的であると，部分置き換えの可能性が否定しにくくなる．まず (27a) はこのままではあまり座りがよくないが，議論を進めるために仮に (27a) を文法的だと考えよう．（第 3 節でも議論するが，繋辞のダを挿入して「そうだ」とするとかなり容認度が上がる．）(27b) は容認不可能な文であり，(21) でも議論したように，標準語で補文標識の省略ができるとする積極的な証拠はない．

さらに，ソウが空補文標識を伴っているとする説には経験的な問題もある．補文標識を残留しての文の移動は許されないという一般化がある (Abels (2012))．英語の例をあげておく．

(28) *Mary is a genius, John thinks that ___.

この一般化は第 3 節で詳しく見るように日本語でも有効であるが，その一般化のもとでは，空の補文標識を措定する分析において，以下の (29) はソウが空補文標識とともに前置されていると言わねばならない．

(29) ケンは DeNA が勝ったと言った．そう$_i$ ヒロシも ___$_i$ 言った．

ここで詳しく立ち入る余裕はないが，そのような構造に空補文標識を置くことは，空補文標識を許す言語でも通常許されないと言われている (Stowell (1981), Saito (1986) を参照)．英語の例を (30) にあげる．

(30) *Mary is a genius, John thinks.

これらのことを考慮すると，たとえ述部部分のソウによる置き換えが可能だとしても（(27a) を参照），(23b) を「空主語 そう−空補文標識」という連鎖を含むとする分析を支持する事実は見つからない．

このように,部分移動,部分置き換え,部分省略が起こっていることを支持するデータはないので,(16)-(18) のデータを額面通りに受け取ってよいということになる.これでト節説が経験的に確立できた.

次の節ではこのト節補文の内部構造を議論するが,その前に,日本語にはト節以外にさまざまな補文があることがよく知られているので言及しておく.ヨウニ節,コト節,ノ節などである(Kuno (1973), 原田 (1971), Nakau (1973), Josephs (1976), 柴谷 (1978), Saito (2012), 斎藤(本書).注1も参照).以下はそれぞれの補文標識を用いた例とその代用形を用いた対応形である.[8]

(31) a. ケンは {DeNA が勝つように/そう} 祈った.
  b. ケンは {DeNA が勝つことを/それを} 知っている.
  c. ケンは {DeNA が勝つのを/それを/そう} 願った.

読者におかれては,移動,置き換え,省略について「DeNA が〜ように/ことを/のを」が構成素として振る舞うことを確かめられたい.

3. 埋め込み文の内部統語論

埋め込み節の内部構造に話を移そう.標準的分析を以下に示す.ト,ノ,コト,ヨウニは補文標識(Complementizer (C))と呼ばれ,C が文(S)を補部にとる.それが S' という範疇をなすと考えてもよいし,補文標識句(CP)という句を作ると考えてもよい.この見方を S+Comp 説と呼ぶことにする.

(32)

補文標識を除外した「DeNA が勝つ」が構成素だとする,この S+Comp 説の経験的根拠は何だろうか.

移動テスト,省略テストを行ってみると (32) から期待される結果はすぐに

---

[8] 補文の代用形としてソウを使えるか使えないかについて,主節述語によって変異がある.Nakau (1973) は主節述語が叙実述語の場合はソウが禁じられると論じている(Tanaka (2008) も参照).英語の節の代用形 so に関しても同様のことが当てはまるが,近年の研究の発展については de Cuba and Ürögdi (2010) およびその参考文献を参照.

はでてこない．(33) は「DeNA が勝つ」を前置した例，(34) は後半の文の「DeNA が勝つ」を省略した例である．いずれも明らかに容認不可能な例である．

(33) *DeNA が勝つ$_i$，ヒロシは __$_i$ {a. と言った／b. ように祈った／c. ことを知っている／d. のを願った}．

(34) ケンは DeNA が勝つ {a. と言った／b. ように祈った／c. ことを知っている／d. のを願った}．*ヒロシも ∅ {a. と言った／b. ように祈った／c. ことを知っている／d. のを願った}．

S + Comp 説は（第1節で *know* NP が *do so* 置き換えを拒む例で見たように）これらのデータによって棄却されないにしても，支持もされないということになる．これらのデータから S + Comp 説について何かを結論づけることはできない．

　S + Comp 説を支持しうるのは，上で見た省略現象とは少し違った省略現象からのデータである．まず (35) を見てみよう．

(35) 　A: 袋$_i$ はお使いになりますか．
　　　 B: ∅$_i$ は，要りません．

これは助詞残留（Nasu (2012), Sato (2012) およびその引用文献を参照）と呼ばれる現象である．先行研究に沿ってこれも構成素の省略であると仮定しよう．そのうえで，(36b) のように補文標識トが残留することに注目したい．((36c) は「勝った」が部分省略される可能性はないことを示している．)

(36) 　A: DeNA は勝ったの？
　　　 B: {a. DeNA は勝った／b. ∅／c. *DeNA は∅} と思うよ．

ト以外の補文標識，ヨウニ，ノ，コトにたいして助詞残留の過程がどう適用するかについてはもっと研究が必要であるが，筆者の第一印象ではどれも容認度が低いように思われる．

(37) a. 　A: 　DeNA が勝つように祈ってますか．
　　　　　 B: *∅ように祈ってますよ．
　　 b. 　A: 　DeNA が勝ったのを見ましたか．
　　　　　 B: *∅のは見ませんでした．
　　 c. 　A: 　DeNA が勝ったことを知ってますか．
　　　　　 B: *∅ことは知りません．

ノ, ヨウニ, コトには共通点があり, どちらも先行する述部が連体形 (adnominal form) でなければならない.[9] したがって連体形を要求するこれらの接辞が残留できないというような一般化が思い浮かぶが, 今後の研究を待つ要がある (関連する議論について Hiraiwa (2000) を参照).

話を構成素テストに戻し, 置き換えを考える. これついても補文標識によって振る舞いが異なる. まずヨウニ節とコト節のケースを見よう. (38) に示すように,「その」が「DeNA が勝つ」を置き換えることに成功しているように見える (多田 (2002), 竹沢 (2004)). これは S + Comp 説を支持するテスト結果である.

(38) a. ケンは DeNA が勝つように祈った. ヒロシもそのように祈った.
     b. ケンは DeNA が勝つことを知っている. ヒロシもそのことを知っている.

上で述べたようにヨウニ節, コト節内の述部は連体形でなくてはならない. ここで代用形も「その」という連体の形になっている. そうなるともうひとつの補文標識で連体形を選択するノについても「その」による置き換えが可能であってもよさそうだが, 実際は不可能である.

(39) ヒロシは DeNA が勝つのを願った. ケンも {a. *そのの／b. *その／c. それ} を願った.

(39) の「そのの」が不可能であるのは, (40), (41) で起こっていることと関係がありそうである. いわゆる代名詞のノの分布について, (40b) はいわゆる重音省略 (haplology) で救うことができる (神尾 (1983), Saito and Murasugi (1990), 宮本 (本書), Hiraiwa (2015)). つまり, (40b) からノをひとつ取り除くと (40c) のように文法的になる. 一方, (41b, c) に示すように「そのの」という形式は重音省略で救うことができない. 許される代用形は (41d) に示した「それ」のみである.

(40) マリの論文は分かるが, {a. ヒロシの論文／b. *ヒロシのの／c. ヒロシの} は分からない.
(41) あの論文は分かるが, {a. その論文／b. *そのの／c. *その／d. それ}

---

[9] 関係する例は以下のような例である.

  (i) *ヒロシは DeNA が好調だ {ように／ことを／のを} 願った.
  (ii) ヒロシは DeNA が好調な {ように／ことを／のを} 願った.

は分からない．

(39)-(41) で何が起こっているかについても今後の研究を待たねばならないが，ノ節の構成素構造が原因で (39a, b) の置き換えがうまく行かないと結論づける根拠は今のところ見当たらない．

最後にト節の内部を標的とする置き換えについてデータを見たい．まず，「そうだ」を S の代用形だとする提案が考えられる (Koizumi (1993) も参照)．

(42) a. ケンは DeNA が勝ったと思った．ヒロシもそうだと思った．
b. ケンは DeNA が勝ったと思った．ヒロシも DeNA がそうだと思った．

(42a) からは「DeNA が勝った」が「そうだ」と置き換えられているように見える．しかし，(42b) が文法的だとすると「そうだ」は「勝った」に対する代用形であるとも考えられ，その可能性があるならば (42a) も (43) のような分析を受けうる．

(43) ケンは DeNA$_i$ が [勝った]$_j$ と思った．ヒロシも [$_{CP}$ [$_S$ ∅$_i$ [そうだ]$_j$] と] 思った．

したがって，手に入るデータにもとづくと，「そうだ」による置き換えの現象は S + Comp 説を十分に支持するとは言いがたい．

次に不定代用形 (indeterminate pro-form) による置き換えとここで呼ぶ現象を見る．ここでの主張は，(44A) の「何」が「DeNA が勝った」と対応する代用形であるということであるが，議論は少し込み入っている．複雑さの原因になっているのが (45) に見られる現象である．

(44) A: ヒロシは何と言いましたか．
B: ヒロシは DeNA が勝ったと言いました．
(45) A: (?)ヒロシは DeNA が何と言いましたか．

(45A) が文法的だとすると，それは「何」が「勝った」の代用形だということを示唆するかもしれない．そうだとすると (44A) も「何と」の前に空主語を措定する分析が可能になり，(44) にもとづいて S + Comp 説を擁護することはしにくくなる．

しかしながら，ここでは (45A) は (46A) のコピュラ「だ」が脱落したものであり，(44A) は，(47a, b) の間で構造的に曖昧であり，曖昧性を除去してやると「何」が S の代用形でありうることが判明すると主張したい．((47b)

の∅は音形をもたない主語である.）すなわち,（47a）のように「何」がＳの置き換えでありうるということを主張したい.

(46) A: ヒロシは DeNA が何だと言いましたか.
    B: ヒロシは DeNA が勝ったと言いました.
(47) a. ヒロシは [CP [S 何] と] 言いましたか.
    b. ヒロシは [CP [S [NP ∅] 何 だ] と] 言いましたか.

（44A）のタイプの文が構造的に曖昧であると考える根拠は以下の通りである.（48）,（49）のような談話において,「何だと」を有する（48B）の形式は「何と」を有する（49B）の形式より奇異に響くように思われる.

(48) A: ヒロシがパーティで，私に話しかけてきました.
    B: #ヒロシは君に 何だと 言いましたか.
(49) A: ヒロシがパーティで，私に話しかけてきました.
    B: ヒロシは君に 何と 言いましたか.

だとすると,（48B）の不自然さは何に起因するのであろうか．ここで提案する分析は,「何だ」が直前に「それが」に対応する空主語を伴うと考え，さらにその指示対象が文脈から明らかではないから（48B）の容認度が落ちるのだと考えるものである．実際に空主語の指示物が提供される（50）のような文脈では，文の不自然さが消えるのではないだろうか.

(50) A: ヒロシがパーティで，私に [君とケンカした原因]ᵢ について話してくれました.
    B: ヒロシは君に ∅ᵢ 何だと 言いましたか.

この（48B）の不自然さの説明が正しいとすると,（49B）の容認度が高さは（49B）においては「何と」の前に空主語がないことを示唆する．すなわち,（49B）の「何」は（47a）の分析を受けＳの代用形であると仮定すれば,（48）と（49）の最小対が説明できるというわけである．一方で（44A）には（47b）の構造しかないとすると,（48）と（49）は両方不自然であるはずだが実際は（48）のみが不自然である．以上が不定代用形にもとづいたＳ＋Comp 説を支持する議論である.

　本節で見た結果を（51）にまとめた．さまざまな阻害要因が関わってテストをパスしないケースが多いが，それでもなお，Ｓ＋Comp 説を支持する証拠が観察されることが分かる.

(51)

	ト	ヨウニ，コト	ノ
移動	*(33)	*(33)	*(33)
省略	*(34); ✓(36)	*(34); *(37)	*(34); *(37)
置き換え	✓(44)	✓(38)	*(39)

4. 言語理論における本考察の意味合い

　第2節，第3節では複文の構成素構造に関するデータを観察し，CP の存在，そしてその内部が CP → S C の句構造規則で表現されるような構造が関わっていることを示した．以下では，以上の日本語についての考察が人間言語一般の探究にどう通じているかについて少し述べて，第1部を終えることにする．

　Chomsky (1975) は，ある言語の母語学習者が利用できる PLD (Primary Linguistic Data (第一次言語データ)) は質的に限られているにもかかわらず，学習者は非常に豊かな文法を得るに至ると主張し，その理由を普遍文法 (Universal Grammar (UG)) と呼ばれる機構を備えた生得的な言語獲得装置に求めた．いわゆる「刺激の貧困」にもとづく，普遍文法の存在を説く議論である (Berwick, Pietroski, Yankama and Chomsky (2011) も参照)．別の言い方をすると，PLD が獲得される言語知識の複雑さに比して貧弱である領域の研究こそが普遍文法の解明に非常に役に立つということである．したがって，どの言語現象を研究するにせよ「貧弱な入力にもとづく複雑な知識の達成」という構図になっていそうかどうかを考えることは意義深いことである．

　第2節で，私たちはト節説を支持する議論を展開した．(53) (= (19)) のように補文主語を除いて補文要素は移動できないにも関わらず，(52) のように「DeNA が勝ったと」全体であれば移動が可能になることを観察し，これが「DeNA が勝ったと」が構成素である根拠としたのである．

(52) 　DeNA が勝ったと，ヒロシは ___ 言った．
(53) 　a.??DeNA が$_i$ ヒロシは ___$_i$ 勝った と 言った．主語
　　　b. *勝ったと$_i$ ヒロシは DeNA が ___$_i$ 言った．動詞-補文標識
　　　c. *と$_i$ ヒロシは DeNA が勝った ___$_i$ 言った．補文標識
　　　d. *勝った$_i$ ヒロシは DeNA が ___$_i$ と言った．動詞

これは，日本語複文の構成素構造がこれこれの例が日本語で文法的であるという「正のデータ」――(52) が文法的であるという事実――だけからは決定できないということを意味する．私たちは「負のデータ」――(53b-d) の例が日本語

で非文法的であるという事実——に頼って大人の話者がもつ構成素構造を同定したのである．

　では日本語を母語として獲得しようとする学習者の視点からデータを見るとどうであろうか．まず，ある例がPLDに出現することでその例（あるいは同じタイプの例）が日本語で文法的であることが学習者に分かると仮定しよう．当然現実に子供が受ける言語経験がどのようなものかは調べる必要があるが，PLDに「(53b-d)の種類の例が非文法的であること」を直接教えてくれるデータがあるとは考えにくいことに注意したい．誰かが (53b-d) の例を提示し，それらが誤りだと学習者に直接教えることはないであろうし，その機会がたとえあっても，「『勝ったと ヒロシは DeNA が 言った』は非文法的だ」というような説明を学習者全員が理解するとは考えられない．そうであるとすると，日本語話者全員がト節説を心的文法の一部として持つに至った事実を説明するためには，(53b-d) のような負のデータを知ることなくト節説以外の仮説を棄却できる能力が学習者全員に備わっていなければならない．

　Chomsky (1981: 6) は「ある研究が1つの言語しか扱っていなくとも，十分に深みのある成果を達成できれば，普遍文法に関してかなりのことが解明されうる．すなわち，現象を説明するうえで必要であるにもかかわらず，学習者の手に入る証拠からは確定できないような規則や原理を提出できるぐらいに深みのある成果をその研究が達成できれば，である」（筆者訳）と言う．本章第1部のデータおよびその分析が正しいならば，ここでの議論は，日本語のデータを観察・分析することを通して，普遍文法の満たすべき条件を議論しているということになる．

第2部　埋め込み補文のタイプについて

　第1部では日本語の埋め込み文が構成素であることを示したが，第2部では埋め込み文，特に補文を下位分類することについて議論したい．理論統語論のこれまでの成果を見ると，埋め込み文の分類と関連する，単なるタクソノミー（分類学）に留まらない，人間の文法を理解するうえで実のある議論が数多くある．第2部第1節では節タイプ，叙実性にもとづく分類を，第2節では節の定性を含むコントロール構文を認可する節の性質を概観する．

1. 様々な補文分類

本節では節タイプ，叙実性という2つの補文分類を素描して，それぞれの分類がどう文法研究の重要な論点と関係しうるかを概観する．

1.1. 節タイプによる分類

まず節のタイプ分け（clause typing）にもとづく補文分類に触れる．平叙文（あるいは命題文），疑問文，命令文，感嘆文などはよく知られた節タイプ（clause type）であるが，ここでは補文選択に話を限定し，主節の節タイプは扱わない．

Grimshaw（1979）は節タイプにもとづいた補文分類を詳細に見ることで，言語がどのような情報を語彙情報として利用するかという問いを提起した．例えば，下の（54）の例から分かることは，*think* は補部として命題文をとること，*ask* は疑問文をとること，*amazing* は命題文もしくは感嘆文をとること，*know* はこれら3種類のいずれもとれることである．that 節，疑問の wh 節，感嘆の wh 節の範疇が全て CP（Grimshaw においては S'）だとすると，これらの動詞の違いは範疇の選択素性では区別できない．節タイプという節の意味的区別にもとづいた選択関係に言及しなければならないことが分かる．

(54) a. {John thinks/*John asked/It's amazing/John knows} that Fred is a fool.
   b. {*John thinks/John asked/*It's amazing/John knows} whether Fred is a fool.
   c. {*John thinks/*John asked/It's amazing/John knows} what a fool Fred is.

Grimshaw 流の書き方に従うと，以下に示すようにそれぞれの述語が英語の心的辞書において範疇選択と節タイプ選択の2種類の選択素性を有するということになる．P は命題（proposition），Q は疑問（question），E は感嘆（exclamatory）を表す．（また，選択素性中の「{X, Y}」は「X もしく Y を補文にとり，それら以外はとらない」と読む.)

(55) a. *think*：動詞；[__CP], [__P]
   b. *ask*：動詞；[__CP], [__Q]
   c. *amazing*：形容詞；[__CP], [__{P, E}]
   d. *know*：動詞；[__CP], [__{P, Q, E}]

この Grimshaw の観察は述語が補部に選択する素性としてどのような素性が必要かを問い直すという重要な論点へと繋がっている．よく知られているように Grimshaw はいわゆる潜在間接疑問（concealed indirect question）を許すか（(56a)），許さないか（(56b)）を捉えるために ask は [__ NP] をもち，wonder はもたないことを辞書で指定することを提案した．範疇選択も節タイプ選択だけでなく必要だと言うのである．

(56) a.　John asked the time.
　　 b. *John wondered the time.

ところが Pesetsky (1982) は ask が対格付与素性をもち wonder はもたないことを指定すれば（NP 一般の分布を説明するのにどのみち格理論で必要な指定である），[__ NP] という素性の有無には言及する必要がなく，また [__ CP] という範疇選択素性をある述語がもつかどうかも命題（陳述），質問といった当該の述語の節タイプ選択素性から学習者が推測できる事柄であると主張した．そうなると範疇選択を理論からなくすことが可能になる．その後の発展を経て今も盛んな議論がある選択に関わる多彩な論点については，Zhang (to appear) に網羅的なまとめがある．

以上は節タイプにもとづく補文分類の基礎データであるが，節タイプと相互作用しつつも少し赴きを異にする補文分類の特徴に触れたい．Saito (2012) が詳しく吟味している特徴で，補文の「報告性」と呼びうるものである．Saito は，日本語でカとトという補文標識が折り重なって出て来ることが可能であるという事実に注目した．Saito は，まずスペイン語において，通常は平叙文が伴う補文標識 que 'that' が，間接疑問文に先行する事実に言及し，非常に似た現象が日本語で観察されることを指摘する．[10]（以下の各文において「私」はヒロシではなく，全文の話者を指すと考える．）

(57) a.　ヒロシは ヨウコに [自分が私より背が高いと] 言った．
　　 b.　ヒロシは ヨウコに [誰が私より背が高いか] 言った．
　　 c.　ヒロシは ヨウコに [誰が私より背が高いかと] 言った．

(57a) のように，「言う」はト節をとることができるが，カ節，カト節もとることができる．興味深いのは，Saito が指摘するようにカ節はカト節の「短縮版」などではなく，それぞれ独自の性質をもっているということである．(57b)

---

[10] スペイン語の que については，Plann (1982), Lahiri (1991) といった研究者の研究を参照されたい．

は，ヒロシはヨウコに誰が話者より背が高いかという疑問の答えを伝えた，という解釈をもち，その解釈しかない．一方，(57c) の解釈は，ヒロシはヨウコに誰が話者より背が高いか質問した，という解釈である．

　Saito は Plann (1982) や Lahiri (1991) のスペイン語に関する提案が日本語にも当てはまるとし (注 10 参照)，ト節が直接引用の言い換え，すなわち「報告 (Report)」を表すと提案する．(57) が示す通り「言う」は補文選択に随意性をもつわけであるが，それを (55) で用いた { } の標記を使い，表す．R は報告を表し，[R ＿] を指定することで，(57a) のような陳述の報告でも (57c) のような質問の報告でもよいことが捉えられる．

　(58)　「言う」：動詞；[{R, Q} ＿]

日本語の埋め込み動詞のタイプを網羅的に検討する紙数の余裕はないが，もうひとつだけ「覚えている」のケースを見よう（スペイン語の埋め込み動詞の分類については特に Lahiri (1991) を参照）．「覚えている」は，(59b, c) に示されるように報告補文を許さないが，(59a, d) のように命題補文，疑問補文をそれぞれ許す．語彙エントリーは (60) のように書いてよいだろう．

　(59)　a.　ヒロシは [自分が私より背が高い {こと／の}] を 覚えている．
　　　　b.　*ヒロシは [誰が私より背が高いと] 覚えている．
　　　　c.　*ヒロシは [自分が私より背が高いかと] 覚えている．
　　　　d.　ヒロシは [誰が私より背が高いか] 覚えている．
　(60)　「覚えている」：動詞；[{P, Q} ＿]

このようなトおよびスペイン語の *que* の分布は，日本語およびスペイン語の選択制限には，Grimshaw 以来問題になってきた節タイプとは少し異なる意味的素性が関与する場合があることを示していると言える．

　補文標識積み重なり現象の研究については，もうひとつ CP 領域一般の理解にも深い意味合いをもつことが見逃せない．CP 領域がより豊かな構造をもつことが様々な言語の研究において指摘されてきた．最もよく知られたそのような研究のひとつが Rizzi (1997) である．(61a) に示すように CP と分析されてきた節の左端 (left periphery) が，複数の主要部がなす構造に分かれている．Saito (2012) は，ノ，カ，トの分布にもとづいて行われた日本語の節の右端 (right periphery) を (61b) のように提案している．

　(61)　a.　[$_{\text{ForceP}}$ Force° [$_{\text{TopP}}$ Top° [$_{\text{FocP}}$ Focus° [$_{\text{TopP}}$ Top° [$_{\text{FinP}}$ Fin° ...
　　　　b.　[$_{\text{ReportP}}$ [$_{\text{ForceP}}$ [$_{\text{FinP}}$ ... の$_{\text{Fin}}$] か$_{\text{Force}}$] と$_{\text{Report}}$]

1.2. 叙実性による分類

このように日本語には補文標識が豊富にあるわけであるが，その分類について70年代初頭からとくに前提および叙実性という観点からの議論が盛んになされた．ある文を発話する際に話者が当然真であるとしている命題をその文の前提という．例えば「ヒロシに弟がいる」という命題は，「ヒロシの弟はサッカーが好きだ」という文の前提である．Kiparsky and Kiparsky (1971) の研究に端を発し，Kuno (1973)，原田 (1971)，Nakau (1973)，Josephs (1976) は，日本語の補文標識の選択が前提の有無と深く関係していることを考察している．前提と日本語の補文標識の関係についての観察を大雑把に言ってしまえば，コト，ノの使用が常にではないにせよしばしば前提を誘発し，トの使用は誘発しないという観察である．多くの場合主節動詞が使用できる補文標識を決めるので，主節動詞が同じで補文標識が異なる最小対を作るのが難しいが，(62) はそのような対である．(62a) はエーテルが見つかったという命題を前提としてもつ．

(62) a. ヒロシはエーテルが見つかった{の／こと}を記憶していたよ．
  b. ヒロシはエーテルが見つかったと記憶していたよ．

種々のテストを遂行して前提の効果を詳しく見る余裕はないが (Potts (2015) を参照のこと)，(62a) は「エーテルなんて存在しないのに」に後続しにくいのに対し，(62b) は違和感なく後続できる．(62a) が，エーテルが見つかったという前提のもとで発話されているのに対し，(62b) はそうではないことの現れである．そういう性質にもとづき，(62a) に出て来るようなノ節，コト節が叙実補文と呼ばれるのである．

叙実-非叙実にもとづく補文分類も他の文法的プロセスと相互作用する．例えば (63) が示すよう，叙実節が wh の抜き出しに対して弱い島を形成することは移動の局所性という非常に一般的な話題に関係している (Szabolsci and den Dikken (2003) を参照のこと)．

(63) *How do you regret [that you solved the problem t]?

さらには，(64) が示すような話題化等のプロセスが非叙実節では許されるのに叙実節では許されないといった現象も，前述した CP 領域の理解に関係づけられている (Haegeman (2012) などを参照．関連する日本語の現象について

は，Maki, Kaiser and Ochi (1999) を参照).

(64) I {believed/*realized} this book, John read.

いずれにせよ，このような領域からの研究成果も補文分類が単なるタクソノミーに留まらないことを示している．

　上の議論でノとコトを有する叙実節の特徴を見たが，日本語補文の研究においてはノとコトの分布の正確な理解もこれまで関心を集める論点であってきた (Kuno (1973), Nakau (1973), Josephs (1976))．ノもコトも許されるケースを (62) ですでに見たが，上記文献が観察しているように生起が制限される場合も多々ある．

(65) a.　私はマリが中国語を話す {の／*こと} を見た．
　　　b.　マリは中国語を話す {こと／*の} ができる．

Kuno (1973: 221) は様々な述語クラスとノとコトの共起制限を観察し，次のようにまとめている．「コトは命題を名詞化し，その命題から抽象的な概念を形成するために用いられる．それに対しノは具体的なイベントを表示するために用いられる（筆者訳）」(Josephs (1976: 322-326) も参照)．これが正しい方向性を示しているとすると，次のタスクはこの「抽象-具体」の別を文の振る舞いとしてテストできるような診断的性質を見つけ出すことであろう．

2. 定性による節分類：繰り上げおよびコントロール

　最後に節を改めて取り上げたいのは，述語が形態的に人称・性・数の一致を示す英語のような言語における定性 (finiteness) にもとづく補文分類である．(66a) の that 節のような節を定形節 (finite clause) と呼び，(66b) の to 不定詞節のような節を非定形節 (nonfinite clause) と呼ぶ．

(66) a.　I believe [(that) John admires his mother].
　　　b.　I believe [John to admire his mother].

ここでの定形-非定形の区別は動詞の形態論にもとづく区別から出発している．定形述語は主語の人称や数によって変化し，非定形述語はそのような形態変化をしない不変のフォームをもつ．イタリア語の例 (67) を見てみよう．定形においては，*drink* にあたる動詞が主語の人称・数によって変化をしている．不定詞 *bere* が定形の形のどれとも違った形（辞書形とも引用形とも呼ばれる）をしていることが分かるだろう．

(67) *bere* 'to drink'

	単数	複数
一人称	bevo 'I drink'	beviamo 'We drink'
二人称	bevi 'You (Sg) drink'	bevete 'You (Pl) drink'
三人称	beve 'He drinks'	bevono 'They drink'

英語の場合は三人称単数以外の5つの形式が融合（syncretism）を受けるが（*drink, drink, drinks, drink, drink, drink*），be 動詞は *am, are, is, are, are, are* とより豊かな屈折パラダイムがある．また非定形という用語は，不定詞以外にも動名詞（いわゆる *-ing* 形）にも使われることにも気をつけておきたい．標準的な見解に沿って節の定性を S の主要部 Tense（もしくは Infl）にコード化すると，非定形節の構成は以下のように図示できるであろう．屈折しない性質を主要部 T がもつ素性 [− Agr(eement)] としてコード化するのである．

(68)　… [$_{TP(=S)}$ NP T$_{[-Agr]}$ [$_{VP}$ …]] …

本節は，非定形節の主語に関わる現象，特に義務的コントロール（Obligatory Control (OC)）と呼ばれるプロセスを受けるものの分布を主題とする．以下に見るように，義務的にコントロールされる主語（以下で OC 主語と呼ぶ）が現れる節の統語・形態的なタイプは英語においては非定形節に限られるが，後に吟味する現代ギリシャ語と日本語のようにそうではない言語もある．本節の目的は，OC 主語の分布に関する条件で特に節の統語形態的なタイプに関する条件について通言語的変異があることを先行研究から紹介することであるが，そのような変異があるという事実そのものが統語理論にどのような意味合いをもちうるのかについても最後に少し模索したい．

2.1. 非定形節とコントロール

定性にもとづく補文分類を考えるとき，最もよく議論される現象が OC 構文と繰り上げ構文である．(69a) は OC の例で，b は繰り上げの例である．両方とも埋め込み非定形補文の主語が音形をもたない形になっている．

(69) a. Thomas$_i$ has decided [PRO$_i$ to admire Edward].
　　 b. Thomas$_i$ seems [t_i to admire Edward].

(69a) と (69b) のインデクス i で示した主節主語と補文主語の依存関係は表面上似ているが詳しく見ていくとかなり違った振る舞いを呈する．虚辞の分

布, イディオムの振る舞い等で異なる. 具体的には Polinsky (2013) などの本現象を概観した出版物を参照されたいが, GB 以降の多くの理論では, decide の補文主語を PRO, seem の補文主語を痕跡 (t) と分析する. この違いが, decide の主語が θ 位置 ("動作主"等の意味役割を受け取る位置) であるのに対し seem の主語が非 θ 位置であるということ, および文法の他の原理から導かれるようにそれらの理論は設計されている.

コントロールについては, よく知られているように, OC だけではなく非義務的コントロール (Non-obligatory Control (NOC)) と呼ばれる構文もある. 英語においては, OC と NOC をいくつかの診断法にもとづいて区別する (Williams (1980)). 何を診断法と認めるかについては先行研究において完全に意見の一致があるわけではないが, ここで紹介する「OC 主語は長距離先行詞を許さず, NOC 主語は許す」という一般化は診断法として広く認められている.[11] 具体例を見てみよう.

(70) a. Gordon thinks Thomas has decided [PRO to wash Edward].
 b. Gordon thinks Thomas believes [[PRO washing Edward] is unlikely].

(70a, b) のような対に対する話者の判断は, a 文の深く埋め込まれた空主語 (PRO) はゴードンを指すことができずトーマスを指さねばならないというものであり, b 文の PRO はゴードン, トーマスどちらでもよいという判断である. データ収集のさいにはそれぞれ「エドワードの身体を洗った人物がゴードンである読みはあるか」と母語話者インフォーマントに尋ねることになるが, 大体の場合はより単純に母語話者に文が容認可能かどうかを尋ねられるように (71a, b) のような例が用いられる.

(71) a. *Emily thinks Thomas has decided [PRO to wash herself].
 b. Emily thinks Thomas believes [[PRO washing herself] is unlikely].

(71a, b) は空主語 PRO がエミリを指すようにバイアスがかかっている. これらの例において herself は PRO を先行詞としてとるため PRO 自身も女性名

---

[11] 他にも削除環境における厳密同一性の読みの可不可や, (思惟述語のもとでの) 非 de se 読みの可不可などは信頼できる診断法として広く受け入れられている. 一方, 空主語と音形のある代名詞との交替可能性など, かつて受け入れられ近年では採用されない診断法もある. Landau (2000, 2013) に網羅的な議論がある.

詞を先行詞にもたねばならない．このような状況で文を容認不能と母語話者が判断すれば，それは文法が当該の依存関係を何らかの理由で禁止していることを示唆していることになる．実際，母語話者は a 文は容認せず，b 文は「エミリは，自身の身体を洗わないだろうとトーマスから思われていると思っている」というような意味で容認する．このようにして (71a) の空主語は OC 主語，(71b) のそれは NOC 主語と分類されるわけである．

　このような分類を受けて，理論は OC と NOC の振る舞いの違いを説明しようとすることになる．例えば，GB 理論においては，上述したように繰り上げの空主語は NP 移動の痕跡，コントロール構文の空主語は PRO という区別を提案し，その区別を投射原理や束縛理論といった理論的道具を使って捉えようとした．OC と NOC の区別については，コントロール理論という部門で捉えるべきという提案や束縛理論によって捉えられるべきという提案があった（研究の発展については Boeckx, Hornstein and Nunes (2010)，Landau (2013) を参照）．どのような説明を採るにせよ，PRO（および NP 痕跡）の分布と当該の節の非定性 (non-finiteness) の強い結びつきは英語においては明らかである．この強い結びつきを一般化として表現しようとするとどうなるであろうか．具体的に議論を進めるために NP 痕跡や NOC を脇に置き，OC 主語の分布に焦点を置く．そうすると (72) が考えられよう．[12]

　(72)　埋め込み文 S が OC 主語を有するのであれば，S は非定形節である．

この一般化は，「埋め込み文 S が定形節であれば，S に OC 主語は出現しない」と同義であり，それが正しいことは次の例からも分かる．

　(73)　*Thomas has decided PRO should wash himself.

(72) をどう説明するかには色々な提案がある．定形 Infl はその指定部を統率するが PRO は統率されえないという説明（Chomsky (1981)）や，Infl が与える格にもとづく説明（Martin (2001)），OC 主語は NP 移動（Hornstein (1999)）あるいは一致（Landau (2000)）に認可され，定形節はそれらの操作を阻むといった説明である．

　本稿は，OC 主語の分布の説明理論には立ち入らず，むしろ一般化のレベル

---

[12] 第 2 部第 2 節を通じて，OC と NOC を区別する説明には立ち入らないことにする．また，観察の対象はすべて目的語位置に生じる補文である．付加詞主語の OC があるかどうか，（いわゆる PRO ゲートによる）非定形主語節の主語の OC があるのかという論点も扱わない．

で OC を認可する節タイプに言語間変異があるかどうかに論点を絞る.[13] すなわち,（72）が当てはまらない言語はあるだろうかという問いを考えたい. 現代ギリシャ語を含むバルカン諸語は,そのような定形節への OC を許す言語としてよく知られている（Landau (2004) に先行研究の結果がよく統合されている）.（74）は現代ギリシャ語の例で,接続法補文（subjunctive complement）で OC が起こっていると広く認められている例である. na は接続法接辞であるが,定性という意味では（74）の補文述語には明らかに人称・数の屈折がある.

(74) O Yanis$_i$ kseri [∅$_{i/*j}$ na kolimbai]
    John   knows   Sbj   swim.3Sg
    'John knows how to swim.'

興味深いのは,よく指摘されるようにこれらの言語が歴史的発達のなかで「ほぼ完全に不定詞を失ってしまっている」ことである. バルカン諸語の OC 補文の分布について立ち入る余裕はないので詳細は Landau (2004, 2013: 88) および引用文献を参照されたいが,このタイプの言語の OC を特徴づけるのは意味的な補文時制の有無であると言われる（補文時制の役割についてはのちに日本語で関連する現象を見る）. いずれにせよ,現代ギリシャ語の標準的な意味での不定詞が存在しないという事実は,統語論研究者にとっては扱いにくいものであってきた. 次節では,日本語の OC 補文の分布を Fujii (2012) にもとづいて紹介し,やや違った形だが不定詞の欠落という特徴が日本語に当てはまることを見る.

2.2. 日本語の OC 主語の分布

日本語は,英語の不定詞や動名詞と直接対応する,（67）のような屈折パラダイムから独立して存在する非定形の述語形式を欠いているようだ.[14] 一人称単数から三人称複数までのパラダイムは「飲む,飲む,飲む,飲む,飲む,飲む」となり,さらには辞書形が「飲む」であるという事実は示唆的である. また英語を含む多くのヨーロッパ言語の不定詞,動名詞には埋め込み主語を作る能力があるが,日本語でそれに対応する形式も動詞のル形である. テ形やニ形

---

[13] 日本語の OC を移動で扱うべきとする議論に Takano (2010) がある. 高野（本書）も参照.

[14] 言語獲得の文献においてよく知られている現象に主節不定詞現象がある. 日本語の獲得において,主節不定詞の対応物があるという議論に関して,Murasugi, Nakatani and Fuji (2010),村杉（本書）を参照されたい.

は，英語の不定詞，動名詞同様に時制辞を欠くが，主語にはなれない．

(75) a.　[{To eat/Eating} natto everyday] is important.
　　 b.　毎日納豆を {食べることは／*食べに／*食べて} 重要だ．

そのように述語の形態論が英語と異なっているように見える日本語に OC は観察されるのだろうか．答えは「観察される」である．まず，具体的にテストをかけて OC であること示すことはしないが，明示的な時制辞ル，タを欠く (76) の諸構文—テ節補文，ニ節補文，複合動詞構文—で OC が観察される．さらに (77) が示すようにヨウト節補文や命令形補文のようなムード接辞とでも言いうる接辞を含む補文で OC が観察される．[15]

(76) a.　ヒロシは [無給で働いて] くれた．
　　 b.　ヒロシは [無給で働きに] 来た．
　　 c.　ヒロシは [無給で働き] 始めた．
(77) a.　ヒロシは [無給で働こうと] 言ったらしい．
　　 b.　ヒロシはヨウコに [無給で働けと] 言ったらしい．

本節の主たる話題と深く関係するのが，ルやタが補文に存在する場合に OC が許されることがあるという事実である．先行研究では，OC 補文かそうでないかの区別を決定する要因として，折に触れ補文の時制が関わっていることが示唆されて来た (Nakau (1973: 225), Ohso (1976: 90ff), Sakaguchi (1990), Watanabe (1996) など；Kuroda (1983) も参照)．それらの成果を踏まえ Fujii (2006, 2012) が行った提案を要約すると次のように述べることができる．[16, 17]

---

[15] Takita (2012) が以下の (i) のような構文で観察しているように，OC 主語は疑問補文にも出現する．OC に関係する補文選択と節タイプの選択（第 2 部第 1.1 節参照）が相互に独立していることを示唆している．因みに Williams (1980) では NOC とされていた (ii) のような英語の例も近年の研究では OC と分類される (Landau (2000))．

　(i)　ヒロシは [無給で働こうか] 決めかねている．
　(ii)　Edward wonders where to submit his paper.

[16] 「OC 空主語」ではなくて，「OC 主語」とするのは，日本語で OC が空主語の現象であることが認めがたいという事情がある（朝鮮語の同様の現象については早くから D.-W. Yang や Hagit Borer の指摘がある；Landau (2013: 118) 参照）．(i) が容認できるとすると，「自分」は OC 主語の解釈しかもたない．

　(i)　ヨウコは [自分がその病院でお腹の子を産むこと] を誓った．

[17] (78ii) の ② は Landau (2000) で言うところの依存テンス (dependent tense) に，① は

(78) 埋め込み文 S が OC 主語を有するならば，S には (i) もしくは (ii) の性質が当てはまる．すなわち，(i) S は明示的な時制辞ル・タを欠くか，(ii) S にル・タがある場合は，① 解釈上時制を欠いているか，② 解釈上独自の時制をもっているが [−past] と [+past] のどちらかに固定されているか，である．

以下では，(78ii) の一般化を導く根拠になる補文の分類を Fujii (2012) から紹介する．

〈「誓う」タイプ述語の補文〉

まずは，補文 S が解釈上時制をもつ (78ii) の②のケースで，[−past] に固定されている，Josephs (1976) の言う「未来述語」のケースを見よう．「誓う」の補文がそのような例である．まずは，この補文が OC 補文であることを示す．(79a) のように「誓う」がとる補文 S_3 の主語が女性を指すような環境を設定し，直上の節 (S_2) に男性の主語を置くと，たとえ同一文中に「ヨウコ」のような女性の主語があっても文は不自然になる．つまり，∅ が短距離の先行詞を要求していることを示す現象である．（この不自然さが空主語の解釈に関わる制限から来ることは，「ヨウコ」と「父親」を入れ替えると文が自然さを得ることから分かる．）b 文は，そのような長距離先行詞が「想像する」の補文であれば許されることを示したものである．

(79) a. #[$_{S1}$ ヨウコは [$_{S2}$ 父親に [$_{S3}$ ∅ その病院でお腹の子を産むこと] を誓って] 欲しかった]．(cf. 父親はヨウコにその病院でお腹の子を産むことを誓って欲しかった．)
   b. [$_{S1}$ ヨウコは [$_{S2}$ 父親に [$_{S3}$ ∅ その病院でお腹の子を産むこと] を想像して] 欲しかった]．

したがって，「誓う」は OC 補文をとり，「想像する」はとらないことが示唆される．

では，この補文の時制が [−past] に固定されるとはどういうことであろうか．(80a) の文法性は，「誓う」の補文が，主節（「誓った」）が認可できない時間表現「明日」を認可でき，独自の時制をもつことを示している．(80b) の非文法性は，「誓う」の補文が独自の時制をもってはいるが，補文事態は主節事態よりも時間的に後続せねばならないという制約をもつことを示している．

無テンス／照応テンス (non-tense / anaphoric tense) に対応する．

「想像する」の補文は，(81)にあるように，このような対比を示さない．そして「想像する」がOC補文をとらないことは上で見た通りである．

(80) a. 私は 明日無給で働くことを昨日誓った．(cf. *私は明日そのことを誓った．)
　　 b. *私は 昨日無給で働いたことを明日誓うつもりだ．
(81) a. 私は 明日無給で働くことを昨日想像した．(cf. *私は明日そのことを想像した．)
　　 b. 私は 昨日無給で働くことを明日想像するつもりだ．(cf. *私は昨日そのことを想像するつもりだ．)

「誓う」と同じタイプのOC補文をとる動詞としては，「(無給で働くことを)決心する」，「(無給で働くことを上司と)約束する」などがある．

　次のタイプの例を議論する前に，1点断りを入れておく必要がある．(78)は条件を満たすSが必ずOC補文として振る舞うことを要求しない．例えば(82)の「決める」がとるコト節は，時制にもとづく節タイプとしては「誓う」の補文と同じであるが（a文），長距離先行詞禁止の効果は観察されずOC補文ではない（b文）．

(82) a. *私は昨日無給で働いたことを明日決めるだろう．(cf. 私は明日無給で働くことを昨日決めた．)
　　 b. [$_{S1}$ ヨウコ$_i$は [$_{S2}$ 父親に [$_{S3}$ ∅$_i$ その病院でお腹の子を産むこと] を 決めて] 欲しかった]．

(78)の述べ方から明らかなように，当該一般化がOC補文の必要条件であることを念頭に置かれたい．

〈「悔やむ」タイプ述語の補文〉

　(78ii) ②の第2のタイプは，(83a)のタを含む補文がOC補文として機能する例である．補文時制が[+past]に固定されるケースである「悔やむ」の補文主語に長距離先行詞禁止の効果が観察されている．一方(83b)のようにタを補文に許す「覚えている」の補文主語には効果は観察されない．

(83) a. #[$_{S1}$ ヨウコは [$_{S2}$ 父親に [$_{S3}$ ∅ その病院でお腹の子を産んだこと] を 悔やんで] 欲しかった]．(cf. 父親はヨウコにその病院でお腹の子を産んだことを悔やんで欲しかった．)
　　 b. [$_{S1}$ ヨウコは [$_{S2}$ 父親に [$_{S3}$ ∅ その病院でお腹の子を産んだこと]

を 覚えていて] 欲しかった].

(84) の対比にあるように，無給で働くという補文の事態は主節の悔やむという事態に時間的に先行せねばならない「覚えている」では，(85) が示すようにそのような制約は観察されない．

(84) a. *私は 明日無給で働くことを昨日悔やんだ．
　　 b. 私は 昨日無給で働いたことを明日悔やむだろう．(cf. *私は昨日そのことを悔やむだろう．)
(85) a. 私は 明日無給で働くことを昨日覚えていた．(cf. *私は明日そのことを覚えていた．)
　　 b. 私は 昨日無給で働いたことを明日覚えているだろう．(cf. *私は昨日そのことを覚えているだろう．)

〈「試みる」タイプ述語の補文〉

最後に，解釈上補文が時制を欠く (78ii) ①のケースを吟味する．長距離先行詞を阻害するル形補文をとる「試みる」の例である．これより「試みる」の補文主語が OC 主語を得ることが分かる．

(86) #[$_{S1}$ ヨウコは [$_{S2}$ 父親に [$_{S3}$ ∅ その病院でお腹の子を産むこと] を 試みて] 欲しかった]．(cf. 父親はヨウコにその病院でお腹の子を産むことを試みて欲しかった．)

このタイプの補文の時制の解釈については，これまでの ② の2タイプと異なり，時間副詞を支える独自の力を持たない．「明日」をコト節に，「昨日」を主節においた (87) は非文法的である．

(87) *私は 明日無給で働くことを昨日試みた．(cf. *私は明日それを試みた．)

「(外国語を勉強することを) 始める」や「(タバコを吸うのを) やめる」もこのタイプの述語である．[18]

以上，日本語の OC 主語が生起する節の必要条件と英語のそれは根本的に

---

[18] (74) で現代ギリシャ語では OC が定形節で起こることを見たが，現代ギリシャ語では (87) のような時制を欠く補文 (Landau の用語で言う無テンス補文；注17参照) にしか起こらないことが報告されている (Varlokosta (1994))．つまり，日本語と異なり，「誓う」タイプの述語の補文 (依存テンス補文) は OC の性質を示さない．

異なる屈折システムを基盤として成り立っていることを見た．

2.3. OC 補文のタイプに関する言語間変異は何を意味するのか

　第 2 節の最後に，以下では前節で見た言語間変異を研究することが人間の言語機能，普遍文法の研究にとってどんな意味合いがあるのか，寓話的な域に留まってしまうが，考えを巡らせてみたい．まずは，補文の表面上の形式が異なる言語で一様に OC 構文が見つかるということが興味深い．不定詞を欠く日本語，現代ギリシャ語には OC が存在しないというような状況は想像可能であるが，事実はそうなっていない．屈折システムが英語と違う言語でも，長距離先行詞の禁止，緩やかな同一性の読みの義務性，de se 読みの義務性等の種々の性質が一貫してクラスタ（まとまり）として観察されるのである．このことが意味するのは，(i) 述語の屈折システムが異なるいろいろな言語があるとき，どの言語の PLD を得ても学習者は OC を有する文法を獲得するに至っている，ということである．また，(ii) 獲得しようとする言語においてどのタイプの補文が OC を許す補文タイプなのかついても，PLD に頼って問題なく正解を同定できているということも意味する（英語の繰り上げ不定詞補文と OC 不定詞補文の区別の獲得に関して Becker (2006) を参照）．となると，次のタスクは，PLD がどのような特徴を持っているか明らかにした上で，それらの事実が「刺激の貧困」の特徴をもっているか，もっていれば普遍文法および言語獲得装置はどうなっている必要があるかを検討することであろう．学習者にとって英語の一般化 (72) は空主語が定形節に出て来ないという事実から何らかの方略で類推が可能かもしれないが，日本語の (78) を PLD から類推する方略は果たして可能であろうか．可能でなければ，パワフルな生得メカニズムの存在が示唆される．

おわりに

　本章では日本語補文の構成素構造を同定し，補文の諸分類と統語理論の関係について検討した．どちらの議論においても，日本語の文法に，文法的な文だけを見て何が日本語で可能かだけを考えていては分からない仕組みがあることを見た．非文法的な文を見て何が許されないかを観察することで確証できる抽象的な一般化が存在しているのである．そのことは，翻って，日本語を母語として獲得しなければならない学習者にとっては，正のデータだけからは到達しえないかもしれない洗練された一般化に到達するという大変なタスクが課せら

れていることを意味する．日本語のデータを見て一般化を探ること，それを説明しようとすることが，人間に生得的に登載された言語獲得装置の解明に繋がっていること，あるいは繋がりうることが少しでも読者に伝わったならば本章の試みは成功である．

参考文献

Abels, Klaus (2012) *Phases: An Essay on Cyclicity in Syntax*, de Gruyter, Berlin.
Becker, Misha (2006) "There Began to Be a Learnability Puzzle," *Linguistic Inquiry* 37, 441-456.
Berwick, Robert C., Paul Pietroski, Beracah Yankama and Noam Chomsky (2011) "Poverty of the Stimulus Revisited," *Cognitive Science* 35, 1207-1247.
Boeckx, Cedric, Norbert Hornstein and Jairo Nunes (2010) *Control as Movement*, Cambridge University Press, Cambridge.
Carnie, Andrew (2010) *Constituency Structure*, Oxford University Press, New York.
Chomsky, Noam (1975) *Reflections on Language*, Pantheon, New York.
Chomsky, Noam (1981) *Lectures on Government and Binding*, Foris, Dordrecht.
de Cuba, Carlos and Barbara Ürögdi (2010) "Clearing up the 'Facts' on Complementation," *UPenn Working Papers in Linguistics* 16, 41-50.
Fujii, Tomohiro (2006) *Some Theoretical Issues in Japanese Control*, Doctoral dissertation, University of Maryland.
Fujii, Tomohiro (2012) "On the Calculus of Control and Lack of Overt Agreement Morphology," *Nanzan Linguistics* 8, 1-16.
Funakoshi, Kenshi (2014) *Syntactic Head Movement and Its Consequences*, Doctoral dissertation, University of Maryland.
Grimshaw, Jane (1979) "Complement Selection and the Lexicon," *Linguistic Inquiry* 10, 279-326.
Haegeman, Liliane (2012) *Adverbial Clauses, Main Clause Phenomena, and Composition of the Left Periphery*, Oxford University Press, New York.
原田信一 (1971)「補文標識の『の』」『季刊変貌』31-24．［再録：『シンタクスと意味』福井直樹（編），439-447, 2000, 大修館書店，東京．］
Hayashi, Shintaro and Tomohiro Fujii (2015) "String Vacuous Head Movement: The Case of V-*te* in Japanese," *Gengo Kenkyu* 147, 31-55.
Hiraiwa, Ken (2000) "On Nominative-Genitive Conversion," *MIT Working Papers 39: A Few From Building E-39*, 66-124, MITWPL, Cambridge, MA.
Hiraiwa, Ken (2015) "NP-Ellipsis: A Comparative Syntax of Japanese and Okinawan," *Natural Language and Linguistic Theory*. doi: 10.1007/s11049-015-9324-6.
Hornstein, Norbert (1999) "Movement and Control," *Linguistic Inquiry* 30, 69-96.

Hoshi, Koji (1996) "Multiple Case-checking in the Head-internal Relativization in Japanese," *MIT Working Papers in Linguistics* 12, 80-95, MITWPL, Cambridge, MA.

Josephs, Lewis S. (1976) "Complementation," *Syntax and Semantics 5: Japanese Generative Grammar,* ed. by Masayoshi Shibatani, 307-370, Academic Press, New York.

神尾昭雄 (1983)「名詞句の構造」『講座現代の言語:日本語の基本構造』井上和子(編), 77-126, 三省堂, 東京.

Kasai, Hironobu (2014) "On the Nature of Null Clausal Complements in Japanese," *Syntax* 17, 166-188.

Kiparsky, Paul and Carol Kiparsky (1971) "Fact," *Progress in Linguistics*, ed. by Manfred Bierwisch and Karl E. Heidolph, 143-173, Mouton, The Hague.

Kitagawa, Yoshihisa (1986) *Subject in Japanese and English*, Doctoral dissertation, University of Massachusetts, Amherst.

Koizumi, Masatoshi (1993) "Modal Phrase and Adjuncts," *Japanese/Korean Linguistics* 2, 409-428.

Kuno, Susumu (1973) *The Structure of the Japanese Language,* MIT Press, Cambridge, MA.

Kuroda, S.-Y. (1983) "What Can Japanese Say about Government and Binding," *WCCFL* 2, 153-164.

黒田成幸 (1999)「主部内在関係節」『ことばの核と周縁』黒田成幸・中村捷(編), 27-103, くろしお出版, 東京.

Lahiri, Utpal (1991) *Embedded Interrogatives and Predicates That Embed Them*, Doctoral dissertation, MIT.

Lakoff, George and John R. Ross (1976) "Why You Can't Do So Into the Kitchen Sink," *Syntax and Semantics 7: Notes from the Linguistic Underground,* ed. by James D. McCawley, 101-111, Academic Press, New York.

Landau, Idan (2000) *Elements of Control*, Kluwer, Dordrecht.

Landau, Idan (2004) "The Scale of Finiteness and the Calculus of Control," *Natural Language and Linguistic Theory* 22, 811-877.

Landau, Idan (2013) *Control in Generative Grammar: A Research Companion*, Cambridge University Press, Cambridge.

Larson, Richard (2010) *Grammar as Science*, MIT Press, Cambridge, MA.

Maki, Hideki, Lizanne Kaiser and Masao Ochi (1999) "Embedded Topicalization in English and Japanese," *Lingua* 107, 1-14.

Martin, Roger (2001) "Null Case and the Distribution of PRO," *Linguistic Inquiry* 32, 141-166.

McCawley, James D. and Katsuhiko Momoi (1986) "The Constituent of -*te* Complements," *Papers in Japanese Linguistics* 11, 1-60.

三原健一（1994）『日本語の統語構造』松柏社，東京．

Miyagawa, Shigeru (1987) "Restructuring in Japanese," *Issues in Japanese Linguistics*, ed. by Takashi Imai and Mamoru Saito, 273-300, Foris, Dortrecht.

村杉恵子（1997）「『半分』を主要部にもつ複合名詞句：その構造と文法特性」『金城大学論集（英米文学編）』第38号，279-298．

Murasugi, Keiko, Tomomi Nakatani and Chisato Fuji (2010) "The Roots of Root Infinitive Analogues: The Surrogate Verb Forms Common in Adult and Child Grammars," *BUCLD 34 Proceedings Supplement*, http://www.bu.edu/bucld/proceedings/supplement/

Nakau, Minoru (1973) *Sentential Complementation in Japanese*, Kaitakusha, Tokyo.

Nasu, Norio (2012) "Topic Particle Stranding and the Structure of CP," *Main Clause Phenomena*, ed. by Aelbrecht, Lobke, Liliane Haegeman and Rachel Nye, 203-228, John Benjamins, Amsterdam.

Nishiyama, Kunio (2008) "V-V Compounds," *The Oxford Handbook of Japanese Linguistics*, ed. by Shigeru Miyagawa and Mamoru Saito, 320-347, Oxford University Press, New York.

Ohso, Mieko (1976) *A Study of Zero Pronominalization in Japanese*, Doctoral dissertation, Ohio State University.

Pesetsky, David (1982) *Paths and Categories*, Doctoral dissertation, MIT.

Plann, Susan (1982) "Indirect Questions in Spanish," *Linguistic Inquiry* 13, 297-312.

Polinsky, Maria (2013) "Raising and Control," *The Cambridge Handbook of Generative Syntax*, ed. by Marcel den Dikken, 577-606, Cambridge University Press, Cambridge.

Potts, Christopher (2015) "Presupposition and Implicature," *The Handbook of Contemporary Semantic Theory*, 2nd ed., ed. by Shalom Lappin and Chris Fox, 168-202, Wiley-Blackwell, Oxford.

Rizzi, Luigi (1997) "The Fine Structure of the Left Periphery," *Elements of Grammar*, ed. by Liliane Haegeman, 281-337, Kluwer, Dordrecht.

Saito, Mamoru (1986) "Three Notes on Syntactic Movement in Japanese," *Issues in Japanese Linguistics*, ed. by Takashi Imai and Mamoru Saito, 301-350, Kluwer, Dordrecht.

Saito, Mamoru (2007) "Notes on East Asian Argument Ellipsis," *Language Research* 43, 203-227.

Saito, Mamoru (2012) "Sentence Types and the Japanese Right Periphery," *Discourse and Grammar*, ed. by Günther Grewendorf and Thomas E. Zimmermann, 147-175, De Gruyter Mouton, Berlin.

Saito, Mamoru and Keiko Murasugi (1990) "N'-Deletion in Japanese: A Preliminary Study," *Japanese/Korean Linguistics* 1, 285-301.

Sakaguchi, Mari (1990) "Control Structures in Japanese," *Japanese/Korean Linguis-*

tics 1, 303-317.
Sato, Yosuke (2012) "Particle-Stranding Ellipsis in Japanese, Phase Theory, and the Privilege of the Root," *Linguistic Inquiry* 43, 495-504.
Shibatani, Masayoshi (1973) "Semantics of Japanese Causativization," *Foundations of Language* 9, 327-373.
柴谷方良（1978）『日本語の分析』大修館書店，東京．
Shinohara, Michie (2006) "On Some Differences between the Major Deletion Phenomena and Japanese Argument Ellipsis," ms., Nanzan University.
Stowell, Timothy (1981) *Origins of Phrase Structure*, Doctoral dissertation, MIT.
Szabolsci, Anna and Marcel den Dikken (2003) "Islands," *The Second Glot International State-of-the-Article Book*, ed. by Lisa Lai-Shen Cheng and Rint Sybesma, 213-240, Mouton de Gruyter, Berlin.
多田浩章（2002）「機能範疇の語彙範疇素性について」日本英語学会第20回大会ハンドアウト．
Takahashi, Masahiko (2012) "On Restructuring Infinitives in Japanese: Adjunction, Clausal Architecture, and Phases," *Lingua* 122, 1569-1595.
Takano, Yuji (2010) "Scrambling and Control," *Linguistic Inquiry* 41, 83-110.
竹沢幸一（2004）「日本語複合述語における否定辞の位置と節構造」『日本語文法学会第5回発表論文集』
Takita, Kensuke (2012) "'Genuine' Sluicing in Japanese," *CLS* 45, 577-592.
Tanaka, Hidekazu (2008) "Clausal Complement Ellipsis," ms., University of York.
Varlokosta, Spyridoula (1994) *Issues on Modern Greek Sentential Complementation*, Doctoral dissertation, University of Maryland.
Watanabe, Akira (1996) "Control and Switch Reference," ms., Kanda University of Foreign Studies.
Williams, Edwin (1980) "Predication," *Linguistic Inquiry* 11, 203-238.
Yoon, James H. (2007) "Raising of Major Arguments in Korean (and Japanese)," *New Horizons in the Analysis of Control and Raising*, ed. by William D. Davies and Stanley Dubinsky, 71-107, Springer, Dordrecht.
Zhang, Niina Ning (to appear) "Understanding S-Selection," *Studies in Chinese Linguistics*.

第 2 章

日本語における補文の分布と解釈*

斎藤　衛

南山大学

　補文標識の種類と分布については，言語間で相違が観察される．(B) が，(A) の英文に対応する日本語文であることに異論はないだろう．

(A)　John thinks [_{CP} that Mary was there].
(B)　ジョンは [_{CP} メリーがそこにいたと] 思っている．

(B) において，英語の補文標識 *that* に対応する日本語の要素は「と」である．しかし，(C) と (D) では異なる対応関係がみられる．

(C)　John forgot [_{CP} that Mary was there].
(D)　ジョンは [_{CP} メリーがそこにいるの] を忘れていた．

ここでは，「と」ではなく，「の」が *that* に対応する．さらに，(E) の最も自然な日本語訳は，(F) であろう．

(E)　John saw [_{vP} Mary leave the room].
(F)　ジョンは [_{CP} メリーが部屋を出るの] を見た．

日本語文 (F) では，(D) と同様に，補文標識の「の」が表れる．しかし，英語文 (E) では，(C) とは異なり，補文標識そのものが存在しない．
　英語の *that* は，「と」および「の」とどのように異なるのだろうか．日本語において，「と」と「の」はどのように使い分けられるのだろうか．

---

* 本章の内容について，瀧田健介氏および査読者お二人から有益なコメントをいただいた．また，川村知子氏と村杉恵子氏には校閲をお願いし，多くの助言をいただいた．この場を借りて，お礼を申し上げる．

第 2 章　日本語における補文の分布と解釈　　　39

本章の構成

英語において，時制文補部は that 節として表れる．(1) に典型的な例を示す．

(1) a.　John said [_CP that he went to London last week].
    b.　John regrets [_CP that he went to London last week].

この 2 例の補文は，表面的には同じ形をしているが，全く同じように解釈されるのだろうか．本論では，対応する日本語文の分析を通して，この問いに答えることを試みる．
　(2a, b) は，(1a, っ) に対応する日本語文である．

(2) a.　太郎は [_CP 先週ロンドンに行ったと] 言った．
    b.　太郎は [_CP 先週ロンドンに行ったの] を後悔している．

この 2 例では，異なる補文標識「と」と「の」が表れる．第 1 部の第 1 節および第 2 節では，この 2 つの補文標識の分布を検討し，「と」の機能が直接引用の言い換えを埋め込むことにあるのに対して，「の」を主要部とする CP は，事象，状態，行為を表すことを示す．この結論は，人間言語が，直接引用の言い換えと事象を表す補文を明確に区別することを意味し，この区別が英語の (1a, b) にも適用されることを示唆する．
　第 3 節では，「と」と「の」の分析をふまえ，意味論に対する帰結を概観する．まず，「事象」と「発話」を意味分析の基本的な概念とする Davidson (1967, 1968-69) の理論をとりあげ，日本語における「と」と「の」の区別が，この理論を直接的に支持する証拠を提示することを見る．また，補文の指示的不透明性に関して，日本語のデータから得られる帰結についても検討する．
　第 2 部では，知覚動詞および叙実動詞の補文に焦点をあて，「の」を主要部とする CP のより詳細な分析を行う．(3) にみられるように，英語の知覚動詞は，時制を欠く小節を補部とする．

(3)　John saw [Mary kick Bill].

第 1 節では，Higginbotham (1983) による知覚動詞補部の不定事象分析 (indefinite event analysis) を紹介し，この分析が (4) を例とする日本語の知覚動詞文の性質をも正しく予測することを示す．

(4)　太郎は [_CP 花子が次郎を蹴るの] を見た．

　典型的な叙実動詞としては，regret, forget などがあり，叙実動詞文は，補文が真であることを前提とすると考えられている．(5) は，Mary lived in Los Angeles が真であることを前提としなければ，意味をなさない．

(5)　John forgot [_CP that Mary lived in Los Angeles].

叙実動詞の補文は，英語においては that 節であり，think や say などの補文と同様の文法構造をもつように見える．然るに，日本語では，(6) が示すように，叙実動詞は，知

覚動詞と同様に「の」を主要部とする CP を補部とする.

(6) 太郎は [$_{CP}$花子が福岡に住んでいたの] を忘れていた.

第2節では，日本語における知覚動詞補文と叙実動詞補文の類似性に基づいて，Higginbotham (1983) の分析が後者にも適用されるべきであることを論じる.

第1部　意味形式における「事象」と「発話」

「と」を主要部とする CP および「の」を主要部とする CP のそれぞれについて，分布と解釈を検討し，意味分析に対する帰結を論じる. 最後に，英語の *that* 節の分析に関して新たに生じる問題にも言及する.

1.　直接引用の言い換えを表す埋め込み文

本節では，日本語の補文標識「と」に焦点をあて，その分布を検討する. 「と」が，英語の *that* よりも，Plann (1982) が分析しているスペイン語の *que* に類似するパターンを示すことを例証した上で，その機能が直接引用の言い換えを埋め込むことにあるとの仮説を提示する.[1]

(7) にみられるように，「と」は直接引用のマーカーでもありうる.

(7) 花子が,「私の弟は天才だ」と言った（思った）こと

この場合，引用される表現は，文である必要はなく，また，文である場合には，主文の性質を有する. (8a, b) は，いずれも適格な文である.

(8) a. 花子が,「あっ！ 壁が」と言ったこと
　　 b. 花子が,「私の妹は天才だよね」と言ったこと

(8b) の引用文は，主文に限定される談話の小辞「よ」と「ね」を伴う.

同時に，「と」は間接引用を埋め込む機能も有する. (9) においては，補文は花子の発話を忠実に再現したものではない.

(9) 花子が自分の妹が天才だと言った（思っている）こと

---

[1] 本節の「と」の分析および次節の「の」の分析については，斎藤 (2013) により詳細な説明がある. 興味あるいは疑問をお持ちの読者は参照されたい.

Haraguchi (2012) が指摘するように，この場合には，補文は談話の小辞を許容しない．

(10) *花子が自分の妹が天才だよねと言った（思っている）こと

本節で扱うのは，間接引用を埋め込む「と」であるが，この場合，「と」は英語の *that* と類似する分布を示すと一般的には考えられているようである．(11) が示すように，*that* も，*say*, *think* といった動詞の補文に表れる．

(11) Mary says (thinks) that her sister is a genius.

しかし，「と」は，*that* とは異なる分布を示す．(12a) では，疑問文が「と」によって埋め込まれているが，(12b) が示すように，*that* は疑問文を補部とすることができない．

(12) a. 太郎は花子に [CP [CP だれが自分に投票するだろうか] と] 尋ねた．
b. *John asked Mary [CP that [CP who will vote for him]].

(12a) のような例は，「と」がスペイン語の補文標識 *que* に近い性質を有することを示唆する．Plann (1982) は，(13) に示す例をあげて，*que* が平叙文のみならず，疑問文も埋め込むことを指摘する．

(13) a. Te preguntan que para qué quieres el préstamo.
you ask(3pl.) that for what want(2sg.) the loan
'They ask you what you want the loan for.'
b. Pensó que cuáles serían adecuados.
thought(3sg.) that which ones would be appropriate
'He wondered which ones would be appropriate.'
c. Sabía que corría.
knew(3sg.) that run(3sg.)
'He knew that he was running.'

(13a, b) では疑問文，(13c) では平叙文が *que* に後続する．

Plann は，さらに，*que*＋疑問文を補部とすることができる主文動詞は，疑問文を選択する動詞ではなく，いわゆる言動と思考の動詞 (verbs of saying and thinking)，すなわち，直接引用と共起しうる動詞であることを示す．(14) の主文動詞は，いずれも，疑問文を選択するが，*que* を許容しない．

(14) Ya supieron /entendieron /recordaron
already found out(3pl.)/understood(3pl.)/remembered(3pl.)
(*que) por qué lo habías hecho.
 that why it had(2sg.) done
'They already found out/understood/remembered why you had done it.'

以上の考察をふまえ，Plann は *que* に2種類あることを提案する．まず，言動と思考の動詞によって選択され，直接引用の言い換えを埋め込む *que* がある．一方で，(13c) の主文動詞は，言動と思考の動詞ではないため，この例においては，平叙文を埋め込むもう1種の *que* が表れていることになる．

Plann の *que* の分析については，Rivero (1994) がこれを支持するさらなる証拠を提示している．*que* が直接引用の言い換えを埋め込むのであれば，疑問文に加えて，他の様々な種類の文を埋め込むことができることを予測する．直接引用は，平叙文や疑問文に限られず，例えば，命令文でもありうるからである．Rivero は，(15) の例を提示して，この予測が正しいことを示す．

(15) a. Dijo que a no molestarle.
 said(3sg.) *que* to not bother-him
 'He said not to bother him.'
 b. Dijo, "¡A no molestarme!"
 said(3sg.) to not bother-me
 'He said, "Don't bother me!"'

(15b) は，命令文を直接引用したものである．これに対して，ほぼ同義の (15a) では，直接引用を間接引用に言い換えた命令文が *que* に後続している．目的語の小辞代名詞が，1人称ではなく3人称であることから，命令文が間接引用であることを確認することができる．

Plann の *que* の分析は，「と」にほぼそのまま適用しうる．*que* と同様に，「と」も様々な種類の文を埋め込む．(16) の例を見てみよう．

(16) a. 花子は太郎に [CP 彼女の家にいろと] 命じた．
 b. 花子は太郎を [CP 彼女の家に行こうと] 誘った．

(16a) では命令文，(16b) では勧誘文が，「と」の下に埋め込まれている．(17) から明らかなように，英語の *that* は，これらの文を埋め込むことができない．

(17) a. *Mary ordered John that be at her house.

b. *Mary invited John that let's go to her house.

「と」が直接引用の言い換えを埋め込む機能を有するが故に，(16a, b) は，(18a, b) に対応する間接引用の例として可能であると考えられる．

(18) a. 花子は太郎に，「私の家にいろ」と 命じた．
b. 花子は太郎を，「私の家に行こう」と 誘った．

さらに，「と」の分布は，2 種類の *que* があるとする Plann の提案を裏付ける証拠となる．まず，「と」を選択する主文動詞にどのようなものがあるかを見てみよう．(19) は，その部分的なリストである．

(19) 「と」を選択する動詞
思う，考える，感じる，信じる，言う，叫ぶ，主張する，尋ねる，期待する，確認する

これらは，いずれも言動と思考の動詞であり，直接引用と共起しうる．以下に，直接引用の例を示す．

(20) a. 太郎は，その時，「俺はダメだな」と思い，落ち込んでいた．
b. 太郎は，「俺が花子を助けるぞ」と叫んで，自らを奮い立たせた．
c. 太郎は，「なぜ私ばかりが出張させられるんですか」と課長に尋ねた．

「と」を選択する主文動詞が，言動と思考の動詞に限定されているとすれば，「と」は，*que* と異なり，直接引用の言い換えの埋めこみに特化した補文標識であると言えよう．(13c) に見たように，*que* は平叙文をも埋め込み，この場合には，主文動詞が言動と思考の動詞である必要はない．この例に対応する日本語文は，(21) であり，補文には「と」ではなく，「の」が表れる．

(21) 太郎は，[$_{CP}$ 花子が彼の家に来るの] を知っていた．

Plann が提案する 2 種類の *que* は，日本語では音声的にもはっきりと区別されるようである．したがって，「と」と「の」の区別は，*que* に 2 種類あるとする Plann の分析を支持する明確な証拠となる．

「の」の性質については，次節で詳細に検討するが，その前に，動詞による補文標識の選択が，Plann (1982) が仮定しているように，局所的であることを確認しておこう．これまでの議論で，言動と思考の動詞が「と」を選択することを見た．以下の対比は，この分析により導かれる．

(22) a.　太郎は [CP [CP 彼の妹がそこにいたか] と] 尋ねた．
　　　b. *太郎は [CP [CP 彼の妹がそこにいたか] と] 知りたがっている．

「尋ねる」と「知りたがる」は，疑問文を選択する動詞であり，(23a, b) は双方とも文法的に適格である．

(23) a.　太郎は [CP 彼の妹がそこにいたか] 尋ねた．
　　　b.　太郎は [CP 彼の妹がそこにいたか] 知りたがっている．

しかし，(22) では，主文動詞が「か」ではなく，「と」と選択関係にあるため，主文動詞が言動の動詞である (22a) のみが許容される．
　同様に，(24) の文法性も正しく予測される．

(24)　太郎は，その時，[CP [CP 彼の妹がそこにいただろうか] と] 思い，心配になった．

次の例が示すように，「思う」は，疑問文を選択しない．

(25) *太郎は，その時，[CP 彼の妹がそこにいただろうか] 思った．

しかし，(24) において，「思う」と選択関係にあるのは，疑問の補文標識「か」ではなく，「と」である．「思う」が思考の動詞であることから，この例が文法的に適格であることが正しく予測される．
　このコンテクストで，(26) の対比は興味深いものである．

(26) a. *花子は [CP 彼女の弟に何ができるか] 言い張った．
　　　b.　花子は [CP [CP 彼女の弟に何ができるか] と] 言い張った．

(26a) は，「言い張る」が疑問の補文標識「か」を選択せず，疑問文を補部とすることができないことを示す．(26b) も，花子の発話が通常の疑問を表す文であった場合には，意味をなさない．これは，疑問を表す文の内容を言い張ることができないことに起因すると考えられる．しかし，主文としての疑問文には，通常の疑問に加え，修辞疑問としての解釈がある．例えば，(27) は，太郎には何もできないということを表しうる．

(27)　太郎に何ができるか．

(26b) は，埋め込まれた疑問文を修辞疑問と解釈した場合には，許容される．したがって，(26b) は，「と」が，花子の修辞疑問文を言い換えて，埋め込むことができることを示す例と捉えることができる．

2. 事象，状態，行為を表す補文

　補文標識の「と」と「の」の区別については，久野 (1973) に先駆的な考察がある．久野は，「の」が，補文が真であることが前提となっている場合に用いられるのに対して，「と」にはそのような性質がないとする．以下の対比を見る限り，この考察は正しいように思われる．

(28) 太郎は [$_{CP}$ 阪神が優勝した時に，川に飛び込んだの] を後悔している．
(29) 花子は [$_{CP}$ 阪神が優勝した時に，太郎が川に飛び込んだと] 言っている．

(28) は太郎が川に飛び込んだことを前提としているが，(29) にはそのような前提はない．

　しかし，Josephs (1976) が指摘しているように，「の」を選択する動詞を見る限り，久野の一般化は維持することができない．[2] 「の」を選択する述語の例を (30) に示す．

(30) a. 「の」を補部主要部として選択する動詞
　　　　忘れる，後悔する，知っている，見る，感じる，待つ，ためらう，拒否する，受け入れる，期待する，確認する
　　 b. 「の」を主語主要部として選択する述語
　　　　明らかだ，可能だ，簡単だ，大変だ，むずかしい

「忘れる，後悔する」は，補文が真であることを前提とする叙実動詞であると考えられているが，例えば，「待つ，期待する」は明らかに叙実動詞ではない．同時に，久野の一般化は全く的外れであるわけでもない．「と」を選択する叙実動詞は存在せず，叙実動詞は必ず「の」を選択する．

　では，「の」を主要部とする CP は，どのように解釈されるのだろうか．(30a) に示した動詞は，事象，状態，行為を項とするようである．忘れたり，後悔したりするのは過去の事象であり，待ったり，期待したりするのは，未来の事象や状態である．また，ためらったり，拒否したりするのは，行為の遂行である．(30b) の形容動詞，形容詞についても，同様のことが言える．明らかなのは事象や状態であり，簡単だったり，むずかしかったりするのは行為の遂行であろう．

---

[2] 久野 (1973) も，反例があることを明記しており，厳密な一般化として提示しているわけではない．

以上の分析が正しければ，「と」を主要部とする CP と「の」を主要部とする CP は，全く異なる解釈を受けることになる．したがって，以下の例にみられるように，両者が共起する場合があることは不思議ではない．

(31)　太郎は，[CP 自分がばかだったと] [CP 川に飛び込んだの] を後悔した．
(32)　太郎は，[CP 花子がきっと自分を助けてくれると] [CP 彼女がくるの] を期待した（待った）．

(31) の「後悔する」は「の」を選択する動詞であり，太郎が後悔したのは，川に飛び込んだことである．もう一方の CP は，太郎がその時思ったことを表している．この例は，直接引用を含む (33) として言い換えることができる．

(33)　太郎は，「俺はばかだった」と（思い），[CP 川に飛び込んだの] を後悔した．

一方，(34) の例は，(32) の「期待する」が，「と」と「の」の双方を選択することを示唆する．

(34) a.　太郎は，[CP 花子が助けにきてくれると] 期待した．
　　 b.　太郎は，[CP 花子が助けにきてくれるの] を期待した．

しかし，2 つの CP が共起する (32) では，やはり，「の」を主要部とする CP が補部として解釈され，「と」を主要部とする CP は，太郎が思ったことを表す．この例は，(35) のように言い換えることができる．

(35)　太郎は，「花子が僕をたすけてくれる」と（思い），[CP 彼女がくるの] を期待した．

第 6 章に詳しく紹介されているように，Murasugi (1991) などで，2～4 歳の幼児が，関係節に補文標識の「の」を過剰生成する事実が検討されてきた．(36) は，その例である．

(36) a.　[お花持ってるの] ワンワ　(2;6)
　　 b.　[ぶたさんたたいてるの] たいこ　(2;11)

この事実も，「の」を主要部とする CP が，事象や状態を表すとする仮説を支持する証拠となる．

Murasugi は，幼児が「の」を過剰生成する理由として，日本語の関係節が TP であるにもかかわらず，幼児は当初，関係節が英語と同様に CP であると仮定するとしている．(37), (38) が示すように，英語の関係節は補文標識を

伴うが，日本語の関係節では補文標識が表れない．

(37) the book [$_{CP}$ that Mary bought]
(38) [$_{TP}$ 花子が買った] 本

Murasugi の仮説によれば，日本語を母語とする幼児は，当初，関係節を CP とみなし，その主要部に補文標識を生成する．その後，経験を通して，日本語の関係節が TP であることを獲得した段階で，「の」の過剰生成が終息することになる．この分析は，関係節を TP とする言語と CP とする言語があり，幼児は，無標の選択である後者から出発することを意味する．

　この分析をふまえて，幼児は，CP 関係節の主要部として，なぜ「と」ではなく，「の」を過剰生成するのかということが，最後の問いとして残る．Murasugi (2009) はこの問題をとりあげ，(39) に示す Schachter (1973) の一般化との関係において論じている．

(39) 多くの言語において，分裂文と関係節に同じ補文標識が表れる．[3]

日本語の分裂文では，(40) が示すように，「と」ではなく「の」が表れる．

(40) [$_{CP}$ 太郎が部屋を飛び出していったの] は，このドアからだ．

したがって，幼児が「の」を関係節に過剰生成することは，Schachter の一般化に合致する．しかし，同時に，この議論はより大きな問題を提示する．なぜ，分裂文や関係節に表れる補文標識は，「と」ではなく，「の」であるのか．

　「と」が直接引用の言い換えを埋めこみ，「の」を主要部とする CP が事象，状態，行為を表すとすれば，この問いに対する答えは明白であろう．分裂文の主語に位置する CP は，直接引用の言い換えではなく，事象，状態，行為を表す．(40) は，「太郎が部屋を飛び出していった」という事象について，その事象は「このドアからだ」と述べる文である．(38) の関係節もまた，直接引用の言い換えではない．「花子が本を買った」という事象に基づいて，「本」を修飾する関係節が形成されているのである．

3. 意味論に対する帰結

　日本語にみられる「と」と「の」の相違から，統語論においても意味論においても，多くの帰結を導きだしうる．本節では，補文の意味表示および指示的

---

[3] 日本語分裂文の分析については，Hoji (1990), Murasugi (1991) を参照されたい．

不透明性について，どのような結論を導きうるかを考える．[4] 3.1 節では，「と」の「の」の区別が，Davidson (1967, 1968-69) の意味表示理論を支持するものであることを示し，3.2 節においては，Frege (1892) 以来問題とされてきた補文の意味的不透明性に関する帰結を概観する．

3.1. Davidson (1967, 1968-69) の意味形式

これまで見てきた「と」と「の」の分布と意味解釈は，人間言語において，直接引用の言い換えと事象の叙述が明確に区別されることを示す．この区別を意味表示に直接反映することを可能にする理論としては，事象と発話を意味表示の基本的な概念とする Davidson (1967, 1968-69) のものがある．まず，この理論を概観し，「と」と「の」を主要部とする CP がどのような意味表示を形成するのかを考えていくことにしよう．

Davidson (1967) は，事象を叙述する文の意味形式が，事象そのものに言及することを提案する．例えば，(41) の意味形式は，(42b) のようになる．

(41) Mary opened the door with the key.
(42) a. [e: opened (Mary, the door, e) & with (e, the key)]
  b. ∃e [opened (Mary, the door, e) & with (e, the key)]

(42a) における e は，事象 (event) であり，コロンの後は，e がどのような事象であるかを述べている．具体的には，e が，「メリーがそのドアを開けた」という事象であること，また，この事象が「その鍵」を用いてなされたということを示す．(41) は，この事象の存在を叙述しており，したがって，∃e という e の存在を表す計量詞を伴う (42b) を意味表示とする．

このような意味表示を仮定する 1 つの根拠は，(41) が (43) を含意することにある．

(43) Mary opened the door.

もし (41) の opened が 3 項動詞であり，(43) の opened が 2 項動詞であれば，この推論を捉えることができない．(44b) を (44a) から論理的に導くことができないからである．

(44) a. opened_1 (Mary, the door, the key)

---

[4] 統語論，特に，Rizzi (1997) が提唱するカートグラフィー理論に関する帰結については，斎藤 (2013) を参照されたい．

b. opened$_2$ (Mary, the door)

他方，(42b) は (45) を論理的帰結とし，この推論に説明を与える．

(45) ∃e [opened (Mary, the door, e)]

Davidson (1967) の理論は，事象を述語の項とするものであり，その結果として，Higginbotham (1983) が指摘するように，事象を叙述する補文を項として分析することを可能にする．Higginbotham は，(46) の知覚文に (47) の意味表示を与える．[5]

(46) John saw [Mary kick Bill].
(47) see (John, [e: kick (Mary, Bill, e)])
   (at some time t in the past)

(46) において，*saw* の補部は時制を有しない文，すなわち小節であるが，これは，「メリーがビルを蹴る」という事象を表す．(47) は，「ジョンがこの事象 e を見た」という意味であり，(48) と同義である．

(48) see (John, e) and kick (Mary, Bill, e)
   (at some time t in the past)

(48) では，'see (John, e)' は「ジョンが e を見る」こと，'kick (Mary, Bill, e)' は「e が，メリーがビルを蹴るという事象である」ことを示す．

この分析は，「の」を主要部とする CP に直接適用しうる．(49) を例にとって，考えてみよう．

(49) 太郎は [$_{CP}$ 花子が次郎を蹴るの] を見た．

前節の分析が正しければ，「の」を主要部とする CP は，事象，状態，行為を

---

[5] Higginbotham (1983) の知覚文の分析については，第 2 部でより詳細かつ正確に説明する．(46) の主文も事象を表し，意味表示は (i) とすべきであるが，補文の解釈が論点であることに鑑みて，(47) に示す簡略化した表示を仮定する．

(i) ∃e′ [see (John, [e: kick (Mary, Bill, e)], e′)]
   (at some time t in the past)

また，ここでは，事象を中心に議論を進めているが，状態 (state) や行為 (action) も同様の意味表示をもつと考えられる．例えば，(ii) には (iii) の意味表示を与えうる．

(ii) John is tall
(iii) tall (John, s)

表す．したがって，(49) の補文は，以下の意味表示をもつと考えられる．

(50)　[e: 蹴る（花子, 次郎, e)]

(50) は，「花子が次郎を蹴るという事象」を意味する．これを補文の意味表示として採用すれば，(49) の意味表示は，(51b) と同義である (51a) になる．

(51)　a.　見る（太郎, [e: 蹴る（花子, 次郎, e)])
　　　　　（過去のある時点 t において）
　　　b.　見る（太郎, e) and 蹴る（花子, 次郎, e)
　　　　　（過去のある時点 t において）

Higginbotham の知覚文の分析は，事象が項として意味表示に表れるとする Davidson の提案を支持するものであるが，日本語においては，補文の事象としての解釈が，「の」という補文標識によって明示されることに注目されたい．この点において，日本語から得られるデータは，より直接的な証拠を提示すると言えるだろう．

では，「と」を主要部とする CP は，どのように分析されるのだろうか．Davidson (1968-69) は，すでに，言動動詞の補文は，直接引用の言い換えを表すとする分析を提案している．例えば，Davidson によれば，(52) の意味表示は (53) である．

(52)　Galileo said that the Earth moves.
(53)　∃u [said (Galileo, u) & SS (u, that)]]　　[The Earth moves]

ここで，u は発話（utterance）であり，said (Galileo, u) は，「ガリレオが u と言った」ということである．SS は，same-saying の略で，Plann (1982) の「言い換え」と同義と考えてよい．意味表示の最後に表れる [The Earth moves] は that の意味内容を表している．したがって，(53) は，「ガリレオが，The Earth moves と言い換えられる発話をした」という意味になる．[6]

Lahiri (1991) は，第 1 節で紹介した Plann (1982) の *que* の分析をとりあげ，Davidson の意味表示が，疑問文を埋め込むことができる *que* の性質を捉えうることを指摘する．「と」についても同様で，(54) には (55) の意味表示

---

[6] Davidson は，補文標識の *that* を指示詞であると考えており，(53) は，この点において正確さを欠く．(i) がより適切であると考えられるが，本論では，Davidson の意味表示を仮定して議論を進める．

　　(i)　∃u [said (Galileo, u) & SS (u, 'The Earth moves')]

が与えられる．

(54) 太郎は [_CP [_CP だれが笑ったか] と] 訊いた．
(55) ∃u [訊いた（太郎，u）& SS（u, that）]]　[だれが笑ったか]

このような意味表示が可能であるのは，発話とその言い換えを基本的な概念として認める Davidson の考えに拠ることは言うまでもない．Lahiri がすでに，*que* による疑問文の埋め込みが，Davidson の意味表示を支持する証拠となることを指摘しているが，「と」は，直接引用の言い換えに特化した補文標識であり，日本語においては，Davidson の意味表示がより明確に文法構造に反映されていると言える．

本節では，事象と発話の言い換えの埋めこみを，「の」と「と」という補文標識によって明確に示す日本語文法が，事象と発話を意味表示の基本的概念とする Davidson の理論を支持するものであることを見た．事象を項とする文の意味表示については，第 2 部でより詳細に検討するが，その前に，次節で，「の」と「と」の区別から，補文の指示的不透明性についてどのようなことが言えるかを考える．

3.2. 補文の指示的不透明性の根拠について

(56b) にみられる補文の指示的不透明性は，Frege（1892）以来問題とされてきた．

(56) a.　Mary saw a unicorn.
　　 b.　John thinks [_CP that Mary saw a unicorn].

(56a) は，ユニコーンが存在することを含意する．他方，この文を (56b) のように埋め込むと，ユニコーンの存在は含意されない．ユニコーンが実在しなければ，(56a) は偽であるが，(56b) は真でありうる．英語の例を見る限り，(57) の補文の指示的不透明性も，(56b) と同様の現象であると考えるのが自然であろう．

(57) John feared [_CP that a unicorn would appear].

この例においても，*a unicorn* は *that* 節に埋め込まれており，その存在が含意されない．

しかし，(56b) と (57) に対応する日本語文を考慮すると，異なる結論が得られる．(58) と (59) を考えてみよう．

(58) 太郎は [_CP 花子が麒麟を見たと] 思っている．
(59) 太郎は [_CP 麒麟が現れるの] を恐れた．

いずれの例も，(56b) や (57) の場合と同じように，麒麟の存在を含意しない．(58) の補文は，「と」を主要部とし，直接引用の言い換えとして解釈される．この例の指示的不透明性は，ここから導かれると考えられる．「麒麟」が直接引用あるいはその言い換えに表れたとしても，麒麟が存在することにはならない．他方，(59) の補文は，「の」を主要部とし，事象を表す．この場合の指示的不透明性は何に起因するのだろうか．

他動詞に，外延的他動詞と内包的他動詞があることは，よく知られている．前者は目的語の存在を含意するが，後者にはそのような性質がない．(60) と (61) にそれぞれの例を示す．

(60) a. 花子は麒麟を蹴った．
　　 b. 花子は麒麟を目撃した．
(61) a. 太郎は麒麟を探し歩いた．
　　 b. 太郎は麒麟を恐れた．

(60) の例は，麒麟が存在しなければ真ではありえない．しかし，麒麟が存在しなくても，麒麟を探し歩いたり，麒麟を恐れることは可能であり，(61) の例は真でありうる．

この区別は，動詞が「の」を主要部とする CP を補部とする場合にも適用される．まず，(62) の例を考えよう．

(62) 太郎は [_CP 麒麟が現れるの] を目撃した．

この例は，麒麟の存在を含意する．「目撃する」は外延的動詞であるため，目的語である「麒麟が現れるという事象」の存在を含意する．「麒麟が現れるという事象」が実際にあるのであれば，麒麟も存在しなければならない．Higginbotham (1983) は，(62) のような例にみられる補文の指示的透明性は，(63) と同じように説明されるものとしている．

(63) 太郎は麒麟の出現を目撃した．

この例においても，目的語は「麒麟が現れるという事象」として解釈される．

(59) にみられる補文の指示的不透明性は，(61b) と同様に説明される．「恐れる」は内包的動詞であるため，(59) は「麒麟が現れるという事象」の存在を含意せず，したがって，麒麟の存在も含意しない．(63) と対比をなす (64)

も，麒麟がいなくても真でありうるのである．

(64) 太郎は麒麟の出現を恐れた．

この説明が正しければ，(59) の補文の指示的不透明性は，(58) とは異なり，主文動詞が内包的動詞であることに起因することになる．さらに，(56b) と (57) の英語文が，対応する (58) と (59) の日本語文と同様に解釈されるのであれば，この2文の補文の指示的不透明性にも，異なる説明が与えられなければならないという結論を得る．

4. 英語の不思議

まず，これまでに得られた結論を簡単にまとめておこう．日本語では，「と」を主要部とする CP と「の」を主要部とする CP は，異なる分布を示し，異なる解釈を受ける．「と」は直接引用の言い換えを埋め込み，「の」を主要部とする CP は事象，状態，行為を表す．この区別は，Plann (1982) によるスペイン語の補文標識 *que* の分析を支持する直接的な証拠を提示し，また，Davidson (1967, 1968-69) の理論によって適切に捉えることができる．(65a) と (66a) の意味形式は，それぞれ (65b) と (66b) のようになる．

(65) a. 太郎は [$_{CP}$ 花子が麒麟を蹴ったと] 言った．
 b. $\exists u$ [言った (太郎, u) & SS (u, that)]　[花子が麒麟を蹴った]
(66) a. 太郎は [$_{CP}$ 花子が次郎を蹴ったの] を忘れていた．
 b. 忘れていた (太郎, [e: 蹴った (花子, 次郎, e)])

この分析は，(65a) と (66a) に対応する英語文 (67) と (68) も同様に異なる解釈を受けることを示唆する．

(67) John said that Mary kicked a unicorn.
(68) John forgot that Mary kicked Bill.

そうであれば，英語の補文標識 *that* は均一ではなく，*que* と同様にあいまいであることになる．(67) では直接引用の言い換えを埋めこみ，(68) では事象を表す CP の主要部である．

ここで，英語に関して興味深い問題が生じる．*that* が直接引用の言い換えを埋め込むことができるのであれば，なぜ英語では疑問文や命令文が *that* に後続することができないのだろうか．(69) に対応する英語の (70) は，文法的に不適格である．

(69)　太郎は [$_{CP}$ [$_{CP}$ 花子がどこへ言ったか] と] 訊いた．
(70)　*John asked [$_{CP}$ that [$_{CP}$ where Mary went]].

本論では，that が特殊な性質をもつようであることを指摘するに留めるが，Saito (2015) で触れているように，(70) の非文法性については，Rizzi (1997) が提案する CP の階層性に基づく様々な統語的分析が考えられる．スペイン語や日本語の考察から明らかになった英語分析の問題として，興味のある方はぜひ追究されたい．

第2部　知覚動詞と叙実動詞の補文に関する考察

　第1部第3節で，補文の指示的不透明性について論じ，指示的に透明な補文もあることを紹介した．典型的な英語の例としては，以下に示す知覚動詞の補文と叙実動詞の補文がある．

(71)　John saw [Mary kick a unicorn].
(72)　Mary regrets [that she kicked a unicorn].

いずれの例もユニコーンの存在を含意するが，(71) の補文は時制を欠く小節であるのに対して，(72) の補文は that 節であるため，筆者が知る限り統一的な説明は追究されてこなかった．然るに，日本語においては，(73)，(74) にみられるように，知覚動詞の補文も叙実動詞の補文も，「の」を主要部とする CP として表れる．

(73)　太郎は [$_{CP}$ 花子が麒麟を蹴るの] を見た．
(74)　花子は [$_{CP}$ (自分が) 麒麟を蹴ったの] を後悔している．

この事実は，(73) と (74)，ひいては (71) と (72) が同様に分析されるべきことを示唆する．第2部では，この可能性を追究する．
　第1節では，すでに紹介した Higginbotham (1983) の英語知覚文の分析をより詳細に検討し，日本語知覚文の性質にも説明を与えることを示す．第2節では，Higginbotham の分析を日英語の叙実文に適用した上で，知覚文と叙実文の相違をとりあげて，主な相違点には独立した説明が可能であることを論じる．

1. Higginbotham の個別事象分析と「の」を主要部とする CP

　Barwise (1981) が状況意味論の主たる証拠として，知覚動詞補文の分析を提示したことを受けて，Higginbotham (1983) は代案として個別事象分析 (individual event analysis) を展開した．第 1 部第 3 節では (75b) を (75a) の意味表示としたが，知覚動詞が目的語の存在を含意する外延的動詞であることから，より正確には Higginbotham は (75c) を意味表示として提案している．

(75) a.　John saw [Mary kick Bill].
　　 b.　see (John, [e: kick (Mary, Bill, e)])
　　　　 (at some time t in the past)
　　 c.　[∃e: kick (Mary, Bill, e)] see (John, e)
　　　　 (at some time t in the past)

メリーがビルを蹴るという事象が存在し，ジョンがその事象を目撃したという意味である．

　上述したように，知覚動詞補文の指示的透明性は，この分析から導かれる．例えば，(76a) の意味表示である (76b) は，(76c) と同義であり，(77a) の意味表示である (77b) を論理的帰結とする．

(76) a.　John saw [Mary kick a unicorn].
　　 b.　[∃e: [∃x: x is a unicorn] kick (Mary, x, e)] see (John, e)
　　　　 (at some time t in the past)
　　 c.　∃e ([∃x: x is a unicorn] kick (Mary, x, e) and see (John, e))
　　　　 (at some time t in the past)
(77) a.　Mary kicked a unicorn.
　　 b.　∃e [∃x: x is a unicorn] kick (Mary, x, e)
　　　　 (at some time t in the past)

したがって，(76a) は (77a) と同じように，ユニコーンの存在を含意する．

　Higginbotham はさらに，Barwise が指摘する知覚動詞補文の他の性質も，この分析の帰結として導かれることを示す．(78a, b) がその代表的なものである．

(78) a.　α が 'John sees 小節' という文であり，小節が計量詞を含まなければ，α は小節に対応する現在時制の文を含意する．

b. α が 'John sees 小節' という文であり，小節を作用域とする存在の計量詞があれば，α はその存在の計量詞が主文を作用域とする文を含意する．

(78a) については，(75) の例から明らかであろう．(75a) の意味表示である (75c) は，(79a) と同義であり，(79b) を論理的帰結とする．

(79) a.　∃e (kick (Mary, Bill, e) and see (John, e))
　　　　(at some time t in the past)
　　b.　∃e kick (Mary, Bill, e)
　　　　(at some time t in the past)

(78a) に「小節が計量詞を含まなければ」という条件が付されているのは，*no* (*one*)，*exactly three* (*people*)，*only three* (*people*) のような計量詞を考慮してのことである．例えば，(80a) は (80b) を含意しない．

(80) a.　John saw no one leave.
　　b.　No one left.

しかし，Higginbotham は，計量詞が単調増加 (monotone increasing) の性質を有する場合には，小節が計量詞を含んでいても，(78a) の条件法が成立することを指摘する．単調増加計量詞とは，(81a) が真である時，(81b) も真であるような計量詞 Q として定義される．

(81) a.　∀x (A (x) → B (x))
　　b.　[Qx: C (x)] A (x) → [Qx: C (x)] B (x)

例えば，A, B, C を以下のように定義してみよう．

(82) a.　A (x) … x は身長が 250 cm 以上である．
　　b.　B (x) … x は身長が 150 cm 以上である．
　　c.　C (x) … x は人である．

Q が *no* であれば，(81a) は (81b) を含意せず，したがって，*no* は単調増加計量詞ではない．身長が 250 cm 以上であれば，身長は 150 cm 以上である．しかし，身長が 250 cm 以上の人がいないことを根拠に，身長が 150 cm 以上の人もいないという結論を導くことはできない．他方，存在の *some* や全称の *every* は単調増加である．前者を例にとれば，身長が 250 cm 以上の人がいれば，身長が 150 cm 以上の人も存在することになる．

そして，(83) が示すように，小節が *some* を含む場合にも，(78a) の条件法は成立する．

(83) John saw someone leave. → Someone left.

この事実も，Higginbotham の個別事象分析によって説明される．(83) の知覚文には，(84a) の意味表示が与えられる．

(84) a. [∃e: [∃x: x is a person] leave (x, e)] see (John, e)
(at some time t in the past)
b. ∃e ([∃x: x is a person] leave (x, e) and see (John, e))
(at some time t in the past)
c. ∃e [∃x: x is a person] leave (x, e)
(at some time t in the past)

(84a) は (84b) と同義であり，(84c) はその論理的帰結として導かれる．
次に，(78b) の例として，(85) を見てみよう．

(85) John saw someone leave. → There is someone whom John saw leave.

(84b) は，(86) と同義であることから，この条件法も個別事象分析が正しく予測する．

(86) [∃x: x is a person] ∃e (leave (x, e) and see (John, e))
(at some time t in the past)

Higginbotham (1983) による知覚動詞補文の個別事象分析を概観したが，この分析は日本語知覚文の性質をも正しく捉える．(87) が示すように，日本語の知覚動詞は，「と」ではなく「の」を主要部とする CP を補部にとる．

(87) a. 花子は [_CP 麒麟が次郎を蹴るの] を見た．
b. *花子は [_CP 麒麟が次郎を蹴ると] 見た．

第1部の分析に従えば，この事実は，知覚動詞が事象を表す CP を補部とすることを意味し，Higginbotham の分析に合致する．(87a) の意味形式は，対応する英語の例と同様に，(88) であると考えられる．

(88) [∃e: [∃x: x は麒麟である] 蹴る (x, 次郎, e)] 見る (花子, e)
(過去の時点 t において)

(87a) の補文は，指示的に透明であり，この例は，麒麟の存在を含意する．また，(87a) は (78) に示した性質を有し，(89a) と (89b) を含意する．

(89) a. 麒麟が次郎を蹴った．
　　 b. 花子がそれが次郎を蹴るのをみた麒麟が存在する．

英語知覚文の場合と同じように，これらの性質は，(88) の意味形式の帰結として説明される．

　Higginbotham 自身が指摘するように，個別事象分析によれば，英語の知覚動詞補部は，統語的には小節であるにも拘らず，意味的には不定事象（indefinite event）を表す名詞句として解釈されることになる．(90) に再掲する (75) を例にとって，考えてみよう．

(90) a. John saw [Mary kick Bill].
　　 b. see (John, [e: kick (Mary, Bill, e)])
　　　　(at some time t in the past)
　　 c. [∃e: kick (Mary, Bill, e)] see (John, e)
　　　　(at some time t in the past)

(90b) において，「メリーがビルを蹴るという事象」が目的語となっており，(90c) では，この目的語が文全体を作用域とする．この点に鑑みて，「の」を主要部とする CP が項として表れる場合には必ず格助詞を伴うことは興味深い．名詞句としての解釈が，統語的にも反映されていると考えることができよう．[7]

　日本語の知覚文は，Higginbotham の分析を支持するものであるだけでなく，個別事象分析が，彼が想定していたよりも，より広範に適用されることを示唆する．Higginbotham は，知覚動詞の補文が小節であるが故に，不定事象として解釈されるとし，その根拠として，同様に小節である使役動詞の補文も不定事象を表すことを指摘している．以下の例を見てみよう．

(91) a. John made [a unicorn run].
　　 b. [∃e: [∃x: x is a unicorn] run (x, e)] cause (John, e)
　　　　(at some time t in the past)

---

[7] この点からも，「の」が名詞的であることは明らかであり，少なくとも名詞と素性を共有すると考えられる．しかし，「の」の範疇を特定することは，それ自体さほど重要なことではないと思われるので，本論では引き続き補文標識として扱う．

(91a) は,「ユニコーンが走るという事象」をジョンが引き起こしたという意味である．(91a) は,知覚文の場合と同様に,ユニコーンの存在に加え,(92a) と (92b) を含意する．

(92) a. A unicorn ran.
b. There is a unicorn that John made run.

これらの事実は,使役動詞補部の小節を事象とする (91b) の意味形式から説明される．

日本語使役動詞の補部も小節であり,小節が不定事象として解釈されるという Higginbotham の一般化が当てはまる．(93a) は,日本語使役文の例である．

(93) a. 花子が太郎に自分の弟をほめさせた．
b. 花子が [太郎に自分の弟をほめ] させた．

この例は,「ほめさせる」を動詞とする単文のように見えるが,Kuroda (1965) 以来,(93b) のように埋めこみ構造を有すると考えられている．まず,主語指向性を示す「自分」が,(93a) では「花子」と「太郎」のいずれも先行詞としうる．この事実は,「太郎」が埋め込み文の主語であることを示唆する．加えて,Oshima (1979) が指摘するように,(94) において,「彼女」は「花子」と同一指示であると解釈しうる．

(94) 花子が太郎に彼女をほめさせた．

もし (94) が単文であるとすれば,この同一指示は,束縛原理 (B) によって排除されることが予測される．したがって,この例も,使役文が埋めこみ構造を有する証拠となる．

(93b) から明らかなように,使役動詞の補文は時制を欠く小節である．[8] また,英語の対応する文と同様に,(95a) は,麒麟の存在および (95b),(95c) を含意する．

(95) a. 花子が太郎に麒麟を追いかけさせた．
b. 太郎が麒麟を追いかけた．
c. 花子が太郎にそれを追いかけさせた麒麟が存在する．

---

[8] 英語の知覚動詞,使役動詞,そして日本語の使役動詞の小節補部は,統語的には,vP であると考えられる．日本語使役文の正確な統語構造については,例えば,Murasugi and Hashimoto (2004) を参照されたい．

したがって，(95a) は，事象を使役動詞の目的語とする (96) の意味形式をもつと考えられる．

(96)　[∃e: [∃x: x は麒麟である] 追いかける（太郎，x，e)］
　　　引き起こす（花子，e）　　　（過去の時点 t において）

日本語の使役文においても，小節が不定事象として解釈されるようである．
　しかし，日本語の知覚文においては，事情が異なる．(97) が示すように，知覚動詞の補部は，「の」を主要部とする CP であり，かつ，補文の時制は非過去でも過去でもありうる．

(97)　a.　太郎は [$_{CP}$ 麒麟が部屋に入るの] を見た．
　　　b.　太郎は [$_{CP}$ 麒麟が部屋に入ったの] を見た．

本節で提案した日本語知覚動詞補文の分析が正しければ，Higginbotham の個別事象分析は小節だけではなく，時制を伴う CP にも適用されることになる．
　さらに，「の」を主要部とする CP は，事象，状態，行為として解釈されるとする第 1 部の結論は，個別事象分析が (98) のような叙実動詞文にも適用されることを示唆する．

(98)　太郎は [$_{CP}$ 花子がロンドンにいるの] を忘れていた．

次節では，Higginbotham の個別事象分析が，日英語の叙実動詞文の性質も正しく捉えることを示した上で，知覚動詞文と叙実動詞文の相違についても詳細に見ていくことにする．

2.　叙実動詞補文の個別事象分析

　第 1 部で見たように，日本語の叙実動詞は，知覚動詞と同様に，「の」を主要部とする CP を補部とする．さらに，叙実動詞の補文は，Higginbotham が分析を与えた知覚動詞の補文と類似する性質をもつようである．(99) を例にとって考えてみよう．

(99)　花子は [$_{CP}$ *pro* 麒麟を蹴ったの] を後悔している．

(99) の補文は，指示的に透明であり，この例は麒麟の存在を含意する．さらに，(99) は，(100a) と (100b) をも含意する．

(100)　a.　花子が麒麟を蹴った．

b. 花子がそれを蹴ったのを後悔している麒麟が存在する．

これらの事実は，叙実文に個別事象分析を適用し，例えば，(99) に (101) の意味形式を与えることにより，説明される．[9]

(101) [∃e: [∃x: x は麒麟である] 蹴った (Hanako, x, e)]
後悔する (Hanako, e)

　日本語の知覚動詞補文と叙実動詞補文は，いずれも「の」を主要部とする CP であり，同様の意味解釈を受けることは不思議ではない．一方，英語においては，知覚動詞補文が小節であるのに対して，叙実動詞補文は *that* 節であり，統語的に異なる．しかし，叙実動詞補部の *that* 節も，知覚動詞補部の小節と同様の性質を示す．まず，以下の例は，いずれもユニコーンの存在を含意する．

(102) a. John forgot that Mary bit a unicorn.
b. Mary regrets that she bit a unicorn.

また，いずれの例も，(103) および *a unicorn* が主文を作用域とする文を含意する．

(103) Mary bit a unicorn.

したがって，Higginbotham が知覚動詞補文の個別事象分析の根拠とした事実は，叙実動詞補文においても観察される．日本語の叙実文と同様に，英語の叙実文にも分析を適用して，例えば (102a) の意味形式を (104) とすることが妥当であると考えられる．

(104) [∃e: [∃x: x is a unicorn] bit (Mary, x, e)] forgot (John, e)

　日本語において，知覚動詞と叙実動詞の補文がいずれも「の」を主要部とする CP であることを手掛かりとして，Higginbotham (1983) の知覚動詞補文の個別事象分析を叙実動詞補文にも適用することを提案したが，この2種類

---

[9] 叙実動詞補文については，不定事象ではなく，事象の確定記述 (definite description) として分析する方が妥当かもしれない．その場合には，(101) の意味表示は，(i) となる．

(i) [ιe: [∃x: x は麒麟である] 蹴った (Hanako, x, e)] 後悔する (Hanako, e)

(101) と (i) の相違は，本論の議論に影響を与えるものではないので，(101) を仮定して議論を進める．

の補文の間には，解釈上の相違も見られる．本論を締めくくる前に，この相違点について検討することとする．

まず，叙実文に関する古典的な論文である Kiparsky and Kiparsky (1970) 以来，叙実文は補文が真であることを前提とすることが広く仮定されている．(102a)，(102b) は，メリーがユニコーンに噛みついたことを前提としなければ，意味をなさない．また，(105) に再掲する (28) は，久野 (1973) の一般化に関連して提示した例であるが，同様の性質を示す．

(105)　太郎は [$_{CP}$ 阪神が優勝した時に，川に飛び込んだの] を後悔している．

他方，知覚文や使役文においては，補文が真であることを前提とする必要はない．以下の日英語の例を考えてみよう．

(106)　a.　太郎は [花子が鰐を食べるの] を目撃した．
　　　　b.　太郎は [花子に鰐を食べ] させた．
(107)　a.　John saw [Mary eat alligator meat].
　　　　b.　John made [Mary eat alligator meat].

いずれの例も，花子あるいはメリーが鰐を食べたことを，新たな情報として提供することができ，前提とする必要がない．

この叙実文と知覚文／使役文の相違は，両者の統一的意味分析にとって問題となりうるものであるが，ここで，Simons (2007) が，叙実的前提は，文の意味表示ではなく，情報構造から説明されるべきであると提案していることに注目したい．簡略化して述べるならば，文の情報構造とは，前提とされる部分と新たな情報を示す部分に，文を分割するものである．(108a) と (108b) の対比は，情報構造の相違によると考えられる．[10]

(108)　a.　花子は天才だ．
　　　　b.　花子が天才だ．

(108a) は，「花子」を前提（話題）として，彼女が天才であるという情報を提供する文である．一方，(108b) は，「だれかが天才である」ことを前提として，それが花子であるという情報を提供し，(109) のように言い換えることができる．

---

[10] 情報構造に基づく「は」と「が」の分析の詳細については，Heycock (2008) を参照されたい．

(109) 天才なのは，花子だ．

Simons は，叙実動詞は，その語彙的な意味特性から，通常は新たな情報を示し，結果として補文が前提として解釈されるとする．

この叙実的前提に関する説を裏付ける証拠として，Simons は，談話のコンテクストにより，叙実動詞の補文が真であることが前提とされない場合があることを指摘する．(110) は，Simons の例の 1 つである．

(110) A. Where did Louise go last week?
B1. Henry discovered that she had a job interview at Princeton.
B2. Henry learned that she had a job interview at Princeton.
B3. Henry found out that she had a job interview at Princeton.

B1～B3 は，いずれも A に対する適切な返答である．*discover, learn, find out* はいずれも叙実動詞であるが，これらの動詞が情報の出所を示す evidential として機能する (110) においては，補文が新たな情報を提供する．Simons はさらに，叙実的前提が情報構造の問題であるのに対して，叙実文が補文を含意することは，意味分析により説明されるべきことであるとする．B1～B3 は，補文が真であることを前提とはしていないが，その場合にも，補文が真であることを含意する．

以上に概観した Simons (2007) の主張は，叙実動詞補文の個別事象分析に合致するものである．例えば，(111) として再掲する (102a) が，メリーがユニコーンに噛みついたことを前提とすることは，(112) の意味表示から読み取ることができない．

(111) John forgot that Mary bit a unicorn.
(112) [∃e: [∃x: x is a unicorn] bit (Mary, x, e)] forgot (John, e)

しかし，Simons によれば，叙実的前提は，意味表示ではなく，情報構造から説明されるべきことであり，これは問題とはならない．他方，(111) が，メリーがユニコーンに噛みついたことを含意することは，意味上の問題であるが，これは，すでに指摘したように，(112) の論理的帰結として導かれる．

叙実動詞と知覚／使役動詞補文の第二の相違は，(111) を例に見た補文の含意において観察される．第 1 節で紹介した Higginbotham (1983) の知覚文に関する以下の一般化を思い起こされたい．

(113) α が 'John sees 小節' という文であり，<u>小節が単調増加ではない計量詞を含まなければ</u>，α は小節に対応する現在時制の文を含意する．

exactly ten (*students*) という単調増加ではない計量詞を含む (114) は, (115) を含意しない.

(114) Mary saw [exactly ten students board the plane].
(115) Exactly ten students boarded the plane.

(114) に対応する日本語の (116) についても, 同様の現象が観察される.

(116) 花子は [_CP_ 学生がちょうど10人飛行機に乗るの] を見た.

また, 使役文も, 知覚文と同じパターンを示す. (117) は, (115) を含意しない.

(117) Mary made [exactly ten students board the plane].

他方, 叙実文は, 例外なく, 補文が真であることを含意するようである. (118) と (119) は (115) を含意し, *only ten* (*students*) という単調増加ではない計量詞を含む (120a) も (120b) も含意する.

(118) John remembers that exactly ten students boarded the plane.
(119) 太郎は [_CP_ 学生がちょうど10人飛行機に乗ったの] を忘れている.
(120) a. John regrets that only ten students boarded the plane.
      b. Only ten students boarded the plane.

この叙実文と知覚文／使役文の相違は, 統一的な個別事象分析が誤っていることを示すのだろうか. 以下, この相違は, 意味表示そのものではなく, 事象の個別化に関する相違に起因することを示唆する.

  事象の個別化は, 様々な形で行われうるが, 叙実文と知覚文を比較するために, 時制による個別化を例にとって考えてみよう. まず, 知覚文の特徴として, 主文と補文が同一の時点で解釈されることがある. (121) において, メリーが部屋に入るという事象とジョンによるその事象の目撃は, 同時に起こる.

(121) John saw [Mary enter the room].

この同時性は, 英語においては, 補文が小節であることと無関係ではない. 小節にはそれ自体の時制がなく, 主文の時制が補文の解釈も規定する. しかし, 補文が時制を有する日本語の知覚文でも, この同時性は観察される. 以下の例

を考えてみよう.[11]

(122) a.　太郎は [$_{CP}$ 花子が部屋に入るの] を見た.
　　　 b.　太郎は [$_{CP}$ 花子が部屋に入ったの] を見た.

前節で見たように,日本語知覚動詞の補文は,非過去でも過去でもありうる.補文が非過去である (122a) の場合には,花子が部屋に入るという事象と太郎によるその事象の目撃は,明らかに同時に生起する.興味深いことに,補文が過去である (122b) でも,この同時性は維持される.太郎が目撃したのは,やはり花子が部屋に入るという事象であり,(122a) と (122b) の意味的相違は,それほど明確ではない.強いて言うならば,(122b) の過去は,完了相として解釈され,花子が部屋に「入り終えた」という事象を太郎が目撃したということになろう.

　この主文と補文の同時性に鑑みて,(123) に再掲する (114) について,再度考えてみよう.

(123)　Mary saw [exactly ten students board the plane].

この文が真であるということは,(124) が,過去のある時点 t において真であるということである.

(124)　Mary sees [exactly ten students board the plane].

そして,(123) は,この時点 t において,(125) が真であることを含意する.[12]

(125)　Exactly ten students board the plane.

つまり,(123) が含意するのは,(126) であることになる.

(126)　Exactly ten students boarded the plane at the time Mary saw exactly ten students boarded the plane.

(126) は,時制が「過去の特定の時点において」ではなく,「過去において」と解釈される (127) を含意しない.

(127)　Exactly ten students boarded the plane.

---

　[11] 日本語知覚文において観察される同時性については,Josephs (1976) がすでに指摘している.
　[12] 時制による事象の個別化のみを仮定した場合のことであり,後に例外があることを見る.

より一般的には，Q が単調増加でない時には，以下の条件法は成立しない．

(128)　[Qx: φ (x)] ψ (x) at a specific time t → [Qx: φ (x)] ψ (x)

したがって，(113) に示した Higginbotham (1983) の一般化に「小節が単調増加でない計量詞を含まなければ」という条件が必要とされることになる．

知覚動詞補文が計量詞を含まない場合，あるいは単調増加計量詞を含む場合には，状況が異なる．時制解釈を考慮した以上の分析に従えば，(129a) と (130a) はそれぞれ (129b) と (130b) を含意することになる．

(129)　a.　John saw [Mary board the plane].
　　　 b.　Mary boarded the plane at the time John saw Mary board the plane.
(130)　a.　John saw [someone board the plane].
　　　 b.　Someone boarded the plane at the time John saw someone board the plane.

(129b) は (131a) を含意し，また，Q が単調増加である時は (128) の条件法が成立することから，(130b) は (131b) を含意する．

(131)　a.　Mary boarded the plane.
　　　 b.　Someone boarded the plane.

このように，時制による事象の個別化を考慮することにより，Higginbotham の一般化に説明が与えられる．

では，叙実文の場合は，主文と補文の時制がどのように解釈されるのだろうか．(132) では，時制の同時性はなく，主文が現在（あるいは非過去），補文が過去の解釈を受ける．

(132)　a.　Mary regrets [$_{CP}$ that only ten students boarded the plane].
　　　 b.　花子は [$_{CP}$ 学生がちょうど 10 人飛行機に乗ったの] を忘れている．

この 2 例では，補文の過去時制は，主文の時制解釈に制限を受けず，単純に過去として解釈される．よって，(132a) と (132b) はそれぞれ，(133a) と (133b) を含意する．

(133)　a.　Only ten students boarded the plane.
　　　 b.　学生がちょうど 10 人飛行機に乗った．

以上に概観した知覚文，叙実文の時制解釈は，より正確に分析される必要が

ある．例えば，(132b) の主文時制を過去に変えた (134) では，補文はそれ以前の事象として解釈される．

(134)　花子は [_CP 学生がちょうど 10 人飛行機に乗ったの] を忘れていた．

この場合，「花子が忘れていた」のが過去のある時点 t で真であり，それ以降の過去の時点 t' で学生がさらに数人飛行機に乗ったとすれば，(134) が (133b) を含意するかは定かではない．また，事象は，時制以外によっても個別化されうる．上の議論では，(123) が (126) を含意するとしたが，以下の状況を考えてみよう．メリーは，エコノミークラスの搭乗口におり，学生がちょうど 10 人飛行機に乗るのを目撃した．時を同じくして，学生が 2 人ビジネスクラスの搭乗口から同じ飛行時に乗ったが，メリーはこれに気付かなかった．この場合，(123) は真，(126) は偽ということになろう．事象は，時だけではなく，例えば，場所によっても個別化されると思われる．

　事象の個別化の複雑性は，使役文を見ても明らかである．(135a) は，(135b) のみならず，(135c) も含意しない．

(135)　a.　Mary made exactly ten students board the plane.
　　　　b.　Exactly ten students boarded the plane.
　　　　c.　Exactly ten students boarded the plane at the time Mary made exactly ten students board the plane.
　　　　d.　Exactly ten students boarded the plane because of Mary.

(135a) から導かれるのは，むしろ (135d) であろう．使役文では，事象が原因 (cause) によって個別化されるようである．

　以上の議論により，(136a) が (136b) を含意する一方で，(137a) が (137b) を含意しないという叙実文と知覚文の相違が，個別事象分析そのものを否定するものではなく，むしろ事象の個別化に関わる問題である可能性を示すことができたのではないかと思う．

(136)　a.　Mary regrets that only ten students boarded the plane.
　　　　b.　Only ten students boarded the plane.
(137)　a.　Mary saw exactly ten students board the plane.
　　　　b.　Exactly ten students boarded the plane.

この示唆が正しければ，叙実的前提の有無に関する相違と同様に，この相違も，叙実文と知覚文の統一的な個別事象分析の妨げにはならない．

おわりに

　本章では，日本語の補文標識「と，の」の分布と解釈の分析から出発して，補文の種類と解釈に関する帰結を検討した．第1部では，「と」が直接引用の言い換えの埋め込みをその機能とするのに対して，「の」を主要部とするCPが事象，状態，行為として解釈されることを見た．また，この「と」と「の」の区別が，Davidson（1967, 1968-69）の意味表示理論を支持する直接的な証拠を提示し，補文の意味的不透明性の分析についても帰結を有することを論じた．さらに，英語の that が「と」と同様に解釈される場合と「の」と同様に解釈される場合があることに鑑みて，that の分析に関する新たな課題が生じることも指摘した．

　第2部では，まず，「の」を主要部とする日本語知覚文の補文が，Higginbotham（1983）による小節の個別事象分析を支持する証拠を提供するだけではなく，分析が時制を伴うCPにも適用されることを示唆することを見た．次に，この結論に基づき，個別事象分析を叙実文の補文に適用して，叙実文と知覚文の相違が，かならずしも両者の統一的分析にとって問題とならないことも論じた．

　人間の言語は，基本的には同じ文法メカニズムを有すると考えられるが，細部においては相違が見られる．本章の分析が正しければ，補文には，直接引用の言い換えを表すものと，事象，状態，行為を表すものがある．英語においては，この区別が統語的に明示されない．他方，日本語では，「と」と「の」という2つの補文標識によって，この区別が音声的にも示される．この日本語の特徴は，意味表示，指示的透明性，事象の個別化といった一般的な問題を論じる上で，極めて重要なヒントを与えてくれるものと思われる．本章は，いくつかの示唆を提示したに過ぎないが，こうした問題をより本格的に追究するにあたって，何らかの参考になれば幸いである．

参考文献

Barwise, Jon (1981) "Scenes and Other Situations," *Journal of Philosophy* 78, 369-397.

Davidson, Donald (1967) "The Logical Form of Action Sentences," reprinted in Donald Davidson, *Essay on Actions and Events*, 1980, 105-122, Oxford University Press, Oxford.

Davidson, Donald (1968-69) "On Saying That," *Synthese* 19, 130-146.

Frege, Gottlob (1892) "On Sense and Reference," English translation in Peter Geach and Max Black (eds.), *Gottlob Frege, Philosophical Writings*, New York: Philosophical Library, 56-78, 1952.

Haraguchi, Tomoko (2012) "Distributions of Modals and Sentence Final Particles: Selection or Something Else," paper presented at the Thirteenth Workshop of the International Joint Research Project on Comparative Syntax and Language Acquisition (February 20, 2012), Center for Linguistics, Nanzan University.

Heycock, Caroline (2008) "Japanese -Wa, -Ga, and Information Structure," *The Oxford Handbook of Japanese Linguistics*, ed. by Shigeru Miyagawa and Mamoru Saito, 54-83, Oxford University Press, New York.

Higginbotham, James (1983) "The Logic of Perceptual Reports: An Extensional Alternative to Situation Semantics," *Journal of Philosophy* 80, 100-127.

Hoji, Hajime (1990) "Theories of Anaphora and Aspects of Japanese Syntax," unpublished manuscript, University of Southern California.

Josephs, Lewis S. (1976) "Complementation," *Syntax and Semantics 5: Japanese Generative Grammar*, ed. by Masayoshi Shibatani, 307-369, Academic Press, New York.

Kiparsky, Paul and Carol Kiparsky (1970) "Fact," *Progress in Linguistics: A Collection of Papers*, ed. by Manfred Bierwisch and Karl Erich Heidolph, 143-173, Mouton, The Hague.

久野暲 (1973)『日本文法研究』大修館書店, 東京.

Kuroda, S.-Y. (1965) "Causative Forms in Japanese," *Foundations of Language* 1, 30-50.

Lahiri, Utpal (1991) *Embedded Interrogatives and Predicates that Embed Them*, Doctoral dissertation, MIT.

Murasugi, Keiko (1991) *Noun Phrases in Japanese and English: A Study in Syntax, Learnability, and Acquisition*, Doctoral dissertation, University of Connecticut, Storrs.

Murasugi, Keiko (2009) "What Japanese-Speaking Children's Errors Tell us about Syntax," paper presented at GLOW in Asia VII, EFL University, Hyderabad.

Murasugi, Keiko and Tomoko Hashimoto (2004) "Three Pieces of Acquisition Evidence for the *v*-VP Frame," *Nanzan Linguistics* 1, 1-19.

Oshima, Shin (1979) "Conditions on Rules: Anaphora in Japanese," *Explorations in Linguistics: Papers in Honor of Kazuko Inoue*, ed. by George Bedell, Eichi Kobayashi and Masatake Muraki, 423-448, Kenkyusha, Tokyo.

Plann, Susan (1982) "Indirect Questions in Spanish," *Linguistic Inquiry* 13, 297-312.

Rivero, Maria-Luisa (1994) "On Indirect Questions, Commands, and Spanish Quotative *Que*," *Linguistic Inquiry* 25, 547-554.

Rizzi, Luigi (1997) "The Fine Structure of the Left Periphery," *Elements of Gram-*

mar, ed. by Liliane Haegeman, 281-337, Kluwer, Dordrecht.

斎藤衛（2013）「日本語埋め込み文の意味的・談話的性質―比較統語論への招待」『生成言語研究の現在』，池内正幸・郷路拓也(編)，221-251，ひつじ書房，東京．

Saito, Mamoru (2015) "Notes on the Referential Transparency of Perception and Factive Verb Complements," *Nanzan Linguistics* 10, 21-42.

Schachter, Paul (1973) "Focus and Relativization," *Language* 49, 19-46.

Simons, Mandy (2007) "Observations on Embedding Verbs, Evidentiality, and Presupposition," *Lingua* 117, 1034-1056.

第 3 章

文構造の獲得[*]

村杉　恵子

南山大学

人は誰しも，言語に障碍のない限り，生後数年で母語を獲得する．それはいったいなぜだろう．(A) の意味を考えてみよう．

(A)　どのようにマリアさんは帰宅した後で靴を脱ぎましたか？

この疑問文は，靴を脱いだ方法（例えば「きちんと揃えて」）をその答えとして求めているのであって，帰宅した方法（例えば「タクシーで」）を問うているのではない．日本語を母語とする人は一様にそのように解釈できるのは，人が文の構造とそれにかかる制約に関して知っているからである．

生成文法理論では，この問いへの答えが，(B) に示すような言語獲得装置 (Language Acquisition Device) の仕組みにあると提案している．

(B)　一次的言語資料$_{i語}$ → 言語獲得装置 → 大人の文法$_{i語}$
　　　一次的言語資料$_{j語}$ → (普遍的言語特性) → 大人の文法$_{j語}$

言語獲得装置という文法の青写真が生得的に備わっているとしても，実際の言語獲得には時間がかかる．大久保 (1975) は，幼児が (C) のような発達段階を示すと報告している．

---

[*] 本章は，橋本知子，冨士千里，中谷友美，杉崎鉱司の各氏との共同研究ならびに拙著『ことばとこころ』(2014)（みみずく舎（発行），医学評論社（発売））で発表した内容を含んでおり，また川村知子，杉崎鉱司，岸本秀樹，藤井友比呂，斎藤衛，高橋大厚，高野祐二，瀧田健介，多田浩章，宮本陽一の各氏から貴重なコメント・示唆をいただいている．また，草稿を発表した南山大学言語学研究センターならびに国立国語研究所における統語論・言語獲得ワークショップの参加者，および初稿に対する 2 名の匿名査読者からも丁寧で有益なコメントをいただいている．ここに深く謝意を表する．なお，本書に著された研究プロジェクトの一部は，南山大学パッヘ研究奨励金 (2015-2016) ならびに科学研究費補助金（基盤研究 C：26370515) によって補助を受けている．ここに記して感謝する．

> (C) 一語文の時期（1歳前後）
>   二語文の発生（1歳半前後）
>   第一期語獲得期（2歳前後）
>   多語文・従属文の時期（2歳半前後）
>   文章構成期（3歳前後）
>   いちおうの完成期（3歳から4歳）
>
> 文の獲得の中間段階にはどのような特徴がみられるのだろう．そしてそれはなぜだろう．

本章の構成

　人は，いつどのように文の構造を獲得するのだろう．本章では，日本語を母語とする幼児が文の構造を獲得する過程と，その過程に見られる特徴に関する研究を概観しよう．第1部では，言語獲得の根本的な問題について整理した上で，日本語を母語とする幼児を対象とした縦断的観察研究を通して，主に WH 疑問文の獲得を例にとりつつ，文構造の獲得に関する諸問題について考える．第2部では，動詞と時制がどのように発話にあらわれるのかについて，（疑似）主節不定詞現象に焦点をあて，主要な研究を整理し，その成果について概観する．

第1部　言語獲得の不思議

1. 言語獲得の論理的問題

　本書冒頭の「はじめに」でも述べたように，我々が日常生活の中で得られる経験は，量的にも質的にも限られている．にもかかわらず，我々は，なぜ，かくも多くのことを知っているのだろう．言語に関しても然りである．幼児が受ける言語刺激は，質的にも量的にも十分なものではない．それにもかかわらず，母語獲得は短期間に個人差なく可能となる．それはなぜなのだろうか．Chomsky (1986) は，この問題をプラトンの対話篇「メノン」にちなんでプラトンの問題 (Plato's Problem) と称している．

　音と意味は，文法によって結び付けられている．一見よく似た音をもつ2つの文が，実は，異なる構造をもち，異なる意味をもつことがある．(1) を見てみよう．

　(1) a.　にわとりが一羽料理してある．

b. にわとりが一羽料理している.

「てある」と「ている」という点においてしか違わないように見える2つの文は,実際は,文の構造が異なっている.（1a）における「にわとり」は対象である読みが可能であるが,（1b）における「にわとり」はその読みは不可能である.この差異について,日本語を母語とする人は,自分で意識したことがなくとも直感的に知っている.

（2）についても然りである.日本語の母語話者は,これらの文の構造の違いについて知っている.

(2) a. あの国は,すぐに攻めやすい.
b. あの国は,すぐに攻めたがる.

述部に「～（し）やすい」のある（2a）の場合には,「あの国は」は「攻める」の目的語であり,述部に「～（し）たがる」が含まれる（2b）の場合には,「あの国は」は「攻める」の主語である.このような文法的な差異を,日本語母語話者は,皆,一様に知っている.

このような知識は,日本語の母語話者だけが持っているわけではない.同様のパラダイムは英語からも得られる.（3）は Carol Chomsky（1969）の示した有名な例である.

(3) a. The doll is easy to see.
b. The doll is eager to see.　　　　　　　　（Chomsky (1969)）

述部に *easy*（～しやすい）がある（3a）の場合には,*the doll* は,*see* の目的語であり,人形を見るのは（特に視野を遮るものもなく）容易いという意味である.一方,述部に *eager*（～したがる）が含まれる（3b）の場合には,*the doll* は,*see* の主語であり,その人形が（擬人化され）何かを見たがっているという意味である.

Chomsky（1969）は,幼児に目隠しをした人形を見せて,*Is this doll easy to see, or hard to see?* と尋ねる実験的研究によって,幼児が（3a）のような *easy* を述部に含む（移動が関与する）文を,（3b）のような *eager* を述部に含むような文と同様に扱い,*the doll* を *see* の主語であると誤って解釈する段階が5歳をすぎてもありうることを示している.しかし,*easy* と *eager* の特性を獲得した大人の英語母語話者は,これらのよく似た文が異なる構造をもつことを一様に知っている.

このように,人は,一見,相似するかのように見える構文が,実は異なる性

質を持っていることを知っている．しかし，その文法について意識せずに知っているがゆえ，それを子どもに教えることはできないのである．

人の言語知識には，さらに不思議なことがある．それは，幼児が受ける言語刺激には，どの文が非文法的であるかについての情報は明示されていないのに，一定の年齢になると，どの文が文法的で，どの文が非文法的であるかを一様にメタ的に判断することができるのである．

日本語が比較的語順の自由な言語であることはよく知られているが，そのような言語でも，移動が許されない例がある．例えば，第 11-13 章で扱うスクランブリング（scrambling）の局所性が関わる例をみてみよう．

(4) a. 公園で　男の子が　女の子が　遊んでいると言った．
　　 b. 公園で　男の子が　遊んでいる女の子の話をした．

スクランブリングは，節を超えた移動が可能であり，(4a) において，公園にいたのは，男の子でも女の子でもどちらの解釈も可能である．ところが，スクランブリングの移動は常に自由であるわけではない．(4b) に示す例では，公園にいるのは男の子であって，女の子ではない．もし女の子であるとすれば，それは，関係節内の動詞が「遊んでいる」であるために，偶然，男の子と一緒に女の子もその公園にいるかもしれないというような理由によるしかない．すなわち，(4a) では，「公園で」を「遊んでいる」の修飾語として解釈しうるが，(4b) ではそれができない．(4a) では，「公園で」が従属節から主節へ移動することが可能であるが，(4b) では「公園で」が主節に基底生成するしかないためであると考えられる．

「はじめに」ならびに (5) に示した「なぜ」や「どのように」を尋ねる疑問文に対して，日本語話者は皆，同じように解釈する．(Lasnik and Saito (1984), Saito (1985), Nishigauchi (1990) 等を参照されたい．)

(5) a. なぜマリアさんは文庫本を買う前に銀行に行きましたか？
　　 b. どのようにマリアさんは帰宅した後で靴をぬぎましたか？

それぞれについて，「お金をおろしたかったから」「きちんと揃えて」という答えならば適切であるが，「今，評判が良いから」，「タクシーで」という答えは不適切であることを，人は無意識に知っている．「なぜ」や「どのように」という理由や方法に関する wh 語は，主文の（文頭からより遠い）述語としか結びつかず，埋め込まれた（線的順序としては文頭により近い）述語と結びつくことはできないと，母語話者であれば誰しも，皆，同じように判断する．

そして，それは，日本語話者に限ったことではない．(6) は英語の例であり，

この場合も，英語の母語話者は，日本語の場合と同様に，文頭の *Why* や *How* が主節と結びつかなくてはならないことを無意識に知っている．(Huang (1982), Lasnik and Saito (1984) 等を参照されたい．)

(6) a. Why did Maria go to the bank before she bought a book?
    b. How did Maria take off the shoes after she came back home?

親が直接的に教えようのない言語事実を，母語の異なる者さえもが，皆，構造に依存した理由によって同じように文法判断するという事実は，Chomsky (2010) が述べるように，言語が経験や強化のみによって獲得されるものではないことを示している．このような文法知識を幼児がどのように獲得するのかについては本章第3節で考えよう．

2. 言語獲得の2つの問題

人は，なぜ言語を獲得することができるのだろうか．そして，幼児はいつ，どのように母語を獲得するのだろうか．言語獲得理論は，これらの2つの問題に対して答えを与えようとしている．

植物の種が，その発芽から結実までに一定の順を踏むように，人の言語発達にも一定のプロセスが観察される．植物の成長のために，水，空気，適温，日光，肥料などが必要となるように，人の言語獲得においても，生活の中で与えられる豊かな言語経験は不可欠である．

しかし，石ころにどれだけ豊かな水，空気，適温，日光，肥料を与えても花が咲かないように，言語獲得にもまた，環境から与えられた経験のみによって学習されるとは考えにくい論理的問題が存在する．

幼児に与えられる入力は，豊かではあるが有限個である．また，すべての幼児に均質の入力が与えられるわけではない．言語は運用プロセスを経て産出されるがゆえに，現実に与えられる文には，非文もあれば途切れた文もある．幼児に与えられる言語経験とは，実は，量的にも質的にも限りのある「不完全」なものなのである．その貧困な刺激を手がかりに，幼児は，生後わずか数年で母語の文法的な特徴を個人差なく等質に獲得することができるようになる．

では，人は，なぜ限られた入力をもとに文法知識を得ることができるのだろうか．この言語獲得に関する問題について，ノーム・チョムスキーは，人の脳には，生まれながらに種に特有な，言語を獲得するのに適した仕組みが備わっており，それは，言語に共通の普遍文法として脳に存在すると提案する．言語獲得のプロセスは，概略，(7) のように図式化することができる．

(7)　一次的言語資料$_{i語}$ → 　言語獲得装置　 → 大人の文法$_{i語}$
　　　 一次的言語資料$_{j語}$ → （普遍的言語特性）→ 大人の文法$_{j語}$

　これは，例えばiという言語やjという言語に関する言語経験が，普遍的な文法を内蔵する言語獲得装置（Language Acquisition Device）に与えられると，言語獲得装置内のパラメータの設定などが行われ，i語やj語の大人の文法ができあがることを示した図式である．Chomsky (1981) による「普遍文法に対する原理とパラメータのアプローチ」（The Principles and Parameters Approach to the Universal Grammar）は，普遍文法のモデルの1つである．この理論の下では，普遍文法とは (8) から成る体系をもつと仮定されている．

(8) a.　人間言語の文法として可能な文法の範囲を厳しく限定する基本原理
　　 b.　言語の可能な異なり方を，複数の選択肢（値）により規定するパラメータ

　このモデルは，文法体系が，普遍文法の一部として生物学的に規定された原理と，言語間の違い（言語の多様性）を制限するパラメータから成ると規定する．すなわち言語獲得に関する論理的問題は，人間が言語を獲得するための言語獲得装置を生得的に備えていると考えることによって自然に説明される．植物の種子の中に一定の養分があるからこそ発芽が可能となるように，ノーム・チョムスキーを中心とした生成文法理論の一連の研究は，人間に生まれつき備わった文法知識があるがゆえに言語が獲得されるとする合理主義仮説を提案している．

　人は，あらゆる言語の話者になりうる普遍的な属性を持って生まれ出ずる．それは生まれつき与えられている知識であるから，幼い子どもであっても，早期の段階で普遍的な原理に関する知識を示すことが予測される．

　一方で，現実には，幼児の産出や理解は，大人のそれと同質になるには一定の時間を要する．その理由は，幼児の心の発達に関する要因もあるだろう．例えば，目の前にあるものが「何か」を問うほうが，それが「何故そうなのか」を問うよりも早期に獲得されるのは知能の発達と関連するかもしれない．

　しかし，ノーム・チョムスキーは，言語獲得に時間がかかる要因が文法の仕組みにもありうると提案している．普遍文法は，言語の異なり方を選択肢の形で規定する「パラメータ」を含む．幼児は，パラメータのもつ複数の可能な値の中から言語経験と合致する値を選択する．母語獲得とは，幼児がそれぞれのパラメータの値を，言語経験に基づいて決定していく過程である．その値の選

択には，与えられた言語経験との照合が必要である．そのため，現実の言語獲得は，瞬時的ではなく，時間を要することになる．人は，生後わずか5年ほどで母語の文法の基本的知識を獲得するが，それは，母語の特性に関する選択の過程が終結することを意味する．

このアプローチに基づくと，冒頭に述べた言語獲得に関する2つの問題は，次のように集約することができる．

(9) a. 普遍文法の原則は，いつ幼児の言語知識として観察されるのか．
　　 b. 言語獲得段階はどのようなもので，その発達に関与する要因は何か．

現代言語理論では，普遍文法に関する制約は，生得的能力であると考えられている．また，幼児の概念の発達や，普遍文法の一部であるパラメータの設定が，言語発達の過程を説明しうる．第3節では，(9a) の問いについて考えてみよう．

3. 幼児の普遍文法の知識：WH 移動に関する制約

先に述べたように，人はどの文が非文で，どの文が文法的であるかを無意識に知っている．しかし，大人は，子どもに，どの文が非文であるかを明示的に教えることはできない．この小節では，杉崎・村杉 (2013) および Sugisaki and Murasugi (2014) を引用しつつ，WH 移動の制約に関する幼児の知識について紹介しよう．

英語において WH 要素は，WH で導かれた埋め込み節内から文頭へと移動することはできない (Chomsky (1973))．この効果を生み出す制約は，一般に WH 島制約（WH-island constraint）と称されている．なお，t は，移動の後に残された痕跡を表す．

(10) a. What$_1$ did John say [that Mary liked t_1]?
　　　b. *What$_1$ did John wonder [whether Mary liked t_1]?

埋め込み節が *that* に導かれている (10a) とは対照的に，(10b) に示したように埋め込み節が WH 要素である *whether* で導かれている場合，その埋め込み節内から *what* が文頭に移動すると，文は非文となる．親は，なぜ (10a) のような文は文法的で (10b) のような文が非文法的であるかを幼児に教えることはできない．したがって (10b) を非文とする制約は，普遍文法の属性を反映したものである可能性が高い．もしそうであるならば，英語を母語とする

幼児の持つ言語知識は，観察しうる最初期からこの制約に従う体系を成していると予測される．

de Villiers, Roeper and Vainikka (1990) は，英語を母語とする3歳から6歳の幼児が (11a) のような WH 疑問文を与えられた際，(11b) のように WH 句である *how* を，埋め込み節内の *paint* と結びつけて解釈することはせず，(11c) のように主節の *ask* と結びつけて解釈することを実験により示している．

(11) a.　How did the girl ask who to paint?
　　 b.　*How$_1$ did the girl ask [who to paint t_1]?
　　 c.　How$_1$ did the girl ask [who to paint] t_1?

このことから，彼らは，(11b) に示したような間接疑問文からの移動を禁ずる「WH 島制約」についての知識が，英語を母語とする幼児の文法知識に，観察しうる早期の段階から存在すると提案している．

興味深いことに，(少なくとも顕在的には) 義務的な WH 移動を持たない日本語においても，英語における WH 島制約と同様の効果が観察される (Nishigauchi (1990), Watanabe (1992))．(12) に見られる文法的な差に注目されたい．

(12) a.　ジョンは [メアリーが何を買ったと] 思っているの？
　　 b.　*ジョンは [メアリーが何を買ったかどうか] 知りたがっているの？

(12b) は，「ジョンはメアリーがあるものを買ったかどうかしりたがっているが，そのあるものとは何か」という意味で解釈しようとしてもそれができない文である．つまり，WH 句が埋め込まれた節内にあり，その埋め込み節がWH の素性をもつ要素 (「かどうか」) によって導かれている場合，文は非文法的となる．日本語における (12b) の非文法性が，英語における (10b) の非文法性を生み出す制約と全く同一の制約から導かれるものであるのか否か，また (12b) にかかわる制約が統語的な制約であるのか否かに関しては，様々な分析が提案されている．

しかし，先にも述べたように，親は，子どもにどの文が非文かを教えることはできない．したがって (12b) を非文とする制約は，普遍文法の属性を反映したものである可能性が高い．もしそうであるならば，日本語を母語とする幼児の持つ言語知識は，英語を母語とする幼児の WH 移動に関する制約についての知識と同様に，観察しうる最初期からこの制約に従う体系を成していると予測される．

(9a) に示した「普遍文法の原則は，いつ幼児の言語知識として観察されるのか」の問いへの答えを得るために，杉崎・村杉 (2013) ならびに Sugisaki and Murasugi (2014) では，日本語獲得においても英語の場合と同様に，WH 疑問文に対する制約が観察しうる最初期から幼児の言語知識に反映されているか実証的な検証を行っている．Otsu (2007) による先行研究の実験上の問題点を指摘した上で，第 9 章ならびに第 13 章でも紹介するような心理的実験を横断的に行っている．具体的には幼児に物語を聞かせ，それについて質問する方法 (Question after Story) と，幼児に物語を聞かせ，それについて質問するが，その答えを，その場に同席して幼児と一緒に物語を聞いているパペット (を操る実験者) に言わせ，その答えが適切か否かを幼児に判断させる適切性判断法 (Appropriateness Judgment Task) を組み合わせて調査している．

例えば，(13a) のような状況をまず幼児に説明し，(13b) や (13c) に示すようなテスト文への答えをその幼児から引き出すことによって，島の制約に関する知識の実在性を検証している．

(13) a. 今日は，おさるさんがゾウさんのおうちに遊びに来ています．テーブルの上に，おやつのホットケーキと果物があったけど，2人は一緒に果物を食べることにしました．ゾウさんはおさるさんに「何が一番好きなの？」と聞きました．おさるさんは「イチゴ！」と答えました．そこへ，ゾウさんのお父さんがお仕事から帰ってきました．お父さんは，ゾウさんに「何が一番好きなの？」と聞きました．ゾウさんは，ちょっと恥ずかしかったので，ないしょにしようかなと思いました．でも，おみやげに電車のおもちゃをもらったので，「ぶどう！」と教えてあげました．
 b. おさるさんは，何が一番好きとゾウさんに言ったかな？
 c. ゾウさんは，何が一番好きかお父さんに言ったかな？

大人の文法において，(13b) への答えは，「いちご」である．これは，埋め込み節を導く「と」が [−WH] の素性を持つことから，埋め込み節内の「何」が主節の「か」と結びつくことができ，したがってこの文は WH 疑問文として解釈されうると説明される．

一方，(13c) への答えは「はい」である．埋め込み節を導く「か」が [＋WH] の素性を持つため，埋め込み節内の WH 要素「何」は，島の制約により主節の「か」と結びつくことができない．そのため，この文は WH 疑問文としてではなく，Yes/No 疑問文として解釈されると説明される．ここで (13c) について「ぶどう」と答えてしまう話者は，(13c) を「ゾウさんはあるものに

ついて，それが一番好きかどうかお父さんに言ったが，そのあるものとは何か」という質問だと理解してしまっていることになる．しかし，その解釈は (12b) が非文である理由と同様の理由で，大人の文法においては排除される．

ここで，幼児が，(13b) のような文を WH 疑問文として解釈し，「いちご」と答える一方で，(13c) のような文については WH 疑問文と解釈せず，したがって (13c) の答えとして「ぶどう」が適切ではないとし，むしろそれを Yes/No 疑問文として解釈し，「はい」と答えるとしよう．その場合，その時の幼児の文法には，大人と同質の島の制約が実在するとみなすことができる．

詳細は，杉崎・村杉 (2013) および Sugisaki and Murasugi (2014) に譲るが，そこで得られた結論は，3 歳から 4 歳の多くの幼児が，島の制約に違反することなく，(13c) のような文について，Yes/No 疑問文として解釈するということである．この結果は，いわゆる島の制約のような普遍文法が生得的に人間に備わっているとする仮説と矛盾しないことを示している．

4. 文はどのように産出としてあらわれるのか

前節で論じた文構造に依存した制約に関する知識は，その制約が適用される文構造に関する知識があるからこそ観察される．すなわち，「普遍文法の原則は，いつ幼児の言語知識として観察されるのか」という (9a) の問いは，実際にそれが適用される文の構造と，当該の文内で用いられる語彙が獲得されていることを前提として検証しうる問いである．

では文の構造が獲得されたか否かは，いったいどのように判断されうるのだろうか．獲得時期とは，当該の文が理解された時期のことを指すのか，それとも産出された時期のことを指すのか．これは言語獲得研究の根幹に関わる難しい問いである．

幼児の理解については，第 9 章や第 13 章でもみるように，年齢別に同じ心理的実験を行い比較する横断的実験的な手法によって，「幼児が知っていることと知らないこと」について，その実態が，ある程度把握される．また，縦断的観察研究においても，「幼児が知っていること」について，その意図が正確に記録されている限り，実態をある程度明確な形で観察することができる．

例えば大久保 (1967) は，『幼児言語の発達』において，「どうして」を含む WH 疑問文の理解が以下のように（項の WH 疑問文よりも）遅いことを，それらが発話に頻出する時期の違いから示している．

大久保 (1967: 162–163) は，幼児 (2;02) が，母親からの「どうして」の質問に対して，その意味が解釈できない，あるいは答えを表現できないためか，

第 3 章　文構造の獲得　　　　　　　　　　　　　　　　　　81

怒り出すことがあると記述している．なお，カタカナで記された表現は，日本語を母語とする幼児の発話である．また，(2;02) は，年齢が 2 歳 2 ヶ月であることを示している．

(14)　(『舌切り雀』の絵本を見ながら)
　　　母：　舌切られたのね，だれに切られたの？
　　　Y児：　オバアチャン．(「だれ」の質問には答えられる)
　　　母：　どうして？
　　　Y児：　チガウワヨ．(「どうして」の意味がわからないのか，この質
　　　　　　問には答えられない)
　　　母：　これは何？
　　　Y児：　スズメヤーイッテ．(「何」の質問には答える)
　　　母：　だれが？
　　　Y児：　コレ　オバアチャンガ．(「だれが」の質問はわかる)
　　　母：　おばあちゃん．そう　お爺ちゃんでしょ．
　　　Y児：　コレ　ナーニ↑
　　　母：　これは　マイクよ．これ何してるの？
　　　Y児：　オドリ．
　　　母：　どうして踊ってるの？
　　　Y児：　チガウワ．バーカ．(笑)(「どうして」と聞かれて怒る)
　　　母：　これ　何が出たの？
　　　Y児：　タカラモノ．(「何」の質問には答える)
　　　母：　そう．今度はどうしたの？
　　　Y児：　オバケ，オバケ，オバケ．
　　　母：　どうしてお化けが出たの？
　　　Y児：　バーカ．(笑)(「どうして」の質問が苦手らしい)

(14) は，WH の種類をパラダイムとして比較し，幼児の項の WH 疑問文と付加詞の WH 疑問文との理解の違いを引き出している好例と考えることができよう．当該の幼児が「どうして」を頻繁に用いるようになるのは，それから 4 ヶ月後の 2 歳 6 ヶ月である．大久保 (1967) は，「どうして第一期」として以下のような例を挙げている．

(15) a.　ドウシテ買ッタノ↑
　　　b.　ママケンキュウジョ行ッテル↑ (行ってきたよ)
　　　　　ドウシテ↑ (お仕事しに) ドウシテ↑

  c. ドウシテキラワレルノ↑
  d. ドウシテ寝ッコロガッテスルノ↑
  e. ママオナカイタイノ↑ オナカドウシテナノ↑
    赤チャンドウシテナイテノ↑アカチャンダカラ↑

　さらに，続く4歳から6歳にかけては「どうして第二期」として「ママ，ドウシテ大人ニナッタノ？（4;03）」「人間ッテドウシテ生キテルノ？（5;06）」など，知識を得るための認識的質問が増えるとしている．

　この観察が記述的に妥当である可能性は，柴田和氏（個人的談話）によって観察された自身の日本語を母語とする幼児I児の発話からも示される．柴田の観察によると，わずか2歳の幼児でも，大人の文を模倣したとは考えにくい文を発話する．しかし，その一方で，理解できない語を用いた質問に対しては答えることができない．例えば，I児（2;03）は，「どうして」疑問文には答えることができない．なお，会話内の「いっちゃん」とは，I児を指している．

(16) 母： 病院にいったの？なんで病院にいったの？
   I児（2:03）：・・・．
   母： どうして病院いったの？
   I児： ハルクン，パーシー　モッテンダ．
   母： はるくんはパーシー持ってるの．
      I（I児）はパーシー持ってるの？
   I児： イッチャンハ，トーマス　モッテンダ．
   母： I（I児）は，トーマス持っているのね．
      じゃあ，パーシーは？
   I児： ハルクン．
   母： はる君．I（I児）はパーシー持ってる？
   I児： ハルクン，モッテルジャン，パーシー．
   母： じゃあね，はる君はトーマス持ってる？
   I児： モッテナイ．
   母： 持ってないね．
   I児： イッチャンハ，パーシー　モラエルンダ．
   母： もらえるの？誰から？
      知らないんだけど．かかちゃん．
   I児： シラナイヤ．
   母： そうかあ．

「どうして」疑問文には直接的に答えることができないI児 (2;03) ではあるが，いとこのはる君は機関車のおもちゃであるパーシーを，自分はトーマスを持っているのだと語り始める．聞き手である母親に新たな情報を与えるときは「の (ん) だ」文を発話しており，聞き手がもう既に情報と知っている既知情報に関する文は「じゃん」で結び，目的語 (パーシー) は右方転置する．母親が，I児はパーシーを，はる君はトーマスを持っていないことを確認すると，I児は自分はパーシーの機関車をもらえるんだと言う．このとき，母親はこの思いがけない自発的な発話に驚かされる．「どうして」の疑問文には答えることはできなくとも，今は持っていないおもちゃはいつか誰かからプレゼントしてもらえる (から今はなくてもいいのだ) とも解釈できる意味内容の文を，わずか2歳の子どもが自ら創造的に生成して，母親を驚かせている．20世紀中頃に大久保によって観察されて付加詞疑問文の難しさは，半世紀を経た21世紀初旬にも，別の観察者 (柴田) によって別の幼児について同じように観察されているのである．

なお，I児が理由に関する疑問文に応えることができるようになったのは，2歳11ヶ月ごろである．この頃の発話について，柴田和氏 (個人的談話) は以下のような観察を記録している．

(17) I児 (2;11): テルクン，カガヤキデ　アソンデタデショ．
母: 今遊んでないんだから貸してあげなよ？
I児: ダメダヨ．
母: なんで？
I児: マダ　アカチャンダカラ．
母: いつならいいの？
I児: オオキクナッタラ　イインジャナイ？

答えられなかった問いが頻繁に大人と同様に答えられるようになる時期が複数の幼児で観察されるとき，それが，理解も産出もできる獲得時期であると見なすのは1つの判断であろう．そして，このような文の構造と，当該の文で用いられる語彙を獲得している幼児は，本章第3節で論じたようなWH疑問文の制約に従う理解を示すと予測される．

次節では，実際に産出された文と，それが産出された情景から推測される意味を研究対象として，文構造の発達について考察する．言語獲得段階はどのようなもので，その発達に関与する要因は何かという問題を考察するために，幼児の文の構造がいつ，どのように産出にあらわれるのかについて考えてみよう．

5. 喃語から文のはじまりへ

　幼児は，どの言語を母語としようとも，基本的には喃語期を経て一語文，二語文，電文体文，そして埋め込みを含む複雑な文といった順番で，産出するようになる．

　例えば，一語文には言語間に共通する特徴がある．大人が文を使って表す内容を一語で（輯合的（holophrasitic）な用法として）あらわし，それは多義的である．英語でも日本語でも mama や「ママ」は，「お母さん」「私にはお母さんが見える」「お母さんに来て欲しい」「お母さんがいない」「お母さんがいた」といった多くの意味を持つ．前述のI児が1歳の頃，アンパンマン，くまのプーさん，バイキンマン，カレーパンマン，空に揺れる鯉のぼりまでをも「アンパンマン」と称し，「なんでもかんでもアンパンマンと言っている」と観察者である母（柴田和氏，個人的談話）に感じられた意味の過剰一般化もこの一例であるだろう．

　この時期には，意図に応じて，指差しやジェスチャー，視点をあわせる行動も見られる．話し手と聞き手をつなぐ談話に関する要素もきわめて早い時期から出現する．イントネーションの上げ下げ，日本語では一語文期から二語文期に終助詞「ね」「な」「よ」などの談話的な要素も発話にあらわれる．例えば，叱られそうになった1歳児が，聞き手の肩に手をおいて首を傾げ，「ネー」と顔色を伺う例がそれにあたる．

　二語文期は，幼児の初期の文の構造がどのような形になっているのかを考える上で，言語獲得研究において最も注目を集めてきた時期の1つである．この時期は，母語の語順が現れる時期としても多くの言語において注目されている．例えば，近年の生成文法理論のもとで，Wexler (1998) は（他言語との相違を表す）母語の特性の獲得を問う「言語獲得早期のパラメータ設定」（Very Early Parameter Setting）の仮説において，語順のパラメータ値が早期に設定される特質の1つであると提案している．実際，語順に関する知識は，日本語においても，二語文で母語の語順の特徴が見えはじめる．

　前に述べたように本書で紹介する生成文法理論は，ヒトには遺伝により生得的に与えられた母語獲得のための仕組みとして「普遍文法」（Universal Grammar（UG））が備わっており，母語知識の獲得は，UGと，生後外界から取り込まれる言語経験との相互作用により達成されると仮定する．そして，このUGは，全ての言語が満たすべき制約である「原理」（principles）と，言語間の可能な異なり方を少数の可変部の形で定めた制約である「パラメータ」（parameters）を含んでいる．

英語と日本語の語順は，主要部の位置に関して鏡像関係にある．すなわち，一方の言語の語順が，もう一方の言語を鏡に映したときの語順となっているように正反対なのである．これは，英語が「主要部前置型」(head-initial) の言語であり，日本語が「主要部後置型」(head-final) の言語であると説明することができる．第 13 章で述べるように，「主要部後置型」の日本語は，英語のような「主要部前置型」の言語とは異なり，各種類の句の中で，(意味的ではなく) 文法的に中心となる要素が句の中で最後の位置を占める．例えば，(18) に示されるように，英語では目的語の前に動詞が現れるのに対し，日本語では動詞は目的語の後に現れる．同様に，英語は前置詞を持つ言語であるのに対し，日本語は後置詞を持つ言語である．

(18)　主要部前置型言語 vs 主要部後置型言語

英語	日本語
ate sushi	寿司を食べた
from Nagoya	名古屋から

英語の大人の文法では，動詞句の主要部の動詞は，名詞句の前 ([ate sushi])，前置詞句では前置詞が名詞句の前 ([from Nagoya]) に置かれるのに対して，日本語では主要部は一貫して後ろに置かれる ([寿司を食べた], [名古屋から])．否定表現においても，英語では "Well ... I do not love you ..." といったように not が早々にあらわれるが，日本語では，「あのね，私ね，あなたのことね，好き ... じゃないの」と，最後にどんでん返しがやってくる．この特徴は，主要部パラメータ (Head Parameter) の値が，英語と日本語では異なるためとして捉えられ，より一般的には人間言語に可能な語順とはどのようなものかを説明しうる．

　実は，母語の語順に関する知識が，複数の語が観察される幼児の文法獲得の初期段階に観察されることは，すでに 20 世紀中盤の言語獲得研究のおいて報告されている．

　例えば，Braine (1963) は，語の起こる位置と分布を基準に，句構造の初期の発達における二語文の発生には一定の特徴があることに注目している．典型的には (19) に示すようなよく知られた事実から，all, more, allgone などの，繰り返してあらわれる比較的数の少ない軸類 (pivot class) と，軸類と共起する多種多様な開放類 (open class) の 2 種類の語類があると提案している．

(19) a.　all broke, all clean, all done

b.　more car, more cereal, more read
c.　allgone shoes, allgone eggs, allgone lettus

　この軸と開放類に基づく分析に対しては，それが表層的な分析であり，状況文脈や意味を考慮にいれていない問題（Bloom（1970），McNeill（1966）など）や，大人の文法へどのように移行するのかが説明できないことなどの批判はあるものの，二語文の段階で，その語順に一定の特徴がみられることは，極めて重要な発見であると言えよう．

　英語を母語とする1歳〜2歳児が"no milk"（牛乳がない），"no sleep"（私は眠りたくない）と，否定を表す no を一貫して前置するのに対して，日本語を母語とする1歳〜2歳児は，「シーナイ」（おしっこはしない），「ツイタナイヨ」（（ラジオが）つけられない），「ラジオ，パチン，ナイ」（ラジオをパチンと切ることはしないで欲しい）と否定を表す「ない」を一貫して後置する．それは，まさに大人の語順に見る日英語の鏡像関係を彷彿とさせ，その語順の相違は，わずか1歳頃の幼児にも垣間見られるのである．かくして Wexler（1998）の主要部パラメータが英語において早期に設定されるとする提案は，日本語においても当てはまるようである．

　そして，日本語では，既に一語文期に単独で観察される終助詞は，二語文期でも話し手と聞き手をつなぐ談話的な要素として重要な役割を果たす．例えば，名詞的要素（「パン」）に「ナ」が発話末に付加することにより，話し手（スミハレ）の要求や意思があらわされる．

(20)　a.　パン　ナー　（スミハレ：1;05）
　　　　　（午前6時，目を覚まし，パンを欲しがって（母親に）このように言う．）
　　　b.　チー　シタ　ナー　（スミハレ：1;07）
　　　　　（しっこ（チー）をするというとき，このように母に言う．）
　　　　　　　　　　　　　　　　　　（野地（1973-1977）の観察記録による）

幼児が名詞的要素（「パン」）や動詞的要素（「チーした」）を要求や願望の意味で発話するとき「ナ（ー）」が発話末にあらわれる日本語の発話は，わずか1歳の段階で，いわゆる内容語のみならず，談話的な要素が早期にあらわれることを示している．このことについては，第6章でも言及する．

　大久保（1975）は，『幼児のことばと知恵』の中で，自身の子どもの縦断的観察的研究などに基づき，言語獲得の年齢と段階を以下のように提案している．

(21) a. 乳児期
    (i) ことばの準備期
  b. 幼児前期
    (ii) 一語文の時期（1歳前後）
    (iii) 二語文の発生（1歳半前後）
    (iv) 第一期語獲得期（2歳前後）
    (v) 多語文・従属文の時期（2歳半前後）
    (vi) 文章構成期（3歳前後）
    (vii) いちおうの完成期（3歳から4歳）

　二語文の発生（1歳半前後）について，大久保（1975: 31）は，「カリフォルニア大学のスロービンという心理言語学者は，二語文の種類と働きは世界共通だったといいます．そして，英語・ドイツ語・ロシア語・その他の言語の例を挙げているのです．」として，否定に関し，否定辞が英語では "no wet"，"no hungry" というように前置され，日本語では，「カエロ　ナイ」，「オイチイ　ナイ」というように後置される一方で，WH 疑問文については，英語では "where ball?"，日本語では「ドコ　アル？」，「コレ　ナニ？」といった2種類の語順がある例が提示されている．これは，先に述べたように，現代言語学理論のもとでは主要部パラメータが二語文の段階で設定される一方で，WH 語は，早期の段階で，母語で可能な語順があらわれることを示唆している．

　大久保の提案する言語獲得の段階は，Stern（1924）が自身の子どもの縦断的観察に基づき提案する獲得段階とほぼ一致する．Stern（1924）は，自身の子ども2名を対象に縦断的観察を行い，幼児の言語が，準備期（生後1年：泣き，喃語など），第一期（1歳から1歳半：一語文），第二期（1歳半から2歳：二語文があらわれ，物の名前に関する質問が見られる），第三期（2歳から2歳半：屈折を伴わない発話），そして第四期（2歳半以降：従属節の発達がみられる）と発達し，4歳から5歳にかけて文法の主要な部分が獲得されると提案している．異なる言語に関して同様の提案がなされていることは，この発達段階が「幼児は文について何を知っているのか」に関して記述的妥当性を満たしている可能性を裏付ける．

　一方，この発達段階から，幼児の発話には，欠けているように見える要素も少なくない．格助詞や動詞の活用を欠いたいわゆる電文体の特徴がみられる二語文以降の時期，時制（T）に関連する要素（例えば，動詞の豊かな屈折や主格），補文標識（C）に関連する要素（例えば「か」や「の」を伴なった動詞と共起する WH 疑問文），埋め込まれた文などが，幼児の発話に欠けているよう

に見えるのがその例である.

　理論的背景をもって，文の発話を見るとき，そこに有るものだけではなく，その時点で見えないものが浮かび上がってくる．はたして，幼児の産出には，時制（T）ならびに補文標識（C）に関わる要素が発話にあらわれない段階があるのだろうか．そしてそれはなぜだろう．

第2部　主節不定詞現象から見る文構造の獲得

1. 言語習得初期の動詞の形とその特徴

　20世紀後半，ヨーロッパやアメリカの言語獲得研究において，主節内で，時制を伴わず，一致を欠いている動詞の形式，すなわち不定詞や裸動詞があらわれるという奇妙な特徴が獲得の初期段階において複数の言語で共通して観察されることに注目が集まった．この種の幼児の「誤用」は，一般に，主節不定詞現象（Root Infinitive Phenomenon）と呼ばれ，(22)に示すように，主節内で動詞の不定形や原形があらわれる.

(22) a.　Eve sit floor　(1;07)　（英語）
　　 b.　Peter bal pakken　(2;01)　（オランダ語）
　　　　Peter ball get-INF
　　　　(Peter (wants to) get the ball.)　　　(Blom and Wijnen (2000))
　　 c.　Dormir　petit bébé　(1;11)　（フランス語）
　　　　sleep-INF little baby
　　　　(A little baby sleeps.)　　　　　　　　(Guasti (2004))

　主節不定詞には，言語にかかわらず意味的な特徴が見られる．それは，非定形動詞が，要求や願望などの叙法を表す効果（Modal Reference Effects），進行相などの相を表したりする相効果（Aspect Effects）が認められる．また，一般的に，また，統語的な特徴として時制を伴わずにあらわれる動詞は，出来事を表す（Eventive）動詞である．そして主節不定詞は補文標識（Complementizer）に関連する要素や助動詞や主格といった時制に関する機能範疇もあらわれないという統語的特徴を伴うことが広くみとめられている（Hoekstra and Hyams (1998) に引用されている文献を参照されたい.）

(23) a. Niekje buiten spelen　(Dutch)
　　　　Niekje outside play-INF
　　　（Niekje（＝speaker）wants to play outside.）
　　b. Papa ook boot maken
　　　　Papa also boat make-INF
　　　'Papa must also build a boat.' or
　　　（I want Papa to also build a boat.）

(Hoekstra and Hyams (1998))

　例えば，Haegeman (1995) は，オランダ語を母語とする Hein のコーパス (2;04-3;01) を調査し，定形動詞を伴った 3769 の句のうち WH 疑問は 88 句であるのに対して，非定形動詞を伴った 721 の句のうち WH 疑問はたった 2 つだけであったことを報告している．すなわち WH 疑問があらわれるときは，動詞は定形であり，大人と同様に一定の屈折を伴うという．

　このように二語文以降の時期，幼児の産出には，時制（T）ならびに補文標識（C）に関わる要素が発話にあらわれない段階が存在することがある．時制（T）に関連する要素（例えば，動詞の豊かな屈折や主格），補文標識（C）に関連する要素（例えば WH 疑問文），埋め込まれた文などが，幼児の発話に欠けている時期に，当該の幼児の動詞は，不定詞あるいは動詞の原形（裸動詞）であらわれることがあるようである．

2. 日本語の（疑似）主節不定詞現象

　では，日本語についてはどうだろうか．2 歳ごろまでの間に見られる疑問文の形式の変化の過程について，大久保（1967）は，『幼児言語の発達』の中で，縦断的観察結果を詳細に記述している．

　まず，第一段階として，物の名前を尋ねる際，文末に体言がつき上昇調になる形式があらわれる．大久保（1967）は，「これは文末に終助詞『か』がつき，疑問を表すかわりに『か』を省略して文末が上昇調になる表現形式である」とし，「『これは何か』とまだ言えなくて，その意を一語文で表現しているのである」と述べている．

(24) a.　コレ，コレ↑　(1;07)
　　b.　コレナーニ↑　(1;08)
　　c.　コレナニ↑ コレナニ↑　(1;09)　　　　（大久保 (1967: 151)）

この観察は，補文標識「か」が音声形式をもって WH 要素と結びつけられない段階において，幼児が，「文（命題）」の端で，発話行為をイントネーションの上昇によって表現することを示唆するだろう．これは，喃語期ならびに一語文期に，末尾の疑問や要求についてはピッチを上げ，いわゆる叙述については下げるとする Nakatani (2005) ならびに Murasugi and Nakatani (2005) の発見と共通する．更に，発話行為を音声的に具現化する Speech Act Phrase が構造的には文の最も高い端にあることから，言語獲得とは，構造的に下から上へと獲得されるわけではなく，文の上端の要素も，下端にある名詞的要素や動詞的要素と同様に，早期に発話にあらわれることを示している．

　次の疑問形式の段階として，大久保（1967）は，文末に「の」がつき上昇調になる形式「ケンキュウジョイカナイノ↑」(1;11)，あるいは文末に「の」「か」以外の助詞がついて，上昇調になる形式「モウヒトツハ↑」(1;11) などの「述語省略文」があらわれる段階が続くとする．そして，大人の文法と同様に，WH が「か」と結びついてあらわれるようになるのは，大久保の資料を見る限り，2 歳を過ぎてからである．

(25) a.　モットダシテコヨウカ　(2;00)
　　　b.　ナニシヨウカ　(2;09)
　　　c.　サッキタベマシタカ　(2;11)

　すなわち 1 歳頃の幼児の発話には，主格のような時制が認可していると考えられている要素や，（移動や助動詞を伴う）WH 疑問文が，主節不定詞の時期にはあらわれないとするヨーロッパの諸言語や英語の観察内容と共通する特徴が，日本語でもみられるのである．日本語を母語とする 1 歳児は，WH 要素は単独の語としてイントネーションを伴ってあらわし，そのとき「か」や「の」は WH 要素と共起しない．第 6 章でも述べるように，この時期，大久保は，格助詞もあらわれないことを観察している．

　WH 疑問文が頻繁に産出されるようになるのは，大久保（1975）の分類では第一期語獲得期（2 歳前後）にあたる．大久保（1975: 33）は「2 歳前後の時期には，幼児はもの（具体的）の名前を知りたがって，しきりに『コエ，ナーニ』と質問をするようになります．そのため，ことばの種類が急にふえてきます．そこで語獲得の第一回目の時期と名付けたわけです．その他質問が多いので『第一質問期』とも呼んでいます．わたしの被験者は 1 歳 11 ヶ月から 2 歳がピークでした．」と述べている．この記述から，2 歳前後まで，日本語を母語とする幼児の疑問文の頻出は認められないことが見てとれる．また，疑問文が発話できるようになると語彙が増えるとしている点も興味深い．

もしこの観察が正しく幼児の言語発達を記述しており，その意味で記述的に妥当ならば，日本語を母語とする幼児にも，主節不定詞現象に何らかの形で対応するような（疑似）不定詞現象がみられるのだろうか．

　言語獲得研究では，空主語（pro）を許さない言語においては主節不定詞現象が存在するが，空主語を許すイタリア語のような言語には主節不定詞現象は見られないとする説が発表され，当該の言語が空主語言語か否かが，主節不定詞の有無と強い相関関係を持つとする提案がなされたこともあった（Guasti (1993–1994) など）．そして空主語を許す日本語においても主節不定詞現象は存在しないとする仮説（Sano (1995) ほか）が提案されてきた．

　一方，幼児が，不定詞でも動詞の原形（裸動詞）でもなく，動詞の活用形の中にある1つの形式のみを他の形式の代用形として用い続ける段階が1歳代にあることが，韓国語（Kim and Phillips (1998)），イタリア語（Salustri and Hyams (2003, 2006)），ギリシア語（Varlokosta, Vainikka and Rohrbacher (1996), Hyams (2005)），トルコ語（Aksu-Koç and Ketrez (2003)），ルーマニア語（Nicoleta (2006)），アラビア語（Aljenaie (2000)）ならびにマヤ語（Pye (2001)）の幼児言語の観察から報告されている．

　例えば，Aksu-Koç and Ketrez (2003) によると，トルコ語を母語とする幼児は，1歳5ヶ月ごろ，13の動詞を産出するが，それら全てが過去時制の接辞'-di (-ti)'で終わる過去形であることを観察している．このとき，一人称単数の接尾辞（suffix）は省略されている．

(26)　Ka:k-ti　(1;05)（大人の形式：*kalktim* (get up-Past-1Sg)）
　　　get-up-Past　　　　　　　　　　（Aksu-Koç and Ketrez (2003)）

同様に，Aljenaie (2000) は，1歳から2歳のクエートアラビア語を母語とする幼児が，時制を欠いた形式の動詞を産出することを観察している．

(27)　*Eh　xalis　(1;11–2;05)（大人の形式：*xalis-at* (finish-3f)）
　　　yes, finish
　　　(Yes, it is finished.)　　　　　　　　　　　　（Aljenaie (2000)）

このとき，この幼児の発話は三人称女性の接辞を欠いているように見えるが，この形式は大人の文法では男性の命令形の形式と同じであるという．このことは，ヨーロッパ言語や英語において主節不定詞現象が観察される時期，幾つかの言語では，不定詞でも動詞の原形（裸動詞）でもなく，動詞の活用形の中にある1つの形式のみを他の形式の代用形として用い続ける幼児の発話が観察されているのである．

そして日本語においても，主節において統語的意味的に役割を果たす時制辞あるいは時制素性を欠いていると考えられる代用形としての動詞があらわれる段階があるようである．以下，Murasugi, Fuji and Hashimoto (2010)，中谷・村杉 (2009)，Murasugi, Nakatani and Fuji (2010)，Murasugi and Fuji (2009, 2011)，Murasugi and Nakatani (2013) などで提案された研究をもとに，日本語の（疑似）主節不定詞現象について，簡単に論じよう．

日本語において（疑似）主節不定詞に相当するのは，大人の文法において強い命令を表す（例：「さあ，買った，買った」「帰った，帰った」などの）「-た」形（または以下に見るようなオノマトペ（+「-た」）（の形式）であるというものである．

(28) は，野地（1973-1977）によって集められたスミハレの観察記録を分析したものである．

(28) a.　アッチ イッタ　（1;06）　（意志，要求）
　　　b.　アッチ イタ ナ　（1;07）　（要求，要望）
　　　　　（（お母さんに向かって）あっちに行きたい）
　　　c.　シーシタ　（1;07）　（意志）
　　　d.　シーシタ ナー　（1;07）　（意志）
　　　e.　ババ パイタ　（1;08）　（要求）
　　　f.　ブーワ ツイタ ネ ネ　（1;09）　（要求，要望）
　　　　　（ろうそくをつけてほしい）

日本語にはいわゆる不定詞という形式が存在しない．しかし，(28) に示すような例は典型的な主節不定詞現象の特徴を示しているという点において，（疑似）主節不定詞現象とみなせるものがみとめられる．観察者である父親（野地）によると，(28a) は，おんぶされた幼児が違う方向を指し，怒って「あっちいった」と言ったという状況での発話であるという．したがって，この発話は「あっちへ行きたい」もしくは「あなたがあっちへ行け」のいずれかを意図しているものと考えられることから，先に述べた要求や願望などの叙法を表す効果（Modal Reference Effects）を示す例といえる．同様に，(28b) では「あっちに行きたい」，(28c) と (28d) では「おしっこをしたい」という願望や要求を表すコンテクストにおいて，この幼児は「-た」形を用いている．(28e) では，スミハレが芋を持ち，母親にそれについた泥を取るように依頼している状況での発話であり，大人の文法では「-て」形が使われるべきところ，幼児の発話では「-た」形が代わりにあらわれる．この時期，動詞は時制による活用を豊かに示すことはない．

また，日本語を母語とする幼児の発話には，「-た」形で進行相を表す例も見られる．これは他の言語に相効果（Aspect Effects）として観察される特徴と共通する．

(29) a. シーシタ （1;06） （進行）
   （(彼女が) おしっこしている）
   b. ブー マイマイタ （1;10） （進行）
   （飛行機が旋回している）
   c. アカチャン ガーゼ オチタ （1;11） （状態）
   （赤ちゃんのガーゼが (床に) 落ちていた）

(29a) では友達がおしっこしているという進行状況を表すため，「-ている」形の代わりに「-た」形を用いている．(29b) では，飛行機が飛び回っているのを見てその回っている様子を表すオノマトペ「マイマイ」が「-た」を伴っている．(29c) は幼児が赤ちゃんのガーゼが床にあるのを見つけ，それを拾ったという状況であり，大人の文法では「落ちていた」となるのが自然であるところを「落ちた」と発話している．

興味深いことに，野地 (1973-1977) による縦断的観察記録に基づいて，日本語を母語とする幼児においては「-た」形であらわれると提案された主節不定詞現象の存在は，中谷友美氏による縦断的観察研究（中谷・村杉 (2009)）において裏付けられている．日本語を母語とする幼児「ユウタ」の初期の動詞もまた「-た」形であり，それらには，やはり (30) に示すように要求や願望などの叙法を表す効果（Modal Reference Effects）が，また (31) に示すように相効果（Aspect Effects）が観察されたのである．以下は中谷氏によって観察された「ユウタ」の発話である．

(30) a. アイタ （1;07） （願望／要求）
   （(キャビネットを) あけたい／あけて）
   b. ハイタ ハイタ （1;07） （意思／要求）
   （(靴を) はきたい／はかせて）
   c. ハイッタ ハイッタ （1;07） （意思／要求）
   （(このノートをカバンに) 入れたい／入れて）
   d. トッタ （1;07） （意思／要求）
   （(石鹸を) とりたい／とって）

（中谷・村杉 (2009)）

(30) はいずれも，ヨーロッパ言語や英語の主節不定詞で見られる叙法を表す

効果の典型的な特性を示し，願望，要求，意思などが「-た」形で表現されている．

また，ほぼ同時期に，ユウタはスミハレと同様に，進行や状態などの相を表すほうが大人の文法では適切であると思われる場合にも，「-た」形を用いている．

(31) a. ツイタ （1;03） （状態）
((電気が) ついている)
b. オチタ オチョト オチタ （1;07） （進行）
((僕は) (この人形を) 外に落としている)
c. ツイタ （1;06） （状態・結果）
((米が) (手に) 付いている)
d. オチタ オチタ （1;07） （状態）
((ビデオのケースが) (床に) 落ちている)

(中谷・村杉 (2009))

(31a)の「ツイタ」は，ソファに横たわり電気を見ている時に発話したもので，その場で電気がついたのではなく，電気がついている状態を示している．これは1歳3か月という早期に観察されている．中谷の観察によれば，「ツイタ」は，ユウタが最初に産出した動詞の1つであり，「ツイタ」に関する動詞活用は，1歳6か月に「動詞＋チャッタ」の形があらわれるまで，実に100%の確率で「-た」形であった（中谷・村杉 (2009)）．(31b)では，「人形を外に落としている」という状況で「オチタ」が用いられ，(31c)では，ご飯が手に付いている状態を見て「ツイタ」と発話した例である．ご飯が手に付いているのを見た段階では，すでにそのご飯は，そのときまでのしばらくの間，話者であるユウタの手についていたことから，この発話は，その時点での状態あるいは結果を意図するものであると分析される．(31d)も同様の例であり，これらは先に述べた相効果を示す典型的な例であると考えられる．

幼児の（疑似）主節不定詞の形は，他にオノマトペ (Murasugi and Nakatani (2013))，あるいは，「て形」(Murasugi, Fuji and Hashimoto (2010)) の可能性が指摘されているが，これらの（疑似）主節不定詞が観察される時期には，主格や繋辞，あるいは時を表す副詞のようなT要素に関連する項目や，疑問詞ならびに補文標識のようなC要素に関連する項目が動詞と共起することはない．WH要素の（顕在的な）移動が見られない日本語においても，幼児の初期の段階ではWH要素と（疑似）主節不定詞は共起せず，また，時制やCに関する要素（例：補文標識やWH句）は（疑似）主節不定詞と共起しない．

日本語における（疑似）主節不定詞現象に関する詳細は，前掲した一連の論文に譲るが，幼児の発話に動詞を伴う WH 疑問文や格があらわれるのは，動詞の種々の活用形があらわれはじめる時期，すなわち，（疑似）主節不定詞現象が見られなくなってからである．

以上のことから，すべての言語獲得の初期段階に，たとえ当該の言語に不定詞そのものの形がなくとも，動詞が時制を欠くと見なすべき現象が見られると考えることができる．Murasugi, Nakatani and Fuji (2010) は，主節不定詞の形式には言語によって違いがあり，その形式にしたがって世界の言語は3つの類型に分類されると提案している．それは，不定詞があらわれる場合（オランダ語，フランス語，ドイツ語など），動詞の原形（裸動詞）があらわれる場合（英語，スワヒリ語，中国語など），（一見，活用形のように見える）代用形があらわれる場合（日本語，韓国語，トルコ語，クエートアラビア語など）の3つである．日本語のように代用形があらわれる場合には，拘束形態素の性質をもつ語幹をもつという特徴があり，語幹に時制やムードなどに関連する形態素が付けられる．

世界の言語の獲得にみられる事実と特徴をもとに，それぞれの言語を見直したとき，それまで目に留めなかった事実と特徴が浮き彫りにされ，また過去になされた記述的一般化が新たな光を放つ．大久保 (1967) の1歳から2歳の幼児の発話に関する記述は，3つの形式に分類される世界の主節不定詞現象に共通する抽象的特徴に通ずるものであるといえる．

3. 主節不定詞現象の構造と文構造の習得

では，なぜ，幼児の初期の言語獲得の段階において主節不定詞現象が見られるのだろうか．Rizzi (1993-1994) は，この時期の主節不定詞現象を説明するために，幼児言語の特徴として TP 構造よりも下の位置で切り取ることを可能とする刈り取り仮説（Truncation Hypothesis）を提案している．大人の文構造が CP 構造を持っているのに対し，幼児は，途中までの投射で止まる（刈り取ってしまう）構造を許すという仮説である．

(32)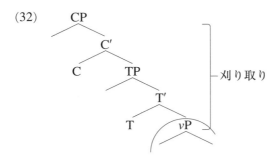

　この仮説は，主節不定詞現象の観察される時期に，C 要素に関する項目や助動詞や主格といった T 要素に関する項目があらわれず，また空主語が多くあらわれる事実も統一的に説明する．

　この仮説は日本語の獲得の例も美しく説明できる可能性がある．Murasugi, Fuji and Hashimoto (2010), Murasugi and Fuji (2009), Murasugi, Nakatani and Fuji (2010) などで論じられているように，1 歳代の幼児の動詞には時制を表す動詞の活用形は複数あらわれずに，「-た」形のみ産出される段階がある．この時期，形容詞でも，活用形は 1 つの形式（現在形あるいは過去形のいずれか）のみがあらわれる．また，「-た」形と疑問詞（C 要素に関する項目）が共起することもなく，主格（「が」格）もあらわれない．このような（疑似）主節不定詞現象は，Rizzi (1993–1994) の述べるように，その時期の幼児の文法が時制句の投射のないオプションを取り，一定の統語構造のまとまり（最近の用語ではフェイズ（phase））で構造を切り取る可能性がある．

　ここで，興味深いことに，主節不定詞現象の観察される時期には，少なくとも発話には T 要素や C 要素が観察されないにもかかわらず，話し手と聞き手を結びつける，節の上位に表れる談話的要素（イントネーションや，「ね」「な」「よ」などの要素）は，「-た」形と共起して発話される．上に示した例の一部を再掲する．

(33) a.　アッチ イタナ　（スミハレ：1;07）（要求，要望）
　　　　　((お母さんに向かって) あっちに行きたい)
　　 b.　ブーワ ツイタ ネネ　（スミハレ：1;09）（要求，要望）
　　　　　(ろうそくをつけてほしい)

　(疑似) 主節不定詞の「-た」形が，文の最末尾（最も高い位置）に「ね」や「な」を伴ってあらわれるという経験的事実は，文の構造が刈り取られた時期においても，談話に関する要素は独立に幼児の「文の構造」に存在しているこ

とを意味している．大人の文法において，終助詞は選択制限がなく，それは文（TP）や補文（CP）のみならず，名詞句，後置詞句，形容詞句，動詞句などを補部にとることができる．

(34) 私ね，きのうね，学校からね，かわいいね，リボンね，家庭科の授業でね，もらったのね

　主節不定詞の時期，構造は時制より下の位置で刈り取られている可能性がある．この時期に，終助詞が豊かにあらわれる．
　したがってこの日本語獲得特有の事実は，文の構造が，必ずしも動詞句や名詞句，形容詞句といった「下から上へ」と併合されながら発達するだけではなく，談話との接点である終助詞が「上から下へ」と補部を選択しながら発達する可能性を示唆する．その意味でも，主節不定詞現象が観察される時期，談話的要素がどのように産出にあらわれるのかを記述し，説明を与えることは，重要な研究課題であるといえるだろう．面白いことに日本語に近い言語である韓国語には「ね」や「な」に相当する間投詞や終助詞が大人の文法でさほど頻出しない．終助詞の豊かな日本語だからこそ，言語獲得に興味深い示唆がみいだせるのかもしれない．

おわりに

　本章では，日本語を母語とする幼児が文の構造を獲得する過程とその特徴に関し，これまでに行われた研究の一部を概観した．大久保愛氏や野地潤家氏，ならびに中谷友美氏や柴田和氏による縦断的観察記録などをもとに，いつ，どのように，幼児が持つ文法知識が文の形式で発話にあらわれてくるのかについて紹介し，その上で，世界の多くの言語で広く観察されている主節不定詞現象とその特徴が，日本語の文構造の獲得においてどのようにみられるのかについての研究を概観した．
　類型的に見て非常に大きく異なった言語においても共通に観察される早期の語順の決定や，主節不定詞現象に見られる相同（そのあらわれる時期や時制に関する特徴）と相違（その形態的な具現化）は，言語獲得装置に含まれる普遍文法の特徴を反映した属性に関わるものであると考えられる．
　文の構造の獲得にみられる発達段階は，ヒトに生得的に与えられた母語獲得の仕組みと密接に結びついている可能性が高い．しかし，同時に，幼児のプロセスしうる運用上の制限や，文法以外の知識の獲得や発達とも関連するもので

もあろう．

　人は，命題をいつどのように文として具現化するようになるのだろうか．文の獲得について調べるためには，生得的な普遍文法の仕組みが，他のこころの体系とどのように関わって，母語獲得に関与しているのかを検討することも必要となるだろう．したがって，日本語における文構造の獲得は，統語研究をはじめとした大人の言語研究，幼児の文解析や言語運用の研究，さらには幼児の概念の獲得に関する研究から得られた成果と関連付けられ，より学際的な視点からの研究が推進されることにより，文構造の発達過程についての謎は解明されていくことであろう．

参考文献

Aksu-Koç, Ayhan and Nihan F. Ketrez (2003) "Early Verbal Morphology in Turkish: Emergence of Inflections," *Mini-paradigms and the Emergence of Verb Morphology,* ed. by Dagmar Bittner, Wolfgang U. Dressler and Marianne Kilani-Schoch, 27–52, Mouton de Gruyter, Berlin.

Aljenaie, Khawla (2000) "The Emergence of Tense and Agreement in Kuwaiti Children Speaking Arabic," *Reading Working Paper in Linguistics* 4, ed. by Richard Ingham and Paul Kerswill, 1–24, The University of Reading.

Blom, Elma and Frank Wijnen (2000) "How Dutch Children's Root Infinitives Become Modal," *BUCLD* 24, 128–139.

Bloom, Lois (1970) *Language Development: Form and Function in Emerging Grammars,* MIT Press, Cambridge, MA.

Braine, Martin, D. S. (1963) "The Ontogeny of English Phrase Structure: The First Phase," *Language* 39, 1–13.

Chomsky, Carol (1969) *The Acquisition of Syntax in Children from 5 to 10, Research Monograph* 57, MIT Press, Cambridge, MA.

Chomsky, Noam (1973) "Conditions on Transformations," *A Festschrift for Morris Halle,* ed. by Stephen R. Anderson and Paul Kiparsky, 232–286, Holt, Rinehart and Winston, New York.

Chomsky, Noam (1981) *Lectures on Government and Binding,* Foris, Dordrecht.

Chomsky, Noam (1986) *Knowledge of Language: Its Nature, Origin, and Use,* Praeger, New York.

Chomsky, Noam (2010) "Poverty of Stimulus: Unfinished Business," paper presented at GLOW in Asia XIII, Beijing Language and Culture University, August 12.

de Villiers, Jill, Thomas Roeper and Anne Vainikka (1990) "The Acquisition of Long-distance Rules," *Language Processing and Language Acquisition,* ed. by Lynn Fraizier and Jill de Villiers, 257–297, Kluwer, Dordrecht.

Guasti, Maria T. (1993-1994) "Verb Syntax in Italian Child Grammar: Finite and Non-finite Forms," *Language Acquisition* 3, 1-40.

Guasti, Maria T. (2004) *Language Acquisition: Growth of Grammar*, MIT Press, Cambridge, MA.

Haegeman, Liliane (1995) "Root Infinitives, Tense, and Truncated Structures in Dutch," *Language Acquisition* 4, 205-255.

Hoekstra, Teun and Nina Hyams (1998) "Aspects of Root Infinitives," *Lingua* 106, 91-112.

Huang, C.-T. James (1982) *Logical Relations in Chinese and the Theory of Grammar*, Doctoral dissertation, MIT.

Hyams, Nina (2005) "Child Non-finite Clauses and the Mood-aspect Connection: Evidence from Child Greek," *The Syntax, Semantics and Acquisition of Aspect*, ed. by Paula Kempchinsky and Roumyana Slabakova, 293-316, Kluwer, Dordrecht.

Kim, Meesook and Colin Phillips (1998) "Complex Verb Construction in Child Korean: Overt Markers of Covert Functional Structure," *BUCLD* 22, 430-441.

Lasnik, Howard and Mamoru Saito (1984) "On the Nature of Proper Government," *Linguistic Inquiry* 15, 235-289.

McNeill, David (1966) "Developmental Psycholinguistics," *The Genesis of Language: A Psycholinguistic Approach,* ed. by Frank Smith and George A. Miller, MIT Press, Cambridge, MA.

村杉恵子(2014)『ことばとこころ——入門 心理言語学』みみずく舎(発行), 医学評論社(発売), 東京.

Murasugi, Keiko and Chisato Fuji (2009) "Root Infinitives in Japanese and the Late Acquisition of Head-movement," *BUCLD* 33 Supplement. http://www.bu.edu/linguistics/BUCLD/supplement 33/Murasugi.pdf

Murasugi, Keiko and Chisato Fuji (2011) "Root Infinitives: the Parallel Routes the Japanese- and Korean-speaking Children Step in," *Japanese/Korean Linguistics* 18, 3-15.

Murasugi, Keiko, Chisato Fuji and Tomoko Hashimoto (2010) "What's Acquired Later in an Agglutinative Language," *Nanzan Linguistics* 6, 47-78.

Murasugi, Keiko and Tomomi Nakatani-Murai (2005) "The Ontology of Functional Categories," paper presented at GLOW in Asia V, October 7th, New Delhi, India.

Murasugi, Keiko and Tomomi Nakatani (2013) "Three Types of 'Root Infinitives': Theoretical Implications from Child Japanese," *Japanese/Korean Linguistics* 20, ed. by Bjarke Frellesuig and Peter Sells, University of Chicago Press.

Murasugi, Keiko, Tomomi Nakatani and Chisato Fuji (2010) "The Roots of Root Infinitive Analogues: The Surrogate Verb Forms Common in Adult and Child Grammars," *BUCLD* 34 Supplement.

Nakatani, Tomomi (2005) *The Onset of Child Language*, M.A. Thesis, Nanzan University.

中谷友美・村杉恵子 (2009)「言語獲得における主節不定詞現象： 縦断的観察的研究」*Academia* 86, 59-94, Nanzan University.

Nicoleta, Sava (2006) "Towards an Adult-like Verbal Paradigm: The Optional Infinitive Stage in Romanian," Central and Eastern European Online Library. http://www.univ-ovidius.ro/litere/Anale/Fisiere/06%20volumul%20XVII%202006/02%20Focus%20on%20Language/19%20Nicoleta%20Sava%20tot.pdf.

Nishigauchi, Taisuke (1990) *Quantification in the Theory of Grammar*, Kluwer, Dordrecht.

野地潤家 (1973-1977)『幼児言語の生活の実態 I ～ IV』文化評論出版, 東京.

大久保愛 (1967)『幼児言語の発達』東京堂書店, 東京.

大久保愛 (1975)『幼児のことばと知恵』あゆみ出版, 東京.

Otsu, Yukio (2007) "*Wh*-island in Child Japanese," paper presented at Keio Workshop on Language, Mind, and the Brain, Keio University, March 18.

Pye, Clifton (2001) "The Acquisition of Finiteness in K'iche'Maya," *BUCLD* 25, 645-656.

Rizzi, Luigi (1993-1994) "Some Notes on Linguistic Theory and Language Development: The Case of Root Infinitives," *Language Acquisition* 3, 371-393.

Saito, Mamoru (1985) *Some Asymmetries in Japanese and Their Theoretical Implications*, Doctoral dissertation, MIT.

Salustri, Manola and Nina Hyams (2003) "Is There an Analogue to the RI Stage in the Null Subject Languages?" *BUCLD* 27, 692-703.

Salustri, Manola and Nina Hyams (2006) "Looking for the Universal Core of the RI Stage," *The Acquisition of Syntax in Romance Languages*, ed. by Vicenç Torrens and Linda Escobar, 159-182, John Benjamins, Amsterdam.

Sano, Tetsuya (1995) *Roots in Language Acquisition: A Comparative Study of Japanese and European Languages*, Doctoral dissertation, UCLA.

Stern, William (1924) *Psychology of Early Childhood: Up to the Sixth Year of Age*, Henry Holt.

杉崎鉱司・村杉恵子 (2013)「日本語における *wh* 島制約の獲得： 予備的研究」『言語の普遍性および多様性を司る生得的制約： 日本語獲得に基づく実証的研究, 成果報告書 II』, 村杉恵子(編), 南山大学.

Sugisaki, Koji and Keiko Murasugi (2014) "Wh-islands in Child Japanese Revisited," poster presented at BUCLD 39, Boston University, November 7-9.

Varlokosta, Spyridoula, Anne Vainikka and Bernhard Rohrbacher (1996) "Root Infinitives without Infinitives," *BUCLD* 20, 816-827.

Watanabe, Akira (1992) "Subjacency and S-structure Movement of *Wh*-in-situ," *Journal of East Asian Linguistics* 1.3, 255-291.

Wexler, Ken (1998) "Very Early Parameter Setting and the Unique Checking Constraint: A New Explanation of the Optional Infinitive Stage," *Lingua* 106, 23-79.

第Ⅱ部
格と構造

第4章

文の構造と格関係

岸本　秀樹

神戸大学

　主格や対格のような格は，文中に名詞句が現れる際に文法的に必要になる要素である．英語では，代名詞以外には格が明示的に現れないが，日本語においては，項として機能する名詞句に格助詞による格標示が現れる（談話的な理由で落ちる場合もある）．日本語の主語は，（A）と（B）のように，自動詞であっても他動詞であっても主格（「が」格）でマークされる．

　　（A）　子供が走っている．
　　（B）　学生が本を読んでいる．

日本語は，通常，主語を「が」格でマークするが，可能形の他動詞では主語を主格（「が」格）以外に与格（「に」格）でマークすることも可能である．

　　（C）　学生 {に／が} 論文が読める．

さらに，動作主を主語にとる動詞では，一定の意味条件が整えば，（D）や（E）のように主語を「が」格以外に，「から」や「で」でマークできる．

　　（D）　子供たち {が／で} 遊んでいる．
　　（E）　私 {が／から} 彼に話しましょう．

様々な格助詞を伴う主語はどのようなメカニズムで認可されるのであろうか．英語では，主語は動詞句の外部に存在する．これに対して，日本語の主語はどのような構造位置を占めるのであろうか．主語が主格以外の格標示をもつ場合にも「が」格の主語と同じ構造位置に現れると考えてよいのであろうか．

　次に，（F）の他動詞文の目的語は，意味的には（G）の自動詞の主語と対応する．しかしながら，他動詞の目的語は「を」格でマークされるのに対して，自動詞の主語を「を」格でマークすることができない．

(F)　メアリーが本を落とす．
　　　(G)　本{が／*を}落ちた．
(F) や (G) において，同じ意味をもつ名詞句の格の認可には，どのような
メカニズムが関与しているのであろうか．どのような構造的な関係で名詞句
の格の認可が行われ，その名詞句がどのような構造位置に現れるかについて
考えてみよう．

本章の構成
　本章では，名詞句の格関係と動詞句の構造について概観し，日本語の名詞句の格がどのような条件で認可されるかについて考察する．第１部では，文中で名詞句を認可する格付与／格認可のメカニズムについて考える．特定の構造関係をもつことによって認可される構造格がどのようなものであるのかという問題，および，特に，主語のもつ格標示に注目し，主語がどのような構造位置を占めるのかという問題について検討を加える．第２部においては，動詞句を焦点位置にもつ擬似分裂文のデータを観察しながら，名詞句のマーキングと構造位置がどのように関係するかについて考察を加える．

第１部　格と文の構造

1.　格関係とは
　文には，名詞や動詞のような実質的な意味を含む要素以外に，実質的な意味をともなわないものの文の成立には不可欠となる要素が含まれている．日本語において，その代表的なものは，「が」「を」「に」のような格助詞である．格助詞は，述語と名詞句の関係を示す要素で，名詞句の文中での文法的な役割を指定するのに必要となる（ただし，他の文法的な要因あるいは談話的な要因などで表面的には現れない場合もある）．

1.1.　構造格
　「格 (Case)」は，名詞句を文法的に認可するために必要な要素である．名詞句が文中で適切に解釈されるためには，格によって文法的な役割が指定される必要がある．英語では，(*He will go.* に現れる *he* のように) 格の標示は（活用形として）代名詞にのみ明示的に現れる（通常の名詞句では格標示が明示的には現れないが，格をもっていると考えることができる）．これに対して，日

本語においては，通常（「太郎が来る」のような文の「太郎が」に現れる「が」のように）格助詞が名詞句に付随する形で格標示が行われる．「が」や「を」のような格助詞は，特定の意味関係を指定するわけではなく，文の中における文法的な関係を指定している．名詞句は格が与えられることによって（「太郎が来る」のような文では「太郎が」が「来る」の主語であるというように）文中で果たす文法的な役割が規定されるのである．日本語の場合，格の形態は，主語ならば「が」，目的語ならば「を」であることが多いが，名詞句の文法関係と格の形は，必ずしも一対一の関係とはならない．したがって，構造的な関係を指定する格がどのようにして認可されるかということが，文法を考える上での大きな問題となる．

日本語においては，名詞句の格は格助詞によってマークされるが，格助詞は大きく分けて2種類あると考えられる．まず，「が」や「を」のような格助詞は，名詞句が生起するために文法上必要とされる「構造格（structural Case）」として機能している．構造格は，文の構造上の関係で決められ，名詞句の意味関係，すなわち，名詞句のもつ「意味役割（thematic role, θ-role）」とは直接の対応関係がないという特徴を示す．このことを (1) の文で考えてみよう．

(1) a. みんながこの本を読んだ．
    b. この本が読まれた．
    c. ジョンが子供を走らせた．

(1a) の2つの名詞句には構造格のマーカーである「が」と「を」が現れている．(1a) の「が」格でマークされている「みんな」は〈動作主（agent）〉，「を」格でマークされている「この本」は〈主題（theme）〉の意味役割をもつ．「を」格でマークされる名詞句は，受身の操作を受けると，受身の主語として機能するようになる．(1b) の「この本」は，受身化によって目的語が主語に昇格し，「が」格でマークされているが，(1a) の「を」格でマークされている「この本」と同じ〈主題〉の意味役割を担う．(1c) の「が」格でマークされている「ジョン」は〈使役者（causer）〉，「を」でマークされている「子供」は〈被使役者（causee）〉で，かつ「走る」の〈動作主〉となる．これらの例から，意味役割と格の形態が一対一の関係にないことが分かる．このように，格助詞「が」や「を」でマークされた名詞句がどのような意味役割をもつのかについては，格助詞を見ただけでは決定できない．このタイプの格（「が」「を」）は，文中に現れる名詞句の意味関係を直接規定せず，構造的な関係を規定するのに使用さ

れているので，「構造格」と呼ばれる．[1]

　「が」格や「を」格のような構造格でマークされる名詞句は意味役割を一義的に指定することができないのに対して，(2) の下線を引かれた名詞句は，付随する格助詞（「で」や「から」）に対応した形で意味関係（意味役割）を決めることができる．

(2) a.　彼が<u>運動場で</u>走った．
　　b.　車が<u>車庫から</u>出た．

(2a) の「で」でマークされる名詞句「運動場」は〈場所 (location)〉である．また，「から」でマークされる名詞句「車庫」は〈起点 (source)〉である．「から」や「で」の場合，名詞句に与えられる意味役割は，名詞句につく格助詞から判断することができる．さらに，「から」や「で」でマークされる名詞句は，直接受身の操作をかけて受身の主語にすることができない．

(3) a.　*運動場が走られた．
　　b.　*車庫が出られた．

このような特性は，基本的に英語の「前置詞 (preposition)」と共通の性質でもあり，「から」や「で」のような助詞が英語の前置詞に相当する「後置詞 (postposition)」であることを示唆している．このように，日本語において，名詞句に付随して現れる格助詞には，「が」「を」のように構造格として機能するものと，「から」「で」のように後置詞として機能し，特定の意味関係を指定するものが存在する．

1.2.　DP と PP

　英語では，通常の名詞句がどのような格をもつのかは形を見ただけでわからない．しかし，(主格，対格などの) 格は代名詞の場合，屈折形として現れる．また，述語 (predicate) が選択する「項 (argument)」は構造格をもつ名詞句 (Determiner Phrase (DP)) として現れる．これに対して，述語が選択しない「付加詞 (adjunct)」は代名詞であろうと通常の名詞であろうと，前置詞によって導かれ前置詞句 (Prepositional Phrase (PP)) として現れる．

---

[1] 1980 年代の統率・束縛理論（原理とパラメータのアプローチ）では，主語や目的語を認可する構造格（主格，対格）は，「抽象格 (abstract Case)」と呼ばれる．多くの言語において，明示的に現れる格の形態はこれと一致しない場合がある．そのため，形態的に現れる格は，しばしば，抽象格とは区別され「形態格 (morphological case)」と呼ばれる．この 2 つを区別する場合，抽象格は大文字の Case で，形態格は小文字の case で表示される．

(4) [He] ran [on the school ground].

英語では，前置詞によって導かれた代名詞は（例えば，*before him* のように）対格形で現れる．そして，項と付加詞は，DP と（DP を補部にとる）PP という異なる構造をもつ．[2]

日本語の場合，（「学生が」のような構造格のマーカーを伴う）名詞句であっても（「学校から」のような）後置詞句（Postpositional Phrase (PP)）であっても，結局のところ，表面上は，格助詞の違いがあるだけなので，英語と同じようなDP と PP という構造的な違いはないように見える．しかし，日本語においても英語と同じ DP と PP の区別をつける動機づけが，いわゆる「数量詞遊離（numeral quantifier float）」の現象から得られる（Miyagawa (1989a)）．数量詞遊離は，(5a) の「3人」のような名詞の数を数えるために使用される数量詞が，(5b) のように，名詞句の中から取り出される現象である．

(5) a. [3人の学生が] 本を読んだ．
　　 b. [学生が]（昨日）3人本を読んだ．

(5b) の「学生が」と「3人」の間には，「昨日」のような副詞を入れることができるので，「3人」が名詞句の構成素になっていないことが分かる．しかしながら，(5b) の「学生」と「3人」は，「3人の学生」と同じ意味を表すことができる．そのために，(5b) の「3人」は，(5a) の名詞句「3人の学生」から数量詞遊離の文法操作によって，取り出されたと考えられる．数量詞遊離は，(6) で示されているように，「が」格でマークされた主語および「を」格でマークされた目的語からは可能であるが，「から」でマークされた名詞句からの数量詞遊離はできない．

(6) a. [学生が] 3人遊んだ．
　　 b. 学生が [本を] 3冊読んだ．
　　 c. *昨日，荷物が [先生から] 3人届いた．

ちなみに，後置詞句の中で数量詞を後置することは（「荷物が [先生3人] から届いた」のように）可能であるが，これは PP 内での数量詞の移動であって，PP の外に取り出す数量詞遊離ではないことに注意する必要がある．

(6) の数量詞遊離に関する事実は，「が」や「を」のような構造格のマーカー

---

[2] 本章では，名詞句に NP と DP の投射が含まれるとするいわゆる「DP 仮説（DP Hypothesis）」をもとに考察をすすめる（Abney (1987)）．この仮説では，(従来，名詞 (N) が投射する句 (NP) として考えられていた) 名詞句を決定詞 (D) が投射する DP とみなす．

を伴う名詞句が DP であり，「から」などの後置詞を伴う名詞句は PP の投射
があり，DP がそれに埋め込まれている構造をもつ，ということから説明でき
る．

(7) a. ... DP ... NQ ...
    b. ... [_PP DP] ... NQ

Miyagawa（1989a）によると，遊離した数量詞（NQ）が適正であると判断さ
れるためには，数量詞とそのホストとなる名詞句がお互いに c 統御（c-command）する関係をもっている必要がある．[3]「が」「を」のような格助詞を伴う
名詞句は，(5b) や (6a, b) で示されているように，数量詞遊離が可能である．
これは，(7a) で示されているように，「が」や「を」でマークされている名詞
句（DP）と NQ が互いに c 統御する関係にあるからである．これに対して，
「から」や「で」などの格助詞で導かれる後置詞句（PP）は，(7b) のように，
DP が PP の内部に含まれる構造をもつ．この場合，DP と NQ は，相互に c
統御する関係を結ぶことができず，数量詞と DP の関係づけが認可されない．
そのため，(6c) のような例は容認されないのである．[4]

2. 文の階層構造と格関係

日本語は，基本語順が主語（S)-目的語（O)-動詞（V）になる SOV 言語で
ある．英語は，主語（S)-動詞（V)-目的語（O）の基本語順をもつ SVO 言語
である．英語では，語順の関係から，V と O が動詞句（VP）を構成し，その
上位に（VP の外部に）主語が現れることは比較的容易に分かる．しかしなが
ら，日本語が英語と同じような階層構造をもつかどうかについては，基本語順
や表面的な語の並びからは唯一的に決められないために，様々な議論や提案が
存在した．

2.1. 日本語の階層性

1980 年代において，日本語は，非階層的な言語ではないか（つまり，英語

---
[3] 本書での c 統御は「α を支配しているすべての範疇が β を支配している時，α は β を c
統御する，ただし α は β とは同一ではない」と定義される．Miyagawa（1989a）が数量詞遊
離の説明に用いている c 統御はこれとは異なり，関係する節点は「範疇」ではなく「（範疇の）
最大投射」となる．
[4] 数量詞遊離が PP からできないという一般化が成り立つかどうかについては，井上（1976），
Haig（1982）などにより，反例がしばしば議論されており，検討の余地が残る部分である．

とは異なり，階層的な構造をもっていないのではないか）と盛んに議論された．まず，日本語は，Hinds (1973) が議論しているように VP をターゲットとする操作がないようにも見える．さらに，日本語は，比較的自由な語順を許すという点で，Hale (1983) により非階層的な構造をもつとされた Warlpiri（ワルピリ語）に似ている．実際，日本語の英語と異なる統語的な特徴として，(8) のように，主語や目的語などの項の並べ方（語順）が自由であるということがあげられる．

(8) a. 政男が本を机の上に置いた．
    b. 本を政男が机の上に置いた．
    c. 本を机の上に政男が置いた．

日本語の単文では，(8) で示されているように，項が述語の左側に現れるという制約を満たす限りにおいては，「スクランブリング (scrambling)」の操作によって項の順序を自由に入れ替えることができる．このような項の自由な入れ替えは，Hale (1983) の観察した Warlpiri の自由語順の現象と似ているところがあるため，日本語は，英語とは異なり動詞句がない文構造をもつのではないかという分析が 1980 年代の初めに提案されたのである（例えば，Farmer (1984)，Chomsky (1981) では日本語が非階層的な言語として言及されている）．

しかしながら，Saito (1985)，Whitman (1986)，Hoji (1985) などは，「代名詞束縛 (pronominal binding)」や「弱交差 (weak crossover)」などの現象をもとに，日本語が，Warlpiri のような非階層的な言語ではなく，英語のような階層的な構造をもつ言語であることを論じている．そして，これらの経験的な事実から，日本語は，英語と同じような階層的な構造をもつという考え方が現在では一般に受け入れられている．そして，日本語の自由語順は，Saito (1985) などで提案されているように，「スクランブリング」が TP や VP などの様々な投射をターゲットにする付加操作であることから導くことができると一般的に仮定されている．したがって以下では，日本語が英語と同じ階層構造をもっているということを前提にして名詞句の格がどのように扱われてきたかについて考察する．

2.2. 格付与

1970 年代の日本語生成文法では一般的に，名詞句の格は平面的に並んだ名詞句に対して格を与えていく変形操作によって決められていた (Kuno (1973)，Kuroda (1978) など)．語の直線的な並びによって格の形態を決める

このような方法は，理論的な見地からは，原理的とは言えないものである．1980年代に入り，統率・束縛理論（原理とパラメータのアプローチ）がとられるようになって，格は特定の構造位置に与えられるという考え方がとられるようになり，名詞句の格の認可に関して構造にもとづいた原理的な説明がなされるようになった．

統率・束縛理論においては，名詞句は，格（構造格）が付与されることによって，統語的に認可される．そして，格は一定の構造条件を満たした位置にある名詞句に対して与えられる．Chomsky (1981) の理論に従うと，格は以下のような構造的な条件で付与される．

(9) a. NP は，AGR (＝INFL) に統率されると主格が与えられる．
(NP is nominative if governed by AGR)
b. NP は，他動詞 V に統率されると対格が与えられる．
(NP is accusative if governed by (transitive) V)
c. NP は，P に統率されると斜格が与えられる．
(NP is oblique if governed by P)

本章で仮定している枠組みでは，NP は DP に対応する（DP 仮説（Abney (1987)））．また，AGR (＝INFL) は時制要素の T に対応する．なお，「統率 (government)」の概念は現在のミニマリストプログラムの枠組みでは使われていないので，ここではポイントとなる格付与のメカニズムを簡略化して提示することにする．まず，「主格 (nominative Case)」は，TP の指定部にある DP に T から与えられる．そして，「対格 (accusative Case)」は，動詞句 (VP) の補部にある DP に V から与えられる．これを日本語の (10a) に当てはめると，(10b) のように格が名詞句に付与されることになる．

(10) a. ジョンがメアリーをほめた．
b.

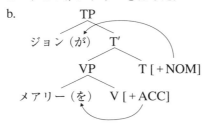

対格は他動詞が現れる環境においてのみ出現するので，他動詞の V が対格 ([＋ACC]) をもち，目的語に付与すると仮定することができる．(10b) では，

他動詞「ほめる」が対格（「を」格）をもち，その対格を目的語に与える．主格は，（英語では）時制が「定（finite）」の場合にのみ現れるため，T が主格（[+NOM]）をもつと仮定できる．(10b) では，主格（「が」格）は，時制 T によって TP の指定部にある主語に与えられる．

上記の格付与のメカニズムでは，主格の格付与は，T が存在する環境でのみ起こることになる．この考え方は，英語だけでなく日本語にも同様に当てはまる．実際，Takezawa (1987) は，(11) のように日本語の「思う」のとる（時制要素が述語に現れない）「小節（small clause）」において主格が認可されないことから，時制の有無と主格名詞句の存在に相関関係があることを論じている．

(11)　彼は [メアリー {を／*が} かわいく] 思った．

(11) では，「思う」に埋め込まれた「かわいい」は「かわいく」という連用形になり，時制要素が現れていない．(11) では，埋め込み節の述語が主語「メアリー」に対して主格を与えることができない．この構文では，主節の動詞の「思う」が「メアリー」に対格を与える．Takezawa (1987) は，(11) のような例に見られる時制要素の有無と「が」格名詞句の生起との相関関係から，日本語では時制要素が名詞句に主格を与えると結論づけている．[5]

3. 動詞句内主語仮説

1980 年代前半の統率・束縛理論では，主語は最初から文の主語位置（TP の指定部）に生起すると考えられていた．しかし，1980 年後半になると（主語は最初に動詞句の内部に現れるという）「動詞句内主語仮説（VP-Internal Subject Hypothesis）」が提案された（Sportiche (1988), Koopman and Sportiche (1991), McCloskey (1997) など）．また，日英語の比較統語論という研究の流れにおいて動詞句内主語仮説の議論を追求した研究もある（Fukui (1986, 1995), Kitagawa (1994), Kuroda (1988) など）．日本語と英語を比較する比較統語論では，日英語の様々な文法現象の違いを「パラメータ (parameter)」の違いとして捉える．

---

[5] 主格目的語の「主格」が何によって認可されているかについては異なる見解がある．Kuno (1973)，Tada (1992) などは，述語によって認可されているという見方をとるが，Koizumi (1995)，Kishimoto (2001) などは T（あるいは Agr）によって認可されるという見方をとる．

3.1. 日本語と英語の主語位置

動詞句内主語仮説の研究の中で，Fukui (1986, 1995)，Kuroda (1988) は，日英語の主語の構造位置の違いについて論じている．これらの研究によって，日英語の違いとされた構造は，おおよそ (12a) と (12b) のようなものである．

(12) a. 英語　　　　　　　　b. 日本語

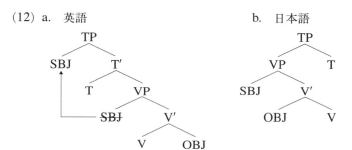

提案により細かい部分に違いがあるが，基本的な主張は以下のようなものである．まず，英語は，動詞句の中で主語が生成されるが，(12a) のように表層の構造では文の主語の位置に現れる．これに対して，日本語では，主語が動詞句の中に生成され，(12b) で示されているように，表層構造においても主語は動詞句の中にとどまったままになる．

Kuroda (1988) や Fukui (1986) の提案において，日本語と英語の主語の位置が異なる要因としているのは，「一致 (agreement)」の有無である．英語は，主語と動詞の形態的な一致現象が見られるが，日本語においては，形態的な一致現象が観察されないからである．動詞句内主語仮説は，このような形態的な一致の現象と関連させて，TP において「指定部-主要部の一致 (Spec-head agreement)」があるかどうかによって，動詞句の内部から文の主語位置に主語が移動するかどうかが決まるとする．Kuroda (1988) によれば，英語は，指定部と主要部の一致が強制される言語なので，VP 内（VP の指定部）に生成された主語が TP の指定部に移動するが，日本語はそのような一致が強制されないために，動詞句内の主語はその位置にとどまったままになる．

3.2. 日本語の主語の構造位置

日本語の主語が VP 内にとどまるという提案に対して，日本語の主語が英語の主語と同じように TP の指定部に存在することを示唆するデータがその後いくつか議論される．その1つが，Kishimoto (2001) の「不定代名詞束縛 (indeterminate pronoun binding)」によるもので，(13) のような主語と目的語の「も」による不定代名詞の束縛の可能性に関する非対称性がその根拠に

なっている (Kuroda (1965) も参照).

(13) a. 子供が [何を食べ] もしなかった．
b. *誰が [パンを食べ] もしなかった．

「何」や「誰」のような「不定代名詞 (indeterminate pronoun)」は,「も」に束縛されることで「否定極性表現 (negative polarity item)」あるいは「普遍化量化子 (universal quantifier)」としての解釈が得られる．この束縛関係が成立するためには,「も」が不定代名詞を c 統御していなければならない.

(13) のように「も」が動詞の右側に現れているならば，この助詞は VP に付加されていると考えられる．(13a) の目的語は動詞句の中に含まれているので,「何」は「も」に束縛され否定極性表現として解釈できる．これに対して, (13b) の「誰」は「も」によって束縛されず, 否定極性表現としての解釈が得られない．(14a) のように, 主語が動詞句 VP の中にとどまっているのならば，(13b) の「誰」は，(13a) の「何」と同様に「も」によって c 統御されるために, 否定極性表現としての解釈が可能なはずである.

(14) a. [TP　　　　　　 [VP [VP SBJ（誰）OBJ（何）V] も] T]
b. [TP SBJ（誰）[VP [VP　　　　　 OBJ（何）V] も] T]

しかし, (13b) は容認されないので, 主語は「も」が c 統御できない領域に存在していることを示している．(13) の事実は, (14b) で示されているように, 日本語の主語が TP の指定部に存在することを示唆している.

日本語の主語が TP の指定部に存在するとするもう 1 つの経験的な証拠として, 数量詞遊離の事実をあげることができる．Miyagawa (1989a, 1989b) が議論しているように, 名詞句と（その名詞句の数量を指定する）数量詞は, 局所的な関係をもたなければならない．(15) から分かるように, 目的語の右側に現れる数量詞は, 目的語の数量を指定することができるが, 主語に対してはできない (Kuroda (1983)).

(15) a. *学生が本を 3 人読んだ.
b. メアリーが学生を 3 人ほめた.

(15a) の主語「学生」は, 目的語「本」の右側に現れる数量詞「3 人」と相互に c 統御する構造関係がもてないために, この「3 人」は主語から遊離された数量詞であると解釈できない．(15a) の「3 人」は, (16a) で示されているように, 主語との関係づけが構造的に認可されないため, (15a) は容認されないのである.

(16) a. *[... 学生が ... [VP .... 3 人 ...]]
     b. [............... [VP ... 学生を ... 3 人 ...]]

これに対して，(15b) の数量詞「3 人」は，(16b) で示されているように目的語の「学生」と相互 c 統御の関係をもつことができる．そのため，(15b) では，目的語「学生」と数量詞「3 人」の関係づけが構造的に認可され，意図される解釈が得られる．主語と目的語の数量詞遊離の非対称性に関する事実は，日本語の主語が（目的語とは異なり）動詞句内には存在しないということを示唆している．[6]

さらに，このことを念頭において，次に受身文について考えてみよう．まず，(17a) の受身文は (17b) の能動文とは異なり，動詞の直前に現れる数量詞が受身の主語の数量を指定することができる．

(17) a.　学生が山田先生に 3 人しかられた．
     b. *学生が山田先生を 3 人しかった．

(17a) の受身文の主語の「学生」はもともと動詞が選択する目的語の位置に現れる．そして，主語の「学生」と動詞の直前に現れる数量詞との関係づけが成立する．この事実は，「学生」と「3 人」との相互 c 統御の関係が（主語位置ではなく）目的語の位置で成立していることを示唆している．そうすると，(17a) の受身文の主語は，目的語の位置から主語の位置（TP の指定部）に移動していることになる．(17a) の受身文は，(18) のような派生を経て成立するのである．

(18) a.　[TP　　　　　[VP　山田先生に学生が (3 人) ほめられ] た]

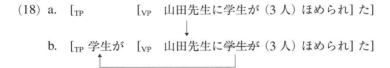

     b.　[TP 学生が　[VP　山田先生に学生が (3 人) ほめられ] た]

統率・束縛理論においては，受身のように，主語の格の与えられる位置と意味役割が与えられる位置が異なる場合には，（名詞句には格が必要であるとする「格フィルター（Case Filter）」の条件を満たすために），名詞句の移動（項移動）が起こらなければならない．例えば，(17a) の受身文の主語は，(18a) の

---

[6] Miyagawa (1989a, 1989b) の分析は，主語が TP の指定部に直接生起するという仮定のもとでの議論である．主語が VP 内に最初に現れる動詞句内主語仮説（VP-Internal Subject Hypothesis）では異なる説明が与えられなければならないが，ここでの説明は，Miyagawa のもともとの分析に基づいたものにとどめる．

ように目的語の位置に生起し〈主題〉の意味役割を受け取る．しかし，受身の他動詞は目的語の位置にある名詞句に格を与えることができない．したがって，(17a) の受身文では，T から格を受けるために，(18b) のような主語位置への名詞句移動が起こり，「学生」が主格を与えられるのである．

主語が動詞句の外に存在するという示唆的な証拠は，Hoji, Miyagawa and Tada (1989) によって議論された動詞句前置の現象からも得ることができる．動詞句前置の基本的なパラダイムは，(19) のようになる．

(19) a. ジョンがメアリーをほめた．
　　 b. [メアリーをほめ] さえジョンがした．
　　 c. *[ほめ] さえジョンがメアリーをした．

(19a) のような他動詞文は，時制要素と動詞を「さえ」のような助詞で切り離すと，(19b) のように目的語と動詞を主語の前に前置することができる．しかし，(19c) のように，主語と目的語を残して動詞の部分だけを前置することができない．(19b, c) の事実は，動詞と目的語が（主語を含まない形で）動詞句を形成していることを示唆している（Yatsushiro (1999) も参照）．

Hoji, Miyagawa and Tada (1989) は，さらに，(20b) のような動詞句の前置が容認されないという事実から，名詞句の移動 (DP-movement) が動詞句の中から文の主語位置へ起こると，動詞句に残された痕跡が先行詞に束縛されず，「適正束縛条件 (Proper Binding Condition)」(Fiengo (1977)) の違反が起こり，文が排除されることを示唆している．

(20) a. 雨が降りさえした．
　　 b. *降りさえ雨がした．
　　 c. *[t_i 降りさえ] 雨が$_i$ した．

Hoji, Miyagawa and Tada (1989) では，「降る」のような動詞（非対格動詞）の主語は，最初に目的語の位置に生成され，主語位置（TP の指定部）に移動するが，「ほめる」のような他動詞の主語は TP の指定部に直接生成されるという前提に基づいて議論が行われている．しかし，動詞の主語は，（動詞のタイプにかかわらず）動詞句の中に最初に生成すると考える動詞句内主語仮説に対しては問題となる．（日本語の）主語が動詞句内から TP の指定部に移動するのであれば，(20a) の主語が動詞句内から主語位置に移動するのと同様に，(19a) の主語に対しても動詞句外への名詞句移動が起こるからである．そうすると，動詞句内主語仮説のもとでは，（日本語において）動詞句前置の現象は観察されないはずであるという誤った予測をすることになる．

これに対して，長谷川（1990）は，動詞句前置が起こった（19b）のような例が容認されるのは，動詞句内から主語の移動が起こるのではなく，動詞句内の主語の位置に PRO が起こるためであると論じている．

(21) a. ジョン$_i$ が [t_i メアリーをほめさえ] した．
　　 b. ジョン$_i$ が [PRO$_i$ メアリーをほめさえ] した．
　　 c. [PRO$_i$ メアリーをほめさえ] ジョン$_i$ がした．

長谷川の分析では，「さえ」のような助詞が動詞に付加された際には，(*do*-support に相当する) 代用形の「する」が現れる場合と（動作主主語をとる）本動詞「する」が現れる場合がある．前者では，(21a) のように主語が動詞句内から移動する構造をとり，後者では，(21b) のように PRO を含む補文が現れる構造をとる．動作主をとる他動詞文では，(21a) や (21b) のような構造をとる可能性があるが，(21c) のように（「さえ」が付加された）動詞句が前置された場合，動詞句内の主語の位置には PRO が現れる（つまり，PRO を含む補文を選択する本動詞の「する」が現れる構文をとる）．そのため，(19b) では，動詞句の前置が起こっても，適正束縛の違反が起こらず容認される．これに対して，(20a) のように無生物主語をとる「(雨が) 降る」のような動詞が現れる文では，(主語が動作主ではないため) 代用形の「する」しか現れることが許されない．このタイプの構文では，「する」の補文において PRO が生起する構造が可能でないため，(20c) のように，主語が VP 内から移動する形式しか派生できない．したがって，(20b) のような動詞句の前置が起こった無生物主語構文は容認されないのである．

4. 主語の格

格助詞の「が」は主語，「を」は目的語を指定する場合が多いが，格助詞が指定する関係はそれに限られるわけではなく，述語の性質によって，主語や目的語が他の格助詞でマークされることがある．特に，可能接辞がつく他動詞（可能動詞）の現れる他動詞文においては，いくつかの異なる格パターンが可能になる．

4.1. 与格主語

英語では，(22) の代名詞の格の形式から分かるように，自動詞の主語と他動詞の主語は主格を与えられ，他動詞の目的語は対格を与えられる．

(22) a. {John/He} ran.
   b. {John/He} praised {Mary/her}.

日本語も同様に,自動詞では,主語が (23a) のように主格の「が」でマークされる.他動詞では,(23b) のように主語が「が」格でマークされ,目的語が対格の「を」でマークされる.

(23) a. 子供が働いている.
   b. 子供がこの本を読む.

しかし,他動詞に可能接辞を付加して派生された可能動詞では,もとの動詞がとる格パターン以外にも可能な格パターンがあり,英語の他動詞で観察されるよりも多くの格パターンが現れる.(24) の例で示されているように,「読む」に可能接辞「-え」を付加して派生した可能動詞「読める」は,主語を「が」あるいは「に」でマークすることができ,目的語を「を」または「が」でマークすることができる.

(24) a. 子供が本 {が／を} 読める.
   b. 子供に本が読める.

他動詞「読む」の主語「子供」は,主格(「が」格)でのみマークされるのに対して,可能動詞「読める」の主語は主格(「が」格)あるいは与格(「に」格)でマークできる.ちなみに,与格主語は一般に〈経験者 (experiencer)〉あるいは〈所有者 (possessor)〉を主語にとる構文に現れる.また,Kuno (1973) によれば,日本語では,(可能動詞のように)述語が状態の意味を表す場合に,目的語を「が」格でマークすることができる.[7]

柴谷 (1978) が議論しているように,定形節においては,主格の名詞句が最低1つ必要であるという「主格保持の原則」が存在する.したがって,文中に主格名詞句の現れない (25) のような例は容認されない.

(25) a. *子供に走れる.
   b. *子供に本を読める.

他動詞「読む」がとる格のパターンは「が-を」だけであるが,可能形の他動詞「読める」は「が-を」以外に「が-が」「に-が」の格パターンをとることができ

---

[7] Kuno (1973) は非状態動詞の目的語を「が」でマークすることはないとしているが,目的語を「が」格でマークする格パターンは,岸本 (2005) が議論しているように,「生まれる」のような非状態述語においても可能である.

る．可能動詞「読める」は，論理的には，「に-を」の格パターンをとってもよさそうであるが，実際には，主格保持の原則により不可能である．[8]

次に項の文法関係について考えると，(24)の可能動詞「読める」が選択する〈経験者〉の意味役割をもつ名詞句「子供」は格パターンにかかわらず，(26)で示されているように，主語指向性のある再帰代名詞「自分」の先行詞になることができる．

(26) a. 子供$_i$が自分$_i$の部屋で絵本を読めた．
b. 子供$_i$｛に／が｝自分$_i$の部屋で絵本が読めた．

また，可能動詞「読める」の選択する〈経験者〉を表す名詞句は，(27)に示されているように，格パターンにかかわらず，主語尊敬語化の敬意が向けられる対象となる．

(27) a. 斎藤先生がこの論文をお読みになれる．
b. 斎藤先生｛に／が｝この論文がお読みになれる．[9]

「に」格は，「が-に-を」の格パターンをとる二重目的語動詞の間接目的語をマークする格でもある．また，「が-に」の格パターンをとる他動詞では目的語が「に」でマークされる．しかしながら，(28)で示されているように，これらの動詞がとる「に」格名詞句は，「自分」の先行詞とはならない．

(28) a. *ジョンが子供$_i$に自分$_i$の本を与えた．
b. *ジョンが子供$_i$に自分$_i$の部屋で会った．

また，(29)で示されているように，これらの動詞のとる「に」格名詞句は，主語尊敬語化の敬意を向けられる対象ともならない．

---

[8] 主格保持の原則は，多くの種類の文に当てはまる原則であるが，いくつかの例外があることは当初より知られている（柴谷 (1978)）．例えば，自動詞の場合，通常，唯一の項である主語を「が」格でマークすることが必要であるが，（「彼には走れないが，あなたにはきっと走れる」のように）主語が対比的に強調される場合には，主語が「に」格でマークされていても容認性が高くなる．また，第5節で議論する「から」格主語構文と「で」格主語構文も主格保持の原則の例外となる．日本語の格に関するもう1つの一般的な制約としてよく議論されるのが「二重対格の制約 (double-*o* constraint)」である．これは，1つの節に2つ以上の「を」格名詞句が現れてはいけないという制約である．二重対格の制約は単一の制約ではなく，「表層二重対格の制約 (surface double-*o* constraint)」と「深層二重対格の制約 (deep double-*o* constraint)」があると議論されることもある (Harada (1973), Poser (2002) など)．

[9] 可能動詞「読める」の尊敬語形は，「なる」を可能形にした「お読みになれる」である．可能動詞は，「お～になる」に直接埋め込むと容認性が下がる（「??お読めになる」）．菊池 (1997) 参照．

(29) a. *ジョンが斎藤先生に本をお与えになった.
　　 b. *ジョンが斎藤先生にお会いになった.

主語指向性をもつ再帰代名詞の「自分」や主語尊敬語化の分布から，(24) の可能形の他動詞「読める」のとる経験者項の「子供」は，「に」格でマークされていても「が」格でマークされていても主語として機能していることが分かる (Harada (1976), 柴谷 (1978), Shibatani (1990) などを参照).

4.2. 構造格の一致による認可

　統率・束縛理論（原理とパラメータのアプローチ）(Chomsky (1981)) で，構造格を特定の位置に与える格付与のメカニズムを仮定することにより生じる1つの理論的な問題は，主語位置（TP の指定部）に与えられる格が主格に限られるということである．英語では，TP の指定部に現れる主語には主格のみが与えられると考えてもよいが，日本語では，主語位置に現れる主語が必ずしも主格でマークされるとは限らない．例えば，先にも見たように「読める」のような可能動詞は主語を与格の「に」でマークすることができる（柴谷 (1978)，Ura (2000) など）.

(30) a. 　ジョンにこの本が読める.
　　 b. 　[$_{TP}$ ジョンに [$_{vP}$ ジョンに　この本が　読める]]

統率・束縛理論では，与格主語が TP の指定部にあれば，その位置に与格が与えられ，VP の補部にある目的語には主格が与えらなければならないはずである．しかし，この格付与の関係は，第2節で規定されている構造的な格付与とは異なる．そうすると，与格主語構文では，形態的な格と構造的に与えられるはずの格の種類が対応しないことになる．この問題を回避するために，Kuroda (1988) などは，与格主語構文においては，名詞句を認可する構造格（抽象格）と形態格とは別物であるという仮定をしている．すなわち，主格主語構文でも与格主語構文でも，構造格については，主格が TP の指定部に与えられ，対格が動詞の目的語に与えられるが，与格主語構文では，それぞれの名詞句に与えられている構造格とは異なる形態的な格が（主語には与格，目的語には主格というように）現れると仮定するのである.

　生成文法が統率・束縛理論（原理とパラメータのアプローチ）からミニマリストプログラムに移行すると，「格付与 (Case assignment)」ではなく，「一致 (Agree)」による格認可というメカニズムが取り入れられる (Chomsky (1995, 2000, 2001, 2004, 2008))．一致による格認可では，局所性が要求される従来

の格付与とは異なり，(c 統御による) 長距離の認可を認める．ちなみに，ミニマリストプログラムでは，従来単層の VP からなると考えられていた動詞句を（上位の）vP と（下位の）VP の投射に分ける「分裂動詞句仮説 (Split vP Hypothesis)」が一般に採用されている (Chomsky (1995))．したがって，以降の説明では，この分裂動詞句仮説を前提として話を進める．[10]

まず，(31a) のような他動詞文の格の認可について考えてみる．「一致」による格の認可では，「探索子 (probe) (T と v)」が c 統御をしている名詞句と一致を起こし，名詞句がもつ値のない格素性に与値をすることにより格の認可を行う (Chomsky (2000, 2001))．格素性の与値は，探索子の性質によって決まる．(31a) のような他動詞文では，(31b) のように，v との一致により，目的語の格素性（u 格）に対格が与値され ([u 格] → [対格])，時制 T との一致により主語の格素性に主格が与値される ([u 格] → [主格])．

(31) a. 彼が本を読んだ．
    b. [TP [vP 彼が [u 格] --> [主格] 本を [u 格] --> [対格] V-v [対格] (読ん)] だ [主格]]

このシステムでは，格 (Case) の認可および（英語などに見られる）動詞と名詞句との一致 (agreement) 現象を同時に説明するために，T による名詞句の格素性への与値が起こると，同時に，名詞句の人称，数，性などのいわゆる φ 素性 (φ-feature) が T の値のない φ 素性に与値をする ([uφ] → [αφ]) と考える．これらの一致 (Agree) の操作の結果，すべての文法素性が与値され削除される．結果として，(31) の文は，これ以上の一致 (Agree) を起こさず，

---

[10] 動詞句の中に 2 つの最大投射が存在するという考え方は，Larson (1988) に始まるといってよい．Larson (1988) が動詞句に 2 つの句が存在すると提案したのは，Barss and Lasnik (1986) によって指摘された (i) のような現象が存在するからである．

(i) a. I showed Mary herself.
    b. *I showed herself Mary.

herself のような照応表現は，束縛理論の条件 A から同一節内にある先行詞に c 統御されることによって束縛されなければならない．(i) の事実は，間接目的語が直接目的語よりも構造的に高い位置になければならないことを示唆している（同じような統語的振る舞いを示すその他の例については，Barss and Lasnik (1986) を参照のこと）．(i) の現象は，単純な動詞句を設定するだけでは説明できないために，Larson (1988) は（動詞句に最大投射が 2 つ存在する）「VP-シェル (VP-shell)」の構造を提案した．以降，Kratzer (1996) (VoiceP)，Bowers (1993) (PrP (=PredicateP)) など，(それぞれに付けられているラベル（範疇）の名称は異なるが) 動詞句に 2 つの最大投射が含まれるという提案がいくつかなされ，Chomsky (1995) 以降，動詞句が 2 つの最大投射を含む構造を仮定することが一般的になっている．

派生が収束する（つまり，適正で文法的な文が派生される）．[11]

　一致による格認可のシステムを用いる利点の 1 つとして，以前に想定されていた，構造格と形態格という 2 つの格の概念が必要なくなるということがあげられる．一定の構造位置に対する格付与を仮定する理論では，形態格と構造格（抽象格）の区別が必要であったが，長距離一致による格の認可が可能であれば，格の種類と構造位置との関係が一対一になる必要がないからである．例えば，(32a) のような与格（「に」格）主語の構文の格認可については以下のような説明が可能になる．

(32) a.　彼にラテン語が読める．
　　 b.　[TP [vP 彼に [与格] ラテン語が [u 格] --> [主格] V-v-e（読め)] る [主格]]

(32a) の文において，時制要素が認可する格は，主格である（したがって，T は [主格] の格素性をもつ）．また，与格は T によっては与値されない内在格 (inherent Case) であるが構造格的な特性をもつ (Chomsky (2001)) ので，T が与格名詞句と φ 素性に関して一致を起こす．この場合の与格名詞句との一致は，φ 素性の一致のみにとどまるため，値のない格素性をもつ T はさらに一致の操作が必要になる．T は，一致を起こしていない格素性があるために，構造的に下位にある目的語と一致を起こすのである．下位にある主格目的語と長距離の一致を起こすと，T は目的語の格素性に「主格」を与値する ([u 格] → [主格])．そのことにより，すべての文法素性が削除できることになり，派生が収束する．

　次に，可能動詞が「が-が」の格パターンをとった場合には，いくつかの可能性が考えられるが，ここでは，「多重一致 (multiple Agree)」によって認可されるものと仮定しておく (Hiraiwa (2000, 2005))．[12] そうすると，(33a) の文の格の認可は，(33b) のような関係で行われる．

(33) a.　彼がラテン語が読める．

---

[11] Chomsky (2000, 2001) では，名詞句の構造格の種類は，探索子 (probe) のタイプに応じて決定されるもので，格素性は T や v の素性ではないとされているが，ここでは，probe も格素性をもつと仮定する (cf. Chomsky (1995))．アイスランド語などでは，与格名詞句と T の一致に φ 素性の一部のみが関与するため，与格主語の人称や主格目的語の形態的な一致に対して特殊な振る舞いが観察される．しかし，日本語ではそのような制限がないために，与格主語と時制は，φ 素性が完全に一致し，格素性のみが主格目的語と一致すると仮定する．

[12] 日本語の格の認可において多重一致が必要なのは，多重主語構文のように主格が繰り返される構文が存在するからである．詳しくは，Hiraiwa (2000, 2005) を参照．

b. [~TP~ [~vP~ 彼が ~[u 格] --> [主格]~ ラテン語が ~[u 格] --> [主格]~ V-v-*e*（読め）] る ~[主格]~]

　一致による格の認可については，主格の格素性をもつ T が c 統御している 2 つの名詞句の格素性に与値を行う（[u 格] → [主格]）．（また，ここでは，T の φ 素性の一致に関しては，多重一致は行われず，（主格）主語とのみ一致すると仮定しておく．）

　名詞句の構造格を一致によって認可するアプローチでは，格を移動の動機付けとすることができない．そのため，従来，格付与の要請のために起こるとされていた動詞句内から節の主語位置への名詞句の移動は，必然的に，別の理由により引き起こされなければならない．[13] 具体的には，主語の TP の指定部への移動は，時制がもつ EPP（=Extended Projection Principle）の素性によって起動されると考える．[14] そうすると，T に EPP の要請がある場合，主語は (34) のように vP 内から TP の指定部に移動することになる．

(34)

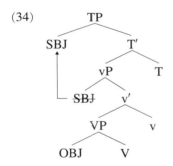

T に EPP の要請がある場合には，主格主語構文では，主格でマークされる主語が vP の指定部から TP の指定部へ移動する．与格主語構文でも基本的に同じ移動が関与する．与格主語構文においては，vP の指定部に現れるのは与格主語である．与格主語構文では，与格主語が主格目的語よりも構造的に TP に近い位置に存在するので，この与格主語が TP の指定部に移動する（与格主語が実際に TP の指定部にあることを示す経験的な事実については，第 5 節で議論する）．

---

[13] 「ラベリング（labeling）」のメカニズムから名詞句の移動が起動されるというより最近の考え方については Chomsky (2013) を参照．
[14] この制限は，定形の節には主語が必要であるという「EPP（=Extended Projection Principle（拡大投射原理））の要請」に由来するものである（Chomsky (1982)）．

ミニマリストプログラムの枠組みでは，格は特定の構造位置に付与されるわけではないので，主語位置に現れる名詞句の格は，主格である必要はない．TにEPP素性があれば，主格主語構文でも与格主語構文でも，vPの指定部にある主語がTPの指定部に移動する．その結果，統率・束縛理論で仮定されていたような（日本語において）構造格と形態格が必ずしも一致しないという仮定をする必要性がなくなる．

5. 主語の構造位置

　日本語はSOV言語であるために，英語とは異なり主語がどこにあるかについては単に語順を見ただけではわからない．そのために，従来，日本語においては，主語が動詞句（vP）の中に存在するという考え方（例えば，Fukui (1986, 1995)，Kuroda (1988)）と，主語はTPの指定部にあるとする考え方（例えば，Miyagawa (1989a, 1989b)，Kishimoto (2001)）の2つが存在していた．しかしながら，日本語の主語位置が一律にどこにあるのかという議論はできない．なぜなら，日本語の場合，以下で議論するように，主語に与えられるマーキングが異なれば，主語が占める構造位置も異なる可能性があるからである (Kishimoto (2010, 2013))．

5.1. 起点主語と複数動作主主語

　日本語の主語は，主格でマークされることが多いが，意味的な条件を満たせば，異なる格の付与も可能である．まず先にも見たように，可能動詞など，状態の意味を表す他動詞の主語は，出来事の意味を表す他動詞の主語とは異なり，「に」格でマークできる．しかしながら，出来事を表す動詞でも，主語の意味役割に応じて他のマーキングが可能になることがある (Inoue (1998), Kishimoto (2010)，田窪 (2010) など)．(35) は，出来事を表す動詞のとる主語が受けることができるマーキングを示している．

(35) a. 私 {が／から} 彼に話しかける．
　　 b. 子供たち {が／で} 遊ぶ．
　　 c. ジョン {が／*で} 遊ぶ．

構造格である主格の「が」（および与格の「に」）とは異なり，「から」や「で」は，特定の意味役割を指定する後置詞である．(35a) の主語は，（動作主であると同時に）起点であると解釈できるので，「が」の代わりに起点の「から」でマークすることができる．(35b) の主語は，（「私たち」や「私の方」という表

現で表すような）集団やグループを指す動作主と解釈される場合には，「が」の代わりに「で」でマークすることができる．なお，動作主を「で」でマークする構文は，この意味的な制約を満たさない場合，例えば，主語が1人の個人を指している場合，(35c) で示されているように容認されない．

(35) において，「から」や「で」でマークされている名詞句が主語として働いていることは，仁田 (1997) が議論しているように，このタイプの名詞句が「が」格主語と同じ人称制限を受けることから確認することができる．例えば，命令文の主語は二人称に限られるという制約がある．この制約が主語のマーキングにかかわらず，当てはまるということは，(36) の例から確認できる．

(36) a. すぐに {君／*私／*彼} がそのことを伝えなさい．
　　　b. すぐに {君の方／*私の方／*彼の方} でそのことを伝えなさい．
　　　c. すぐに {君／*私／*彼} からそのことを伝えなさい．

(36) が示しているのは，命令文を作る際には，主語に相当する名詞句が二人称でなければならないということである．このことより，自動詞や他動詞がとる動作主項は，「が」ではなく「から」や「で」でマークされていても主語として機能することが分かる．

同じことは，主語指向性のある「しぶしぶ」のような副詞の振る舞いからも確認することができる．「しぶしぶ」のような主語指向性副詞は，「から」や「で」でマークされる動作主項を「が」格主語と同様に修飾することができるからである．

(37) a. 彼がしぶしぶ宿題をしました．
　　　b. 私からしぶしぶ彼に話しかけました．
　　　c. 先生たちでしぶしぶ集まりました．

「しぶしぶ」は，主語をターゲットとして，その状態を指定する主語指向性副詞なので，「から」や「で」でマークされる名詞句も（動作主として認定される場合には）主語の特性をもつ（すなわち，主語として機能している）ことが分かる．

次に，主語に対して敬意を表す主語尊敬語においても「が」格主語のみならず，「から」や「で」でマークされた動作主項も，敬意が向けられる対象となることができる．

(38) a. 斎藤先生がお話しになった．
　　　b. 先生方でお集まりになった．

c. 今回は斎藤先生からお話しになります．

また，主語尊敬語化と同様に主語指向性がある再帰代名詞「自分」も「から」や「で」でマークされる動作主項を先行詞にとることができる．

(39) a. ジョン$_i$が自分$_i$のことを話した．
     b. 子供たち$_i$で自分（たち）$_i$のことを考えた．
     c. 私$_i$からも自分$_i$のことを話した．

主語尊敬語化や再帰代名詞の事実も，「から」や「で」でマークされる動作主項が主語であるということを示唆している．

5.2. 主語位置の検証

ここで，主語の構造位置について考えると，動詞句内主語仮説では，主語がvP の内部（Spec-vP）あるいは TP の指定部（Spec-TP）に現れる可能性がある．そうすると問題になるのが，日本語の主語はどちらの位置に現れるのかということである．日本語の主語がどのような構造位置を占めるかについては，従来の議論では，ほとんどの場合，主格主語がその議論の対象となっていたが，それ以外のマーキングを受ける主語もある．したがって，日本語の主語位置に関する議論では，主格主語だけではなく，それ以外のマーキングを受ける主語がどの構造位置を占めているのかということも考える必要がある．以下でも議論するように，日本語の主語は，どのようなマーキングを受けるかで異なる構造位置を占める．ここでは，Kishimoto (2013) で議論されている「ないでいる」構文に現れる「しか」句の振る舞いから，それぞれのタイプの主語がどの構造位置を占めるかについて検証する．

まず，主語や目的語の構造位置を調べるテストフレームとなる「しか～ない」の特性について考えてみよう．ここで見る「しか」は否定極性表現であり，「しか」を伴う要素は，否定の「ない」のスコープの中に入ることによって認可される．単文においては，否定の「ない」は主節の TP 全体に拡がるので，(40a) と (40b) から分かるように，主語と目的語の非対称性は観察されない（また，(40c) は，否定文ではないので非文となる）．

(40) a. ジョンが本しか読まなかった．
     b. ジョンしか本を読まなかった．
     c. *ジョンが本しか読んだ．

(40a) と (40b) の事実は，単文において「しか～ない」を用いた場合には，名

詞句の構造位置の違いで容認性の違いが出ないということを示している．しかし，「ない」を「て」で導かれる補文節（「ている」の内部）に埋め込む複文においては，他動詞の主語と目的語について，(41) のような容認性の違いが現れる．

(41) a. *ジョンしかあの本を読まないでいる．
　　 b. ジョンがあの本しか読まないでいる．

(41) では，「しか」が付加された主語は「ない」によって認可されないが，「しか」が付加された目的語は認可される．これは，「ないでいる」構文が埋め込み節（「て」節）をとり，埋め込み節の動詞がとる主語が動詞句の中から主節の主語位置に上昇するからである．これに対して，目的語は主節には上昇しない．「読む」のような他動詞をベースにした「ないでいる」構文は，主語が主節に移動した (42) のような構造をもっているのである．

(42)　[_{TP} 主語　[_{TP} 主語　目的語　V-v　ないで] いる]

「て」は時制の「る」「た」と相補分布の関係にある．「ないでいる」構文に現れる「て」は，意味的には時を指定しないので，不定詞のような性質を持っている（Nakatani (2013)）．「ない」は埋め込み節にあるので，否定のスコープは，埋め込み節の TP までしか拡がらない．主語は (42) のように主節の主語位置にある．そのため，主語に「しか」が付加された表現は，埋め込み節の「ない」によって認可されない．これに対して，目的語は埋め込み節内にとどまるため，目的語に「しか」が付加された表現は，「ない」のスコープ内にあるため認可される．したがって，主格主語をとる他動詞では，「ないでいる」構文での否定極性表現の「しか」の認可に関して (41) のような非対称性が観察されるのである．

これに対して，「ない」が主節に現れた場合，主語と目的語の認可に関する非対称性は現れない．

(43) a.　ジョンしかあの本を読んでいない．
　　 b.　ジョンがあの本しか読んでいない．

(43) の「ない」は主節にあるため，主節全体に否定のスコープが拡がる．そのために，「しか」のつく名詞句は，主語位置に現れても目的語位置に現れても否定のスコープの中に入るため，認可される．(41) の事実は，「ないでいる」構文において，埋め込み節の動詞がとる目的語は埋め込み節内にとどまる

が，主格主語は主節の TP に移動することを示している．
　ここで，主格以外のマーキングを受ける主語について考えてみると，まず，(44) で示されているように，「ないでいる」構文に現れる与格主語は，「しか」の認可に関して，主格主語と同じ振る舞いが観察される．

(44) a. ＊まだジョンにしかあの字が見えないでいる．
　　 b. 　まだジョンにはあの字しか見えないでいる．

(44) で観察される「しか」の付加された主語の振る舞いは，与格主語も（主格主語と同様に）主節の主語位置に移動することを示唆している．他方，「しか」を伴う「から」格主語と「で」格主語は，(45) で示されているように，否定極性表現として容認される．

(45) a. 　私からしか彼に話しかけないでいる．
　　 b. 　子供たちでしか遊ばないでいる．

(45) の例が容認されることから，主語は，「から」や「で」でマークされると主節の主語位置に移動せず，(46) で示されているように，基底で生成された動詞句内の主語位置にとどまることが分かる．

(46) [$_{TP}$ [$_{TP}$ [$_{vP}$ 主語　目的語　V-v] ないで] いる]

主語も目的語も埋め込み節の中の動詞句にとどまっている (46) のような構造では，「ない」のスコープは，主語にも目的語にも及ぶ．(45) の文が容認されるという事実は，主語が「から」や「で」でマークされると主語位置 (Spec-TP) への移動が起こらないことを示している．
　上で見た事実は，「が」格や「に」格でマークされる日本語の主語は動詞句内から TP の指定部に移動するが，後置詞（「から」「で」）で導かれる主語は動詞句内にとどまるということを示している．Kishimoto (2010) によると，主格名詞句が現れない節では，主語の移動が起こらない．日本語では，T が主格の「格素性 (Case feature)」をもたない時には，主語が TP の指定部に移動しない（つまり，T に EPP の要請が課されないので，主語移動が起動されない）のである．

6. 非対格仮説と主語

　表面上，他動詞は主語と目的語をもち，自動詞は主語をもつ．自動詞は，主語となる項を 1 つしかもたないので，自動詞は一種類しかないように見える．

第4章 文の構造と格関係　　　　　　　　　　127

しかし，主語のもつ意味の性質を考えると，「非能格動詞（unergative verb）」と「非対格動詞（unaccusative verb）」の2つのタイプに分かれ，それぞれに，異なる統語構造を与えることができる．自動詞をこのように2つのタイプに分けるとする統語仮説は，Perlmutter (1978), Burzio (1986) によって提案され，一般に「非対格仮説（Unaccusative Hypothesis）」と呼ばれる．

6.1. 非能格動詞と非対格動詞

　非能格動詞と非対格動詞は，動詞の意味的な性質，および，主語のもつ意味役割を見ることによって区別できる．非能格動詞は，「走る」「働く」のような意図的な行為を表す動詞で，主語は〈動作主 (agent)〉の意味役割をもつ．これに対して，「非対格動詞」は，非意図的な出来事を指し，主語は〈主題 (theme)〉の意味役割をもつ．一般に，自動詞は主語をもち目的語をもたない動詞であるが，2つのタイプの自動詞は主語のもつ意味役割が異なり，異なる統語構造が与えられる．

　非能格動詞と非対格動詞の構造がどのように異なるかを少し具体的に見ると，(47a) の非能格動詞「走る」の主語は，(47c) の他動詞「壊す」の主語と同じ意味役割である〈動作主〉をもち，(47b) の非対格動詞「倒れる」の主語は (47c) の他動詞「壊す」の目的語と同じ意味役割の〈主題〉をもつ．

(47) a.　子供が走る．　　　［非能格動詞］
　　　b.　花瓶が倒れる．　　［非対格動詞］
　　　c.　子供が花瓶を壊す．［他動詞］

ここで，同じ意味役割は同じ構造位置に与えられると仮定すると，非能格動詞の主語は，（動詞句内の）他動詞の主語と同じ位置で，そして非対格動詞の主語は他動詞の目的語と同じ位置で意味役割が与えられる．この考え方に従うと，この2つのタイプの自動詞は，基底のレベルにおいて，(48a) と (48b) のような構造をもつことになる．

(48) a.　[$_{TP}$　[$_{vP}$ 子供が　[$_{VP}$　　　　　走る]]]
　　　b.　[$_{TP}$　[$_{vP}$　　　　　[$_{VP}$ 花瓶が　倒れる]]]
　　　c.　[$_{TP}$　[$_{vP}$ 子供が　[$_{VP}$ 花瓶を　壊す]]]

動詞句内主語仮説では，主語はすべて動詞句内に生成される．しかし，先にも見たように「が」格でマークされる主語は，TP の指定部に移動する．そうすると，非対格動詞の主語も非能格動詞の主語も，表層のレベルでは (49) のような構造をもつ．

(49) a. [_TP 子供が [_vP 子供が [_VP　　　　　　走る]]]
　　 b. [_TP 花瓶が [_vP　　　　　[_VP 花瓶が　倒れる]]]
　　 c. [_TP 子供が [_vP 子供が [_VP 花瓶を　壊す]]]

基底構造で〈動作主〉の意味役割が与えられる項は「外項（external argument）」，〈主題〉の意味役割が与えられる項は「内項（internal argument）」と呼ばれる（Williams (1981)）．この用語を用いると，非能格動詞は外項を主語にもつ動詞で，非対格動詞は内項を主語にもつ動詞という規定ができる．

〈意味役割付与の均一性仮説〉

　非対格仮説では，項の現れる位置が項のもつ意味役割によって異なる．動詞のとる項に，動詞から意味役割を与えられるが，動詞の意味役割の付与には構造が関与する．意味役割の与えられる位置がその意味役割によって決まるという考え方は，「意味役割付与の均一性仮説（Uniformity of Theta Role Assignment Hypothesis）」と呼ばれる（Baker (1988)）．

(50)　意味役割付与の均一性仮説
　　　同一の意味役割を担う項は基底構造（D-構造）のレベルにおいて同一の構造関係で表示される
　　　(Identical thematic relationships between items are represented by identical structural relationships between those items at the level of D-structure)

意味役割付与の均一性仮説は，2つのタイプの自動詞（非能格動詞と非対格動詞）に異なる基底構造が与えられるとする考え方に対する動機付けを与える．まず，他動詞では，主語に対して〈動作主〉，目的語に対して〈主題〉の意味役割が与えられる．動詞句内主語仮説では，〈動作主〉と〈主題〉は，それぞれ vP の指定部，VP の補部に与えられる．意味役割付与の均一性仮説に従えば，非能格動詞の〈動作主〉の意味役割は，他動詞の場合と同様に，vP の指定部に与えられる．他方，非対格動詞もつ意味役割〈主題〉は VP の補部に与えられる．このように，意味役割付与の均一性仮説によって，非能格動詞と非対格動詞の主語が，基底のレベルで vP の指定部と VP の補部という異なる構造位置に現れることが動機づけられるのである．

6.2.　非対格現象

　非対格仮説は，非能格動詞と非対格動詞に対して異なる基底構造を与える．この仮説によれば，基底構造のレベルにおいて，非対格動詞の主語は，他動詞

の目的語の位置，非能格動詞の主語は他動詞の主語の位置に生成される．そうすると，非能格動詞の主語は常に主語としての性質を示すが，非対格動詞の主語は，ある環境において，他動詞の目的語と同じ性質を示すことが期待される．日本語においては，2種類の自動詞の基底構造のレベルでの構造の違いが反映されると考えられる現象（いわゆる「非対格現象」）がいくつか見つかる (Tsujimura (1999) 参照)．

その1つが Miyagawa (1989a, 1989b) で議論されている数量詞遊離の現象である（ほかに，Kuroda (1983), Ueda (1986) など）．[15] 動詞句内に現れる遊離された数量詞は，外項（他動詞および非能格動詞の主語）に関連づけることができないが，内項（他動詞の目的語，目的語から昇格したと考えられる受身の主語，および非対格動詞の主語）に対しては関連づけが可能である．したがって，(52) の2つの文には文法性の対比が観察される．

(51) a. *男性が子供に本を2人与えた．
　　 b. <u>本</u>が子供に2冊与えられた．

(51a) の能動文の主語「男性」は，数量詞「2人」と関係づけることができない．しかし，(51b) の受身文の主語「本」については（数量詞と隣接する位置には生じていないが）「2冊」との関係づけが可能である．(51b) の受身の主語は，もともと数量詞の「2冊」との関係づけができる目的語の位置にあったが，受身化の結果，TP の指定部に移動したからである．自動詞の場合も，(52) のように，主語には動詞句内の数量詞との関連づけが可能なものとそうでないものがある．

(52) a. <u>手紙</u>が山田さんに3通届いた．
　　 b. *<u>子供</u>が山田さんに3人話した．

(52b) の非能格動詞の主語「子供」は，「3人」との関連付けが容認されないのに対して，(52a) の非対格動詞の主語「手紙」は，「3通」との関連づけができる．これは，非能格動詞とは異なり，非対格動詞の主語が他動詞の目的語に相当する位置（内項の位置）で意味役割が与えられ，その位置から主語位置に移動したことによる．

日本語の非対格動詞の主語が目的語と同じ位置に現れるということは，内項の数量を指定する「たくさん」「いっぱい」などの数量副詞によっても確かめ

---

[15] ここでは，Miyagawa の（最大投射が関与する）c 統御による説明ではなく，「内項」と「外項」という概念に基づく説明を行う．

ることができる（影山 (1993, 1996)，岸本 (2005)）．まず，(53) の例から，「たくさん」の数量指定の対象が他動詞の主語（外項）ではなく目的語（内項）であることが分かる．[16]

(53) a.　子供がおもちゃをあそこでたくさん壊した．
　　　b.　おもちゃがあそこでたくさん壊された．

まず，(53a) の「たくさん」は，主語の「子供」の数量は指定できないが，目的語の「おもちゃ」の数量を指定できる．そして，数量副詞の数量指定の対象は，(53b) のように受身化により目的語が主語に昇格されても変化しないので，基底のレベルで目的語の位置に生成される項（内項）であることが分かる．さらに，非能格動詞と非対格動詞では，「たくさん」の数量指定のターゲットが異なってくる．

(54) a.　従業員があの工場でたくさん働いた．
　　　b.　子供がグランドでたくさん倒れた．

(54a) の非能格動詞「働く」のとる外項の「従業員」は「たくさん」の数量指定の対象とはならず，「たくさん」は「働いた」量を指定するだけである．これに対して，(54b) の非対格動詞「倒れる」のとる内項の「子供」は「たくさん」の数量指定の対象となるので，(54b) では，「多くの子供が倒れた」という解釈が得られる．(53) と (54b) の事実は，非対格動詞の主語および受身動詞の主語が他動詞の目的語と同じ振る舞いをすることを示している．このことから，非対格動詞や受身動詞のとる〈主題〉項（内項）は，基底構造のレベルで他動詞の目的語が現れる位置にあることが分かる．

　日本語で観察されるその他の非対格現象としては，竹沢 (1991) が議論している「ている」の解釈をあげることができるであろう．日本語の「ている」の解釈にはいくつか異なるものがあるが，本動詞との組み合わせによって (55a) のように「進行」の意味を表す場合と (55b) のように「結果」の意味を表す場合がある（金田一 (1950, 1976) 参照）．

(55) a.　あの学生が走っている．
　　　b.　あの学生が倒れている．

---

[16] 「たくさん」に関する例においては，「たくさん」が名詞句を直接修飾する可能性を排除するために，「たくさん」と修飾する名詞句が隣接する位置に現れないようにしてあることに注意していただきたい．

竹沢（1991）によると，「ている」の「結果」の解釈は，主語が動詞句の中から移動するか，主語が動詞句の中の要素と束縛の関係を結ぶ時に得られる解釈である．(55a) は，「走る」の主語が直接主語位置に現れるために「進行」の解釈が得られる．これに対して，(55b) の「倒れる」では，主語が動詞句内の目的語の位置から文の主語位置に移動するので，「結果」の解釈が得られる．なお，(56) の分離不可能所有を表す文も「結果」の解釈が得られる．

(56)　あの学生が足の骨を折っている．

竹沢（1991）は，(56) のような例から，「結果」の解釈が得られるには，必ずしも項の動詞句内から主語位置への移動が必要ではなく，主語と動詞内の項との間に束縛関係が成立すればよいと主張している．なお，竹沢（1991）は動詞句内主語仮説をとらず，主語は文の主語位置に直接生成されると仮定している．

　Kishimoto（1996）によって議論された「かけ」構文は非対格性を調べるもう1つのテストとなる．まず，(57a) のような「かけ」構文の容認性の違いから，他動詞の目的語が「かけ」表現の修飾の対象になるが，他動詞の主語はその修飾対象とならないことが分かる．

(57)　a.　切りかけの {大根／*料理人}
　　　b.　倒れかけの子供
　　　c.　*働きかけの子供

自動詞の場合，(57b) と (57c) の容認性の対比から分かるように，〈主題〉の意味役割をもつ非対格動詞の主語（内項）は，「かけ」表現の修飾の対象となるが，〈動作主〉の意味役割をもつ非能格動詞の主語（外項）は修飾の対象とならない．このように，「かけ」構文では，内項が「かけ」表現の修飾のターゲットになるが，外項はその対象にならないという非対格性の現象が観察される．
　次に，基底構造において異なる位置に現れる非対格動詞および非能格動詞の唯一項が表層構造においてどのような位置を占めるのかについては，先に見た「ないでいる」構文における否定極性表現（「しか～ない」）の分布を見ることによって確認することができる．まず，(58) は，受身文の主語が目的語の位置から主節の TP の指定部に移動していることを示している．

(58)　a.　先生がこの学生しかほめないでいる．
　　　b.　*この学生しか先生にほめられないでいる．

能動文の目的語とは異なり，受動文の主語は「が」格でマークされる．先にも見たように，「が」格は時制要素（T）が認可する格であり，時制要素が格の認

可を行う場合には，EPP の要請が課される．受身の主語は，TP の指定部に移動するため，「しか」が付加されて否定極性表現となった場合，「ないでいる」構文では (58b) のように容認されない．これは，「ないでいる」の否定のスコープが埋め込み節にしか拡がらないためである．さらに，受身の主語と同様に，非能格動詞と非対格動詞の主語も「しか」が現れ否定極性表現となった場合，(59) のように「ないでいる」構文では容認されない．

(59) a. *この学生しか倒れないでいる．
　　 b. *この学生しか走らないでいる．

否定極性表現の主語を含む文は，(59) のように容認されないことから，非対格動詞および非能格動詞の主語は，埋め込み節内にある動詞句内の主語位置から，主節の主語位置（TP の指定部）に移動していることが分かる．つまり，非能格・非対格という動詞の区別にかかわらず，主格主語が現れる節には EPP の要請が課されるため，主語が TP の指定部に移動するのである．

第 2 部　擬似分裂構文からの検証

1.　擬似分裂文の派生

　日本語には，動詞句 vP を焦点位置に置く擬似分裂構文があり，この構文を詳細に見ていくと，日本語の句構造がどのようになっているのかを検証することができる．以下では，まず，動詞句が焦点に現れる擬似分裂文の特徴を見ていく．

1.1.　動詞句を焦点におく擬似分裂文

　日本語においては，(60a) のような文から，擬似分裂の操作により動詞句 vP を焦点位置に置く (60b) のような文を作ることができる．

(60) a.　彼が本を読んだ
　　 b.　[彼がした] のは [本を読む] ことだ．

(60b) の擬似分裂文は，(60a) から動詞句 vP を名詞化して「ことだ」の前にある焦点部に置いたものであると考えられる．(60b) の擬似分裂文の「のは」の前にある節（前提節）に現れている要素は，主語の「彼が」と時制要素「た」および動詞「する」である．したがって，(60b) には，次のような派生が関

わっていると仮定することができる．

(61) a. [TP 彼が [vP 本を　読ん] だ]
　　　　　　　↓
　　　b. [TP 彼ᵢが [vP [vP PROᵢ 本を読む] ことを　し] た]
　　　　　　　↓
　　　c. [CP OPⱼ [TP 彼が [vP tⱼ し] た] のは] [vP PRO 本を読む]ⱼ ことだ．

　まず，(61a) から (61b) の派生において動詞句 vP に「こと」が付加され名詞化が起こる．この際，主格主語は，名詞化された動詞句の外に現れる．これは，主格主語が TP の指定部に存在するためである．そして，(61c) のように名詞化された動詞句が焦点位置に置かれることによって分裂文が形成される．[17] (61) の派生から分かるように，このタイプの分裂構文においては，前提節に現れる「する」は（実際には）動作主を選択する動詞であり，動詞句内にもともとある主語は，本動詞「する」が選択する動作主にコントロールされる PRO として具現化される．

　動詞句 vP が焦点位置に起こる擬似分裂文は，動作主をとる本動詞「する」がコントロール節を選択する．このタイプのコントロール構造をもつ擬似分裂文は，コントローラーが動作主となるので，意図的な行為を表す動詞を含む文からしか派生することができない．そのため，(62b) のような無生物主語を含む擬似分裂文は容認されない．

(62) a. 雨が降った．
　　　b. *[雨がした] のは [降る] ことだ．

　なお，第 1 部で議論した動詞句前置構文も「*降りさえ雨がした」のように，無生物主語を許さないので，長谷川 (1990) が分析しているように動作主を選択する「する」が現れるコントロール構造を形成すると考えられる．

　(60b) の擬似分裂文の焦点部（「ことだ」の前）に現れる動詞「読む」は，形態上は現在形になっている．しかし，(63) の例が示すように，焦点位置に現れる動詞は過去形にすることができない．したがって，この位置にある動詞は

---

[17] 英語の動詞句の焦点化を行う擬似分裂文では，*What John did was (to) read a book.* のように，to が随意的に現れる．このことは，擬似分裂文の焦点部には，実際に焦点化を受ける構成素よりも大きな統語構造が含まれることを示唆している．日本語についても（名詞化に伴い）焦点化される動詞句には「こと」が付加されるので似たような状況になる．しかし，ここでの議論で重要なのは焦点位置全体の構造ではなく焦点化される構成素が vP となることである．

時制を含まない原形動詞であることが分かる．

(63) a. *[彼がした] のは [本を読んだ] ことだ．
    b. *[彼がする] のは [本を読んだ] ことだ．

次に，動詞句を「ことだ」の前の焦点位置に置く擬似分裂文では，(64) で示されているように，目的語を前に残したまま動詞を後ろの焦点位置に置くことができない．

(64) *[彼が本をした] のは [読む] ことだ．

これは，「ことだ」の前に置かれた要素が vP であるために，vP の中に含まれている要素（ここでは，目的語）を前提節に残したまま，vP の焦点化をすることができないということを示している．

それでは，動詞句 vP よりも上位の構造位置にある「明日」「昨日」のような要素はどのような振る舞いをするのであろうか．まず，「明日」「昨日」では，(65) のように，文が過去の事態あるいは現在・未来の事態を指すかどうかによって選択される副詞が異なる．

(65) a.　彼は {昨日／*明日} 来た．
    b.　彼は {明日／*昨日} 来る．

(65) が示していることは，時制と時間副詞が「呼応」する関係にあるということである．これは，「る」や「た」のような時制要素が T の主要部を占め，時間副詞が TP に付加されるならば当然予測されることである．次に，vP を焦点位置に置く擬似分裂文では，(66) のように時間副詞が焦点位置に現れることができない．

(66) a.　[彼が昨日ここでした] の [本を読む] ことだ．
    b. *[彼がここでした] のは [本を昨日読む] ことだ．

また，時間副詞「明日」が vP の要素とともに焦点位置に現れる (67a) は，焦点部に現れる動詞が時間副詞の表す時間と矛盾しない形態をもつものの，容認されない文となる．

(67) a. *[彼がここでする] のは [本を明日読む] ことだ．
    b.　[彼が明日ここでする] のは [本を読む] ことだ．

(66) および (67) の文の文法性の対比から，vP を焦点化する擬似分裂文では，動詞句 vP の外に位置する要素を焦点位置に置くことができないということが

2. 項と付加詞の構造位置

次に，文中に現れるいくつかのタイプの項や付加詞に関して，vP を焦点とする擬似分裂文での振る舞いを観察し，これらの要素がどのような構造位置を占めるのかについて考えてみることにする．

2.1. 付加詞と動詞句内主語仮説

まず，場所を表す付加詞がどのような振る舞いを示すか考えてみると，場所付加詞は，(68) で示されているように，vP を焦点化する擬似分裂文において焦点位置に現れてもよいし，前提部に現れてもよい．

(68) a. [私が教室でした] のは [あの本を読む] ことだ．
   b. [私がした] のは [あの本を教室で読む] ことだ．

これは，場所を表す付加詞が動詞句 vP に付加されるからである．擬似分裂文においては，(69) で示されているように，場所付加詞が付加できる動詞句 vP が前提部と焦点の 2 カ所にあるために，このタイプの付加詞は 2 つの異なる位置に現れることが可能なのである．

(69) [$_{CP}$ [$_{TP}$ 私が [$_{vP}$ t$_i$ し] た] のは] [$_{vP}$ PRO あの本を読む]$_i$ ことだ．

「教室で」が焦点位置にある vP に付加されるとすると，(68b) のような表現が形成される．これに対して，「教室で」が前提部の vP に付加されると，(68a) のように，焦点位置には「あの本を読む」だけが現れる表現となる．

ちなみに，「のは」と「ことだ」の間に現れる要素は，焦点化されることが多いが，(70b) の例が示すように，このような位置にある要素が必ずしも焦点化を受けるわけではない．

(70) a. たぶん彼が次にこの本を読む（だろう）．
   b. [彼が次にする] のはたぶん [$_{vP}$ この本を読む] ことだ．

(70a) の「たぶん」は，（命題の一部をなすのではなく）モダリティの意味を表す副詞で，動詞句の外に現れる要素である（南 (1974, 1993)，益岡 (1991) などを参照）．このモーダル副詞「たぶん」は，焦点化を受けるべき動詞句の要素でないのにもかかわらず，(70b) のように，「のは」の後ろに現れても容認される．このことは，焦点となる動詞句 vP の左側に焦点化を受けない要素

が現れてもよい位置があることを示唆している．そして，「たぶん」は，vP を焦点化する分裂文において，目的語の右側に置くことができない．

(71) a. *[彼が次にする] のは [~vP~ この本をたぶん読む] ことだ．
     b. 彼はこの本をたぶん読む（だろう）．

(71b) が示しているように，単文では，「たぶん」が目的語の右側に現れてもよい．しかし，「たぶん」が目的語の右側に現れる (71a) の分裂文は容認されない．これは，「たぶん」が目的語の右側に現れると，本来 vP 外にある要素が vP の領域にあるものとして焦点化され，焦点化に矛盾が生じるからである．

これに対して，もともと vP 内に現れる要素であれば，焦点位置の目的語の右側に現れても左側に現れても問題は生じない．

(72) a. [彼がした] のは [本を子供にあげる] ことだ．
     b. [彼がした] のは [子供に本をあげる] ことだ．
(73) a. [彼がした] のは [本を図書館で読む] ことだ．
     b. [彼がした] のは [図書館で本を読む] ことだ．

(72) や (73) では，直接目的語の「本を」を（vP 内に存在する）間接目的語や場所の付加詞の左側に移動させたとしても vP の中にとどまる．したがって，これらの要素が焦点部でどのような順序で並べられていても，(72) と (73) は，(vP が焦点化された) 分裂文として容認されるのである．

次に，擬似分裂文における「明日」のような時間副詞の焦点位置での振る舞いについて考えてみよう．まず，(74a) は，焦点化される vP の中に「明日」が入っているので容認されない．

(74) a. *[彼が次にする] のは [この本を明日読む] ことだ．
     b.?*[彼が次にする] のは [明日この本を読む] ことだ．
     c. *[彼が次にする] のは [図書館で明日この本を読む] ことだ．

(74b) も，「明日」が焦点化されている解釈では容認されないと考えられるが，「明日」を焦点領域に入れなくても解釈できる可能性があり，その場合，(74b) がそれほど悪くないと感じられるかもしれない．しかし，目的語の左側にあっても動詞句内にある要素が，(74c) のように「明日」の左側に現れた場合，(74a) と同じように容認されない．もちろん，単文においては，「明日」のような表現が目的語の後に来ても（「彼はこの本を明日読む」のように）問題は生じない．

動詞句 vP を焦点化する擬似分裂文では，「たぶん」や時間副詞などの vP 外

要素がvPの中に埋め込まれた場合には焦点化に矛盾が生じるために容認されない．これに対して，vP内に現れる要素はどのような順序で現れてもvPの中にあることには変わりがないので，vPの焦点化に支障は生じない．したがって，vPを焦点化する擬似分裂文では，vP内の要素の右側にどのような要素が置けるかを見ることによって，その要素がvPに含まれているかどうかが判断できる．

2.2. 動詞句修飾要素

副詞は，通常，述語を修飾することが多いが，意味的には主語や目的語などを修飾することがある．例えば，「よろこんで」「いやいや」「しぶしぶ」などの副詞は，主語の性質を記述するので「主語指向性副詞（subject-oriented adverb）」と呼ばれる．

(75) 彼はよろこんで仕事を引き受けた．

「よろこんで」のような主語指向性副詞は，動詞句vPを焦点部にもつ擬似分裂文において，(76)から分かるように，前提部に現れても焦点部に現れてもよい．

(76) a. [彼がいつもよろこんでする] のは [仕事を引き受ける] ことだ．
    b. [彼がいつもする] のは [仕事をよろこんで引き受ける] ことだ．
    c. [彼がいつもする] のは [よろこんで仕事を引き受ける] ことだ．

擬似分裂文の前提部と焦点部という2つの異なる位置に「よろこんで」のような主語指向性副詞が現れることができるということは，この副詞が（場所を表す付加詞と同じように）動詞句vPに付加される要素であることを示唆している．vPが焦点部に入る擬似分裂文では（焦点位置に現れる動詞句vP内の主語はPROとして具現化されるものの）焦点位置の動詞句の中に主語が存在するために「よろこんで」を焦点部にあるvPに付加することができる．そして，「よろこんで」が前提部に現れる時には，この副詞は前提部にあるvPに付加されるのである．

(76)の事実は，主語が動詞句内に生成されるということと関係がある．一般に，付加詞は，修飾のターゲットとなる要素と局所的な関係をもち，ターゲットが付加される句の中に存在する必要がある．この考え方に従えば，「よろこんで」が焦点部にあるvPに付加できるので，この副詞が修飾する対象となる主語がvPの中に存在しなければならない．

(77) [_TP_ 彼が [_vP_ よろこんで [_vP_ 彼が [_VP_ 仕事を引き受け] た]]]

したがって，(76) の事実は，主語はもともと vP 内部に生成されるとする動詞句内主語仮説に対する経験的な証拠を提示することになる．

2.3. 与格目的語

日本語では名詞句が与格の「に」でマークされることがある．これは典型的に二重目的語動詞がとる間接目的語をマークする．二重目的語動詞の間接目的語は，(78) のようなデータを見ると，擬似分裂文で前提節に現れても焦点部に現れてもよいように見える．

(78) a. お母さんが子供に本を与えた．
    b. [お母さんがした] のは [子供に本を与える] ことだ．
    c. [お母さんが子供にした] のは [本を与える] ことだ．

一見したところ，与格名詞句は，vP に付加されている付加詞と同じような振る舞いをしている．しかし，「与える」が選択する与格名詞句は（直接目的語と同じように）VP の内部に現れるので，vP を焦点部に置く擬似分裂文では，直接目的語と同じように前提節に現れることができないはずである．

(78c) は，与格名詞句が vP の擬似分裂文の前提節に現れているが，容認できる文である．これはなぜであろうか．実は，これは，見かけとは異なり，(78c) のような分裂文の前提節に現れる与格名詞句は，動詞「する」が選択する項であるからである．これは英語の擬似分裂文で，前提節にもともとの動詞（本動詞）がとらない項が現れるのと同じような現象である．

(79)　What Harry did for Sam was help him go away.

(Jackendoff (1990))

つまり，(78c) の前提節に現れる与格名詞句は，「する」がとる「受益者（着点）」項であって，動詞「与える」がとる項ではないのである．そのために，与格名詞句を選択しない動詞でも，前提節に与格名詞句が現れる，次のような擬似分裂文を作ることができる．

(80) a. [彼がメアリーに（対して）した] のは [髪の毛を引っ張る] ことだ．
    b. [彼がメアリーに（対して）した] のは [子供をほめる] ことだ．

(80) の2つの擬似分裂文の前提節に現れる与格名詞句は，焦点部に現れる本動詞が選択する項ではない．そのため，単文では，(81) のように，前提節の

中にある与格名詞句を表出することができない．

(81) a. *彼がメアリーに（対して）髪の毛を引っ張った．
     b. *彼がメアリーに（対して）子供をほめた．

(81)の事実は，(80)の前提節に現れる「に」格名詞句が「引っ張る」や「ほめる」が選択する項ではないということを示している．また，与格名詞句は着点であっても無生物名詞であれば前提節に置くことができないという事実もその分析を支持する証拠となる．

(82) a. ［彼がした］のは［この作品に満点を与える］ことだ．
     b.?*［彼がこの作品にした］のは［満点を与える］ことだ．

前提節にある「する」が選択する与格名詞句は受益者であり，受益者は通常有生物を指すため，(82)は容認されないのである．[18] また，「に」でマークされる起点も前提節に置くことができない．

(83) a. ［彼がした］のは［子供｛に／から｝本をもらう］ことだ．
     b. *［彼が子供｛に／から｝した］のは［本をもらう］ことだ．

「もらう」は，「に」や「から」でマークされる起点を選択する．前提節の「する」は「受益者」を選択するが，「起点」を選択しない．「もらう」の選択する起点は，(vP の投射ではなく，それよりも下位に位置する) VP の投射の中にあるために，(83a)のように焦点部にしか現れることができない．(83b)が容認されないのは，VP の投射の中にある要素が前提部に現れるからである．以上のような事実から，見かけとは異なり，二重目的語動詞のとる間接目的語は焦点位置にしか現れないという結論を導くことができる．

2.4. 数量詞遊離

数量詞遊離は，主語からも目的語からも可能で，Miyagawa (1989a) によれば，移動が起こる前の位置からも数量詞遊離が可能である．しかし，vP を焦点化する擬似分裂文での遊離数量詞の分布を見ると，一見奇妙に思える状況が観察される．例えば(84)のような分裂文において，主語から遊離する数量詞は，前提部に置くことはできても，焦点部に置くことはできない．

---

[18]「受益者」は人間のことが多いが，何らかの行為の結果の恩恵を受けるのであれば，(i)のように，無生物名詞句でも比較的容認性が高くなる．

(i) ?［彼がこの札にした］のは［引き出しをとりつける］ことだ．

(84) a. [子供が 3 人ここでした] のは [歩く] ことだ.
　　　b. *[子供がした] のは [3 人ここで歩く] ことだ.

先にも見たように，主語指向性副詞や主語指向性の描写述語は，前提部にも焦点部にも置くことができる.

(85) a. [子供が {しぶしぶ／裸足で} した] のは [歩く] ことだ.
　　　b. [子供がした] のは [{しぶしぶ／裸足で} 歩く] ことだ.

これらの付加詞は主語が修飾対象となるので，(85b) の事実は，vP が焦点化された擬似分裂文の焦点位置に見えない主語が存在することを示唆するが，数量詞遊離はこれと同じ分布を示さない．特に，(84b) の数量詞の事実は，vP 内に主語が存在しないことを示しているようにも見える．この一見矛盾するような事実は，先に提案したように，擬似分裂文において vP を焦点化する際に，vP 内の主語が PRO に置き換わっているならば自然に説明することができる．

(86) [子供がした] のは [PRO 歩く] ことだ.

つまり，(86) のような PRO が現れるコントロール構文では，PRO は遊離数量詞のホストとなることができない一方で，主語指向性副詞の修飾のターゲットとはなりうるのである．このことを支持する証拠は，(87) のコントロール構文の例から得られる．

(87) a. [そこで {よろこんで／*3 人} PRO 働くことを] 生徒が約束した.
　　　b. [そこで PRO 働くこと] を生徒が {よろこんで／3 人} 約束した.

(87a) は，主語指向性副詞「よろこんで」が埋め込み節の発音されない主語 PRO をターゲットとした修飾が可能であるが，埋め込み節の PRO が主節の主語から遊離した数量詞「3 人」のホストとなりえないことを示している．[19] これに対して，(87b) は，主節の主語が「よろこんで」のような主語指向性副

---

[19] 数量詞「3 人」が現れた場合の (87a) の可能な解釈は，「(学生の中から) 3 人が働くことを学生が約束した」という解釈であって，数量詞が遊離した際の解釈である「働くことを 3 人の学生が約束した」という解釈は得られない．(87a) での可能な解釈は，数量詞遊離の解釈というよりも，独立した主語としての解釈である．ただし，「全員」の場合は状況が異なる．「全員」を使うと，(87a) と (87b) の構文は，「全員働くことを学生が約束した」と「働くことを学生が全員約束した」となり，それぞれ「全員が働くことを学生が約束した」と「働くことを全部の学生が約束した」の解釈が得られることになる．しかし，数量詞が全量を表す「全員」であると，数量詞の独立主語解釈と数量詞の遊離解釈が実質的に同じ意味を表すことになり，vP 内にある主語が PRO であるかどうかを意味的には判定できない．

詞の修飾のターゲットとなることも遊離数量詞「3人」のホストとなることも可能であることを示している．

2.5. 焦点位置に現れる主語

第1部では，「が」格でマークされる主語は動詞句内から TP の指定部に移動するが，主語が「で」や「から」でマークされる場合には動詞句内にとどまるということを見た．そうすると，2つのタイプの主語は，動詞句 vP を焦点化する擬似分裂文において異なる振る舞いをすることが予測される．具体的には，「が」格主語は，動詞句 vP の外にあるので焦点化される位置に現れることが許されないが，「で」格や「から」格の主語は，焦点化された位置に現れることができると予測される．実際，(88) で示されているように，「が」格主語は，焦点化される位置に現れると容認性が下がるが，「で」格や「から」格の主語は，問題なく焦点化された位置に現れることができる．[20]

(88) a. *[今熱心にしている] のは [論文を彼が読む] ことだ．
    b. [今熱心にしている] のは [論文をみんなで読む] ことだ．
    c. [今しぶしぶしている] のは [事実を私から彼に告げる] ことだ．

次に，(89) で示されているように，どのタイプの主語が前提節に現れても容認される擬似分裂文になる．

(89) a. [今熱心に彼がしている] のは [論文を読む] ことだ．
    b. [今熱心にみんなでしている] のは [論文を読む] ことだ．
    c. [今しぶしぶ私からしている] のは [事実を彼に告げる] ことだ．

(88) と (89) の例は，「から」格主語および「で」格主語が vP 内にある要素としての振る舞いをするが，「が」格主語が vP 外に位置している要素としての振る舞いをすることを示している．擬似分裂文の事実からも，日本語の「が」格主語が動詞句の外の TP の指定部に存在し，「で」格主語および「から」格主語が vP の指定部に現れるということが分かる．vP を焦点化する擬似分裂文における主語の振る舞いに関する事実は，主格主語は TP への移動が起こるが，「から」格主語および「で」格主語は，TP への移動が起こらず動詞句 (vP) 内にとどまることを示唆している．

---

[20] 「で」格や「から」格の主語を焦点位置に置く場合，構造的には，前提節を単に「しているのは」としてもよいはずであるが，そのような形式の前提節は，実際には，前提となる情報がない分裂文となってしまい容認されない．

おわりに

　本章では，名詞句にともなって現れる格（特に，構造格）がどのようなメカニズムによって認可されるかについて見た．同時に，動詞句内の統語構造についても議論した．日本語では，項として働く名詞句は，通常，格助詞を伴う形で現れる．名詞句が文中で現れることを可能にする機能を担う格助詞には，構造的に認可される構造格として機能するものおよび意味的な関係を規定する後置詞として機能するものの2種類がある．主語は，主格（「が」格）以外にも，与格（「に」格）や「から」格や「で」格でマークされるものがあるが，主語の構造位置は主語に与えられる格のタイプによって異なってくる．

参考文献

Abney, Steven (1987) *The English Noun Phrase and Its Sentential Aspect*, Doctoral dissertation, MIT.

Baker, Mark (1988) *Incorporation: A Theory of Grammatical Function Changing,* University of Chicago Press, Chicago.

Barss, Andrew and Howard Lasnik (1986) "A Note on Anaphora and Double Objects," *Linguistic Inquiry* 17, 347-354.

Bowers, John (1993) "The Syntax of Predication," *Linguistic Inquiry* 24, 591-656.

Burzio, Luigi (1986) *Italian Syntax: A Government-Binding Approach*, Reidel, Dordrecht.

Chomsky, Noam (1981) *Lectures on Government and Binding*, Foris, Dordrecht.

Chomsky, Noam (1982) *Some Concepts and Consequences of the Theory of Government and Binding,* MIT Press, Cambridge, MA.

Chomsky, Noam (1995) *The Minimalist Program*, MIT Press, Cambridge, MA.

Chomsky, Noam (2000) "Minimalist Inquiries: The Framework," *Step by Step: Essays on Minimalist Syntax in Honor of Howard Lasnik*, ed. by Roger Martin, David Michaels and Juan Uriagereka, 89-155, MIT Press, Cambridge, MA.

Chomsky, Noam (2001) "Derivation by Phase," *Ken Hale: A Life in Language*, ed. by Michael Kenstowicz, 1-52, MIT Press, Cambridge, MA.

Chomsky, Noam (2004) "Beyond Explanatory Adequacy," *Structures and Beyond: The Cartography of Syntactic Structures*, vol. 3, ed. by Adriana Belletti, 104-131, Oxford University Press, New York.

Chomsky, Noam (2008) "On Phases," *Foundational Issues in Linguistic Theory: Essays in Honor of Jean-Roger Vergnaud*, ed. by Robert Freidin, Carlos P. Otero and Maria Luisa Zubizarreta, 133-166, MIT Press, Cambridge, MA.

Chomsky, Noam (2013) "Problems of Projections," *Lingua* 130, 33-49.
Farmer, Ann (1984) *Modularity in Syntax: A Study of Japanese and English*, MIT Press, Cambridge, MA.
Fiengo, Robert (1977) "On Trace Theory," *Linguistic Inquiry* 8, 35-61.
Fukui, Naoki (1986) *A Theory of Category Projection and Its Applications*, Doctoral dissertation, MIT.
Fukui, Naoki (1995) *Theory of Projection in Syntax*, CSLI Publications, Stanford.
Haig, John (1982) "Some Observations on Quantifier Float in Japanese," *Linguistics* 18, 1065-1083.
Hale, Kenneth (1983) "Warlpiri and the Grammar of Non-configurational Languages," *Natural Language and Linguistic Theory* 1, 5-47.
Harada, S. I. (1973) "Counter-equi NP Deletion," *Annual Bulletin, Research Institute of Logopedics and Phoniatrics* 7, 113-147, University of Tokyo.
Harada, S. I. (1976) "Honorifics," *Syntax and Semantics* 5: *Japanese Generative Grammar*, ed. by Masayoshi Shibatani, 499-561, Academic Press, New York.
長谷川信子 (1990) "On the VP Internal Subject Hypothesis,"『日本語教育国際シンポジウム報告書』, 249-254, 南山大学.
Hinds, John (1973) "On the Status of the VP Node in Japanese," *Language Research* 9.2, 44-57.
Hiraiwa, Ken (2000) "Multiple Agree and the Defective Intervention Constraint in Japanese," *The Proceedings of the MIT-Harvard Joint Conference* (*HUMIT 2000*), ed. by Ora Matsushansky Albert Costa, Javier Martin-Gonzalez, Lance Nathan and Adam Szczegielniak, 67-80, *MIT Working Papers in Linguistics* 40, MITWPL.
Hiraiwa, Ken (2005) *Dimensions of Symmetries in Syntax: Agreement and Clausal Architecture*, Doctoral dissertation, MIT.
Hoji, Hajime (1985) *Logical Form Constraints and Configurational Structures in Japanese*, Doctoral dissertation, University of Washington.
Hoji, Hajime, Shigeru Miyagawa and Hiroaki Tada (1989) "NP-movement in Japanese," ms., Univeristy of Southern California, Ohio State University and MIT.
井上和子 (1976)『変形文法と日本語』大修館書店, 東京.
Inoue, Kazuko (1998) "Sentences without Nominative Subjects in Japanese," *Grant-in-Aid for COE Research Report* (*2A*): *Researching and Verifying an Advanced Theory of Human Language*, 1-34, Kanda University of International Studies, Chiba.
Jackendoff, Ray (1990) *Semantic Structures*, MIT Press, Cambridge, MA.
影山太郎 (1993)『文法と語形成』ひつじ書房, 東京.
影山太郎 (1996)『動詞意味論』くろしお出版, 東京.
菊池康人 (1997)『敬語』講談社, 東京.

Kishimoto, Hideki (1996) "Split Intransitivity in Japanese and the Unaccusative Hypothesis," *Language* 72, 248-286.

Kishimoto, Hideki (2001) "Binding of Indeterminate Pronouns and Clause Structure in Japanese," *Linguistic Inquiry* 32, 597-633.

岸本秀樹（2005）『統語構造と文法関係』くろしお出版，東京．

Kishimoto, Hideki (2010) "Subjects and Constituent Structure in Japanese," *Linguistics* 48, 629-670.

Kishimoto, Hideki (2013) "Case, Tense, and Subject Raising in Japanese," *Nanzan Linguistics* 9, 21-50.

Kitagawa, Yoshihisa (1994) *Subjects in Japanese and English*, Doctoral dissertation, University of Massachusetts, Amherst.

金田一春彦（1950）「国語動詞の一分類」『言語研究』15, 48-63.

金田一春彦（1976）「日本語動詞のテンスとアスペクト」『日本語動詞のアスペクト』，金田一春彦（編），27-61, むぎ書房，東京．

Koizumi, Masatoshi (1995) *Phrase Structure in Minimalist Syntax*, Garland, New York.

Koopman, Hilda and Dominique Sportiche (1991) "On the Position of Subjects," *Lingua* 85, 211-258.

Kratzer, Angelika (1996) "Severing the External Argument from Its Verb," *Phrase Structure and the Lexicon*, ed. by Johan Rooryck and Laurie Zaring, 109-137, Kluwer, Dordrecht.

Kuno, Susumu (1973) *The Structure of the Japanese Language*, MIT Press, Cambridge, MA.

Kuroda, S.-Y. (1965) *Generative Grammatical Studies in the Japanese Language*, Doctoral dissertation, MIT.

Kuroda, S.-Y. (1978) "Case Marking, Canonical Sentence Patterns, and Counter Equi in Japanese (A Preliminary Survey)," *Problems in Japanese Syntax and Semantics*, ed. by John Hinds and Irwin Howard, 30-51, Kaitakusha, Tokyo.

Kuroda, S.-Y. (1983) "What Can Japanese Say about Government and Binding?" *WCCFL* 2, 153-164.

Kuroda, S.-Y. (1988) "Whether We Agree or Not: A Comparative Syntax of English and Japanese," *Linguisticae Investigationes* 12, 1-47.

Larson, Richard (1988) "On the Double Object Construction," *Linguistic Inquiry* 19, 335-391.

益岡隆志（1991）『モダリティの文法』くろしお出版，東京．

McCloskey, Jim (1997) "Subjecthood and Subject Positions," *Elements of Grammar*, ed. by Liliane Haegeman, 197-235, Kluwer, Dordrecht.

南不二男（1974）『現代日本語の構造』大修館書店，東京．

南不二男（1993）『現代日本語文法の輪郭』大修館書店，東京．

Miyagawa, Shigeru (1989a) *Syntax and Semantics 22: Structure and Case Marking in Japanese*, Academic Press, San Diego.

Miyagawa, Shigeru (1989b) "Light Verbs and the Ergative Hypothesis," *Linguistic Inquiry* 20, 659-688.

Nakatani, Kentaro (2013) *Predicate Concatenation: A Study of the V-te V Predicate in Japanese*, Kurosio, Tokyo.

Perlmutter, David (1978) "Impersonal Passives and the Unaccusative Hypothesis," *BLS* 4, 157-189.

Poser, William (2002) "The Double-*o* Constraints in Japanese," ms., University of Pennsylvania.

Saito, Mamoru (1985) *Some Asymmetries in Japanese and Their Theoretical Implications*, Doctoral dissertation, MIT.

柴谷方良 (1978)『日本語の分析』大修館書店, 東京.

Shibatani, Masayoshi (1990) *Languages of Japan,* Cambridge University Press, Cambridge.

Sportiche, Dominique (1988) "A Theory of Floating Quantifiers and Its Corollaries for Constituent Structure," *Linguistic Inquiry* 19, 425-449.

Tada, Hiroaki (1992) "Nominative Objects in Japanese," *Journal of Japanese Linguistics* 14, 91-108.

Takezawa, Koichi (1987) *A Configurational Approach to Case Marking in Japanese*, Doctoral dissertation, University of Washington.

竹沢幸一 (1991)「受動文, 能格文, 分離不可能所有構文と「ている」の解釈」『日本語のヴォイスと他動性』, 仁田義雄 (編), 59-81, くろしお出版, 東京.

田窪行則 (2010)『日本語の構造：推論と知識管理』くろしお出版, 東京.

Tsujimura, Natsuko (1999) "Lexical Semantics," *Handbook of Japanese Linguistics*, ed. by Natsuko Tsujimura, 349-377, Blackwell, Oxford.

仁田義雄 (1997)『日本語文法研究序説：日本語の記述文法を目指して』くろしお出版, 東京.

Ueda, Masanobu (1986) "On Quantifier Float," *University of Massachusetts Occasional Papers in Linguistics* 11, 263-309.

Ura, Hiroyuki (2000) *Checking Theory and Grammatical Functions in Universal Grammar*, Oxford University Press, New York.

Williams, Edwin (1981) "Argument Structure and Morphology," *The Linguistic Review* 1, 81-114.

Whitman, John (1986) "Configurationality Parameters," *Issues in Japanese Linguistics*, ed. by Takashi Imai and Mamoru Saito, 351-374, Foris, Dordrecht.

Yatsushiro, Kazuko (1999) *Case Licensing and VP Structure*, Doctoral dissertation, University of Connecticut, Storrs.

第 5 章

名詞修飾節における格の交替現象[*]

越智　正男

大阪大学

> 　日本語では主語を「が」でマークし，目的語を「を」でマークするのが基本的な格の配列のパターンであるが，以下の（C）にあるように名詞句の内部にある節（連体節）においては「の」格主語も許される．
>
> 　（A）　昨日太郎 {が／*の} 来た．
> 　（B）　花子は昨日太郎 {が／*の} 来たと思っている．
> 　（C）　花子は太郎 {が／の} 来た日を覚えている．
>
> これは「が」と「の」の間の交替現象であり，例えば「を」と「の」は交替しない．
>
> 　（D）　僕が先週本 {を／*の} 買った店
>
> しかし，目的語に「が」格がつくことが可能な場合には，連体節において「が」と「の」の交替が見られる．
>
> 　（E）　太郎がとてもよく英語 {が／*の} わかる．
> 　（F）　太郎がとてもよく英語 {が／の} わかること（が皆を驚かせた．）
>
> 日本語の母語話者の文法体系には特定の領域においてこのような格の配列のパターンを生み出すメカニズムが備わっているのである．本章ではこのメカニズムの解明を目指す主要なアプローチを紹介し，その理論的帰結を入念に検証していきたい．

---

[*] 本章を執筆するにあたり，2名の査読者および編者の方々より有益なコメントをいただいた．ここに厚く感謝申し上げる．

第 5 章　名詞修飾節における格の交替現象　　　　　　　　　　147

本章の構成

　第 1 部では，まず連体節における格の交替現象に関する主要な性質および格の認可／付与の概念について確認した後，主要な先行研究の骨子と理論的意義を概観する．特に Miyagawa (1993) に代表される D 認可仮説と Watanabe (1996) および Hiraiwa (2001, 2005) による C 認可仮説に焦点を当てる．第 1 部での議論を踏まえて，第 2 部ではこれらの仮説が異なる予測をする事例をいくつか取り上げ，さらなる考察を加えていく．

第 1 部　先行研究に見る「が／の」交替

1.　連体節における格交替の性質と制約

　日本語では基本的に主語と目的語をそれぞれ「が」と「を」でマークする．

　(1)　太郎が本を読んだ．

その一方で関係節等の連体節では「が」と「の」の間の交替現象が観察されてきた (Harada (1971))．[1] その一方で，(2b) や (2c) に示されるようにこの格交替は主文や動詞の補文節では起きない．

　(2)　a.　太郎{が／の}来た日
　　　 b.　太郎{が／*の}来た．
　　　 c.　*花子は太郎{が／*の}来たと思っていた．

この現象が岸本（本書）で議論された「主格保持の原則」の観点から興味深い問題を提起することに注意したい．この原則は定形文において主格（「が」格）の名詞句が 1 つは必要であるというものであるが，(2a) において「の」が用いられる時は「が」格の名詞句が存在しない．

　それでは，この現象の主要な性質を概観してみよう．まず上述の通り「が／の」交替は基本的に連体節で起こる現象であり，(3a) のような関係節や (3b) のような名詞補文節において観察される．[2] なお，これらの連体節の区分は空

---

[1] 本章で扱う現象は以下のような「方」を主要部とした構文とは異なる (Kishimoto (2006) を参照されたい)．これは「方」が連用節を選択する構文であるが，連用節の項は常に「の」でマークされ，格の交替はない．

　　(i)　僕は [太郎{*が／の}話し方] を真似てみた．

[2] (3b) のような節に関しては同格節 (appositive clause) という呼び名もあるが，本章では

所 (gap) の有無に基づく. (3a) では「買った」の目的語の位置に空所 (gap) が存在するのに対して, そのような空所は (3b) の名詞補文節には存在しない.

 (3) a. 太郎 {が／の} 買った美術品
   b. 日本選抜チーム {が／の} 勝つ可能性

次に「の」格句は所有の関係を表すわけではない. 例えば, (4b) における「秘密」は花子の (あるいは花子に関する) 秘密であって, 太郎の秘密ではない.

 (4) a. 太郎の秘密
   b. 太郎の全く知らない花子の秘密

また「が」格と「を」格は交替しない.

 (5) 僕が先週本 {を／*の} 買った店

しかし,「が／の」交替は主語にのみ適用されるというわけではない. 日本語では状態述語の目的語が「が」格で表される場合があるが, そのような場合には,「が／の」交替が可能である.[3]

 (6) a. 太郎が (とてもよく) 英語がわかること (が皆を驚かせた.)
   b. 太郎が (とてもよく) 英語のわかること (が皆を驚かせた.)
   c. 太郎の (とてもよく) 英語がわかること (が皆を驚かせた.)
   d. 太郎の (とてもよく) 英語のわかること (が皆を驚かせた.)

また, 連体節であっても「が」と「の」の交替が常に可能というわけではない. 例えば, 井上 (1976) や Hiraiwa (2001, 2005) 等でも指摘されるように,「が／の」交替は名詞句修飾節に「という」のような補文標識 (Nakau (1973) や Josephs (1976) を参照されたい) がある場合には容認性が下がる.

 (7) 明日のレースで太郎 {が／*の} 走るという噂 (を僕は耳にした.)

さらに「の」格主語は焦点化と相容れないことが Akaso and Haraguchi (2013) や Miyagawa (2013) などの先行研究で示されている.[4]

「名詞補文節」と呼ぶことにする.
 [3]「が」格目的語については Tada (1992), Nomura (2005), Koizumi (2008), Saito (2010), M. Takahashi (2010) などを参照のこと.
 [4] ただし「の」格目的語の場合には焦点化されても適格になるとの指摘もある (Akaso and Haraguchi (2013) や Miyagawa (2013) を参照されたい).

(8) a. 太郎が賢い．
　　 b. 太郎だけが賢い．
(9) 太郎だけ {が／*の} 読んだ本

また「を」格目的語がある場合には「の」格主語の容認性が下がることが先行研究で指摘されている（Harada (1971, 1976), Watanabe (1996), Hiraiwa (2001, 2005), Saito (2004), Ochi (2009), Bošković (2011) 等）．これは「他動性制約（Transitivity Restriction）」と呼ばれている．

(10) a. 村上春樹 {が／?*の} いくつかの長編小説を書いた国（はどこですか？）
　　 b. いくつかの長編小説を村上春樹 {が／??の} 書いた国（はどこですか？）

ただし，「を」格目的語に音形がない場合にはこの限りではない．(11) は目的語の位置に空所（gap）がある関係節の例であるが，このような場合には格の交替が可能である．また，(12a) と (12b) に見られるような対比も重要であろう．Hiraiwa (2001) や Saito (2004) が論じるように，*pro* のような空目的語がある場合にも「の」格主語が可能なのである．

(11) 村上春樹 {が／の} e_i 書いた長編小説$_i$（はよく売れる．）
(12) 次郎が初めて名古屋に来るので皆がいろいろな場所に連れて行くようです ….
　　 a. 花子 {が／*の} 次郎を連れて行く所は名古屋城です．
　　 b. 花子 {が／の} *e* 連れて行く所は名古屋城です．（*e* = 次郎）

本章ではこのような連体修飾節における一連の格の配列パターンについて考察していく．ただし紙面の都合上，焦点化の問題や他動性制約の問題については議論することができないことをここでお断りしておきたい（これらの問題については Ochi (2015) をご参照いただきたい）．

2. 名詞句と格理論

先行研究の紹介に入る前に，本章で仮定されている格に関する理論について

(i) a. 窓から海だけ {が／の} 見える部屋（に泊まった．）
　　b. フランス語だけ {が／の} 話せる人（はこの教室にどれくらいいるのだろう．）

確認しておこう．

(13) a. 主格（Nominative Case）は T 主要部によって付与される．
b. 対格（Accusative Case）は v 主要部によって付与される．
c. 属格（Genitive Case）は D 主要部によって付与される．

ここで軽動詞（v）について簡単に触れておきたい．Larson (1988) による 3 項動詞の分析や Hale and Keyser (1993) の名詞転用動詞（denominal verb）の分析に基づき，Chomsky (1995) は動詞句がシェル構造（VP shell）を持つことを提案している．これは動詞句が軽動詞句（vP）と VP の二層からなるという仮説であるが，この軽動詞句の指定部に動作主（Agent）が基底生成され，内項（internal argument）である非動作主項（例えば Theme など）は VP 内部に基底生成される．[5]

例えば *He may kiss her* という例文の構造は以下のようになる．

(14)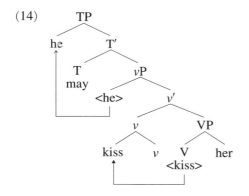

ここでこの例文の派生の詳細を見てみよう．まず動詞 kiss と内項である her が導入されて VP が形成される．[6] 続いて v 主要部および外項（he）が導入されて vP が形成される．その際 (16a) と (16b) にあるように動詞 kiss が v 主要部へ移動し，v 主要部（と kiss という他動詞の組み合わせ）は c 統御する項（ここでは her）に対して対格の付与を行う．

---

[5] 「動詞句内主語仮説（VP-internal Subject Hypothesis）」については岸本（本書）を参照されたい．

[6] Chomsky (2000, 2001) によれば，統語的派生は vP 領域と CP 領域を 1 つの単位として進行すると提案されており，これは位相（phase）モデルと呼ばれる．本章ではこのモデルの根底にある循環的派生（cyclic derivation）の概念を採用して議論を進めていきたい．

第 5 章　名詞修飾節における格の交替現象

(15) c 統御

α を支配しているすべての範疇が β を支配しているとき，α は β を c 統御する（ただし α は β とは同一ではない）．

(16) vP 領域の派生

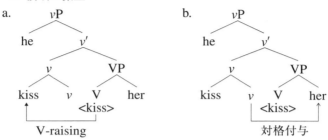

続いて，Tense 主要部（以下 T 主要部）が派生に導入される．T は c 統御する項（この場合は外項である he）に対して主格を付与し，この外項は TP の指定部へと移動する．

(17) TP 領域の派生

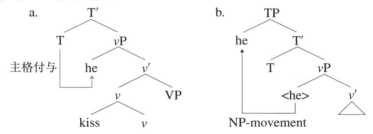

この派生にも見られるように，項の中にも英語の目的語のように元位置（V 主要部の補部の位置）に留まる項もあれば，主語のように格の付与子（この場合は T 主要部）の指定部へ移動する項もある．これに関して，（定形節の）T はその指定部に何らかの要素を要求するという性質があると考えられてきた．以下の例文を見てみよう．

(18) a. It rained.
　　 b. *Rained.
(19) a. It seems that the cat is out of the bag.
　　 b. *Seems that the cat is out of the bag.

c. The cat seems to be out of the bag.

これらの例文の主語の *it* には指示詞としての働きはない．(18a) の *it* は「雨」を指すわけではないし，(19a) の *seem* の項は「秘密が漏れた」の解釈を持つ *that* 節だけである．この文の主語である *it* に指示詞としての働きがないことは (19c) の例文との比較からも明らかである．この文では *seem* が不定節を補部にとり，その補文節の主語である *the cat* が主節主語の位置にある．そして先の例文と（基本的に）同じ解釈を持つが，もしも (19a) の *it* が何かを指すのであれば，*it* が存在しない (19c) においては解釈に違いが出るはずである．このような *it* は虚辞（expletive）と呼ばれるが，重要なのは (18b) や (19b) が非適格文であることである．例え虚辞であっても，主語位置に何らかの要素がなければならないのである．このように主語位置（TP の指定部）が何らかの要素で埋まっていなければならないという性質は拡大投射原理（Extended Projection Principle, 略して EPP）と呼ばれており，(17a) にある主語の移動もこの性質によって駆動されていると考えることができる．[7]

(13c) の属格の付与に関してであるが，D 主要部が c 統御する項（以下の例では *Taro*) に属格を付与し，後者は先ほどの *he* の場合と同様に格の付与子の指定部（つまり DP の指定部）へと移動する．

(20) a. Taro's book

b.
属格(genitive)付与

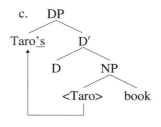
c.

厳密に言えば，この場合の移動は先ほどの EPP によるものとは言えない．節とは違い，名詞句の「主語」（所有者項など）は義務的ではないからである．しかし，Chomsky (1970) や Abney (1987) を含めて多くの先行研究において節と名詞句の平行性が指摘されていることもあり，ここでは，DP 指定部が必ずしも埋められる必要はないが，D 主要部によって格を付与された要素は

---

[7] Chomsky (1981) 等を参照いただきたい．なお，拡大投射原理で言い表されている性質が普遍文法のより根本的な特質（primitives）の相互作用によるものなのかという重要な問題についてはここでは議論しない．

その指定部へ移動すると考えて話を進めたい．

3. 先行研究の概観

本節では「が／の」交替現象に関する主要なアプローチのいくつかを概観していくことにしよう．

3.1. 決定詞 (D) による「の」格認可の仮説

1つ目は Bedell (1972), Saito (1983), Miyagawa (1993) 等に代表されるアプローチである．これは「の」格主語の「の」について，所有関係を表す「の」の場合と同様の統語構造を設定するアプローチである．Bedell (1972) や Saito (1983) によれば，関係節を含む (22a) のような構造に「再構成規則 (restructuring rule)」が随意的に適用されて (22b) の構造が出来上がる．これにより，「太郎」が NP 節点に直接支配された NP になり，(22c) の場合と同様の規則により「太郎」に「の」が付与されるというものである．

(21) a. 太郎の本
　　 b. 太郎の書いた本
(22) a. [$_{NP}$ [$_S$ 太郎 書いた] 本] → (随意的) 再構成規則
　　 b. [$_{NP}$ 太郎の$_i$ [$_{NP}$ [$_S$ 書いた] 本]]
　　 c. [$_{NP}$ 太郎の [$_{N'}$ 本]]

この考え方を推し進めて，Miyagawa (1993) は「が」格主語と「の」格主語が異なる統語位置を占めると提案している．

(23) a. 「が」格は T 主要部により付与され，
　　　　「が」格句はその指定部 (＝TP 指定部) へ移動する．
　　 b. 「の」格は決定詞主要部 (以下 D 主要部) により付与され，
　　　　「の」格句はその指定部 (＝DP 指定部) へ移動する．

この仮説によると，「が」格主語を含む連体節と「の」格主語を含む連体節の構造はそれぞれ以下のようになる．

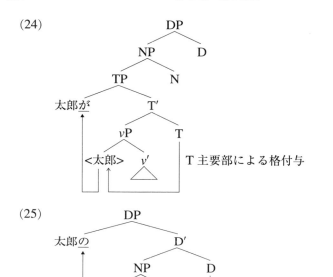

　この仮説によれば，日本語においても主語は軽動詞句 vP の指定部に導入されて vP の外へ移動していく．T 主要部によって「が」格を付与された項は TP 指定部へ動くが，これは先の (17) の場合と同様である．また，「の」格主語の場合の移動は (20) で見た移動と同類のものである．

　またこの仮説は，日本語の連体節が補文標識句 (Complementizer Phrase, 以下 CP) ではなく，(CP より小さい) TP であるという Murasugi (1991, 2000) および村杉 (2014) の仮説を採用している．Murasugi の仮説は日本語を獲得する過程で関係節の最後に「の」をつける子供もいるという興味深い観察に基づいている (以下の発話例は大人の話者にとっては非適格文である)．

(26) a.　パパが描いたのタコの絵
　　 b.　怪獣の食べたのゴリラ

富山方言を獲得する幼児による同様の「誤用」の観察も踏まえて，Murasugi はこの「過剰生成 (Overgenerate)」された「の」(富山方言における「が」) を

補文標識として分析している.[8] Murasugi は，関係節の統語的サイズに関するパラメータ（CP あるいは TP）の無標値は CP であり，日本語を獲得している幼児も当初はこの値を持っている（そのため上のような例を産出する）が，後に値を CP から TP へとセットし直す，と提案している．日本語の連体節がTP であるという仮説はこの後の議論にとっても重要となる.[9]

　ここで Miyagawa（1993）の分析の経験的根拠となっているスコープに関する議論を概観してみたい．なお例文のすぐ下の「>」はスコープ関係を表す．例えば，「A > B」という場合には，A が B よりも広いスコープをとることを表している．まず，以下の英語の例文から考えてみたい．これは Lasnik (1999) によって議論されている，主語に量化表現を用いた繰り上げ（raising）構文の例である．

(27) a.　It is 50% likely that every coin will land heads.
　　　　(50% likely > every coin; *every coin > 50% likely)
　　b.　Every coin is 50% likely to land heads.
　　　　(*50% likely > every coin; every coin > 50% likely)

仮に「5 枚のコインをトスする」という状況を考えてみると，どのコインについてもそれが表になる可能性は 50％であり，5 枚のコインすべてが表になる可能性は非常に低い（3％程度である）．このような文脈における発話としては (27b) が適切であるのに対して (27a) は不適切である．このことから，(27b) が「5 枚のコインのどれに関しても，それが表になる可能性は 50％である」という（妥当な）解釈を持つのに対して，(27a) のほうは「5 枚のコインのすべてが表になる，そういう可能性は 50％である」という（妥当でない）解釈を持つことがわかる．そしてこの解釈の違いは量化表現である *every coin* の統語的移動によって生じているのである．(27a) では補文節主語の *every coin* は補文節の内部にある．派生を通して *50% likely* が *every coin* を c 統御する（かつ逆は成り立たない）ため，前者が広いスコープを取るのである．それに対して，(27b) は (28) の表示を持つ．(27a) の場合と同様に *every coin* は補文節の内部に導入されるが，この例文の場合には主節の主語位置へ移動する．その結果，*50% likely* を c 統御することになり，スコープ関係が変わるので

---

　[8] Saito (2012) によれば，補文標識「の」を主要部に持つ CP は命題を表す（英語の *that* 節と同じ性質を持つ）．
　[9] ただし，(7) の例のように「という」のような補文標識（Nakau (1973) や Josephs (1976) を参照されたい）を含む連体節の場合には CP であると仮定したい．

ある.[10]

(28) [Every coin]$_i$ is 50% likely [$_{TP}$ t_i to land heads]

なお，移動がスコープ関係に影響を与えるという事例は日本語においても数多く観察されてきた．例えば以下のスクランブリングの例においては，目的語を前置した場合，その目的語のスコープが拡がることが知られている（この点については Saito (1985) 等を参照されたい）．

(29) a. 誰かが誰もを叩いた．　　（誰か > 誰も；*誰も > 誰か）
　　 b. 誰もを$_i$ 誰かが t_i 叩いた．（誰か > 誰も；　誰も > 誰か）

これらの点を踏まえて，以下の例文を考えてみよう．

(30) a. すべてのコインが裏になる可能性は 50%だ．
　　 b. すべてのコインが裏になる可能性はおよそ 3%だ．
　　 c. すべてのコインの裏になる可能性は 50%だ．
　　 d. すべてのコインの裏になる可能性はおよそ 3%だ．

先ほどと同じように「5 枚のコインを投げる」という状況を想定した上で，まず「が」格主語を持つ (30a) と (30b) を比較してみよう．すると，(30b) が妥当な文である一方で，(30a) は（確かに適格な文ではあるのだが）この文脈では不適切であることがわかる．(30a) が持つ意味が基本的に先ほどの (27a) と同じであるためである．これに対して，「の」格主語を持つ (30c) と (30d) の場合は事情が違う．(30a) とは異なり，(30c) は前述の状況においても極めて自然であろう．これは，この文が英語の (27b) と（基本的に）同じ意味を持っていることによる．さらに，(30d) も同じ文脈において妥当な文であるが，この例文は (30b) と（基本的に）同じ意味を表している．ここまでの話をまとめると，主名詞である「可能性」の補文節内の「が」格主語は「可能性」より狭いスコープしか持たないが，「の」格主語は「可能性」よりも広いスコープを取る場合と狭いスコープを取る場合がある．

(31) a. *「が」格主語 > 可能性；可能性 >「が」格主語

---

[10] Lasnik (1999) によれば，(27b) のような例文には繰り上がった普遍量化子が狭いスコープを取る解釈がない．この点については第 2 部の第 3 節でも触れるが，詳細は Lasnik (1999) や Boeckx (2001) を参照されたい．

b. 「の」格主語 > 可能性；可能性 >「が」格主語

(23) にある Miyagawa の提案はこのような一連の観察に基づいている．この提案によれば，(30) にある「が」格主語の場合と「の」格主語の場合は以下のような統語構造を持つことになる．[11]

(32) a. [$_{DP}$ [$_{NP}$ [$_{TP}$ すべてのコインが$_i$ [$_{vP}$ t_i 裏になる]] 可能性] D]
    b. [$_{DP}$ すべてのコインの$_i$ [$_{NP}$ [$_{TP}$ [$_{vP}$ t_i 裏になる]] 可能性] D]

(32a) の「が」格主語は TP の主要部である T により「が」格を付与され，TP 指定部へ移動する．さらに「が」格主語が（TP の領域よりさらに上の統語領域に移動する理論的動機がないため）TP 内に留まると考えれば，「が」格主語が名詞句主要部である「可能性」より高いスコープを取る事がないことが正しく予測される．一方で，(32b) にあるように「の」格主語は決定詞句（DP）の主要部である D によって格を付与されるため，連体節内部から DP の領域（DP の指定部）へと移動し，その結果広いスコープを持つことになる．ところで，(30d) の場合のように「の」格主語が狭いスコープを取る場合もあるが，この解釈も (32b) の構造から出てくると考えられる．「の」格主語は元々補文節内部に導入されており，その時点では「可能性」に c 統御されているからである（(32b) の補文節には「の」格主語の痕跡（trace）が含まれている）．[12] この点は，(29b) の曖昧性からも支持される．

ここで，冒頭で概観した「が／の」交替の特徴が D 認可仮説の下でどのようにとらえているのか確認してみよう．まず，この現象が連体節には起こるが主文など他の領域では起きない点（(2) を参照）に関してであるが，これは格の付与子である D 主要部が主文などにはないことから容易に説明できるであろう．続いて，「の」格主語が「所有」の意味を表すわけではない点（(4) を参照）を考えてみたい．確かに (25) の「太郎の」は (20) の所有者項である *Taro* と同じ統語的な位置（＝DP の指定部）にある．しかし，両者は派生に導入される位置に関して根本的に異なる．(20) における *Taro* が主名詞である *book* の投射領域にもともと位置しているのに対して，(25) の「太郎」は連体節の項として導入されており，主名詞の「本」とはそもそも局所的（local）な

---

[11] 非対格動詞の場合に軽動詞句（*v*P）の投射があるか否かは議論の分かれるところであるが，ここでは暫定的にすべての VP の上に *v*P を仮定して議論を進める．
[12] 実際の Miyagawa (1993) の提案はもう少し複雑である．例えば，Miyagawa は DP 指定部への移動に関して A 移動の場合の派生と A′ 移動の場合の派生があると提案しているが，本章ではこの提案を簡略化した形で議論を進めていく．

統語関係にはないのである．(4) にある言語事実はこのような観点から説明できる．

次に「を／の」交替がない点 ((5) を参照) を考えてみたい．以下に例文を再掲する．

(33) 僕が先週本 {を／*の} 買った店

この点に関しては，Miyagawa (1993) では明示的な説明がなされていないが，以下のような説明が可能であると思われる．まず確認すべきことは，上の例の「本」には「が」格が付与されることもないという点である．

(34) 僕が先週本 {を／*の／*が} 買った店

先に見たように，派生は循環的 (cyclic) に進んでいく．連体節の派生を考えてみると，まず vP が形成されるが，「買う」は他動詞であり，これを主要部とする動詞句を選択する軽動詞 v は対格を付与する能力を持つ．上の例の「本」は vP 領域の派生段階において対格を付与されるので，後の派生で「の」格や「が」格が付与されることはないと考えることができるであろう．

(7) に関しては，この D 主要部と「の」格主語の間の依存関係が格に関するものであることに着目すれば，その説明が可能であろう．格の付与子の指定部への移動は一般的に「A 移動」と呼ばれている．ここで重要なのは Motapanyane (1994), Saito (1994), Bošković (1997) 等が論じるように，TP 節から上の節への A 移動が可能であるのに対して，CP 節からの A 移動は許されないという点である．例えば，(35b, c) にあるように，seem のような動詞の補文節が定形節の場合と不定詞節の場合で抜き出しに差がある．

(35) a. It seems (that) John is clever.
     b. John seems to be clever.
     c. *John seems (that) is clever.

この適格性の差は (35b) の補文節が TP，(35c) の補文節が CP であるとの観点から説明されてきた．ここではその詳細には立ち入らず，CP 領域をまたいでの A 移動（あるいは A 移動に関わる統語的依存性）が阻害されると仮定しておこう．[13]

---

[13] ただし，(35c) は別の理由によっても排除できるかもしれない．例えば，(35b) の補文節主語は補文節内で格を付与されないために主節の T 主要部と依存関係を持ち，その指定部へ移動するのに対して，(35c) では補文節が定形であるため，補文節主語は補文節内で主格を

(36) a. It seems [$_{CP}$ that/C$_{null}$ John is clever]
b. John$_i$ seems [$_{TP}$ t_i to be clever]
c. *John$_i$ seems [$_{CP}$ that/C$_{null}$ t_i is clever]

そしてこの仮定は「という」節の場合にも適用できる．この場合，連体節がCPであるためにD主要部と「の」格主語の依存関係が阻害されるのである．

(37) [$_{DP}$ [$_{NP}$ [$_{CP}$ [$_{TP}$ 明日のレースで太郎の走る] という] 噂] D]

このようにMiyagawa (1993) によるD認可仮説は多くの理論的な示唆に富んでおり，現在に至るまで「が／の」交替に関する最も有力な仮説の1つである．ただし，その細部を検討すると疑問点も生じる．目的語の「が／の」交替（(6) の例文）を巡る問題も含めて，第2部で扱いたい．

3.2. 補文標識 (Complementizer) による「の」格認可の仮説

Miyagawa 分析とは異なる提案が Watanabe (1996) や Hiraiwa (2001, 2005) によって展開されている．Miyagawa 分析の骨子は Bedell (1972) や Saito (1983) のように，「の」格主語の「の」が所有関係等を表す「の」と同じメカニズムによって付与されるというものであったが，Watanabe や Hiraiwa はこれに異議を唱えつつ代案を提示している．以下でその内容を見ていこう．

〈Watanabe (1996) の Wh 一致仮説〉

以下の例文は Watanabe (1996) が指摘した比較削除構文の一例である．「より」を伴う節には名詞主要部がないにもかかわらず「が／の」交替が起きる．

(38) 太郎は [花子 {が／の} 読んだより] たくさんの本を読んだ．

このような観察が先に見たD認可の仮説によって問題となるというのが Watanabe の論点の1つである．Watanabe によれば，「が／の」交替における「の」格は「太郎の本」のような所有関係において用いられる属格 (genitive) とは無関係であり，「の」格主語も「が」格主語もT主要部によって認可される．T主要部によって主格を与えられた主語が vP の外（TP の指定部）にあ

付与され，そもそも主節のT主要部との依存関係が必要ない（したがって主節へ移動する必要もない）．この可能性を排除した上で，CP領域を越えてのA移動が阻害されることを示す上では，ルーマニア語 (Motapanyane (1994)) や日本語 (Saito (1994)) などのデータが有用であるが，本章ではこの問題にはこれ以上立ち入らない．

る場合には「が」が付与され，派生を通してvP内部に留まる主語には「の」が付与される，というのがWatanabeの提案である．実際に，「が」格の場合とは異なり，「の」格主語と述語の間に何らかの文要素が介在している場合に容認性が下がる傾向があることがHarada (1971) 以降多くの研究によって指摘されている（井上 (1976), Miyagawa (2011), Nambu and Nakatani (2014) を参照されたい）が，これはWatanabeの仮説を裏付けるものと考えられる．例えば，(39) において「愚かにも」や「昨日」などの付加詞がvPの外の統語領域に付加していると考えると，「の」格主語を用いた場合の (39a) と (39b) の容認性の差は，「の」格主語がvP内にあるか否かが要因となっていると考えられる．(39a) の語順の場合には，主語がvPの外にあるため，「の」格主語を用いると容認性が下がるのである．

(39) a.　生徒達 {が／??の} 愚かにも昨日暴れたこと（が報道された.）
　　　b.　愚かにも昨日生徒達 {が／の} 暴れたこと（が報道された.）
(40) a.??[TP 生徒達の_i 愚かにも昨日 [vP t_i 暴れた]] こと
　　　b.　[TP 愚かにも昨日 [vP 生徒達の暴れた]] こと

さらにWatanabe (1996) や渡辺 (2005) は日本語の「が／の」交替とフランス語の文体的倒置（Stylistic Inversion）との共通点を指摘して対照言語学的観点からの分析を提案している．文体的倒置構文はwh疑問文や関係節（やSubjunctiveと呼ばれる用法の節）において見られる倒置現象であり，以下のDéprez (1990) からの例文にあるように，主語が動詞の後に現れるのが特徴である．[14]

(41)　Je me demande quand partira　　Jean.
　　　I　wonder　　　when　will.leave John
　　　'I wonder when John will leave.'

ここではこの構文の詳細には立ち入れないが，Déprez (1990) によればこの倒置構文の主語も動詞句内に留まっており，この点でフランス語のこの構文と日本語の「の」格主語構文には共通性があるとWatanabeは主張している．

---

[14] 例えば，*croire* 'believe' は命題文を補部にとるが，そのような環境では文体的倒置は起こらない（以下はDéprez (1990) からの例文である）．

(i)　*Je crois bien que partira　　Jean.
　　　I　believe　　that will.leave John
　　　'I believe that John will leave.'

ここで「の」格主語の分布が極めて限定的であることを思い出してみたい．本章の冒頭で触れたように，「の」格主語の分布は連体節に限定されており，主節では「が／の」交替は起きない．これに関して，Watanabe は「の」格が可能になるのは先の比較削除構文や関係節など，wh 移動が起きる統語領域に限定されていると論じ，「の」格主語の「の」を日本語における「wh 一致 (wh-Agreement)」の具現化であると提案している．[15] この「wh 一致」とは wh 移動や焦点化移動などの A′ 移動が起きる統語領域において補文標識や動詞の形態に特殊な変化が起こる現象のことであり，チャモロ語 (Chung (1982, 1998)) やアイルランド語 (McCloskey (2002)) などの言語において観察されてきた．例えば，チャモロ語においては，A′ 移動が起きる際に，その領域にある動詞に形態的変化が起きる．以下の Chung (1982) からの例文では wh 目的語が文頭に移動しており，所有 (possession) の関係を表す ña という要素が動詞に接辞している．[16]

(42) Hafa f-in-ahan-ña si Maria gi tenda?
    what IN-buy-her   Maria Loc store
    'What did Maria buy at the store?'

日本語の「の」も所有を表す要素であるという点で，日本語とチャモロ語の wh 一致には共通点があるというのが Watanabe の提案である．そして，「の」格の付与に wh 移動が関与しているという観点から，Watanabe (1996) の分析はしばしば「C 認可仮説」と呼ばれる．これは wh 移動が補文標識句 (CP) の指定部への移動であり，したがって「の」格の付与に補文標識主要部が深く関与していることになるからである．

ではなぜ日本語（やフランス語）では wh 移動が起こる領域において主格主語が vP 内部にとどまる派生が可能なのだろうか．Watanabe の分析の詳細を理解するためには，1990 年代前半に仮定されていた T と AGR の両方の投射を認める節構造の理解が必要であるため，本章ではその詳細には入らないが，Alexiadou and Anagnostopoulou (2001, 2007) が Watanabe の分析や Collins (1997) の引用句倒置 (Quotative Inversion) 構文の分析を採用した上で，

---

[15] 先述の通り，フランス語の文体的倒置も wh 移動の領域などで起きる現象である．
[16] 通常 ña は名詞に接辞して所有の意味を表す．

  (i) sanhilo'-ña
      blouse-her
      'her blouse'

「主語 DP と目的語 DP が vP 内部に導入される派生では，少なくともどちらかの項が vP 外部へ移動しなければならない」という趣旨の通言語的一般化を提示している点は注目に値するであろう．Watanabe によれば，「の」格主語は vP 内部に留まっているため，DP 目的語が同じ vP 内部に存在すると Alexiadou and Anagnostopoulou (2001, 2007) の一般化に抵触する．その一方で関係節化や比較削除構文のように目的語が A′ 移動の適用により vP の外へ移動する場合にはこの一般化には抵触しないことになる．[17]

Alexiadou and Anagnostopoulou の一般化を理論的にどのように導くかはここでは議論しないこととしても，「が／の」交替構文が通言語的一般化を導く上で貴重な題材を提供していることは Watanabe 分析の大きな貢献といえよう．ただし，「が／の」交替を wh 一致の具現化として見做すという点には問題があるようにも思われる．例えば，先に見たように，関係節はもちろんのこと，名詞補文節においても「が／の」交替は起こるが，この場合に wh 移動が起きていると想定する根拠は見当たらないからである．[18]

〈Hiraiwa (2001, 2005) による C-T 仮説〉

次に Hiraiwa (2001, 2005) の分析を見てみたい．Watanabe 同様，Hiraiwa も D 認可仮説に異を唱えている．Watanabe (1996) は (38)((43a) に再掲) のような比較削除構文を D 認可仮説への反例として提示していたが，Hiraiwa はさらに (43b) から (43f) のような例文を提示することにより，「が／の」交替における名詞句主要部の存在の必要性に疑問を投げかけている．

(43) a. 太郎は [花子 {が／の} 読んだより] たくさんの本を読んだ．
   b. [雨 {が／の} 止むまで] 待ちましょう．
   c. [僕 {が／の} 思うに] 太郎は花子が好きに違いない．
   d. [この辺りは日 {が／の} 暮れるにつれて] 冷えこんでくる．
   e. [時 {が／の} 経つとともに] 太郎は花子の事を忘れていった．
   f. [先月 1 回電話 {が／の} あったきり] 彼から何も連絡がない．

---

[17] この点は本章の冒頭で触れた「多動性制約」とも密接に関連している．Harada (1971) は東京方言における「が／の」交替を 2 つのパターンに分類し，「の」格主語と他の文要素との共起関係に関する制約を指摘したが，そこで扱われていたデータを整理して，Harada が論じていた制約を「多動性制約」という形でまとめたのも Watanabe の大きな貢献である．

[18] なお Watanabe (1996) は「僕は太郎 {が／の} 来ることを知っている」のような用例を取り上げて，「こと」を subjunctive と呼ばれる用法で用いられる補文標識であると提案しているが，この分析は「可能性」のような名詞の補文節における「が／の」交替の場合には適用できない．

これらの例文に共通しているのは，名詞句主要部がない（ように見える）従属節においても「が／の」交替が可能であるという点である．Watanabe と Hiraiwa の両者によれば，この事実は「が／の」交替に名詞句主要部（および D 主要部）が関与していないことを意味する．

これを補完する点として Hiraiwa は以下のような例文を提示している．

(44) a. 太郎は {それ／*その} よりたくさんの本を読んだ．
　　 b. {それ／*その} まで待ちましょう．
　　 c. {それ／*その} につれて冷えこんでくる．
　　 d. {それ／*その} とともに太郎は花子の事を忘れていった．

日本語が主要部後置型の言語であることを考慮して (43) の付加詞節の構造を考えてみると，各々の従属節の最後に位置する「より」,「まで」などの要素がこれらの付加詞の主要部ということになるが，(44) はこれらの要素が名詞ではないことを示唆している．「より」や「まで」の補部の内容を代名詞で受けた場合に「その」が許されないからである（これらの要素のカテゴリーに関して，Hiraiwa は暫定的に後置詞と仮定している）．また，Hiraiwa は先の例文内の付加詞節が連体形述部を持つと主張している．以下は「より」を伴う比較削除構文と「まで」を伴う副詞節の例である．

(45) a. 太郎のことが心配なよりも花子が心配だ．
　　 b. 太郎は異常なまでに神経質だ．

ここで Hiraiwa の提案の骨子を概観してみることにする．

(46)　Hiraiwa (2001, 2005) の提案
　　　「が／の」交替の「の」格は名詞句主要部によってではなく，連体形を形成する C-T 主要部によって認可される．

ここで Hiraiwa の分析の技術的な部分を非常に簡潔な形で紹介してみたい．この枠組みでは補文標識が [−N] あるいは [+N] の指定を受けるが，連体節は補文標識 (C) が [+N] の指定を受けた場合のことであり，この名詞的な C 主要部に選択された T 主要部が (C 主要部と一緒になって)「の」格主語を認可する．そして，Hiraiwa によれば，この [+N] の値を持つ C 主要部とその C 主要部が選択する T 主要部の組み合わせがある場合に，述部が「連体形」として具現化する．(46) の提案を樹形図で表すと以下のようになる．

(47)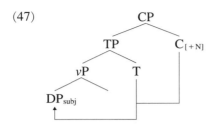

Hiraiwa (2001, 2005) によれば，この述語連体形の形成には音形のない $C_{[+N]}$ が必ず関与している．つまり，前述の Murasugi (1991) の主張とは異なり，日本語の連体節は（英語等の場合と同様に）「が」格主語を含む場合も「の」格主語を含む場合も一律に CP であることになる．

それでは，この分析において「が／の」交替の一連の性質はどのように捉えられるのだろうか．まず，この現象が連体節には起こるが主文など他の統語領域では起きない点（(2) を参照）であるが，これは「の」格の付与に名詞的な補文標識が関わっているという主張から説明できるであろう．実際に主節や動詞の補文節においては連体形は用いられない．

(48) a. 花子が綺麗 {*な／だ}．
    b. 僕は [花子が綺麗 {*な／だ} と] 思う．

そして「の」格主語が「所有」の意味を表すわけではない点（(4) を参照）に対する C 認可仮説の見解は明快である．「の」格は C-T 主要部によって付与されるわけであり，D によって格を付与される所有者項とは全く関係が無い．次に「を／の」交替の欠如（(5) を参照）であるが，D 認可仮説の場合と同じ趣旨の提案がなされている．概略すると，軽動詞（v）による対格の付与は vP 領域の統語的派生が完結する前に行われなければならず，そのために「を」と「の」は交替しない．

(7) に関して Hiraiwa は以下のような説明を行っている．上述の通り，「の」格の認可には $C_{[+N]}$ 主要部とそれが選択する T 主要部の組み合わせが関与しており，この2つの主要部の組み合わせが連体形として具現化しているというのが Hiraiwa 分析の骨子であった．また，この場合の $C_{[+N]}$ 主要部には音形がない．そして「という」という音形を持った補文標識が存在する場合にはこの統語的依存関係が成り立たないと Hiraiwa は主張する．実際に，「という」を伴う節の述部に形容動詞を用いると述部が連体形ではないことがわかる．従って「の」格が認可されないのである．

(49) 花子が綺麗 {だ／*な} という噂

　Hiraiwa の分析は多くの示唆に富み，その後の言語理論の進展にも大きく貢献していると言ってよいだろう．特に C 認可仮説は他言語における属格構文の分析からの支持も得られそうである．例えば，Kornfilt (2003) はトルコ語の属格主語構文に関して名詞化された C を属格の認可要素として分析している．[19] その一方で Hiraiwa の分析には検討すべき点もある．例えば，大島 (2010) や Hiraiwa (2005) が議論しているように，「のだ」文，「のに」節，「ので」節では述部が連体形として現れるが，「の」格句は認可されないのである（詳細は大島 (2010) や Hiraiwa (2005) を参照されたい）．

(50) a. 誰がコーヒー {が／*の} 好きなのですか．
　　 b. この家は交通 {が／*の} 便利なのに，なかなか売れない．
　　 c. 太郎 {が／*の} わがままなので，皆彼のことを嫌っている．

この点を踏まえて，Hiraiwa (2005) および三原・平岩 (2006) では，(46) に加えて，この条件に出てきた C-T の組み合わせがさらに D 主要部によって選択され，その D の投射が項となっている必要があるという条件を「が／の」交替の条件として加えている．[20] 樹形図で表すと以下の様になる．

---

[19] ただし Hale (2002) によれば，ダウール語の関係節における属格主語は D 主要部によって認可される．したがって言語によって属格主語の認可子が異なる可能性も十分にある．

[20] この点に関しては，多田 (2014) が議論している「はず」を用いた構文の調査が有益な示唆を与えてくれるかもしれない．「が」格や「の」格でマークされる（以下の (i) の例文を参照）ことからもわかるように「はず」は名詞としての振る舞いを持つ．しかし多田によれば，「はず」によって選択される節では「が／の」交替が起こらない（容認性の判断は多田 (2014) による）．

　(i) 元気なはず {が／の} ない男性
　(ii) a. 太郎 {が／*の} 元気なはずだ．
　　　b. 太郎 {が／*の} 元気なはずがない．

ここで興味深いのは，(iib) のような例文の文法判断に話者の間で違いがあることである．多田の容認性判断を支持する話者がいる一方で，このような文を適格であると感じる話者がいるのも事実である（大島 (2010) に加えて筆者自身もそうである）．(iia) と (iib) の違いの 1 つは「はず」に格が付与されているか否かであり，これは「はず」を主要部とする構成素が文の中で項として機能しているか否かに関係していると思われる．上述のような例文の容認性判断も含めて今後さらなる調査が必要であろう．

(51)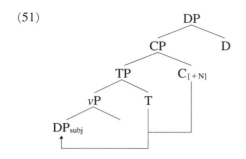

このように見ると，D 認可仮説のみならず Hiraiwa の分析においても「が／の」交替の背後に D 主要部の存在を認めるわけで，2 つのアプローチの違いは実はそれほど大きくないのかもしれない．

ここで，(43) の例文について再度考えてみたい．これらの例文の連体節には名詞主要部が存在しないというのが Hiraiwa の主張であったが，Maki and Uchibori (2008) はこれに異議を唱え，これらの連体節には音形のない名詞主要部が存在すると主張している．例えば，(43a)，(43c)，(43d)，(43e) では「が／の」交替が起きている節の末に名詞化辞の「の」が随意的に生起可能である．[21] また (43b) では「時」や「時間」等の名詞の挿入が可能である．

(52) a. 太郎は [花子 {が／の} 読んだ {の／量} より] たくさんの本を読んだ．
 b. [雨 {が／の} 止む時間まで] 待ちましょう．
 c. [僕 {が／の} 思うのに] 太郎は花子が好きに違いない．
 d. [この辺りは日 {が／の} 暮れるのにつれて] 冷えこんでくる．
 e. [時 {が／の} 経つのとともに] 太郎は花子の事を忘れていった．

このように考えると，(43) のような例文は D 認可仮説の反例ではないことになる．

ただし，Hiraiwa (2005) が指摘するように，(43f) のような例文にはこの考え方は適用できない．

(53)　先月 1 回電話のあった (*の／*時間) きり，彼から何の連絡もない．

さらに，H. Takahashi (2010) は (43b) のような「まで」節には無音形の「時」

---

[21] (52a) のような比較削除構文に関しては Sudo (2009) も隠れた名詞主要部の存在を提案している．

第 5 章　名詞修飾節における格の交替現象　　　　　　　　　　　　167

や「時間」のような名詞が存在しないと主張している．この主張の根拠の 1 つ
は以下のようなパラダイムに基づいている．

(54) a.　[太郎が [花子が来ると] 言う {時／時間} まで] 次郎はそこにいた．
　　　b.　[太郎が [花子が来ると] 言うまで] 次郎はそこにいた．

これらの例文の主節の解釈は，過去のある時間 t まで「次郎がそこにいる」状
態が継続した，というものであるが，これについて以下の文脈を想定して考え
てみよう．

(55)　昨日太郎と次郎が話をしていて，正午に太郎が「花子が午後 6 時に来
　　　る」と次郎に言った．

この文脈において (54a) を考えてみると，次郎に関して「正午までそこにい
た」という解釈と「午後 6 時までそこにいた」という 2 通りの解釈ができそう
である．最初の解釈は t が太郎の発話の時間を指す解釈であり，2 つ目の解釈
は t が（太郎の発話によれば）花子が来る（ことになっている）時間を指す解
釈である．これを踏まえて，(54b) を考えてみよう．先ほどの場合と違って，
この例文には解釈が 1 つしかない．次郎に関して「正午までそこにいた」とい
う解釈は可能であるが，「午後 6 時までそこにいた」という解釈はない．(54a,
b) は時間 t の解釈の可能性に関して異なる振る舞いを見せるのである．この
違いをどのように説明するかについてはここでは立ち入らない（Miyamoto
(1996) や H. Takahashi (2010) を参照されたい）が，重要なのは，(54b) の
ような例文には音形のない「時」や「時間」のような（隠れた）名詞がないとい
う Takahashi の主張である．もしもそのような名詞が存在するのであれば，
上の 2 つの文は同じ統語構造を持つことになり，両者の解釈の違いの説明が
難しくなる．この議論が正しいとすると，(43b) の「の」格は名詞主要部を伴
わない「まで」節において付与されていることになり，これは Hiraiwa の主張
を支持するものである．

　ただし，「まで」節にはさらに興味深い点がある．以下の例文を考えてみよ
う．

(56) a.　太郎は [花子 {が／の} 来る時まで] 踊っていた．
　　　b.　太郎は [花子 {が／の} 来るまで] 踊っていた．
(57) a.　太郎は [花子 {が／の} 笑う時まで] 踊っていた．
　　　b.　太郎は [花子 {が／?*の} 笑うまで] 踊っていた．

H. Takahashi (2010) によれば，「来る」のような非対格述語の場合と異なり，

「笑う」のような非能格述語を含む「まで」節の場合には「時」のような名詞主要部の有無が「の」格主語の場合の容認性に影響を与える．ここで注目すべきなのは，(56b) と (57b) の容認度の差が D 認可仮説はもちろんのこと，C 認可仮説にとっても問題となりうるという点である．先ほどの議論によれば，これらの例文の「まで」節の補部には名詞主要部が存在しないことになるが，そうだとするとなぜ (56b) が適格文であるかが D 認可仮説にとって問題となる．また，C 認可仮説にとっては (57b) で「の」格を用いた場合の容認性の低さが問題となる．(45b) で見たように「まで」を主要部とする節は連体形述部を伴うが，Hiraiwa の分析によれば，これは「まで」の補文節が CP であることを意味するからである．

このように，Watanabe (1996) や Hiraiwa (2001, 2005) による (43) のような例文は「の」格認可の条件を考える上で様々な知見を我々にもたらしていると言える．その意味でもこのような例文の今後のさらなる調査が重要であろう．[22]

第 2 部 「が／の」交替へのアプローチのさらなる検証

第 1 部では「が／の」交替現象の主な性質や制約およびこの現象に対する 2 つの主要なアプローチの骨子と理論的意義について概観した．第 2 部ではこの 2 つのアプローチが異なる予測をすると考えられる事例をいくつか取り上げ，その内容を批判的に検証していく．具体的には，「が」格句と「の」格句の統語的位置関係（1 節），「が／の」格目的語と介在効果（2 節），「の」格句のスコープ（3 節），である．

1. 「が」格句と「の」格句の分布と統語位置の関係

まず Harada (1971) に基づいて Watanabe (1996) が指摘した「が」格句と「の」格句の分布の違いについて再度考えてみたい．Watanabe によれば前者は

---

[22] この一連の議論を踏まえて，Miyagawa (2012, 2013) は (43b) のような時を表す副詞節における「の」格の認可は D 主要部や C 主要部によってではなく，不完全な／弱い軽動詞主要部（weak v）と依存時制（dependent tense）の組み合わせによってなされていると提案している．この「依存時制による属格の認可（Genitive of Dependent Tense）」仮説は「まで」節などの時を表す副詞節における「の」格認可とスラブ系言語の否定文における属格認可を統一的に扱うことを意図したものである．

第 5 章　名詞修飾節における格の交替現象　　　　　　　　　　169

vP の外にあり後者は vP 内部にあることになるが，興味深いことに，これと同様の提案が九州肥筑方言における「が／の」交替の研究においてもなされてきた (Kato (2007), Nishioka (2014), Ochi and Saruwatari (2014)) を参照されたい．肥筑方言の「が／の」交替の特色はその分布の広さにある．標準語を含めて多くの方言において「が／の」交替が連体節に限定されているのに対して，肥筑方言では主節を含めて連体節以外の多くの節において「が／の」交替が可能である（吉村 (1994, 2007), 加藤 (2005), Kato (2007), Nishioka (2014)).[23] 例えば以下の例は標準語では非適格文であるが，肥筑方言では適格である．

(58) バスの来た．［*標準語；√九州］

ここでは肥筑方言における「が／の」交替の詳細には入らないが，以下の例文を用いてこの方言の「が」格主語と「の」格主語の分布の違いについて確認しておきたい．

(59) 標準方言
　　　全員が来なかった．（全員 ＞ 否定；*否定 ＞ 全員）
(60) 長崎方言
　　a. 全員が来ん．　（全員 ＞ 否定；*否定 ＞ 全員）
　　b. 全員の来ん．　((?)全員 ＞ 否定；否定 ＞ 全員）
　　　　　　　　　　　　　　　　　(Ochi and Saruwatari (2014))

(59) は標準語の例文である．主節における「が」格主語は原則的に否定辞より高いスコープをとるが，Miyagawa (2001) 等で議論されているように，この事実は標準語の「が」格主語が TP 指定部へ義務的に移動することから説明できそうである．

(61) [TP 全員が [NegP [vP [VP 〈全員が〉こ]] ない] T]

(60) は長崎方言の例文である．(60a) では「が」格主語である「全員」が否定

---

[23] 上代日本語においては，「が」格主語や「の」格主語は，連体節はもちろんのこと，それ以外の従属節（仮定条件節や確定条件節等）に現れる ((野村 (1993, 2011))．また中世になると主節を含めて多くの節において「が」格主語や「の」格主語が見られる（山田 (2010))．さらに，古典語の研究において「の」格を「尊敬視」したものにつけ，「が」格を「卑賤視」したものにつけるといういわゆる「尊卑説」が提唱されてきたが，秋山・吉岡 (1991: 211) は現代の熊本方言に関しても「古典語と同様に「の」は尊敬の場合に，「が」はやや見下げの場合にと使い分ける」と述べている．

より高いスコープをとる（全否定の）解釈を持つ．これは先ほどの標準語の例と同じように，「全員」がTP指定部に移動していることを示唆する．逆に(60b)では否定辞が広いスコープを持つ解釈（部分否定）が強い．ここから「の」格主語は構造的に否定辞より低い位置にあることがわかるが，これはWatanabe (1996)の仮説を強く支持するものであろう．

(62)　[TP [NegP [vP [VP 全員の こ]] ん] T]

話を再び連体節における「が／の」交替に戻して，このような「が」格主語と「の」格主語の分布の違いがD認可仮説やC認可仮説に与える理論的意義について考えてみたい．まずD認可仮説であるが，Miyagawa (2011)がこの点に関して興味深い提案をしている．[24] (23)にあるように，Miyagawa (1993)の提案によれば「が」格はT主要部によって付与され，「の」格はD主要部によって付与される．そして「が」格を付与された主語はEPPを満たすためにTP指定部へ移動する．これに対して，「の」格主語構文の場合にはT主要部が格付与を行わない．少し技術的な言い方をすれば，「の」格主語構文におけるT主要部は探索子（probe）としての役割を担わないのである．そしてT主要部と統語的依存関係を持たない「の」格主語はTP指定部へ移動することもなく，その結果として「の」格主語がvP内の元位置に留まる可能性が浮上する．[25] このような論考を追求していけば，「が」格主語と「の」格主語構造上の位置の違いの説明につながりそうである．

一方，上述の観察はHiraiwa (2001, 2005)の分析にとって問題を提起する．なぜならHiraiwaの分析によれば，「が」格と「の」格はどちらも同じ要素（連体形として具現化するC-Tの組み合わせ）によって付与される格の値であり，両者には構造上の位置を含めて統語上の振る舞いに違いはないはずであるからである．実際，Hiraiwaはコントロール構文における「が」格主語と「の」格主語の振る舞いの共通性を指摘して，この論考が妥当であると結論づけている．[26]

(63)　a.　昨日太郎が泣きながら帰った理由（を知りたい）
　　　b.　昨日太郎の泣きながら帰った理由（を知りたい）

---

[24] ただしMiyagawaの提案を適切に理解するためには近年の位相モデルの技術的な詳細の理解が不可欠であるため，ここではこの提案を極めて簡略化した形で紹介したい．
[25] ただし，D認可仮説によれば「の」格主語はDP指定部へ移動する．この点については第2部の第3節で議論したい．
[26] コントロール構文の概要については藤井（本書）を参照されたい．

これらの文の解釈を考えてみると，「ながら」節の述部の「泣く」の主語は「太郎」であるが，「ながら」節には明示的な主語がない．[27] この節の主語が空主語であることになるが，これを PRO と考え，さらに PRO は先行詞によって c 統御される必要があると考えてみよう．[28] もしこの例文で「ながら」節が vP よりも上位の統語範疇に付加しているとすれば，その節内にある PRO を c 統御しているはずの「が」格主語も「の」格主語も共に vP より外に移動している事になるというのが Hiraiwa の論点である．

(64) [$_{TP}$ 昨日太郎 {が／の}$_i$ [PRO$_i$ 泣きながら] [$_{vP}$ t_i 帰った]] 理由

しかし，この議論はさらなる検証を要するであろう．例えば，「ながら」節が vP 領域（あるいは VP 領域）にあれば，「の」格主語が vP 指定部に留まっていたとしても，(63b) の適格性は説明が可能である．ここで以下の例文を考えてみよう．

(65) a.　太郎が泣きながら家に帰りさえした（こと）
　　 b.　泣きながら家に帰りさえ太郎がした（こと）

「さえ」のような助詞が動詞に接辞している場合には動詞を含む構成素の前置が可能である．Hoji, Miyagawa and Tada (1989) や Yatsushiro (1999) によればこれは VP の前置であり，Takita (2010) によれば vP の前置ということになるが，いずれにせよ (65b) の適格性は「ながら」節が動詞句の要素でありうることを示している．[29] そうであれば，(63b) のような例文は「の」格主語が元位置に留まるという Watanabe (1996) 等の仮説とも矛盾しないことになる．

2.　「が」格／「の」格目的語と介在効果

冒頭で触れたように，日本語の状態述語は「が」格目的語を許すが，その場

---

[27] 例文中の「太郎」は主節の「帰った」の項である．実際，「泣きながら」だけを前置することが可能である．

　(i)　昨日泣きながら太郎が帰った理由（を知りたい．）

[28] 「ながら」節のコントロール分析に関しては D. Takahashi (1996) を参照されたい．

[29] 以下の例文が示すように，「ながら」節は動詞句と共に前置しない場合もあるが，本節の議論にとって重要なのは，「ながら」節が動詞句内に位置する派生が可能だということである．

　(i)　家に帰りさえ太郎が泣きながらした（こと）

合には「が/の」交替が可能である.³⁰ (6) の例文を (66) に再掲する.

(66) a. 太郎がとてもよく英語がわかること（が皆を驚かせた.）
　　 b. 太郎がとてもよく英語のわかること（が皆を驚かせた.）
　　 c. 太郎のとてもよく英語がわかること（が皆を驚かせた.）
　　 d. 太郎のとてもよく英語のわかること（が皆を驚かせた.）
(67) a. Mary knows/understands him well.
　　 b.?*太郎がとてもよく英語をわかること（が皆を驚かせた.）

そして (67a) に見られるように，英語では動作主以外の項を主語として持つ他動詞の場合にも対格が付与されており，これはこのような例文の構造に v 主要部が含まれていることを示唆する．一方，日本語の状態動詞の場合には，対格を用いるとあまり容認性が高くない．そこで日本語では状態動詞と共起する v 主要部は対格を付与しないと仮定し，さらに「が」格目的語の「が」格は主語の場合と同じく T 主要部によって認可されているという仮説（Koizumi (1995, 2008) 等を参照されたい）を採用して議論を進めたい．

ここで (66a) の派生を考えてみよう．この場合（動作主を取る他動詞の場合とは異なり）vP 領域の派生が完了した段階でも目的語の格は認可されていない．そして T 主要部が導入されると，その c 統御領域にある項に「が」格を付与する．今までの例では T による格付与が主語に限定されていた（目的語は v 主要部によって対格を付与されていた）が，この例文の派生では目的語の「英語」にも「が」格を付与する.³¹

(68)　[_TP [_vP 太郎 [_vP とてもよく [_VP 英語 わかる]] v] T]

このことは日本語の T 主要部が「が」格を複数の要素に付与することができるということを意味する．実際に，Kuno (1973) 等で論じられているように，

---

³⁰「が」格目的語は複合動詞との関連でも議論されてきた．例えば，「食べる」のような動作動詞は「が」格目的語を許さないが，「られる」のような可能動詞と複合動詞を形成する場合には，「が」格目的語が可能になる．

　(i)　太郎はニンジン{*が/を}食べた．
　(ii)　太郎はニンジン{が/を}食べられた．

³¹「が」格目的語の統語的な位置に関して，顕在的には VP 内部に留まり，非顕在的に TP 領域へ移動するという旨の提案が Saito (2010) や M. Takahashi (2010) によってなされている．なお，「(非) 顕在的」という概念は後ほど扱う．

第 5 章　名詞修飾節における格の交替現象

日本語では複数の「が」格要素が同じ節に起こることができる．

(69)　文明国が男性が平均寿命が短い．

ここで (66b) について考えてみよう．Miyagawa (1993) によれば「が」格は T 主要部によって認可され，「の」格は D 主要部によって認可されるが，そうだとするとなぜお互いの格付与に「介在効果 (Intervention Effect)」が見られないのかという問題点が浮上する (Hiraiwa (2001, 2005) による指摘である)．この「介在」とは，例えば主要部 X がその c 統御領域にある ZP との間に依存関係を結ぼうとする場合に，ZP と同類の要素である YP が X と ZP の間に「介在」していれば X と ZP の統語的依存関係を妨げる，というものである．より具体的には，X が YP および ZP を c 統御し，さらに YP が ZP を非対称的に c 統御する場合に YP が両者の間の介在者となる．

(70)　X …… YP …… ZP

これを踏まえて，(66b) の派生を考えてみよう．なおここでは，説明をわかりやすくするために D や T の主要部を右側でなく左側に表示する．

(71)　[$_{DP}$ D [$_{NP}$ [$_{TP}$ T [$_{vP}$ 太郎が v [$_{VP}$ 英語のわかる]]] こと]]

T 主要部が派生に導入される段階で，vP 指定部にある「太郎」に「が」格が付与される．そして先ほどの場合とは異なり，目的語の「英語」には「が」格が付与されないと仮定してみよう．派生が続き，D 主要部が導入されるとその c 統御領域（＝DP 内部）にある項に「の」格を付与することができる．確かに D 主要部は「英語」を c 統御しているが，両者の間に主語の「太郎」が「介在」しているため，「の」格の付与はできないはずである．[32]

これに対して，Hiraiwa の提案の下では，(66b) の適格性が正しく予想できると言えよう．「が」格も「の」格も同一の格付与子（つまり，C-T 主要部の組み合わせ）によって付与されるため，一方の値の認可に対してもう一方の値が介在することはないからである．したがって D 認可仮説にとって問題となりうる例文が C 認可仮説においては問題にならないというのが Hiraiwa の主張である．

---

[32] 日本語における介在効果の例として Hiraiwa (2001, 2005) は例外的格付与構文 (ECM 構文) の分析を提示している．

しかしながら，「が」格および「の」格目的語の認可に関する「介在効果」についてはさらなる検証が必要だと思われる．日本語の使役文およびその受身文の例文を考えてみよう．

(72) a.　花子が大工に家を建てさせた．
　　 b.　大工が（花子によって）家を建てさせられた．
　　 c.　*家が（花子によって）大工に建てさせられた．

紙面の都合上ここでは使役構文の構造の議論はできない（Miyagawa (1999) を参照されたい）が，本節では Saito (2010) 等に従い，使役動詞の「させ」が補文に軽動詞句 vP を選択し，被使役者項（ここの例文では「大工」）がその指定部に導入されると考えてみたい．そうすると，これらの例文は以下のような構造を持つことになる．

(73) a.　[TP 花子が [vP 大工に [VP 家を建て] v] させた]
　　 b.　[TP 大工が$_i$ [vP t_i [VP 家を建て] v] させ-られ-た]
　　 c.　[TP 家が$_i$ [vP 大工に [VP t_i 建て] v] させ-られ-た]

この使役文が受身化される場合，主節の T 主要部は使役者項（主節の外項）である「花子」以外の項に「が」格を付与し，その項が主節の TP 指定部へ移動する．適格文である (73b) では被使役者項（vP 補文節の主語）の「大工」が主節の T 主要部によって「が」格を付与され，主節の TP 指定部へ移動する．これに対して (73c) では T 主要部と補文節の目的語である「家」の間に同様の依存関係が構築できない．井上 (1976)，Kiguchi (2006)，Saito (2010)，M. Takahashi (2010) らが議論するように，両者の間に「大工」という項が介在するからである．ちなみに，(72c) は「家」が元位置にある語順でも非適格のままである．

(74) *花子によって大工に家が建てさせられた．

これを踏まえて，Saito (2010) や M. Takahashi (2010) 等で議論されている以下のような例文を考えてみよう．

(75)　花子が大工に大きい家 {が／の} 建てさせられた理由（を教えて．）

これは (72a) の使役文に可能動詞の「られ」を加えたものである．「わかる」のような状態動詞の場合と同様に，「V＋られ」構文でも「が」格目的語が可能

である（脚注 30 を参照いただきたい）が，ここでは補文節の目的語が「が」格でマークされうる点に注目したい．この目的語に「が」格を付与できるのは主節の T だけであるが，(72c) の場合と同様に，ここでも主節の T 主要部と補文節の目的語の「家」の間に被使役者項の「大工」が介在しているのである（便宜上，T 主要部を vP の左側に示すこととする）．

(76) [TP 花子が T [vP 大工に [VP 家が建て] v] させ-られ-た]

さらに，(75) に示したように，この「使役＋可能」構文が名詞句内の節として現れる場合には，補文節の目的語が「の」格でも現れる．つまり，「が」格目的語や「の」格目的語の認可に関しては，「に」格句のような要素も介在効果を示さないのである．この観察は，先の (66) のような例文に対する Hiraiwa (2001, 2005) の仮説にとっても面白い問題を提起する．たとえ「が」格と「の」格同士の介在効果の欠如の要因が両者に共通の格付与子（C-T 主要部）にあるとしても，その説明は (75) のような例文の適格性には適用できず，別の説明が必要になるのである．そうだとすれば，方法論的には (66) や (75) を包括的に扱える仮説の方が望ましいと言えるであろう．ここではそのような仮説の議論には入れないが，Saito (2010) や M. Takahashi (2010) が (75) のような例文を含めて「が」格目的語の認可について議論しているので参照していただきたい．

3. 「の」格句とスコープ

2 つの仮説が理論的に異なる予測をするもう 1 つの事例として，第 1 部で概観したスコープに関する議論を再度考えてみたい．関連する例を以下に示す．

(77) a. すべてのコインが裏になる可能性
      (*すべてのコイン > 可能性；可能性 > すべてのコイン)
   b. すべてのコインの裏になる可能性
      (すべてのコイン > 可能性；可能性 > すべてのコイン)

「が」格句と「の」格句のスコープの違いに関する議論が D 認可仮説の経験的な支柱であったのに対して，C 認可仮説は「の」格句と D 主要部の間に統語的依存性を認めないため，「の」格主語の広いスコープを予測しない．つまり，ここでも 2 つの仮説は異なる理論的予測をするわけである．

さらに，「の」格句が vP 内部に位置するという Watanabe (1996) の仮説を

踏まえると Miyagawa (1993) の議論の詳細をもう一度考える必要が出てくる．(24) と (25) にある樹形図によれば「の」格句は「が」格句よりも統語的に高い位置に移動しているが，これは上述の Watanabe (1996) の結論と対立するからである．この問題に対して，Miyagawa (1993, 2011) は「の」格句の非顕在的移動を仮定した分析を提案している．

　ここで派生における「(非) 顕在」という概念について触れておきたい．Chomsky (1995) で提案されていた枠組みでは，「語彙挿入」や「移動」等の一連の統語操作が (折り混ざった形で) 適用されて派生が進行する．そのような統語操作の 1 つに「書き出し」(Spell-Out) と呼ばれる操作がある．この操作はその段階までの派生によって形成された産物を音韻部門 (PF Component) へと「書き出し」て送るという統語操作である．この「書き出し」操作の適用前の派生を「顕在的 (Overt)」な派生と呼び，「書き出し」操作適用後の派生を「非顕在的 (Covert)」な派生と呼ぶ．この非顕在的操作の例として「量化子繰り上げ (Quantifier Raising)」がある．

(78)　Some student talked to every teacher last night.
　　　(some > every; every > some)
　　a.　[$_{TP}$ some student$_i$ [$_{vP}$ t_i talked to every teacher]]
　　　　　↓「書き出し」
　　b.　[$_{TP}$ every teacher$_j$ [$_{TP}$ some student$_i$ [$_{vP}$ t_i talked to t_j]]]

この例文は 2 通りの解釈を持つ．1 つは主語の *some student* が目的語の *every teacher* より広い作用域を持つ解釈で，「昨晩すべての先生に話しかけた生徒がいた」という解釈である．もう 1 つは，目的語の *every teacher* が広い作用域を持つ解釈であり，「どの先生に関しても，その先生に昨晩話しかけた生徒がいた」という解釈である．最初の解釈は (78a) の構造から自然に出てくる．主語の量化子句 (Quantifier Phrase; QP) は導入された位置 (*v*P の指定部) でも移動先の TP 指定部でも目的語の QP を c 統御しているからである．逆に，目的語 QP は主語を c 統御していない．それにもかかわらず，この文には目的語が主語よりも広い作用域を取る解釈がある．これは (78b) にあるように目的語が移動操作の適用により主語を c 統御する位置に移動しているためと考えられている．ただし，この移動は「書き出し」操作の後で適用されるため，語順には影響を与えない．(78b) では *every teacher* が主語の *some student* を c 統御しており，また *some student* も *every teacher* の痕跡を c 統御している．つまり，両者はお互いがお互いを c 統御している関係にあり，

この表示から多義性が生まれる．

　ここで先ほどの「が」格句と「の」格句の統語的位置関係の問題に戻りたい．この問題とは，Watanabe (1996) によれば「が」格句が「の」格句よりも構造的に高い位置にあるが，Miyagawa (1993) によれば「の」格句の方が「が」格句よりも広いスコープを取るという点であった．この問題について Miyagawa (2011) は，「の」格句が顕在的には (Watanabe (1996) が言うように) vP 内部に位置し，「書き出し (Spell-Out)」操作の適用後に「非顕在的移動」により DP 指定部へと移動すると提案している．

(79) a.　[$_{DP}$ [$_{NP}$ [$_{TP}$ [$_{vP}$ すべてのコインの裏になる]] 可能性] D]
　　　　　↓ 書き出し
　　 b.　[$_{DP}$ すべてのコインの$_i$ [$_{NP}$ [$_{TP}$ [$_{vP}$ t_i 裏になる]] 可能性] D]
　　　　　　　　　　　　　　非顕在的移動

このように考えれば，Watanabe (1996) の仮説と Miyagawa (1993) のスコープに関する分析は矛盾しないことになる．

　しかしながらここで以下の言語事実を考えてみたい．Miyagawa (1993) や Ochi (2001) で議論されているように，「の」格主語は常に曖昧な解釈を生むわけではない．Nakai (1980) が指摘したように，「の」格主語は名詞補文節の一番最初（左端）の要素でない場合もある．そしてそのような場合には「の」格句が「可能性」のような名詞主要部よりも広いスコープをとる解釈がないことが Miyagawa (1993) および Ochi (2001) によって議論されている．例えば，(80b) にあるように，「の」格主語の前に付加詞を置き，例文の述部を「50%だ」のようにして広いスコープの解釈を強要してみよう．第 1 部と同じように「5 枚のコインをトスする」状況を想定してみると，この文が (「が」格主語の場合と同じように) 妥当な解釈を持たないことがわかるであろう．[33]

(80) a.　#次のトスですべてのコインが裏になる可能性は 50%だ．
　　　　　（可能性 > [すべてのコイン]；*[すべてのコイン] > 可能性）
　　 b.　#次のトスですべてのコインの裏になる可能性は 50%だ．
　　　　　（可能性 > [すべてのコイン]；*[すべてのコイン] > 可能性）

量化子繰り上げ操作のような非顕在的移動を仮定して「が／の」交替を分析する場合，このタイプの移動操作が付加詞の存在によって阻まれると考えること

---

[33] #はその文が与えられた状況において妥当でないことを表す．

もできるかもしれない．しかし，例えば先ほどの (78) では付加詞である *last night* があるにもかかわらず解釈的に曖昧である（つまり *every teacher* の量化子繰り上げは阻害されていない）．ちなみに先に見たように日本語のスクランブリングもスコープ関係に影響を与えるが，この（顕在的な）移動も付加詞の存在によって阻害されることはない．

(81) a. 少なくとも 2 人の生徒が練習中にすべての教員に話しかけた．
　　　　（少なくとも 2 人 > すべて；*すべて > 少なくとも 2 人）
　　b. すべての教員に少なくとも 2 人の学生が練習中に話しかけた．
　　　　（少なくとも 2 人 > すべて；すべて > 少なくとも 2 人）

このように (80) に見られる言語事実は Miyagawa (1993) の分析に対して興味深い問題を提起する．

ここでこの言語事実に関する Ochi (2001) の分析の概要を紹介したい．Ochi は Miyagawa (1993) の考え方を踏襲し，「の」格主語は D 主要部によって認可されるという立場を取る一方で，量化子繰り上げのような非顕在的移動を仮定しない．そして「の」格主語に関して，元位置に留まる場合もあれば DP 指定部へ（顕在的に）移動する場合もあると提案している．[34]

まず (80b) を考えてみよう．「の」格主語が名詞補文節の要素である「次のトスで」に後続していることから「の」格主語が補文節内部に留まっていることがわかる．そしてこの場合の「の」格主語は「可能性」より狭いスコープしか取らない．これは D 主要部と「の」格主語の間には格付与に関する依存関係があるが，それ自体はスコープに影響を与えないことによる．このことは英語の *there* 構文によっても示される．

(82) a. There aren't many pictures on the wall.
　　b. Many pictures aren't on the wall.

Chomsky (1986, 1995) が論じるように，(82a) のような例文における *there* は虚辞 (expletive) として用いられている．[35] そして，英語では通常主語と動

---

[34] この提案を Watanabe (1996) の提案に基づいて考えれば，「の」格主語が vP 内に留まる場合が無標 (unmarked) な派生，そして DP 指定部へ（顕在的に）移動する場合が有標 (marked) な派生ということになるであろう．

[35] 例えば，以下の例が示すように，このような *there* は直示的 (deictic) な場所句の *here* とも共起する．この例文の *there* が直示的 (deictic) な要素であるならばこのような共起は不可能であるはずである．

(i) There aren't many pictures here.

第 5 章　名詞修飾節における格の交替現象　　179

詞が数の一致を起こすが，(82a) にあるように，この虚辞構文ではコピュラが後ろに出てくる名詞句 (*many pictures*) と数の一致を起こす．この事実を基にChomsky (1986) は *there* 構文の主語はコピュラの後に出てくる要素であり，その主語と *there* の位置の間に統語的依存性があるという趣旨の仮説を提示した．この仮説を近年の「一致 (Agree)」操作 (Chomsky (2001) を参照されたい) に基づいて考えると，主格を認可する T 主要部と *many pictures* の間に「一致」操作に基づく統語関係が結ばれ，その帰結として数の一致が生じることになる．そして EPP を満たす際に *there* を主語位置に挿入 ((83b) を参照) すれば (82a) になり，*many pictures* を移動 ((83c) を参照) すれば (82b) になる．

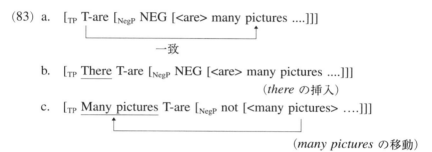

(83) a.　[_TP T-are [_NegP NEG [<are> many pictures ....]]]
　　　　　　　　　　　　一致

　　 b.　[_TP There T-are [_NegP NEG [<are> many pictures ....]]]
　　　　　　　　　　　　　　　　（*there* の挿入）

　　 c.　[_TP Many pictures T-are [_NegP not [<many pictures> ....]]]
　　　　　　　　　　　　　　　　　　　　　　（*many pictures* の移動）

重要なのはこの違いが *many* と *not* の間のスコープの関係に影響している点である．(82a) では派生を通して *not* が *many students* を c 統御しているため，*many* が *not* より広いスコープをとる解釈が生じないが，(82b) では *many pictures* の TP 指定部への移動によりそのような解釈が可能になっている．

　この点を踏まえて (77b) を再考してみよう．Ochi によれば，「の」格は D との「一致」関係で付与されるが，「の」格句は *v*P 内に留まる場合と DP 指定部へ移動する場合がある．「の」格主語が「可能性」より狭いスコープを取る場合というのは，「の」格句が名詞補文節の中に留まっている場合ということになり，「の」格主語が広いスコープを取るのは「の」格主語が DP 指定部へ移動した場合である．

(84) a.　[_DP [_NP [_TP すべてのコインの裏になる] 可能性] D]
　　　　　　　　　　　　　　　一致
　　　　　　　　　　　　　→ [可能性 > すべてのコイン]

b.　[_DP_ すべてのコインの_i_ [_NP_ [_TP_ _t_i_ 裏になる] 可能性] D]

→ [すべてのコイン > 可能性]

まとめると，「の」格句構文の解釈に曖昧性がある場合というのは 2 つの異なる派生がある場合というのが Ochi の提案である．そして（80b）のように語順から派生が 1 つに限定される（「の」格句は DP 指定部へ移動していない）場合にはその解釈に曖昧性がない．さらに Ochi によれば「の」格句が DP 指定部へ移動した場合には「の」格句は広いスコープしか持たない．Ochi は以下のような例文を示してこの論考の妥当性を主張している．

(85)　すべての宝石の，君の試算による，今年安くなる可能性を教えて．
　　　　　　　　（すべての宝石 > 可能性；*可能性 > すべての宝石）

この例文では「の」格句とそれを項に取る述部（「今年安くなる」）の間に名詞句主要部（「可能性」）を修飾する別の句（「君の試算による」）が介在していることから，「の」格句が顕在的に DP 指定部にあることがわかる．そしてこの場合，名詞主要部である「可能性」が広いスコープを取る解釈はない．また Lasnik (1999) によれば，英語の (27b) のような例文にも曖昧性はなく，普遍量化子である _every coin_ は移動先でしかスコープを取らない．例えば，この例文の「50%」を「3%」に変えて狭いスコープを取りやすいようにバイアスをかけてみても，その解釈が生まれない．

(86)　a.　Every coin is 3% likely to land heads.
　　　　　(every > 3% likely; *3% likely > every)
　　　b.　It is 3% likely that every coin lands heads.
　　　　　(*every > 3% likely; 3% likely > every)

このように，Ochi (2001) の提案は Miyagawa (1993) の分析にとって問題となりうる (80b) のような例文について自然な説明を与えることができそうである．

　その一方で Hiraiwa (2001) や Maki and Uchibori (2008) が指摘するように，Ochi による観察は「の」格句移動による派生だけではなく，「の」格句を DP 指定部に基底生成させるという全く別の派生によっても捉えられるのである．具体的には，以下の表示のように名詞補文節内の主語位置に音形のない項（例えば _pro_）があると考えることもできるであろう．

(87) [DP [すべての宝石の]ᵢ [NP [TP 君の試算による] [TP proᵢ 今年安くなる] 可能性] D]

この統語表示によれば，「すべての宝石」と「可能性」の間に（広義の意味での）「所有」の関係があることになる．実際に pro の位置に顕在的な代名詞の「それ」を置くこともできそうである．

(88) (?)すべての宝石の [君の試算による] [それが今年安くなる] 可能性（を教えて.）

その一方で，(87) に示された統語表示の妥当性に疑問を投げかけるデータも存在する．まず以下の例文を考えてみよう．

(89) a.　太郎の [昨日彼の弟が洗った] 車
　　 b.　[昨日彼の弟が洗った] 太郎の車

これは所有句の「太郎の」と関係節が同じ名詞句内部に共起している例であるが，(89a) の語順も (89b) の語順も適格である．この点を踏まえて，以下の例文を見てみよう（詳細は Ochi (2001) を参照されたい）．

(90) a.　すべてのコインの次のトスで裏になる可能性は50%だ．
　　 b.??次のトスで裏になるすべてのコインの可能性は50%だ．

(90a) に関しては潜在的に曖昧であるが，ここでは「50%だ」という述部を用いて「すべてのコイン」が「可能性」よりも高いスコープを持つ解釈を強要している．つまり「すべてのコイン」は DP 指定部に位置していることになる．それを踏まえて，(90b) を考えてみると，その容認性はかなり低い．(89) の場合とは違い，この場合には語順に制約があるのである．これはどのように説明できるだろうか．まず適格文である (90a) であるが，(91) のような構造を持っていると考えられる．

(91) [DP すべてのコインのᵢ [NP [TP 次のトスで eᵢ 裏になる] 可能性] D]

Ochi (2001) によれば「可能性」の補文節の中の空所 e は「すべてのコイン」の痕跡（trace）であり，Hiraiwa (2001, 2005) や Maki and Uchibori (2008) の考え方によれば，この空所は「すべてのコイン」と同一指標を持つ pro ということになる．そして，非適格文である (90b) の名詞句の構造は以下のようになるであろう．これは (91) に見られる統語表示に対して名詞補文節が前置して派生されたものである．

(92) [$_{DP}$ [$_{TP}$ 次のトスで e_i 裏になる]$_j$ [$_{DP}$ すべてのコインの$_i$ [$_{NP}$ t_j 可能性] D]]

もし Ochi (2001) が主張するように補文節内の空所 e が「すべてのコイン」の痕跡であれば，(92) は適正束縛条件 (Proper Binding Condition) のような条件によって排除される．

(93) 適正束縛条件 (Proper Binding Condition) (Fiengo (1977))
痕跡は束縛されなければならない．
(94) 節点 (node) α, β が (i) 同じ指標をもち，(ii) α が β を c 統御するとき，α は β を束縛する．

Ochi の仮説によれば，(91) では先行詞である「すべてのコイン」はその痕跡を適正束縛するが，(92) では空所 e (=痕跡) を含む名詞補文節全体が前置しており，その結果「すべてのコイン」が空所を束縛しない．こうして (90) の対比が説明できる．これに対して，(92) の空所 e が (Hiraiwa (2001) や Maki and Uchibori (2008) が言うように) *pro* である場合には，この表示を排除する根拠を別の所に求めなければならない．なぜなら *pro* は同一指示の要素に束縛されている必要はないからである．例えば，(95a, b) のような例文では関係節の述語である「洗った」の動作主は太郎としても解釈できるし，あるいは太郎以外の誰か (例えば，太郎の弟) としても解釈が可能であろう．[36]

(95) a. 太郎の [昨日 e 洗った] 車
b. [昨日 e 洗った] 太郎の車

以上のような点を含めて，「の」格句のスコープの分析にはさらなる検証が必要だと思われる．

おわりに

本章では連体節における「が」格と「の」格の交替現象を題材にしてこの現象の分析がもたらしうる理論的意義について考察した．第 1 部ではこの交替現象に対する 2 つの主要アプローチの概要と理論的意義を紹介した．これは Miyagawa (1993) に代表される D 認可仮説と Watanabe (1996) および

---

[36] この辺りの議論は Sakai (1994) を参照されたい．

Hiraiwa（2001, 2005）による C 認可仮説である．第 2 部ではこれらのアプローチが異なる予測をする事例をいくつか紹介し，その内容を精査した．まず，Watanabe（1996）による「が」格句と「の」格句の異なる統語分布に関する提案が Hiraiwa の提案にとって問題を提起することを見た．次に，「が」格目的語や「の」格目的語の認可に関する介在効果の欠如について概観した．Hiraiwa が指摘するように，この観察自体は D 認可仮説にとって問題となるが，使役可能構文の事例なども含めて考察した場合には，この問題が C 認可仮説にとっても問題となりうることを見た．最後に Miyagawa（1993）や Ochi（2001）のスコープの議論を概観した．この議論は D 認可仮説の経験的支柱ともいえるものであるが，本章で見たように今後さらなる検証が必要であろう．

　本章での議論から明らかなように，日本語の名詞修飾節内における格の分布は，派生的循環や局所性といった普遍文法のメカニズムによって規定されている．このことからも分かるように，日本語における格の研究が普遍文法の諸原理の解明という研究課題に対して重要な役割を果たす可能性が非常に高いのである．

参考文献

Abney, Steven (1987) *The English Noun Phrase in its Sentential Aspect*, Doctoral dissertation, MIT.

Akaso, Naoyuki and Tomoko Haraguchi (2013) "On the Agent/Theme Asymmetry in Japanese Nominative/Genitive Conversion," *Proceedings of the 8th Workshop on Altaic Formal Linguistics* (WAFL8), 1-6, MITWPL, Cambridge, MA.

秋山正次・吉岡泰夫（1991）『暮らしに生きる熊本の方言』熊本日日新聞社，熊本．

Alexiadou, Artemis and Elena Anagnostopoulou (2001) "The Subject-in-situ Generalization and the Role of Case in Driving Computations," *Linguistic Inquiry* 32, 193-231.

Alexiadou, Artemis and Elena Anagnostopoulou (2007) "The Subject-in-situ Generalization Revisited," *Interfaces + Recursion = Language?: Chomsky's Minimalism and the View from Syntax-semantics*, ed. by Hans-Martin Gärtner and Uli Sauerland, 31-60, Mouton de Gruyter, Berlin.

Bedell, George (1972) "On *no*," *UCLA Papers in Syntax 3: Studies in East Asian Syntax*, 1-20.

Boeckx, Cedric (2001) "Scope Reconstruction and A-movement," *Natural Language and Linguistic Theory* 19, 503-548.

Bošković, Željko (1997) *The Syntax of Nonfinite Complementation: An Economy Approach*, MIT Press, Cambridge, MA.

Bošković, Željko (2011) "Rescue by PF deletion, Traces as (Non)Interveners, and the *That*-Trace Effect," *Linguistic Inquiry* 42, 1-44.

Chomsky, Noam (1970) "Remarks on Nominalization," *Readings in English Transformational Grammar*, ed. by Roderick A. Jacobs and Peter S. Rosenbaum, 184-221, Ginn and Co., Waltham, MA.

Chomsky, Noam (1981) *Lectures on Government and Binding*, Foris, Dordrecht.

Chomsky, Noam (1986) *Knowledge of Language*, New York, Praeger.

Chomsky, Noam (1995) *The Minimalist Program*, MIT Press, Cambridge, MA.

Chomsky, Noam (2000) "Minimalist Inquiries: The Framework," *Step by Step: Essays on Minimalist Syntax in Honor of Howard Lasnik*, ed. by Roger Martin, David Michaels and Juan Uriagereka, 89-156, MIT Press, Cambridge, MA.

Chomsky, Noam (2001) "Derivation by Phase," *Ken Hale: A Life in Language*, ed. by Michael Kenstowicz, 1-52, MIT Press, Cambridge, MA.

Chung, Sandra (1982) "Unbounded Dependencies in Chamorro Grammar," *Linguistic Inquiry* 13, 39-77.

Chung, Sandra (1998) *The Design of Agreement: Evidence from Chamorro*, University of Chicago Press, Chicago.

Collins, Chris (1997) *Local Economy*, MIT Press, Cambridge, MA.

Déprez, Viviane (1990) "Two Ways of Moving the Verb in French," *Papers on Wh-movement*, 47-85, MITWPL, Cambridge, MA.

Fiengo, Robert (1977) "On Trace Theory," *Linguistic Inquiry* 8, 35-61.

Hale, Kenneth (2002) "On the Dagur Object Relative: Some Comparative Notes," *Journal of East Asian Linguistics* 11, 109-122.

Hale, Kenneth L. and Samuel J. Keyser (1993) "On Argument Structure and the Lexical Expression of Syntactic Relations," *The View from Building 20: Essays in Linguistics in Honor of Sylvain Bromberger*, ed. by Kenneth L. Hale and Samuel J. Keyser, 53-109, MIT Press, Cambridge, MA.

Harada, S.-I. (1971) "*Ga-no* Conversion and Idiolectal Variations in Japanese," *Gengo Kenkyu* 60, 25-38. [再録：福井直樹（編）『シンタクスと意味』75-87, 2000, 大修館書店, 東京]

Harada, S.-I. (1976) "Ga-No Conversion Revisited: A Reply to Shibatani," *Gengo Kenkyuu* 70, 23-38. [再録： 福井直樹（編）『シンタクスと意味』346-358, 2000, 大修館書店, 東京]

Hiraiwa, Ken (2001) "On Nominative-genitive Conversion," *A Few from Building E39: Papers in Syntax, Semantics, and Their Interface*, 66–125, MITWPL, Cambridge, MA.

Hiraiwa, Ken (2005) *Dimensions of Symmetry in Syntax: Agreement and Clausal Ar-

chitecture, Doctoral dissertation, MIT.
Hoji, Hajime, Shigeru Miyagawa and Hiroaki Tada (1989) "NP-Movement in Japanese," ms., University of Southern California, Ohio State University and MIT.
井上和子 (1976)『変形文法と日本語 (上)』大修館書店, 東京.
Josephs, Lewis S. (1976) "Complementation," *Syntax and Semantics* 5: *Japanese Generative Grammar*, ed. by Masayoshi Shibatani, 307-369, Academic Press, New York.
加藤幸子 (2005)「熊本方言における『が』と『の』の使い分けに関して」『言語科学論集』9, 25-36, 東北大学大学院言語科学専攻.
Kato, Sachiko (2007) "Scrambling and the EPP in Japanese: From the Viewpoint of the Kumamoto Dialect in Japanese," *Proceedings of Formal Approaches to Japanese Linguistics 4*, 113-124, MITWPL, Cambridge, MA.
Kiguchi, Hirohisa (2006) "Phases and Locality Constraints on A-movement in Japanese," *Studia Linguistica* 60, 34-63.
Kishimoto, Hideki (2006) "Japanese Syntactic Nominalization and VP-internal Syntax," *Lingua* 116, 771-810.
Koizumi, Masatoshi (1995) *Phrase Structure in Minimalist Syntax*, Doctoral dissertation, MIT.
Koizumi, Masatoshi (2008) "Nominative Object," *The Oxford Handbook of Japanese Linguistics*, ed. by Shigeru Miyagawa and Mamoru Saito, 141–164, Oxford University Press, Oxford.
Kornfilt, Jaklin (2003) "Subject Case in Turkish Nominalized Clauses," *Syntactic Structures and Morphological Information*," ed. by Uwe Junghanns and Luka Szucsich, 129-215, Mouton de Gruyter, Berlin/New York.
Kuno, Susumu (1973) *The Structure of the Japanese Language*, MIT Press, Cambridge, MA.
Larson, Richard (1988) "On the Double Object Construction," *Linguistic Inquiry* 19, 335-391.
Lasnik, Howard (1999) "Chains of Arguments," *Working Minimalism*, ed. by Samuel David Epstein and Norbert Hornstein, 189-215, MIT Press, Cambridge, MA.
Maki, Hideki and Asako Uchibori (2008) "*Ga/No* Conversion," *The Oxford Handbook of Japanese Linguistics*, ed. by Shigeru Miyagawa and Mamoru Saito, 192–216, Oxford University Press, Oxford.
McCloskey, James (2002) "Resumption, Successive Cyclicity, and the Locality of Operations," *Derivation and Explanation in the Minimalist Program*, ed. by Samuel David Epstein and T. Daniel Seely, 184-226, Blackwell, Oxford.
三原健一・平岩健 (2006)『新日本語の統語構造』松柏社, 東京.
Miyagawa, Shigeru (1993) "Case-checking and Minimal Link Condition," *Papers on Case and Agreement 2*, 213-254, MITWPL, Cambridge, MA.

Miyagawa, Shigeru (1999) "Causatives," *The Handbook of Japanese Linguistics*, ed. by Natsuko Tsujimura, 236-268, Blackwell, Oxford.

Miyagawa, Shigeru (2001) "The EPP, Scrambling, and *Wh*-in-situ," *Ken Hale: A Life in Language*, ed. by Michael Kenstowicz, 293-338, MIT Press, Cambridge, MA.

Miyagawa, Shigeru (2011) "Genitive Subjects in Altaic and Specification of Phase," *Lingua* 121, 1265-1282.

Miyagawa, Shigeru (2012) *Case, Argument Structure, and Word Order*, Routledge Leading Linguists Series, Routledge, New York.

Miyagawa, Shigeru (2013) "Strong Uniformity and Ga/No Conversion," *English Linguistics* 30, 1-24.

Miyamoto, Yoichi (1996) "More on Temporal Adverbial Clauses," *University of Connecticut Working Papers in Linguistics* 7, 185-196, MITWPL, Cambridge, MA.

Motapanyane, Virginia (1994) "An A-position for Romanian Subjects," *Linguistic Inquiry* 25, 729-734.

Murasugi, Keiko (1991) *Noun Phrases in Japanese and English: A Study in Syntax, Learnability, and Acquisition*, Doctoral dissertation, University of Connecticut, Storrs.

Murasugi, Keiko (2000) "Japanese Complex Noun Phrases and the Antisymmetry Theory," *Step by Step: Essays on Minimalist Syntax in Honor of Howard Lasnik*, ed. by Roger Martin, David Michaels and Juan Uriagereka, 211-234, MIT Press, Cambridge, MA.

村杉恵子 (2014)『ことばとこころ──入門 心理言語学』みみずく舎，東京．

Nakai, Satoru (1980) "A Reconsideration of *Ga-No* Conversion in Japanese," *Papers in Linguistics* 13, 279-320.

Nakau, Minoru (1973) *Sentential Complementation in Japanese*, Kaitakusha, Tokyo.

Nambu, Satoshi and Kentaro Nakatani (2014) "An Experimental Study on Adjacency and Nominative/Genitive Alternation in Japanese," *Proceedings of Formal Approaches to Japanese Linguistics* 7, 131-142, MITWPL, Cambridge, MA.

Nishioka, Nobuaki (2014) "On the Positions of Nominative Subject in Japanese: Evidence from Kumamoto Dialect," paper presented at the 10th Workshop on Altaic Formal Linguistics (WAFL10), May 2, 2014, MIT.

野村剛史 (1993)「上代のノとガについて」『国語国文』62, 1-17.

野村剛史 (2011)『話し言葉の日本史』吉川弘文館，東京．

Nomura, Masashi (2005) *Nominative Case and AGREE(ment)*, Doctoral dissertation, University of Connecticut, Storrs.

Ochi, Masao (2001) "Move F and *Ga/No* Conversion in Japanese," *Journal of East Asian Linguistics* 10, 247-286.

Ochi, Masao (2009) "Overt Object Shift in Japanese," *Syntax* 12, 324-362.

Ochi, Masao (2015) "Ga/No Conversion," ms., Osaka University. [To appear in

Handbook of Japanese Syntax, ed. by Masayoshi Shibatani, Shigeru Miyagawa and Hisashi Noda, Mouton de Gruyter]

Ochi, Masao and Asuka Saruwatari (2014) "Nominative Genitive Conversion in (In)Dependent Clauses in Japanese," paper presented at the 10th Workshop on Altaic Formal Linguistics (WAFL10), May 2, 2014, MIT.

大島資生（2010）『日本語連体修飾節構造の研究』ひつじ書房，東京．

Saito, Mamoru (1983) "Case and Government in Japanese," *Proceedings of WCCFL* 2, 247-259.

Saito, Mamoru (1985) *Some Asymmetries in Japanese and Their Theoretical Implications*, Doctoral dissertation, MIT.

Saito, Mamoru (1994) "Improper Adjunction," *Proceedings of Formal Approaches to Japanese Linguistics* 1, 263-293, MITWPL, Cambridge, MA.

Saito, Mamoru (2004) "Genitive Subjects in Japanese: Implications for the Theory of Null Objects," *Non-Nominative Subjects* 2, ed. by Peri Bhaskararao and Karumuri Venkata Subbarao, 103-118, John Benjamins, Amsterdam.

Saito, Mamoru (2010) "On the Scope Properties of Nominative Phrases in Japanese," *Universals and Variation: Proceedings of GLOW in Asia VII 2009*, 313-333, EFL University Press, Hyderabad.

Saito, Mamoru (2012) "Sentence Types and the Japanese Right Periphery," *Discourse and Grammar: From Sentence Types to Lexical Categories*, ed. by Günther Grewendorf and Thomas Ede Zimmermann, 147-175, Mouton de Gruyter, Berlin.

Sakai, Hiromu (1994) "Complex NP Constraint and Case-Conversions in Japanese," *Current Topics in English and Japanese*, ed. by Masaru Nakamura, 179-203, Hituzi Syobo, Tokyo.

Sudo, Yasutada (2009) "Invisible Degree Nominals in Japanese Clausal Comparatives," *Proceedings of the 5th Workshop on Altaic Formal Linguistics* (WAFL5), 285-295, MITWPL, Cambridge, MA.

Tada, Hiroaki (1992) "Nominative Objects in Japanese," *Journal of Japanese Linguistics* 14, 91-108.

多田浩章（2014）「機能範疇の語彙範疇素性について（第2版）」科研公開ワークショップ，大阪大学．

Takahashi, Daiko (1996) "Move-F and *Pro*," *Proceedings of Formal Approaches to Japanese Linguistics* 2 (FAJL2), 255-266, MITWPL, Cambridge, MA.

Takahashi, Hisako (2010) "Adverbial Clauses and Nominative/Genitive Conversion in Japanese," *Proceedings of the 6th Workshop on Altaic Formal Linguistics* (WAFL 6), 357-371, MITWPL, Cambridge, MA.

Takahashi, Masahiko (2010) "Case, Phases, and Nominative/Accusative Conversion in Japanese," *Journal of East Asian Linguistics* 19, 319-355.

Takita, Kensuke (2010) *Cyclic Linearization and Constraints on Movement and Ellip-*

sis, Doctoral dissertation, Nanzan University.

Watanabe, Akira (1996) "Nominative-genitive Conversion and Agreement in Japanese: A Cross-linguistic Perspective," *Journal of East Asian Linguistics* 5, 373-410.

渡辺明 (2005)『ミニマリストプログラム序説』大修館書店, 東京.

山田昌裕 (2010)『格助詞「ガ」の通時的研究』ひつじ書房, 東京.

Yatsushiro, Kazuko (1999) *Case Licensing and VP Structure*, Doctoral dissertation, University of Connecticut, Storrs.

吉村紀子 (1994)「『が』の問題」『変容する言語文化研究』, 13-28, 静岡県立大学.

吉村紀子 (2007)「「ガ」・「ノ」交替を方言研究に見る」『日本語の主文現象——統語構造とモダリティ』, 長谷川信子(編), 189-223, ひつじ書房, 東京.

第 6 章

動詞と格の獲得*

村杉　恵子

南山大学

　　母語の文法は個々人の脳（心）に実在する．母語の文法は，生得的な普遍文法（UG）と与えられた言語環境（第一次言語入力（Primary Linguistic Data））との相互関係で構築される．
　　では，日本語を母語とする幼児に与えられる入力に，格に関する情報が豊富にあるのかといえば，実際はそうでもない．

　　（A）　母：さっき，何見たの？大きい花火いて，よかったねー．

母は「何見たの？」「大きい花火いて」というように，格助詞（「を」・「が」）は音声化せず，さらに子どもの表現をまねて，「あって」とすべき動詞を「いて」と動詞を間違ったまま繰り返しさえして，子どもとの会話を楽しむ．親が直接的に文法格について指導するとは考えにくい事実があるにもかかわらず，幼児は格助詞を自然に習得する．
　　この習得過程で，日本語を母語とする幼児が，（B）に示すように，大人の動詞形と異なる形式を発話することがある．

　　（B）　ママ，パンツヌイデ（意図：ママ，パンツ脱がして）

---

* 本章は，橋本知子，冨士千里，澤田尚子，中谷友美の各氏との共同研究ならびに拙著『ことばとこころ』（2014b）（みみずく舎（発行），医学評論社（発売））と拙論「生成文法理論に基づく第一言語獲得」（2014a）（『国語研プロジェクトレビュー』Vol. 4, No 3，国立国語研究所）で発表した内容を含んでおり，また瀧田健介，川村知子，宮本陽一，岸本秀樹，藤井友比呂，杉崎鉱司，斎藤衛，高橋大厚，高野祐二，多田浩章，越智正男，奥聡の各氏から貴重なコメント・示唆をいただいている．また，草稿を発表した南山大学言語学研究センターならびに国立国語研究所における統語論・言語獲得ワークショップの参加者，貴重な観察事実を教えてくださった柴田和氏，および初稿に対する 2 名の匿名査読者からも丁寧で有益なコメントをいただいている．ここに深く謝意を表する．なお，この章に関する研究は，南山大学パッヘ研究奨励金（I-A）（2015-2016）ならびに科学研究費補助金（基盤研究 C：26370515）によって一部援助を受けている．ここに記して感謝する．

> （B）を聞いた母は，文字通りに解釈してパンツを脱いだりはしない．なぜなら，母親は（B）の発話の意図が，パンツを脱がせてくれという使役の要求であることを知っているからである．母親は，言語学者でもないのに幼児が動詞の形式を間違えることがあることを知りつつ，なお，我が子の意図することを理解しつつ子育てをしている．
> 　では，幼児は動詞の形式は誤っても，格付与については間違えないのだろうか．
>
> 　　（C）　オドッテン　*ノ　シンデレラ　（踊っているシンデレラ）
>
> この「の」はいったいなんだろう．幼児は属格を過剰生成するのだろうか．それとも，この「の」は属格ではないのだろうか．人は，いつ，どのように，そして，なぜ，母語の格の仕組みを獲得することができるのだろう．

本章の構成

　名詞句は格をもってはじめて，文の中で文法的役割を果たす．では，格はどのように獲得されるのだろうか．

　第1部では，格に関わる言語獲得の研究とその理論的な意義について概観する．第1部の前半では，格の獲得に関して，言語獲得の論理的な問題を考えながら，日本語を母語とする幼児の発話に，成人と同質の格に関する知識がどのようにあらわれるのかについて整理する．第1部の後半では，日本語を母語とする「幼児の誤用」を代表する2つのケースについて概観する．

　第2部では，格の獲得研究が，最近の言語理論の構築に如何に貢献できうるのかについて考えてみたい．ここでは，第3章で概説した主節不定詞現象が格の獲得と生成文法理論（特にミニマリスト理論）にどのように関わりうるのかについて考察を試みる．

　なお，本章で取り上げる格の獲得研究と密接に関係した統語分析は越智（本書）と岸本（本書），またミニマリスト理論における併合とラベリングについては Chomsky (2013) ならびに Saito (2016) にて詳しい議論が展開されているため，そちらと一緒に読んでいただくとより理解が深まるであろう．

第1部　文法格の習得と産出

1. はじめに

　人は，母語の格の文法について，等質の知識を持っている．例えば，日本語を母語とする大人は，(1a)に示す「ハンドアウトを渡した」は文法的である

が，(1b) に示す「ハンドアウトが渡した」は非文であることを知っている．

(1) a. ハンドアウトを渡した
    b. *ハンドアウトが渡した

(1) は，ハンドアウトが観客に配布されたという意味であるが，渡したのは「ハンドアウトを」であって，「ハンドアウトが」ではない．「ハンドアウトが」とするならば，述部は「渡った」という自動詞の形式をもった動詞でなければならないと，日本語の母語話者ならば誰しも同じように文法判断をする．母語の中核となる文法に関する知識は，基本的には個人差がなく，母語話者であれば，皆 (1b) は非文であると判断する．

ところが，不思議なことに，実際，それがなぜそうなのかについて，意識して考えているわけではない．したがって，説明することは難しく，母語であるのに，日本語学習者からなぜ (1a) が文法的で，(1b) が非文法的なのかを尋ねられても容易には答えられないのである．ではいったい，大人は，いつ，どのように格についての知識を得るのであろう．

2. 格の獲得に関する論理的問題

格の獲得にもまた，環境から与えられた経験のみによって学習されるとは考えにくい論理的問題が存在する．日本語を母語とする幼児（I児，2歳3ヶ月）と母親との会話をみてみよう．第3章と同様に，カタカナで表記されたものは幼児の発話であり，会話内の「いっちゃん」とはI児を指している．

(2) 母：　　さっき，何見たの？
    I児 (2;03)：ハナビ．
    母：　　花火見たー？　きれいだったねえ．
    I児：　キレイダッタネ．
    母：　　ね．どうだった？
    I児：　ドゥダッタ．
    母：　　どうだった？
    I児：　ドゥダッタ．
    母：　　そっか．
    I児：　オッキイハナビ　イテ　モ　ヨカッタ．
    母：　　ねー．大きい花火，いて，よかったねー．
    I児：　オバケジャナイヨ．オバケジャナイ．

母：　おばけじゃないの？
I児：　ハナビダヨネ．
母：　そう，花火だよねえ．途中で，狼，きた？
I児：　オオカミ　ナイ．イナイ．
母：　おおかみ，いない？
I児：　イナイ．
母：　よかったね．いっちゃん，狼とお化け，好き？
I児：　コワイ．

　これは，柴田和氏（個人的談話）の記録した，自身（母）と息子との会話である．この穏やかな親子のやり取りは，日本語を母語とする者にとって，実に自然な会話に聞こえる．しかし，実は，この例は幼児の言語経験に関して重要な示唆を含んでいる．
　母親の発話に注目してみよう．実は，（2）に示した例は，幼児に現実に与えられる文には，格の表れ方に関する情報がほとんどないことを示している．（3）に示す下線部分は，母親の発話の中で，音声的に具現化されていないと思われる要素の例である．

(3) a. さっき，何見たの？（さっき，あなたは，何を見たの？）
　　b. 花火見たー？（花火を見た？）
　　c. どうだった？（花火はどうだった？）
　　d. 大きい花火，いて，よかったねー．
　　　（大きい花火が，あって，よかったねー．）
　　e. 途中で，狼，きた？（途中で，狼が／は　きた？）
　　f. おおかみ，いない？（狼は，いない？）
　　g. いっちゃん，狼とお化け，好き？
　　　（いっちゃんは，狼とお化けは／が　好き？）

　格助詞や代名詞が音声的に具現化されないことに関しては言語学的な理由があるが，そういった理由がいずれ明示的に幼児に与えられるとは考えにくい．さらに，母親の発話には，文法格が具体的にどのように音声化されるのかについてのヒントもほとんど含まれていない．
　本書冒頭の「はじめに」でも述べたように，一般的に，親は，子どもが発話した内容の真偽については正すことはあっても，子どもが発話した文の形式に関して修正することはあまりないことはよく知られている．ここでも，母親は，我が子の産出した誤った動詞の形（「いた」）を，あえて訂正することもせ

第6章 動詞と格の獲得

ず繰り返し，また，談話から推測される主語や目的語といった項も省略している．幼児が与えられる言語経験とは，実は，量的にも質的にも限りのあるものである．にもかかわらず，（付加詞「どう」の疑問文にこそ，答えることができないものの）音声的な格表示のない名詞句を含む文を，幼児（I 児）は理解し，母親との会話を楽しんでいる．

このように，実際の親の発話に格の具体的な情報は必ずしも豊富ではなく，幼児が格のメカニズムを大人の発話を模倣して学んだとは考えにくく，また模倣して学べるほど格のシステムは単純ではない．人が無意識に格のメカニズムを理解しており，なぜ，そうなのかを説明できないという点に鑑みると，格の知識の獲得についても，いわゆる単なる後天的な学習の成果としては考えられないといわざるをえない．

本章では格の獲得について考察する．第3章でも述べたように，理解と産出に見られる差は，格の獲得を考える上でも難しい問題である．例えば（2）において，実際に I 児がどのような文法あるいは方略を用いて母親の文を理解しているかは，明確にはわからない．名詞，名詞，動詞という順番にあらわれる文を，主語，目的語，動詞，とする知覚方略（Perceptual Strategy）を用いて解釈しているのかもしれないし，動詞の典型的な特徴に依存して文を理解しているのかもしれない．例えば，冒頭の「何見たの」は，一般に大人の文法では抽象格の「を」が省略できることを知っているのかもしれないが，「見る」主体となるのは典型的には生物（人）であるから，無生物の WH 要素である「何」は目的語であるとする方略を用いているのかもしれない．会話が成立しているからといって，幼児が当該の文を理解し，その文に関する文法を獲得しているとは必ずしも結論づけられない．

本章では，このようなことにも鑑みて，第3章と同様に，主に産出として音声的にあらわれた格に注目しながら，幼児の文法獲得に関する理論的・実証的研究を概観していくことにしよう．

3. 格に関する縦断的観察研究

縦断的観察による調査は，一般に，その時幼児が何を知っているかを示すことはできても，その時幼児が何を知らないかを明確に示すことが困難である．しかし，複数の異なる幼児を対象とした緻密な縦断的な観察において，例えば，格助詞，動詞の活用，そしてその他（WH 疑問文獲得など）に関して共通した性質が見いだされる場合，言語獲得の段階を記述し分析する上で，重要な役割を果たすことができる．

文法格の獲得時期についての研究は多いが，第3章に引き続いて，ここでも20世紀後半の国立国語研究所の研究成果として大久保（1967）を例にとって考えてみよう．第3章でも述べたように，節の上位に表れる談話的要素は，格助詞よりも早く発話される．大久保（1967）は，Y児の発話記録から「よ」（例：イヤヨ）や「ね」（例：ソウネ）などの終助詞は1歳7ヶ月までに観察されているのにもかかわらず，格助詞は（4）に示すように1歳8ヶ月を過ぎたころからあらわれると観察している．

(4) a.　ココガ　イタイ．　(1;09)
　　 b.　オメメヲ　モッテキテ，オメメ．　(1;08)
　　 c.　ヤチヨノ　シャシンハ？　(1;11)
　　 d.　キューピーチャンガ　オカタヲ　タタキマショウッテ．　(1;09)

終助詞「ね」（例：ココモアルネ）や「よ」（例：コワイヨ）が一語文期から二語文期といった早期に観察されることはClancy（1985）にも報告されているが，大久保（1975）もまた，終助詞に比して，格助詞はそれよりも遅い段階で産出にあらわれると観察している．

　大久保（1975）によると格助詞が発話にあらわれるのは，WH疑問文が頻繁に産出にあらわれるようになる第一期語獲得期（2歳前後）の頃である．この時期，幼児は「コエ，ナーニ」と質問をするようになり，また格助詞を伴う句も産出されるようになることを指摘している．

(5) a.　オヤマガデキタ
　　 b.　コンドハココ
　　 c.　ココモトケイ
　　 d.　オサカナノオメメ　　　　　　　　　　　（大久保（1975: 37））

大久保（1975）の観察は，WH語の一部が自然発話にあらわれるようになる時期に，格もまた大人と同様の形式を伴って付与されると言い換えることができる．補文標識（C）に関連する要素があらわれる2歳ごろに，少なくとも時制（T）などの機能範疇に関連する要素（格や動詞の活用）もまた幼児の産出にあらわれることを示唆している．

　WH要素の一部（項のWH疑問文）があらわれはじめる頃に格もあらわれるのは，Y児に限ったことではない．例えば，第3章の例文（16）で紹介したI児（2;03）の発話を思い返してみよう．今は持っていないパーシーが，いつかもらえるのだと発話して，母親を驚かせた例である．その4日後のことである．I児のもとに，パーシーとジェームズの機関車のプレゼントが届けられ

第6章　動詞と格の獲得

(6)　母：　　プレゼントです．あける？
　　　I児(2;03)：　トーマス．
　　　母：　　トーマスかな．あけてみようか．
　　　　　　（郵送された外袋にハサミを入れる）
　　　I児：　パーシー．パーシー．パーシー．
　　　母：　　パーシー？　ほんとに？　じゃあ，ちょっとまってね．
　　　I児：　パーシーガ　ハイッテル．
　　　母：　　ほんとー？　違ったらどうする．
　　　I児：　パーシーガ　ハイッテル．
　　　母：　　パーシー　はいってるかなあ？　他は？
　　　　　　…はい，自分で開けるの？…出して，出して．
　　　　　　わあ，なんかいっぱい入ってるよー！
　　　　　　ほーら…．あけてみる？
　　　I児：　（紙に包まれたプレゼントを祖母に渡して）
　　　　　　アケテ．
　　　祖母：　はい，よかったねー．
　　　　　　かかちゃんにあけてもらって．
　　　I児：　（母が紙に包まれたプレゼントを開けるのを覗き込み）
　　　　　　…イロンナーノ，ハイッテ…．
　　　母：　　いろんなの，あるよ．
　　　I児：　（パーシーの機関車の箱を指さして）パーシー　アッタ．
　　　母：　　こっちは？
　　　I児：　ジェームズ　アッタ．
　　　母：　　ジェームズだー！　やったー！

わずか2歳の幼児が，会話の冒頭で，郵送されてきた袋を開ける際，袋の中には「パーシーが入っている」と予測して発話している．一方，袋をあけて実際に彼の予想どおり，パーシーの機関車の箱をみつけたときには，「パーシー，あった」と「が」を省略して発話する．また「ジェームズの貨車」などと属格を含む名詞句も，(6)に続く(7)の自然発話に登場する．

(7)　I児：　（ジェームズの箱を祖母に渡して）
　　　　　　アケテ．
　　　祖母：　あけてね．これあけてあげてください．

Ⅰ児：　ジェームズ　アケテ．アケテ．
　　　母：　　はい．ジェームズがいい？　あけてあげるよ．
　　　　　　あとで，電池いれてみようね．単3だって…
　　　　　　ほら，みて．ジェームズ．
　　　Ⅰ児：　（ジェームズの貨車を手にとって）
　　　　　　ジェームズ　ノ　カシャ．
　　　母：　　ジェームズの貨車．
　　　Ⅰ児：　（ジェームズの機関車を母親に渡して）
　　　　　　カカチャン，イレテ．
　　　母：　　電池？
　　　Ⅰ児：　デンチ．
　　　母：　　ちょっとまってね．
　　　Ⅰ児：　（パーシーの機関車を手にとって）
　　　　　　パーシーダ！

　この頃，Ⅰ児（2;03）は第3章で述べた（疑似）主節不定詞現象の段階にはない．動詞の活用のみならず，自動詞と他動詞の区別も明確であり（例：「あけて」「入れて」など），また項の WH 疑問文に関しても，大人の文法と同様の正用が観察される．(8) は，同時期のⅠ児が，目的語に関する項の WH 疑問文に関して大人と同じように理解していることを示す例である．

　(8)　母：　　起きたら　何するの？
　　　Ⅰ児（2;03）：オキタラ…　オキタラ　パン　タベル．
　　　母：　　パン食べるの．何のパン食べるの？
　　　Ⅰ児：　ブドウパン．
　　　母：　　ぶどうパンたべるの．そうかー．
　　　Ⅰ児：　ソノトオリダヨ．
　　　母：　　そのとおりですか．いいねえ．
　　　　　　ほかに何パンたべる？
　　　Ⅰ児：　ナニパン？　アンパンマンポテト，ミズト
　　　　　　イッショニ　タベタインダ．
　　　母：　　アンパンマンポテトも一緒にたべたいの？
　　　Ⅰ児：　タベタイノ．
　　　母：　　じゃあ，ぶどうパンとアンパンマンポテトと，
　　　　　　あと，なにたべる？
　　　Ⅰ児：　ムズカシイネ．

第 6 章　動詞と格の獲得

　　母：　　むずかしいね．なにににしようか．
　　I児：　ウーン，ア，ブルーベリー！
　　母：　　ブルーベリー食べるの？ ブルーベリーはないけど，
　　　　　　どうしようか？ ね．じゃあ，誰と食べる？
　　　　　　朝，おきて，ごはんたべるとき誰といっしょにたべる？
　　I児：　カカ．
　　母：　　かかちゃんだけでいいの？
　　I児：　カカチャンダケデ　イイノ．
　　母：　　ああ，わかった．ももちゃんたちは？
　　I児：　モモチャンタチ …
　　母：　　たべないの？
　　I児：　タベナイノ．
　　母：　　なんで？
　　I児：　… オバケ，イナクテモ　イイヤ．
　　母：　　おばけいなくてもいいや．そっかおやすみ．
　　I児：　オバケ，マダ　イルノ．

　この会話が示す特徴は，前述した大久保の観察内容と矛盾しない．この時期のI児 (2;03) は，産出において目的語の「を」格を音声化こそしないが，大人と同様の理解を示している．また，「何」や「誰」といった項の WH 疑問文には難なく答えることができる．しかし，「なんで」といった純粋付加詞の WH 疑問文となると答えられない．起きたら何をするのかと尋ねれば，パンを食べると答え，何を食べたいかと尋ねればブルーベリーが食べたいと母の予期せぬ創造的な答えを返し，誰と食べたいかと尋ねれば，母親と食べたいと，母心をくすぐる．しかし，同会話の中で「なんで」他の人と食べないのかを尋ねると，関連のない話題を語りはじめる．母親であり観察者である柴田和氏（個人的談話）によると「『なんで』の疑問文の意味がわからず，何を話したらいいのかわからないため，思いついたお化けの話をしたのではないかと感じた」という．それは，冒頭に示した (2) の会話で，母親が「どうだった？」と上昇調で尋ねたのに対して「どうだった」と下降調でくりかえして同調することしかできなかった同時期のI児の様子とも矛盾しない．

　発話に格があらわれる頃，動詞は時制を伴ってあらわれ，項の WH 疑問文が「の」や「か」を文末に伴う時期が重なることは，野地 (1973-1977) によって観察されたスミハレのデータベースからも裏付けられる．例えば，動詞「来る」は，2歳2ヶ月のころ「来る，来て，来ている，来とる，来てごらん，来

たら，来てちょうだい，来ない，来た」などといった活用形式が生産的に観察されるようになるが，この頃，(9a, b) に示すような主格の「が」もまた生産的に，そして，(9c, d) に示すような目的格の「を」格は随意的に音声化されつつ，WH 疑問文の文末に「の」や「か」が伴われるようになる．

(9) a. オカアチャン　ガ　オコッタ　（スミハレ 2;02）
　　 b. ワンワンガ　キタ　ヨ　（スミハレ 2;02）
　　 c. ナニ　タベトル　ン？　（スミハレ 2;02）
　　 d. ナニ　ヲ　カコウ　カ？　（スミハレ 2;03）

　桜の花が，多少の時期のずれはあっても，一斉に春になると咲きほこるように，幼児の格助詞も，また，一定の時期がくると，発話に明示されるようになる．大久保（1975）の観察は，その格の開花に必要となるのは，時制に関わる構造（TP あるいは IP）ならびに CP 構造と，大人の句構造において主節は CP であるという知識の獲得であることを示しているようである．

　格と疑問に関わる操作といった2つの変数が同時期に獲得されるのか否かは，フィッシャーの直接法や二項検定などの統計によって，より詳細な相関関係の有無を調べることができる．もし，格と WH 疑問文，さらには動詞の時制に関する活用といった時制句に関する要素の出現の時期において，それぞれの間に有意な相関関係があるのならば，それらは同時期に獲得されることを示唆する．そしてそのことは，普遍文法（UG）の中にこれらの性質を結びつける特性が存在するという仮説に対して，母語獲得から証拠を与えることになる．

4.　幼児の誤用：自動詞と他動詞

　本章の冒頭で示したように「ハンドアウトを渡す」と「ハンドアウトが渡る」の違いを日本語母語話者は無意識に知っている．では，「ハンドアウト，渡った」という文は，どういう意図で産出されたのだろう．それは「ハンドアウトが（皆に）渡った」という意味をもつ文法的な文なのだと解釈されるだろう．それとも「ハンドアウトを渡した」という意味が意図され，動詞「渡した」の代わりに「渡った」という自動詞が誤って用いられたのか．実は，「ハンドアウト」という名詞句がいずれの格助詞を伴う予定で産出されたのかは，この文だけを見ていても，曖昧なままである．

　本書冒頭に記した「はじめに」でも触れたように，日本語のような動詞の語幹が拘束形態素の性質をもつ膠着語において，述部の形式の獲得に時間がかか

ることはよく知られている．例えば，大久保（1975）は幼児の動詞の「誤用」には「ボクガ　ヌレタ（僕が濡らした）（2;03）」や，「カーチャンカラ　オカレタ（怒られた）（2;09）」，「チガウ．ボク　マダ　オボレンノ（覚えられない）（2;10）」などといった誤用があることを指摘している．とりわけ，冒頭の「ボクガ　ヌレタ（僕が濡らした）（2;03）」のような例は，本節の内容に関わる．

　日本語を母語とする幼児が，自動詞と他動詞の形式の区別に困難をおぼえる時期があることは，本書でとりあげる幼児の発話においても頻繁に観察されている．以下に示すスミハレの例は野地（1973-1977），アックンの例は，その母である橋本知子氏による観察（Murasugi and Hashimoto (2004a)）によって記録されたものである．発話の後に記した（　）内はその文の意図された意味を表す．

(10) a. カアチャン，アイテ
　　　　（おかあさん，ドアを開けて）（スミハレ 2;01）
　　 b. ヌイタ，ココ
　　　　（ここから，（これが）ぬけた）（スミハレ 2;01）
　　 c. トドコッカ，アノヒトニ，トドコウ，トドコウ
　　　　（届けようか，あの人，届けよう，届けよう）（アックン 4;08）
　　　　(Cf. Murasugi, Hashimoto and Fuji (2007))

　実は，こういった例は，動詞に時制の活用がみられるようになる2歳より前の，（疑似）主節不定詞の時期から観察される．例えば第3章で見た下の例がそれにあたる．

(11)　ブーワ ツイタ ネネ　（スミハレ 1;09）（要求，要望）
　　　（ろうそくをつけてほしい）

この種の「誤用」は，日本語を母語とする幼児に広く見られ，日本語獲得の中間段階を表す代表的な現象であることは間違いないだろう．

　また，(12a) や (12b) に示すように，使役動詞を使うべきところに他動詞や自動詞が使われている例もある．

(12) a. クチュ，ハイテ
　　　　（くつをはかせてください）（スミハレ 2;01）
　　 b. ママ，アックン　ノンデ
　　　　（お母さん，アックンに飲ませてください）（アックン 2;08）
　　 c. ママガ　パンチュ　ヌイダ　トキ

　　　　（お母さんが（私の）パンツを脱がせたとき）（アックン 3;02）
　　　　(Cf. Murasugi, Hashimoto and Fuji (2007))

(12) は観察者によれば使役動詞が意図されて，他動詞「履く」「飲む」「脱ぐ」などが産出されている例である．また，逆に，「ココカラ　ヒガ　ダスンゼ（スミハレ 2;06）」のように，非対格動詞（陽が出る）であるべきところが，他動詞（陽が出す）で表される場合もある．さて，こういった幼児の「誤用」は親からの「正用」の入力が無いために観察されるのだろうか．その答えは否であることは，「はじめに」でも例示したとおりである．同様の例は他にもある．以下は，長い会話の一部を引用するものであるが，親が否定情報を与えても，幼児はそれをすぐには修正することができない例として興味深い．

　(13)　子ども (3;11)：　オトウチャン，マド　アイテヨ ..
　　　　　　　　（お父さん，窓を開けて）
　　　父親：　　窓開けてだろ？
　　　子ども：　ウン，マド　アイテヨ ..
　　　　　　　　（うん，窓を開けてよ）（大津 (2002)）

(13) では，子どもが父親に窓を開けるように頼んでいるが，子どもは他動詞の「あけて」（開ける）の代わりに，「あいて」（開く）を産出している．ここからは，こういった「誤用」が幼児の自発的な産出であり，親が「正用」を直接的に与えても，一定の時期が来ないと，幼児はすぐには修正できないことがうかがわれる．

　さらに，子どもが自動詞と他動詞を混同するのは日本語特有の現象ではない．例えば英語とポルトガル語においても，使役動詞や他動詞を自動詞で表す誤用が観察されることが，Bowerman (1974) と Figueira (1984) などによって，それぞれ報告されている．

　(14)　a.　You can drink me the milk
　　　　b.　(…) este balance vai te　cair
　　　　　　this swing　go　you fall
　　　　　　(This swing is going to fall you…)

(14a) では子どもが母親に牛乳を飲ませてくれるよう頼んでいるが「誤って」自動詞 "drink" が使われ，(14b) ではブランコがあなたを「落とす」と意図された状況で「落ちる」に相当する自動詞が使われている．このように，自動詞・他動詞の誤用はさまざまな言語で見られるが，膠着語である日本語は，自

動詞・他動詞の交替が，動詞の語幹に「させ」「せ」「え」などの異なった接尾辞を付けることによって示されることから，子どもの「誤り」が鮮明な形で発話にあらわれる．

　先にも述べたように，このような例を見るだけでは，これが項構造の問題なのか動詞の形態的な問題なのかは判断しにくい．なぜ，幼児は自動詞と他動詞を区別することが難しいのだろうか．この問いに対しては主に2つの分析が可能となる．1つは，幼児が，動詞の項について，大人とは異なる構造を仮定しているという可能性である．もう1つは，項構造は大人と異なるものではないが，幼児は自動詞と他動詞の形態を，音声的に区別していないという可能性である．これらの2つの可能性のうち，幼児の獲得段階の実態を説明するのは，後者のようである．

　前述したように，この種の動詞の誤用は1歳後半の疑似主節不定詞現象の時期からはじまるが，2歳前後に格助詞が文にあらわれるようになっても観察される．そして，この動詞の「誤用」は，(15)に示すように，幼児の発話意図を正しく反映した格助詞を伴ってあらわれる．

(15) a.　トヲ　アイテ　（戸をあけて）（スミハレ 2;01）
　　 b.　ネエ，アチヲ　ヒロガッテ　（ねえ，足を広げて）
（アックン 3;07）

　(15)は，項となる名詞句（「戸」，「足」）が大人と同様の「を」格を伴ってあらわれていることを示している．すなわち，自動詞と他動詞が同形で音声的にあらわれてしまっていても，その幼児の仮定する項構造は大人と同様のものであり，したがって，意図された動詞の項に大人と同様の格が付与される．この分析は，大久保 (1975) の観察した「ボクガ　ヌレタ（僕が濡らした）(2;03)」において，主語名詞句が主格で標示されている事実と矛盾しない．つまり，この種の誤用は，格のメカニズムの誤用ではなく，動詞の形態的な誤用として考えることができる．

　では，なぜ幼児はこのような「誤用」を産出するのだろうか．むろん，幼児は誤っているつもりはなく，彼らの脳（心）にある文法にしたがっている．したがって，この問いは，幼児はこのとき，大人とどのように異なるシステムをもっているのかと言い換えることができる．

　かつて Bowerman (1982) は，英語を母語とする幼児は自動詞を他動詞として用いる (14a) のような例について，これが大人の言語に存在する同一形態の自・他動詞の対（例えば自動詞 *pass* と他動詞 *pass* の対）に基づいて，自動詞から起因他動詞をゼロ派生させる規則を過剰に一般化して適用するためで

あると分析している．Bowerman（1982）の分析は，幼児の動詞の誤用が，自動詞と同一形態の起因他動詞を慣用的な他動詞の代わりに産出する分析として解釈される．その意味で，この洞察は本章の議論からも裏付けられている．

さらに，この種の誤用に関する生成文法理論に基づく分析として，ここではMurasugi and Hashimoto（2004a）ならびにMurasugi（2012）などによる説明を紹介しておこう．

そこで提案された分析によれば，他動詞と自動詞（非対格動詞）の動詞句の構造として，Larson（1988），Hale and Keyser（1993），Chomsky（1995）に従い，vP (small vP) とVP (large VP) の両方を持つVP-shell構造を仮定している．そして，膠着語特有の（個別に習得される）動詞の接尾辞はvPの主要部に相当し，例えば，他動詞「渡す」と自動詞「渡る」の構造はそれぞれ(16a, b)である．(16a)ではv（+cause）は-s，(16b)ではv（-cause）は-rとして具現化される．

(16)

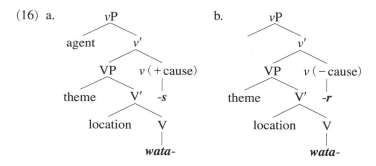

では，日本語を母語とする幼児は，なぜ，自動詞とすべきものを他動詞に，あるいはその逆に産出するのだろか．Murasugi and Hashimoto（2004a）などでは，上記のVP-shell分析にもとづけば，(i)（±cause）の素性を持つ機能範疇のv自体は，言語獲得早期に獲得されるが，(ii) 幼児がvの（大人と同じ形態での）音声的具現化を習得するのに年月がかかるため，(iii) 幼児には自動詞を他動詞として，あるいはその逆に（頻度は低いが）他動詞を自動詞として用いる段階がある，とすると，この現象には理論的説明が与えられると分析している．つまり，幼児はvの位置には，音声を表示せず，語幹となるV (large V) にはそのとき知っている動詞（他動詞または自動詞）を入れるために，結果的に自動詞も他動詞も同形となってしまうのである．

この他動詞と自動詞に関する「誤用」は，表面上区別されない場合がある．先に述べたように，それは自動詞と他動詞が同形の場合である．例えば，英語

では，*lie*（横たわる）と *lay*（横たえる）の対のように，自動詞と他動詞が異なる音形を持つ場合もあるが，(17) に示すように他動詞と自動詞が同じ音形を持つ場合もある．

(17) a.　John **passed** the ring to Mary.
　　 b.　The ring **passed** to Mary.

(17a) では，*pass* は，「渡す」に相当する他動詞，(17b) では「渡る」に相当する自動詞として使われている．

　これらの項構造を VP-shell 構造として表すと (18) のようになる．英語では *v* は音形を持たないゼロ形態素であると分析され，したがって，自動詞と他動詞で音形が同じである．すなわち，(18a) の他動詞では *v* は（＋cause），(18b) の自動詞では *v* は（－cause）の素性を持つが，そのいずれもが，音形を伴うことはない．その結果，"*v*（＋cause）＋PASS" も "*v*（－cause）＋PASS" も同形の *pass* として具現化される．

(18) a.
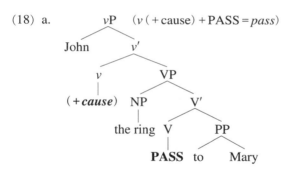

b.
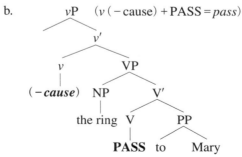

このように考えると，(10) や (11)，(12) に示された幼児の「誤り」は，(英語の大人の文法のような）他動詞と自動詞が同じ音形によってあらわされる言

語の特徴を示すものである．このとき，幼児は自動詞・他動詞の区別を示さず，V（large V）の位置に他動詞形か自動詞形のいずれかの動詞を入れていると考えることができる．日本語にも，「ドアを閉じる」「ドアが閉じる」といった「閉じる」や「そのことを笑った」「膝が笑う」といった「笑う」のように，他動詞と自動詞が同じ音形であらわれる動詞がある．幼児はこのような動詞を仮定する段階があると考えることができるのである．

　この事例は形態レベルの事例ではあるが，次に，文法レベルの事例について，幼児の「誤用」が母語とは異なる言語の文法の特徴を一時的に選択する段階であるとする仮説を見ることにしよう．

5. 幼児の誤用：属格は過剰生成されるのか

　幼児の発話には格助詞の誤用が観察されることがある．例えば，2歳頃，幼児は，主語を「の」で標示することがあるが，これは，日本語に限ったことではない．いわゆる主節不定詞現象が随意的にみられる2歳頃の時期に，英語を母語とする幼児もまた，主格を標示するべき主語に，別の格を標示することがある．

(19) a.　モコチャン*ノ　ギュウニュウ*ノ　ホシインダッテ　サ
　　　　（もこちゃんが牛乳が欲しいんだってさ．）
　　　　（もこ :2;00）　　　　　　　　（Sawada, Murasugi and Fuji (2010)）
　　b.　Her haven't got her glasses　 (2;09)　　　　（Huxley (1970)）

　このような例については，第2部で議論することにするが，これとは別に，日本語の言語獲得研究で有名な幼児の「誤用」には，「の」の過剰生成に関する問題がある．日本語を母語とする幼児が，1歳頃から4歳頃の間に，(20) で示すように「の」を過剰生成することは広く知られている．

(20) a.　アオイ*ノ　ブーブー
　　b.　チッチャイ*ノ　ブーブー　(2;02-2;04)　　　（Clancy (1985)）
　　c.　ホワシ　オオキイ*ノ　ホワシ　（大きいお箸）　(2;01)
　　　　　　　　　　　　　　　　　　　　　　　　　　　　（永野 (1960)）
　　d.　マアルイ　*ノ　ウンチ　(2;00)　　　　　　　（横山 (1990)）
　　e.　ユウタ　ガ　アションデル*ノ　ヤチュ　ワ　コレ，コレ
　　　　（ユウタが遊んでいるやつは，これ，これ）
　　　　（ユウタ 2;03）　　　　　（Murasugi, Nakatani and Fuji (2009)）

過剰生成の「の」が何かについては，長く言語獲得研究の謎（ミステリー）として議論されてきた．(20a-d)は形容詞と名詞句の間に「の」があらわれる例であり，2歳前後に観察される．(20e)は複合名詞句内に「の」があらわれる例で，2歳から4歳の間に観察される．

日本語の大人の文法において「の」という形式をもつのは，(i)名詞句内で，名詞的要素あるいは後置詞要素と名詞的要素との間に挿入される属格（例：「山田の本」「雨の日」「東京からの電車」），(ii)英語の one に相当する代名詞（例：「赤いの」），(iii)分裂文（Cleft sentences）において前提節の主要部 that に相当する補文標識（例：「エミが初めてロブスターを食べたのはボストンでだ」）などが存在する（Murasugi (1991)).

このような大人の文法分析にもとづき，言語獲得研究においても，この過剰生成された「の」について，属格仮説，代名詞仮説，補文標識仮説の3つの仮説が提案されてきた．異なる仮説が乱立する理由の1つには，これらの仮説が依って立つ「誤用」の時期と特徴が異なる点にある．過剰生成が観察される時期は長く，1歳から2歳（永野（1960）など）とする観察もあれば，4歳ですら見られる（Murasugi (1991) など）とする観察もある．一方，名詞句構造において，所有を意味する属格が必ず音声的に産出にあらわれるようになった時期（2;02-2;04）と過剰生成の時期が一致することを根拠の1つして，Clancy (1985) は，このときに過剰生成されているのは属格であると提案している．これらの，一見矛盾する記述研究が，実はいずれも妥当である可能性がある．例えば，大久保（1975: 50）は「オオキイノバター」「アカイノハナ」という発話が幼児の言語獲得の特徴として観察されるが，それは2歳前後からはじまり，4，5歳になっても残っている幼児もいると指摘しているのである．

ここでは，単一の現象に見える「の」の過剰生成が，実は3つの独立した要因にもとづくとする分析を紹介しよう．なお，以下5.1節から5.3節に示された内容は，村杉（2014a, b）においても紹介されていることを付記する．

5.1. 代名詞仮説

永野（1960）は，属格の「の」が2歳2ヶ月であらわれ始める前に，(21)に示すように代名詞の「の」があらわれ，同時期に(22)に示すような過剰生成の「の」が観察されるとしている．

(21) a. オオキイノ　　(2;01)
　　 b. チッチャイノ　(2;01)　　　　　　　　　　　（永野（1960））
(22) a. ホワシ　オオキイ　　*ノ　ホワシ　（お箸）．　(2;01)

  b. アムナ　チッチャイ　*ノ　アムナ　（自分の名前「はるみ」）.
   (2;01)   （永野（1960））

　永野（1960）の観察では，この「の」の過剰生成の時期に産出されている「の」は代名詞の「の」のみであり，このとき幼児は名詞句構造（NP の NP）内で，本来行うべき属格挿入をしない．したがって，この「の」は属格ではないと提案するのである．

　この観察が，上記の Clancy（1985）の観察と異なる記述的根拠に基づいている点は興味深い．永野（1960）では，「の」の過剰生成が，属格はあらわれず代名詞の「の」しか発話されていない時期に観察されるのだから，これは代名詞であると提案している．一方，Clancy（1985）では，義務的な属格挿入ができるようになった時期に「の」の過剰生成が観察されるがゆえに，この過剰生成された要素は属格であるというのである．

　これら 2 つの提案は，対象とする幼児の獲得段階に関して，その時期も異なっている．永野の観察する「の」は 2 歳前後であり，このとき，属格は一切あらわれない．一方，Clancy（1985）の観察する「の」は 2 歳をすぎ，属格のあらわれるようになった時期に過剰生成されている．

　実は，この 2 つの提案は，その後，独立した研究から，その両方とも正しい可能性が支持されている．

　まず，永野（1960）の観察と同じ発達過程は，それから 40 年後の現代の日本語獲得でも橋本知子氏や中谷友美氏などによって観察されている（橋本・村杉（2004），Murasugi and Hashimoto（2004b），村杉・橋本（2006），Murasugi, Nakatani and Fuji（2009）など）．Murasugi, Nakatani and Fuji（2009）ではこのときの「の」を含む発話（「本，新しいの，本だ」（ユウタ 1;10））を，音声分析ソフトウェア PRAAT（Boersma and Weenink（2009））を用いて分析し，この時期の「の」の後に明らかなポーズをみとめている．図 1 に示すように，「の」とその後の指示的名詞の間（丸で示した部分）に明らかなポーズ（間）があることが分かる．

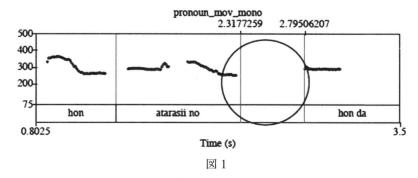

図1

これは,この発話が2つの部分から成り立っている事を示すものであり,2歳以降に観察されるいわゆる複合名詞句内でおきる「の」の過剰生成とは異なる性質を示す.一方,2歳以降で複合名詞句内の補文標識の「の」が過剰生成される(20e)のような場合は,図2に示すように,このようなポーズは見られない.

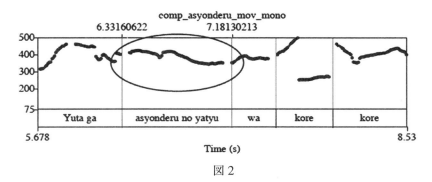

図2

このことから,(22a)では,「おおきいの」が1つのまとまりであり,「おはし」は後付けされていると考えることができる.

そして永野の観察と同様に,このとき,属格が自然発話にあらわれていないことを考慮すると,1歳から2歳にかけて見られる「の」は代名詞の「の」であるという永野(1960)の仮説は正しいものであることになる.

では,なぜ,代名詞の「の」があらわれるのか.一語文から二語文の頃,幼児は「おおきい」と「おはし」の2つの要素を統語的に結合することができないことから,まず「おおきい」の後に軽い代名詞の「の」を添えて名詞句「おおきいの」を設定し,その後に,「おはし」と言い換えて「おおきいの,おはし」とすることで「大きいお箸」という意図を伝えているのだろう.このとき

の「の」の「誤用」は，明らかに文法的要因による過剰生成ではなく，二語文期前後の子どもの発話上（の結合の限界）の特性と考えることができる．

　言語獲得において，一定の語を他の要素と形態的に結合するのには時間がかかると考えられている（Phillips（1996））．この特徴は，日本語についても言えることであり，2歳前後の幼児には，「おいしい，ない」（意図：おいしくない）などの否定辞「ない」が結合されない発話も見られる．

　この「代名詞「の」の誤用」は，要素の結合の未発達な段階において，軽い名詞句である代名詞の「の」が発話にあらわれる現象であると考えられる．代名詞が属格や補文標識よりも早くあらわれるのは，それが機能的な要素ではなく，語彙的な要素であることとも関係するだろう．

5.2. 属格仮説

　ところが，上記の代名詞仮説では説明しきれない現象がある．それは，いうまでもなく，Clancy（1985）の観察した事実である．Murasugi, Nakatani and Fuji（2009）は，Clancy（1985）と同様の事実もまた認められることを報告している．(23)の例は，名詞句構造において属格が義務的に挿入されるようになった時期に観察される例である．ユウタの事例は，中谷友美氏が実子について観察した事実（Murasugi, Nakatani and Fuji（2009）など）である．

(23) a.　アタラシイ*ノ　カミ　　　　　　　　　（ユウタ 1;11）
　　 b.　シロイ　*ノ　ゴハン　　　　　　　　　（ユウタ 2;00）
　　 c.　チイサイ　*ノ　ブウブウ　トオッタヨ．（スミハレ 1;11）
　　　　　　　　　　　　　　　　　　　(Murasugi, Nakatani and Fuji（2009）)

この時期，属格の「の」は，「ぼくのぶうぶう」といったように，大人の文法と同様，名詞句と名詞句との間に挿入されている．さらに，Murasugi, Nakatani and Fuji（2009）は，PRAATによる分析から，代名詞の場合とは異なり，このときの「の」と名詞句の間には，図3に見るように，間（ポーズ）はないことを確認している．(23b)の例を見てみよう．

第6章 動詞と格の獲得

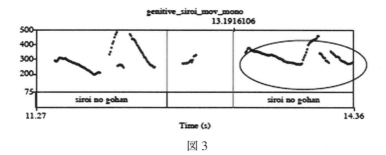

図 3

ここでは「シロイノゴハン（白いのご飯）」が一定の構成素として発話されていることから，上に示した代名詞の「の」の場合とは異なることは明らかである．

一方，この段階では，複合名詞句や分裂文も観察されないため，この「の」が，5.3 節で述べるような補文標識である可能性も考えにくい．

この時期の過剰生成の「の」について，横山（1990）が興味深い観察結果を報告している．それは，この時期の過剰生成は，すべての形容詞において観察されるのではなく，色，大きさ，形状などの形容詞（「赤い」，「大きい」，「黄色い」，「黒い」，「小さい」，「でっかい」など）とのみ共起するというのである．

この一見奇妙な事実が，記述的に妥当であることを Murasugi, Nakatani and Fuji（2009）は中谷友美氏による縦断的観察研究と野地（1973–1977）の観察したスミハレのデータベースの分析に基づいて示している．横山（1990）の観察内容と基本的には同様に，大きさ，形状などの特定の形容詞が使われるとき，この種の「の」の「過剰生成」が見られ，一方，「おいしい」「ばばちい（汚い）」「痛い」などの形容詞は叙述的に用いられ，「の」の「過剰生成」は見られない．

(24) a. オイシイ，コレ．オイシイ，コレ． （ユウタ 1;10）
    b. ココ ババチイ ヨネ． （スミハレ 2;00）
    c. オカアチャン ポンポ（胃）イタイ ノ？ （スミハレ 2;00）
    (Murasugi, Nakatani and Fuji (2009))

この観察にもとづき，Murasugi, Nakatani and Fuji（2009）は，なぜこのような一般化が見られるのかを問い，幼児が「形容詞」を大人とは異なる範疇として捉えている段階があるとする分析を提案している．子どもは，色，大きさ，形状のような名詞的形容詞は名詞として捉え，属格の「の」を挿入する．一方，それ以外の動詞的形容詞は，動詞として捉え，これらには属格の「の」が「誤って」あらわれることはない．

この仮説の妥当性は，名詞的形容詞の過去形が現在形よりも遅くあらわれるのに対し，動詞的形容詞の過去形は早くから産出にあらわれることからも示される．表1は「ユウタ」の発話，表2は「スミハレ」の発話を示すものであるが，ここに示すように，名詞的形容詞の過去形が極めて遅くあらわれるのに対し，動詞的形容詞の過去形は比較的早くあらわれる．

名詞的形容詞 (触覚，視覚に関するの)			動詞的形容詞		
形容詞	現在形	過去形	形容詞	現在形	過去形
大きい	大きい (1;08)	大きかった (2;00)	痛い	痛い (1;11)	痛かった (1;11)
黒い	黒い (2;00)	黒かった (2;04)	おいしい	おいしい (1;10)	おいしかった (1;10)

表1：形容詞の現在形・過去形があらわれ始めた年齢（ユウタ）

名詞的形容詞 (触覚，視覚に関するもの)			動詞的形容詞		
形容詞	現在形	過去形	形容詞	現在形	過去形
大きい	大きい (1;11)	大きかった (2;09)	痛い	痛い (1;08)	痛かった (2;00)
赤い	赤い (1;11)	赤かった (4;00)	重い	重い (1;08)	重かった (2;02)

表2：形容詞の現在形・過去形があらわれ始めた年齢（スミハレ）

(Murasugi, Nakatani and Fuji (2009))

色，大きさ，形状のような名詞的形容詞が名詞として捉えられる段階があると考える更なる根拠としては，それらが指示的名詞として，項の位置に（時に格を伴って）あらわれることがあげられる．

(25) a. *キイロイ　ト　*アカイ　ト　　　　　　　　（スミハレ 2;09）
　　 b. *チイサイ　コオテ　（買って）　ヤ　　　　（スミハレ 2;07）
(26) *チッチャイ　ガ　アッテ，*マアルイガ　アッテ，…コンナ　オオキイガ　アッテ，…　　　　　　　　　　（ユウタ 2;02）

(Murasugi, Nakatani and Fuji (2009))

(25a)の形容詞「黄色い」「赤い」はそれぞれ「黄色いクレヨン」「赤いクレヨ

ン」，(25b) の「小さい」は，「小さい犬」を指している．(26) では形容詞に直接主格「が」が付与され，主語として振る舞っている．

　日本語を母語とする幼児にとって，「形容詞」は難しい要素であり，幼児は，形容詞を名詞（的要素）か動詞（的要素）かのいずれかの範疇として統語的に誤って扱う段階を経るようである．2歳前後に一定の「形容詞」にのみ「の」の過剰生成が見られる現象は，その時期，幼児が，色，大きさ，形状などに関係する意味をもつ形容詞について，それを統語的には名詞として扱うため，結果的にその種の「（大人にとっての）形容詞」は一般の名詞句と同様に属格が付与されるものと考えられる．一方，動詞的な形容詞は，動詞的であるがゆえに，この時期には連体用法（関係節のような構造）としては産出されない．

　したがって，横山 (1990) の記述的一般化は，この段階の不思議な「の」は形容詞という統語範疇の獲得の困難さによって属格が挿入された所以であると再分析されうる．

　色，大きさ，形状を表す形容詞は，他の情緒的，評価的な形容詞と異なり，具体名詞に通ずる特徴を持つという指摘がなされている (Berman (1988), Mintz and Gleitman (2002))．また de Villiers and de Villiers (1978) は，子どもは，色，大きさ，形状を表す形容詞を1つのグループとして捉えていると論ずる．さらに，形容詞は「流動的範疇」とされ，習得が難しいとする論もある (Gasser and Smith (1998), Berman (1988), Polinsky (2005) など)．このような観察から，上記の形容詞は名詞的要素として認識されている可能性がある．実際，日本語の形容詞は名詞と同様「です」の前にあらわれ，一方では動詞と同様に時制を伴い活用することから，形容詞としての統語的手がかりは，肯定情報において明確ではない．

　このように考えると，形容詞に不要な「の」が後続するのは，属格が「過剰生成」されているわけではない．大人の文法では形容詞とされる範疇が，幼児には名詞として扱われ，属格は大人の文法どおりに名詞的な要素の間に挿入されているのである．したがって，属格の「の」があらわれる「誤用」は，属格が過剰に生成されているのではなく，むしろ，名詞句構造の中で属格の「の」が名詞的要素の間に「正しく」挿入されていると考えてよいだろう．

5.3. 補文標識仮説：連体修飾節構造のパラメータ (Murasugi (1991))

　2歳半ばごろになると，幼児の発話には連体修飾部として関係節がみられるようになるが，このとき，「の」は関係節にも過剰生成されるようになる．

　連体修飾部が関係節の場合にも「の」の過剰生成が起こることをはじめて記述したのは，著者の知る限り，Harada (1980) である．そこでは「カイジュウ

ニナッタノオンナノコ」「ウサチャンガタベタノニンジン」といった例をとり，連体修飾部が関係節の場合にも「の」の過剰生成が認められることが示されている．こういった「誤用」も，前述したように修飾部の後に属格の「の」の挿入が過度に一般化された結果であるとする説明が多くなされてきた（Harada (1980), Clancy (1985)）．

しかし，先に簡単に触れたように，同じ「の」が2歳から4歳頃の子どもに同じ理由で過剰生成され続けるということは考えにくい．また，主語名詞句に主格が付与され，連体修飾節内の動詞も時制を伴っている文が，なぜ属格を付与されるのかについても説明が必要である．いったい，この「の」は何で，そして，それはなぜ過剰生成されるのだろうか．

関係節などの埋め込み構造を獲得したあとに過剰生成される「の」について，原理とパラメータ理論の枠組みで，それが補文標識（C）であり，この種の過剰生成は世界の言語の連体修飾節構造の多様性から生じるとする提案がある（Murasugi (1991)）．本節ではこの提案を簡単に紹介しよう．

「はじめに」ならびに杉崎（本書）にも詳細に紹介されているように，原理とパラメータ理論では，普遍文法（UG）は人間言語に共通の原理の体系として規定され，それらの原理の多くには少数の値を担うパラメータがあると考えられている．幼児は，言語獲得の過程で，母語のパラメータの値を決定するが，その決定には時間がかかることがある．Murasugi (1991) は，関係節を含む複合名詞句の構造もパラメータの一部であると考えている．そのパラメータにはその値として補文標識の有無があり，多くの言語では関係節は補文標識（英語では that）を含む CP 構造をもつが，日本語や韓国語は補文標識（that）を欠いた TP 構造をもつと提案している．そのような言語では，理由や方法を修飾する関係節の長距離の解釈が不可能である．すなわち，「[太郎が [花子が問題を解いたと] 言った] 方法」という名詞句において，「花子が問題を解いた方法」という解釈はできない．これは，英語のような言語において "[the way [that John said [that Mary solved that problem]]]" という名詞句が Mary の問題を解いた方法という解釈を許すという事実と好対照をなす．すなわち，関係節において補文標識をもたない言語は長距離解釈を許さず，補文標識をもつ言語は長距離解釈を許す．このことは，日本語のような TP 構造の修飾句は付加詞であり，英語のような関係節の構造を持たないことを示している．そして，日本語を母語とする幼児は名詞句の中で文が埋め込まれるとき，その構造のデフォルトとして CP 構造を仮定し，したがって，補文標識の「の」の過剰生成が観察されると説明する．

その時期の発話を示す例を再掲しよう．

(27) a. イジワルナ ＊ノ オバチャン
       (意地悪なおばちゃん，シンデレラの継母)
   b. チガウ ＊ノ オウチ （(引っ越しをした) 違う家）
   c. オドッテル ＊ノ シンデレラ （踊っているシンデレラ）
   d. ゴハン タベテル ＊ノ ババール
       (ごはんを食べている象のババール)
   e. パパガ カイタ ＊ノ タコノエ （パパが描いた蛸の絵）
   f. シュークリームツクッテル ＊ノ ニオイ
       (シュークリームを作っている匂い)

(以上 2 歳～3 歳)

このパラダイムが示すように，この時期の「の」の過剰生成は，形容詞のみならず，形容動詞 (27a)，動詞 (27b)，関係節 (27c-e)，そして，純粋複合名詞句 (27f) などに広く観察される．この時期には，形容詞についても「クロイ ＊ノ クック」（黒いくつ）などの過剰生成が観察される．しかし，関係節の構造の獲得と形容詞の範疇の獲得の時期については，それぞれに関する「の」の過剰生成の消える時期が，同一の幼児において異なることがあること (Murasugi (1991)) から，形容詞の範疇の獲得と関係節の構造の獲得の問題は独立した問題であると考えるのが自然である．

この「の」が補文標識であるとする仮説の根拠の1つは，富山方言や韓国語の事実から得られている．富山方言の大人の文法では補文標識は「が」，属格は「の」であり，韓国語では補文標識は kes，属格は uy である．そして富山方言，韓国語を母語とする幼児に過剰生成されるのは，それぞれ，補文標識の「が」と kes である．

(28) a. アンパンマン ツイトル ＊ガ コップ．
       (富山方言，ケン 2;11)   (Murasugi (1991))
   b. Acessi otopai tha-nun ＊kes soli ya.
       uncle mortorcycle rinding-is KES sound is
       'Lit. (This) is the sound that a man is riding a motorcycle.'
       (おじさんがオートバイに乗っている音だ ..)
       (韓国語，2～3 歳)   (Kim (1987))

属格は，富山方言では「の」，韓国語では uy であることから，ここで過剰生成されている要素「が」と kes は属格ではありえない．

また，この段階の幼児は「(名詞(的要素) 山) の (名詞(的要素) お花)」といったように

名詞（的要素）と名詞（的要素）の間に属格の「の」を大人と同様に挿入できていることから，もし，この「が」が代名詞であるとしたときには，「(_{名詞(的要素)} … *が) の (_{名詞(的要素)} …)」という形式の発話が予測される．しかし，実際には，富山方言を母語とする幼児は「アンパンマン付いとる　*が　の　コップ」（(_{名詞(的要素)}　アンパンマン　付いとる　*が) の (_{名詞(的要素)} コップ)）という名詞句を産出しない．したがって，関係節を産出するようになった2歳中盤ごろから過剰生成する「の」（富山方言では「が」）は，補文標識であると考えられる．これは，英語の連体修飾節において the carrot that the rabbit is eating で使われる that に対応し，したがって，日本語話者の幼児は，この時期，（語順は異なるが）英語と同じ連体修飾節の構造を仮定していることになる．

　なぜ，日本語を母語とする幼児は，連体修飾節の構造として英語のような文法を仮定するのだろう．先に述べたように，それは世界の言語の連体修飾節構造の多様性から生じると考えられる．世界の言語の中で，連体修飾節（関係節）の構造に関するパラメータには2つの可能な値がある．1つは日本語や韓国語のようにいわゆる関係代名詞を持たない値を選ぶ言語，いま1つは英語のようにいわゆる関係代名詞（that）を持つ値を選ぶ言語である．

　前述したように，言語の特徴として，関係節を導入する that は，一般に分裂文の前提節の導入にも用いられる．したがって，It is in Boston that I ate the lobster for the first time 「ロブスターを初めて食べたのはボストンでだ」というような分裂文においても，that（英語）や「の」（日本語）があらわれる．この分裂文と関係節についての特徴を無意識の文法知識として知っている幼児（2歳から4歳頃）は，「ウサチャンタベテル*ノニンジン」というように補文標識の「の」を過剰生成する．これが英語と同じ連体修飾節の構造を仮定している日本語の「の」の「誤用」の段階であると考えられる．

　この「誤用」は，連体修飾節構造に関するパラメータに関しては英語タイプの値がデフォルトであることを示している．幼児は，どのような言語をも獲得できるように生まれついており，日本語や韓国語を母語とする幼児は，連体修飾節構造については，最初にデフォルトである英語のような CP 構造の値を仮定する可能性がある．

5.4.　「の」の誤用のまとめと過剰生成の特徴

　これまでの論をまとめると，いわゆる「の」の誤用は，（i）代名詞（1歳後半）（5.1節），（ii）属格（2歳前後）（5.2節），（iii）補文標識（2歳〜4歳）（5.3節），の3つの段階を含み，過去に提案されてきた仮説は，それぞれの段階を対象としたものであり，基本的にすべて正しいと言えるだろう．これらの

中で言語理論上「過剰生成」と言えるのは，(iii) の場合，すなわち連体修飾節構造のパラメータの設定による補文標識の場合のみである．それ以外の「の」は，語の結合操作や形容詞の統語範疇の獲得の難しさに起因し，「の」そのものとしては，大人の代名詞ならびに属格とその性質において齟齬がないものと考えられる．

過剰生成は，一般的に，U字形を描くといわれている．まず，幼児の発話には大人と同じ形式があらわれ，過剰生成の過程を経て，大人の形式が獲得される．すなわち，当初は，限られた要素について，(分割できないまとまりとして発話するために) 大人と同じ形式があらわれるが，次に，そのまとまりが分割され，一定の「規則」に基づき生産的な過剰生成が観察され，その後大人の文法へと至る．英語を母語とする幼児が go の過去形である went を表現するようになる段階を思い起こしてみよう．大人の形式と同じ went を発話した後に，goed あるいは wented というように ed が過剰生成された形式を産出し，その後大人の形式に至るのが，U字型過剰生成の典型的な例である．

日本語を母語とする幼児においても，U字形の過剰生成は，使役形 (例：渋谷 (1994)，荒井 (2006)，Murasugi and Hashimoto (2004a)，Murasugi, Hashimoto and Fuji (2007)) や可能表現 (例：渋谷 (1994)，荒井 (2006)，Yano (2007)，Fuji, Hashimoto and Murasugi (2009)) などにおいて，多く報告されている．

例えば，可能表現において，渋谷 (1994) は，国立国語研究所の纏めたコーパスに基づき，以下に示すように，(29b) に示すような過剰生成が始まる前に，幼児「たあちゃん」が大人と同じ形式 (29a) を発話していることを報告している．

(29) a.　トオレル　　　(2;01)
　　 b.　デキラレナイ　(3;07)

さらに，U字形の過剰生成は形態的なレベルにとどまらない．橋本知子氏は，自身の子どもアックンを縦断的に観察する中で，連体修飾句のような文法レベルにおいても見られ，連体修飾節における「の」の過剰生成に関わる習得もまた，U字形を描くことを観察している (橋本・村杉 (2004))．

アックンの自然発話において初めて連体修飾節があらわれたのは，(30) のような例である．「買った」を修飾節としてもつ (疑似) 関係節のみであり，その連体修飾節には「の」は全く過剰生成されていなかった．

(30) a.　ナンナンナー，カッタ　オットット　(アックン 2;06)

　　　　（おでかけをして買った魚）
　　b.　パパ　カッタ　ダンゴ　オイチイ　　（アックン 2;06）
　　　　（パパが買ってくる団子がおいしい）　　　　（橋本・村杉 (2004)）

ところが，その一か月後，アックンは，多くの連体修飾節に，生産的に，「の」を過剰生成するようになったのである．

(31)　a.　カッタ　*ノ　ケーキ　　　　　　　　　　　　（アックン 2;06）
　　　　　（買ったケーキ）
　　　b.　パパ　カッタ　*ノ　オチェンベイ　オイチイ　（アックン 2;06）
　　　　　（パパが買ってくるお煎餅がおいしい）
　　　c.　ペンギンチャン　チュイテル　*ノ　カバン　　（アックン 2;09）
　　　　　（ペンギンの絵がついたカバン）
　　　d.　イマ，パパガ　イレタ　*ノ　オットット　ドコ　（アックン 2;10）
　　　　　（今，パパが入れた鑑賞魚は，どこにいるの？）
　　　　　　　　　　　　　　　　　　　　　　　　　　（橋本・村杉 (2004)）

　過剰生成が U 字形を示すという特徴は，言語発達が小さな要素を単純に積み上げる過程ではないことを示唆する．言語獲得とは，意味的音声的に分割できないまとまりが，徐々に分割されていく過程を含んでいる．そしてそれは語のレベルにおいてのみではなく，句のレベルでも同様にみられるようである．
　過去 60 年にわたって議論されてきた「の」の過剰生成の問題は，記述においてすら矛盾を孕む混乱の中にもあったが，その問題の根幹には，この過剰生成が単独の現象と信じられていたことがある．また，日本語の東京方言のみを研究対象としたこと，この「の」が何かのみに焦点があてられて，なぜ「の」が過剰生成されるかは問われない傾向にあったことも，議論の原因であると言えるだろう．
　それは何か（"what" question），どう獲得されるか（"how" question）という問いのみならず，それはなぜか（"why" question）を問い，一定の基準のもとで他言語と比較検討するとき，人のこころにある文法の重要な特性が，日本語の「の」からも明らかになる．

第 2 部　格と併合

　第 1 部では，格助詞に関わる言語獲得の研究を整理し，その理論的な意義

について概観した．第2部では，格の獲得研究が最近の言語理論の構築にどのように貢献できるのかについて考えてみたい．

先に述べたように，幼児の発話には格助詞の誤用が観察されることがある．（疑似）主節不定詞現象には，（日本語のような言語を獲得する）幼児が一定の動詞形式のみを産出する1歳代とは別に，（英語のような言語を獲得する）幼児が2歳代に主節内で不定詞形と正用の定形動詞を随意的に発話する段階がある．後者の主節不定詞現象は2歳代に観察され，随意的不定詞現象（Optional Infinitives）と呼ばれている．この時期，(19) でも見たように，英語を母語とする幼児は，主格を標示するべき主語に，別の格を標示することがある．そして2歳頃の日本語を獲得する幼児もまた，主語を「の」で標示することがある．(32) にその例をもう一度みてみよう．

(32) a.　Her haven't got her glasses (2;09)　　　　(Huxley (1970))
　　 b.　モコチャン*ノ　ギュウニュウ*ノ　ホシインダッテ　サ
　　　　（もこちゃんが牛乳が欲しいんだってさ．）　　　　（モコ 2;00）
　　　　　　　　　　　　　　　　　　(Sawada, Murasugi and Fuji (2010))

いったい，この「誤った」属格主語は，いつ，どのように，そしてなぜおきるのか．1つの仮説として Sawada, Murasugi and Fuji (2010) の分析を参照されたいが，本節では，そこでの分析を踏まえつつ，ミニマリスト理論との関連から，再考してみよう．

生成文法の発展の中で提案されているミニマリスト理論において，格は中核的な位置にある．人間に生得的に与えられた文法知識（普遍文法）には併合 (merge) とラベリング (labeling) があると仮定され，併合は，ラベリングを，ラベリングはϕ素性一致（ϕ-feature agreement）を，そしてϕ素性一致は格を要求する．

(33)　Merge → Labeling → ϕ-feature agreement → Case　　(Saito (2016))

(33) は，α と β が併合するためには，ラベリングが必要であり，ラベリングがなされるためには，ϕ素性の一致が必要であり，ϕ素性の一致をするためには格が必要となることを示すアルゴリズムである．（詳細は Chomsky (2013)，斎藤 (2013)，Saito (2016) などを参照されたい．）

こういったミニマリスト理論に基づいた文法研究において，第3章で概説した（疑似）主節不定詞現象の問題は重要なヒントを与える可能性がある．幼児の格の獲得段階にみられる正用と誤用は，幼児がなぜ随意的不定詞の段階を経るのかという問いと深く関与している可能性がある．

1. (疑似)主節不定詞と格

　第3章の第2部で詳細に述べたように，(疑似)主節不定詞現象は，広く多くの言語において，初期の言語獲得段階に観察される．その形態的なあらわれかたは，言語によって異なる．フランス語やドイツ語，オランダ語のような言語では主節に不定詞があらわれるが，英語のような語幹が独立できる動詞を持つ言語では裸動詞が，そして日本語のように動詞の語幹が拘束形態素の性質を持つ言語では一定の活用を伴った代理形が典型的に主節不定詞としてあらわれる．すなわち，すべての言語で，すべての幼児が，いわゆる不定詞という形式でもって，初期の動詞をあらわすわけではなく，その形式には，当該言語の形態的特徴が色濃く反映される．このことは，わずか1歳後半の幼児でも，当該言語の語順のみならず，獲得しようとしている母語の動詞の形態的特徴をも知っていることを示している．(第3章で引用した文献を参照されたい．)

　形態的には異なった形式で顕在化する3種類の「(疑似)主節不定詞」には，一定の共通した特徴がある．それは，第3章で述べたように，時制や補文標識に関連した特徴が大人の文法とは異なる特徴を含んでいる．その特徴を説明するために，Rizzi (1993-1994) は，主節不定詞の時期の幼児の文構造が大人のそれとは異なるという可能性を示唆している．それは，大人の文構造が CP 構造を持っているのに対し，主節不定詞の段階にある幼児は，TP より下の投射で止まる（刈り取ってしまう）構造を許すという仮説で，切り取り仮説 (Truncation Hypothesis) と称されている．大人の文構造 (CP 構造) とは異なり，幼児は，途中までの投射で止まる（刈り取ってしまう）構造 (vP 構造) を許すという仮説である．

(34)

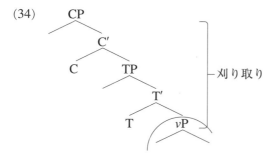

　この仮説は，主節不定詞現象の観察される時期に，疑問文（C 要素に関する項目）や助動詞（T 要素に関する項目）が，主節不定詞と共起してはあらわれず，また空主語が多くあらわれる事実も統一的に説明する．

しかし，(疑似) 主節不定詞現象を詳細に検討すると，それにはさらに2つの段階があることがわかる．1歳代のそれは，日本語のような言語においてはすべての動詞が一定の代理形式 (例えば「-た」形や，裸のオノマトペなど) を伴ってあらわれ，このとき，格もWH疑問文も (疑似) 主節不定詞とは共起しない．ところが2歳をすぎると，日本語を母語とする幼児は，動詞の活用を大人と同様に用い始める．一方，英語を母語とする幼児は，2歳を過ぎてもなお，主節の動詞として，時には不定形を，時には大人と同様に定形を用いる．このとき，動詞の不定形が主節に随意的にあらわれることから，この時期は随意的不定詞 (Optional Infinitive) とも称される．

　ここで注目すべき点は，日本語の (疑似) 主節不定詞は，代表的には動詞の「た」形，ならびに時にオノマトペや「て」形であらわれるが，これは1歳後半に典型的にみられており，2歳を過ぎると，幼児の動詞の活用は豊かになることである (Murasugi, Fuji and Hashimoto (2010) をはじめ，第3章で紹介した文献を参照されたい)．例えば，Sano (1995) が詳細に調査したように，2歳代の幼児については，英語で観察されるような随意的不定詞は，少なくとも動詞の活用形としては観察されない．日本語の動詞の形態を見る限り，日本語を母語とする幼児において，英語などの言語話者とは異なり，2歳を過ぎた時期には随意的不定詞の段階は観察されない．

　ところが，同時期，(32) にみたように，主語名詞句に「誤って」属格が付与されるという点において，そのあらわれかたの頻度や時期の長さに違いはあるものの，日英語は共通する特徴を示すのである．いったいなぜ「誤った」属格主語が，英語において，しばしば2歳頃に観察されるのだろう．

　この随意的不定詞の観察される時期について，幼児が，時制や一致などのϕ素性一致 (ϕ-feature agreement) に関して，大人とは異なるメカニズムをもつとする提案がある．例えば，Schütze and Wexler (1996) は，随意的不定詞の段階にある幼児は，文構造としてIP (inflectional phrase) を持っているがI(nflection) の担う素性 (agreement/tense) の指定が不十分な段階にあり，AGR，あるいはTNSを欠く ("Omit"する) 可能性があることを指摘する．この仮説はAGR/TNS Omission Model (ATOM) と称されている．

　英語を母語とする幼児の発話において，主節の動詞が定型動詞の場合には，大人の文法と同様に主格が主語の名詞句に与えられるが，主節に不定詞があらわれるときには，主語の名詞句には主格以外の格が標示される特徴が観察されている．こういった言語獲得の事実についても，このATOMのモデルは，定型動詞はVP内からINFLへと上昇する一方で，非定型動詞は，上昇しないという理論的仮説を基礎として自然な説明を与えることができる．

すなわち，英語を母語とする幼児は，2歳以降も動詞の形態として随意的不定詞現象を示し，そのとき，幼児は，格標示においても大人の文法とは異なるメカニズムをもつ．幼児は，随意的に主節に（大人の文法からみれば「誤用」である）不定詞を用い，このとき主格を与えられるべき主語もまた，大人の文法では許されない属格や与格などを伴って表す．幼児は，時制や一致に関して重要な役割を果たす文構造をもちながら，それらに関する素性に関して，大人とは異なる文法をもつがために，文の主語名詞句が，主格ではない「誤った」格を伴う（例えば *My do it*, *Me want it* などのように）文を産出する．具体的には，例えば IP の主要部が [− agreement, − tense] の素性を持つ場合には属格主語が，[− agreement, + tense] の場合には与格主語があらわれる．

ATOM の仮説をミニマリスト理論のもとで捉えなおせば，それは，母語を獲得する2歳頃，幼児には ϕ 素性一致（ϕ-feature agreement）のメカニズムを随意的に機能させる段階があることを提案するものと言い換えることができるだろう．

もし主節不定詞現象を示す段階にある幼児が，時制や一致に関する ϕ 素性一致のメカニズムについて，母語のそれと異なる段階にあるとすれば，それは，どのようなもので，また，いったいなぜそのような段階が存在するのか．この段階は，英語を母語とする幼児が，いわゆる ϕ 素性一致を欠く言語，すなわち，日本語のような言語の文法をもっていることを示唆するのであろうか．

2. 格表示と随意移動

ミニマリズム理論において，ϕ 素性一致（ϕ-feature agreement）は，ラベリングを行う上で重要な役割を果たす．Chomsky (2013) の提唱するラベリングのメカニズムは，ϕ 素性の一致により可能になることから，ϕ 素性の一致はラベリングにおいて不可欠となる．一方で，大人の文法の問題として，ϕ 素性一致を持たないと考えられる言語では，そもそも，併合と，併合によって形成される構成素のラベリングはどのようになされるのだろうか．

斎藤 (2013) ならびに Saito (2016) は，日本語のようなスクランブリングや多重主語を許し，また文法格や空項，そして複合動詞を豊かにもつ言語に注目し，この問いについての分析を提示している．本来，併合は自由であるにもかかわらず，多重主語やスクランブリングのような併合は，限られた言語にのみ許されるのはなぜなのか．斎藤 (2013) ならびに Saito (2016) は，その理由として文法格（suffixal Case）がラベリングのアルゴリズムにおいて重要な役割を果たすためであると提案している．具体的には，文法格（suffixal

Case）がラベリングをするための構成素を不可視化し，したがって，日本語のような文法格の豊かな言語において多重主語やスクランブリングなどの併合が可能になるという提案である．（詳細は斎藤 (2013) ならびに Saito (2016) を参照されたい．）

　英語を母語とする随意的不定詞の段階にある幼児が，φ素性一致に関して，それを欠く日本語のような値をもつことがあるとすれば，2歳ごろ，英語を母語とする幼児も，例えば，スクランブリング文を発話することを予測する．

　実際，その予測は正しい可能性もある．1960年代から，英語を母語とする幼児の発話には以下のような OV あるいは OVS といった「誤った」語順があることが報告されている．その一部の例を Powers (2000) から引用しよう．

(35) a. Balloon throw　(OV)　　　　　　　　　　　　(Gia 1;07)
　　 b. Kimmy kick　(OV)　　　　　　　　　　　　(Kendall 1;10)
　　 c. doggie sew　(OV)　　　　　　　　　　　　(Kendall 1;10)
　　 d. book read　(OV)　　　　　　　　　　　　　(Susan 1;10)
　　 e. paper write　(OV)　　　　　　　　　　　　(Adam 2;03)
　　 f. paper find　(OV)　　　　　　　　　　　　　(Adam 2;03)
　　 g. Mommy hit Kendall　(OVS)　　　　　　　　(Kendall 1;10)

このとき，英語を母語とする幼児は，なぜかき混ぜられたような語順の文を生成するのだろうか．最初，英語を獲得する幼児も，日本語のような文法格を格システムとして仮定するのだろうか．理論的にはいったん文法格を仮定した後に，抽象格のシステムに移行する可能性もあるだろう．しかし，この仮説は言語習得可能性としては考えにくいかもしれない．このとき，幼児は，意味的には名詞句と述部からなる「文」を生成することができるが，その文の内部においてどのようなラベルづけがいかになされるのかは未獲得段階にある可能性がある．φ素性が大人とは異なる特徴を持つ随意的不定詞の段階では，具体的なラベリングのシステムが未獲得であるがために，英語を母語とする幼児も，スクランブリングをしてはいけない理由を認めることができずに，(35) のような「文」を生成する可能性があると思われる．さらに，目的語が前置した語順をもつこれらの例の多くは空項を伴うものであり，これらの例は上記の仮説に矛盾はしない．実際，Hyams (1986) の記述的事実にもみるように，空項を許さない大人の文法をもつ言語を獲得している幼児の発話にも，空項が観察される時期が存在することはよく知られている．このことは，第7章から第9章で扱う空項の有無やそれらの性質もまた，格のメカニズムに関係がある可能性を示唆している．

幼児の「誤用」が，母語以外の言語において可能な文法であるとすれば，主節不定詞の特徴を示すような言語が世界の言語にありうることになる．それが，日本語のようなスクランブリングを許す文法格をもつ言語であるとすれば，日本語の言語獲得研究から生成文法理論，ひいては一般言語学理論へと与えうる示唆の意義は深いといえるだろう．

おわりに

　本章では，日本語を母語とする幼児が文法格について持つ知識に関し，これまでに行われた主な研究を概観し，言語理論に対して言語獲得から示唆するところについて論じた．

　日本語とはどのような言語なのか．この問いは，日本語だけを見ていても，また，大人の文法だけを見ていても，十分な答えは得られない．同様に，文法格の獲得は，格助詞の発達のみを見ていても，それがどのようなもので，なぜそうなのかを見出すことはできない．例えば，格の獲得については，格助詞とWH 疑問文が同時期に発話にあらわれるといった大久保（1975）の観察や，他言語における（疑似）主節不定詞現象に見る格の特徴（Schütze and Wexler (1996)）などに鑑みて考察してはじめて，その過程の実態と普遍性がみえてくる．

　格が，併合やラベリングをはじめとして，人間に生得的に与えられた母語獲得の仕組みである普遍文法と密接に結びついていることは，本書の他の章からも明らかである．そういった統語理論研究に加え，格がいつどのように獲得されるのかについて調べることによって，文法格と抽象格との根本的な相違とそれに関わる言語の特性，ひいてはその生得的な特性がより明らかにされていくことになるだろう．今後も，格と時制句，ならびに空項や WH 疑問文やスクランブリングなどの移動に関する統語論と言語獲得が結びつけられた形で研究されることにより，併合とラベリングに代表される生得的な文法の存在，およびその具体的な属性が解明されていくことだろう．

参考文献

荒井文雄（2006）「日本語における可能表現の習得過程」『京都産業大学論集』人文科学系列第 34 号, 1-23.
Berman Ruth (1988) "Word Class Distinctions in Developing Grammar," *Categories*

and Processes in Language Acquisition, ed. by Yonata Levy, I. Schlesinger and Martin D. S. Braine, 45-72, Lawrence Erlbaum Associates, Hillsdate.

Boersma, Paul and David Weenink (2009) Praat: Doing Phonetics by Computer (Version 5.1.23) (Computer Program), Retrieved October 31, 2009, from http://www.praat.org/

Bowerman, Melissa (1974) "Learning the Structure of Causative Verbs: A Study in the Relationship of Cognitive, Semantic, and Syntactic Development," *Papers and Report on Child Language Development* 8, 142-178.

Bowerman, Melissa (1982) "Evaluating Competing Linguistic Models with Language Acquisition Data: Implications of Developmental Errors with Causative Verbs," *Quaderni di Semantica* 3, 5-66.

Chomsky, Noam (1995) *The Minimalist Program,* MIT Press, Cambridge, MA.

Chomsky, Noam (2013) "Problems of Projection," *Lingua* 130, 33-49.

Clancy, Patricia (1985) "The Acquisition of Japanese," *The Cross Linguistic Study of Language Acquisition Volume 1: The Data*, ed. by Dan Isaac Slobin, 373-524, Erlbaum, Hillsdale, NJ.

de Villiers, Jill G. and Peter A. de Villiers (1978) *Language Acquisition*, Harvard University Press, Cambridge, MA.

Figueira, Rosa Attié (1984) "On the Development of the Expression of Causativity: A Syntactic Hypothesis," *Journal of Child Language* 11, 109-127.

Fuji, Chisato, Tomoko Hashimoto and Keiko Murasugi (2009) "VP-shell Analysis for the Acquisition of Japanese Potentials," *Nanzan Linguistics: Special Issue* 3, vol. 2, 65-102.

Gasser, Michael and Linda B. Smith (1998) "Learning Noun and Adjective Meanings: A Connectionist Account," *Language and Cognitive Processes Special Issue: Language Acquisition and Connectionism* 13, 269-306.

Hale, Ken and Samuel Jay Keyser (1993) "On Argument Structure and the Lexical Expression of Syntactic Relations," *The View from Building 20: Essays in Linguistics in Honor of Sylvain Bromberger*, ed. by Ken Hale and Samuel Jay Keyser, 53-109, MIT Press, Cambridge, MA.

Harada, I. Kazuko (1980) "Notes on the Acquisition of the Genitive Case Particle no for the Seminar in Crosslingusitic Langauge Acquisition, Prof. D. I. Slobin," ms., The Summer Institute of the LSA, Albuquerque, New Mexico.

橋本知子・村杉恵子 (2004) 「『の』であらわされる文法範疇の獲得: 実証的研究」『アカデミア 文学・語学編』70, 55-87, 南山大学.

Huxley, Renira (1970) "The Development of the Correct Use of Subject Personal Pronouns in Two Children," *Advances in Psycholinguistics*, ed. by Giovanni B. Flores d'Arcais and Willem J. M. Levelt, 141-165, North-Holland, Amsterdam.

Hyams, Nina (1986) *Language Acquisition and the Theory of Parameters*, D. Reidel,

Dordrecht.

Kim, Young-Joo (1987) *The Acquisition of Relative Clauses in English and Korean: Development in Spontaneous Production,* Doctoral dissertation, Harvard University.

Larson, Richard (1988) "On the Double Object Construction," *Linguistic Inquiry* 19, 335-391.

Mintz, Toben H. and Lila R. Gleitman (2002) "Adjectives Really Do Modify Nouns: The Incremental and Restricted Nature of Early Adjective Acquisition," *Cognition* 84, 267-293.

Murasugi, Keiko (1991) *Noun Phrases in Japanese and English: A Study in Syntax, Learnability and Acquisition,* Doctoral dissertation, University of Connecticut.

Murasugi, Keiko (2012) "Children's 'Erroneous' Intransitives, Transitives, and Causatives and the Implications for Syntactic Theory," paper presented at NINJAL International Symposium: Valency Classes and Alternations in Japanese, NINJAL, August 4.

村杉恵子 (2014a)「生成文法理論に基づく第一言語獲得」『国語研プロジェクトレビュー』Vol. 4, No. 3, 164-173, 国立国語研究所.

村杉恵子 (2014b)『ことばとこころ──入門 心理言語学』みみずく舎 (発行), 医学評論社 (発売), 東京.

Murasugi, Keiko, Chisato Fuji and Tomoko Hashimoto (2010) "What's Acquired Later in an Agglutinative Language," *Nanzan Linguistics* 6, 47-78, Nanzan University.

Murasugi, Keiko and Tomoko Hashimoto (2004a) "Three Pieces of Acquisition Evidence for the *v*-VP Frame," *Nanzan Linguistics* 1, 1-19, Nanzan University.

Murasugi, Keiko and Tomoko Hashimoto (2004b) "Two Different Types of Overgeneration of 'no' in Japanese Noun Phrases," *Proceedings of the 4th Asian GLOW in Seoul,* ed. by Hang-Jin Yoon, 327-349, Hankook, Seoul.

村杉恵子・橋本知子 (2006)「言語獲得における名詞句内での過剰生成」*KSL* 26, 12-21, 関西言語学会.

Murasugi, Keiko, Tomoko Hashimoto and Chisato Fuji (2007) "VP-Shell Analysis for the Acquisition of Japanese Intransitive Verbs, Transitive Verbs, and Causatives," *Linguistics* 45.3, 615-651.

Murasugi, Keiko, Tomomi Nakatani and Chisato Fuji (2009) "A Trihedral Approach to the Overgeneration of No in the Acquisition of Japanese Noun Phrase," paper presented at the 19th Japanese/Korean Linguistics Conference, University of Hawaii, November 12-14.

永野賢 (1960)「幼児の言語発達──とくに助詞の「の」の習得過程について」『島田教授古希記念国文学論集』, 405-418, 関西大学国文学会.

野地潤家 (1973-1977)『幼児言語の生活の実態 I 〜 IV』文化評論出版, 東京.

大久保愛（1967）『幼児言葉の発達』東京堂書店，東京．
大久保愛（1975）『幼児のことばと知恵』あゆみ出版，東京．
大津由紀雄（2002）「言語の獲得」『言語研究入門』，大津由紀雄・今西典子・池内正幸・水光雅則（編），179-191，研究社，東京．
Phillips, Colin (1996) "Root Infinitives are Finite," *Proceedings of the 20th Annual Boston University Conference on Language Development* (BUCLD 20), ed. by Andy Stringfellow, Dalia Cahana-Amitay, Elizabeth Hughes and Andrea Zukowski, 588-599, Cascadilla Press, Somerville, MA.
Polinsky, Maria (2005) "Word Class Distinctions in an Incomplete Grammar," *Perspectives on Language and Language Development,* ed. by Dorit D. Ravid and Hava Bat-Zeev Shyldkrodt, 419-436, Kluwer, Dordrecht.
Powers, Susan M. (2000) "Scrambling in the Acquisition of English?" *The Acquisition of Scrambling and Cliticization,* ed. by Susan Powers and Cornelia Hamann, 95-126, Kluwer, Dordrecht.
Rizzi, Luigi (1993-1994) "Some Notes on Linguistic Theory and Language Development: The Case of Root Infinitives," *Language Acquisition* 3, 371-393.
斎藤衛（2013）「日本語文法を特徴づけるパラメター再考」『言語の普遍性及び多様性を司る生得的制約：日本語獲得に基づく実証的研究　成果報告書 II』，1-30，国立国語研究所．
Saito, Mamoru (2016) "(A) Case for Labeling: Labeling in Languages without ϕ-feature Agreement," *Linguistic Review* 33.1, 129-176.
Sano, Tetsuya (1995) *Roots in Language Acquisition: A Comparative Study of Japanese and European Languages,* Doctoral dissertation, UCLA.
Sawada, Naoko, Keiko Murasugi and Chisato Fuji (2010) "A Theoretical Account for the 'Erroneous' Genitive Subjects in Child Japanese and the Specification of Tense," *BUCLD* 34 *Proceedings Supplement.* http://www.bu.edu/linguistics/BUCLD/Supp34/Sawada Naoko.pdf
Schütze Carson, T. and Ken Wexler (1996) "Subject Case Licensing and English Root Infinitives," *BUCLD 20,* ed. by Andy Stringfellow, Dalia Cahana-Amitay, Elizabeth Hughes and Andrea Zukowski, 670-681, Cascadilla Press, Somerville, MA.
渋谷勝己（1994）「幼児の可能表現の獲得」『無差』創刊号，23-40，京都外国語大学日本語学科．
Yano, Keiko (2007) "The Structure of the Japanese Potential *(R)eru* Construction: A Study in Syntax, Learnability and Acquisition," *Nanzan Linguistics: Special Issue* 3, vol. 1. 331-351.
横山正幸（1990）「幼児の連体修飾発話における助詞「ノ」の誤用」『発達心理学研究』1, 2-9.

第Ⅲ部
省　略

第 7 章

項省略[*]

高橋　大厚

東北大学

次の日本語の会話例とそれに対応する英語の会話例を比べてみよう．

(A)　ハーマイオニー：　ハリーはどこ．
　　　ロン：　教室にはいなかったぜ．
　　　ハーマイオニー：　マクゴナガル先生が探していらしたわ．
　　　ロン：　きっと叱るつもりなんだ．
(B)　HERMIONE:　Where's Harry?
　　　RON:　He wasn't in the classroom.
　　　HERMIONE:　Prof. McGonagall was looking for him.
　　　RON:　I bet she will scold him.

　日本語例，英語例のいずれにおいても冒頭のハーマイオニーの質問によってハリーが会話の話題として設定されている．
　続くロンの応答，それに続くハーマイオニーの発言において，話題であるハリーは日本語では表出されておらず，他方英語では代名詞（He, him）によって表されている．最後のロンの発言では「叱る」および scold の主語と目的語は，日本語ではやはり表出されていないが，英語では代名詞（she, him）で表されている．これらの英語の例で代名詞を省略することはできない．
　日本語の特徴としてよく言われることだが，日本語では指し示すものが明らかな場合は主語や目的語を明示的に表出しなくてもよい．では，このように主語や目的語が表出されていない場合，それらはどのように分析されるのだろうか．

---

[*] 本章の執筆にあたり，編者から貴重な助言をいただいた．また，草稿を発表した南山大学言語学研究センターでの統語論・言語獲得論ワークショップでも出席者から有用な質問やコメントをいただいた．ここに謝意を表する．

本章の構成

　第1部では，日本語は主語や目的語の音声的な表出が義務的ではない言語であることを見る．そして，一見主語や目的語が欠落しているように見える文には，意味的，統語的にそのような要素が存在していることを論じ，その後当該事象の代表的な分析を3つ概観する．その中で省略（ellipsis）にもとづく分析がもっとも妥当であることを論じる．第2部では，省略分析のさらなる展開を紹介し，省略の一般理論や比較統語論との関連及び現時点での研究課題について述べる．

第1部　空項の分析

　日本語の特徴の1つとして，指し示すものが文脈から明らかな場合，主語や目的語を表出しなくてもよいということがある．次例を見てみよう．

(1)　ハリー：　ハーマイオニーはなぜ泣いているの．
　　　ロン：　きっとマクゴナガル先生に叱られたんだ．
(2)　ハリーはジニーに [愛していると] 告白した．

(1) は2人の話者による会話である．ハリーの発話においてハーマイオニーが話題として取り上げられている．それに続くロンの発話でハーマイオニーは意味上「叱られた」の主語として解釈されるが，表出されていない．
　(2) は単一の文の例である．従属節が括弧で示されているが，その動詞「愛している」の主語と目的語が示されていない．それぞれハリー，ジニーと解釈するのが自然である．
　これらのような，主語や目的語を「欠いている」事例は統語論的にどのように分析されるのであろうか．

1.　空項とは

　動詞などの述語に意味的に選択（select）される要素を項（argument）と呼ぶ．具体例を見てみよう．

(3)　a.　ハリーが来た．
　　　b.　杖が折れた．
　　　c.　ハリーが杖を折った．
　　　d.　ジニーは [ハリーが来たと] 言った．

(3a, b) の動詞「来る」，「折れる」は意味的にそれぞれ「来る人・もの」，「折れるもの」が同一文中に表されることを要求する．これを意味的な「選択」という．(3a) では「ハリー」，(3b) では「杖」が各々の動詞によって選択されている．すなわち，「ハリー」，「杖」はそれぞれ「来た」，「折れた」の項である．

(3c) の動詞は「折った」という他動詞である．「折る」という他動詞は意味的に当該の動作を行う行為者 (agent) とその行為の対象 (theme) となるものを要求し，それらは主語と目的語として表される．(3c) では，行為者「ハリー」が主語，行為の対象「杖」が目的語である．それらは，動詞に選択されているため項である．

(3d) は複文構造を持つ文の例である．主節である文全体の一部として括弧で示された従属節が表されている．主節の動詞「言う」は，「言う」という行為を行う行為者とその発話の内容を意味的に要求する．すなわち，(3d) では「ジニー」という名詞と「ハリーが来たと」という節が「言った」の項である．この従属節に目を転じると，「来た」という自動詞が「ハリー」を選択している．

これらの項は，文脈上指すものが明らかな場合，明示されなくてもよい．次例を見てみよう．

(4)　ロン：　ハリーはどうした．
　　　ハーマイオニー：　もう，来たわよ．
(5)　ロン：　その杖，どうなったの．
　　　ハリー：　折れたよ．

(4) のハーマイオニーの発話では，動詞「来た」の項が，(5) のハリーの発話では，動詞「折れた」の項が明示されていない．

一部が明示されていないにもかかわらず，日本語話者はそれらの文が「ハリーが来た」，「その杖が折れた」という意味を持つと理解する．つまり，意味解釈上は，話者の頭の中に項が存在しているのである．

では，統語的にはどうであろうか．ここでは，明示されていない項が統語的にも存在していると仮定する理由を 2 つ紹介する．

まず，次例を見てみよう．

(6)　a.　ハリーとロンはお互いを責めた．
　　　b.　*お互いが来た．
　　　c.　*ハリーはお互いを責めた．
　　　d.　*ハリーとロンはジニーがお互いを責めたと言った．

上例のいずれにも「お互い」という要素が使われている．(6a) は適格な文で

あり，「ハリーはロンを，ロンはハリーを責めた」という相互読みを持つ．このことから「お互い」は相互代名詞（reciprocal pronoun）と呼ばれる．また，(6a) の「ハリーとロン」を「お互い」の先行詞（antecedent）と呼ぶ．「お互い」は複数名詞を先行詞としてとる．

(6a) と対照的に (6b-d) は容認度（acceptability）が落ちる．(6b) では「お互い」が先行詞を伴っていない．(6c) では先行詞として「ハリー」という単数名詞が生じている．また (6d) では，「お互い」は従属節の目的語であるが，その先行詞となりえる複数名詞句「ハリーとロン」は主節の要素である．

上記の例文から，「お互い」は同じ節に適切な先行詞を持たなければならないことがわかる．[1] このことを念頭に次例を考察しよう．

(7) マクゴナガル： ハリーとロンについて知っていることをおっしゃい．
　　ハーマイオニー： *マルフォイがお互いを罵っていました．

(8) マクゴナガル： ハリーとロンについて知っていることをおっしゃい．
　　ハーマイオニー： お互いを罵っていました．

両例においてマクゴナガルの発話は同じであり，「ハリーとロン」を会話のトピックとしている．それに続くハーマイオニーの返答には「お互い」が含まれており，ここでは「ハリーとロン」を先行詞とする解釈が可能かどうかを問題とする．

(7) のハーマイオニーの発話では，「マルフォイ」が主語，「お互い」が目的語として使われているが，その文自体は (6c) と同様に非適格な文である．これは，「お互い」が属する節，すなわち当該の文全体において適切な先行詞（複数形名詞句，ここでは「ハリーとロン」）が存在していないことにより説明される．

では，(8) のハーマイオニーの発話文はどうであろうか．(7) とは異なり，この文は問題なく容認される．「お互い」は話題の「ハリーとロン」を先行詞とし，(8) は「ハリーはロンを，ロンはハリーを罵っていました」と解釈される．しかし，(8) のハーマイオニーの発話文には見かけ上主語が存在せず，「お互い」はどうやって同じ節内に先行詞を持たなければならないという条件を満たしているのかという疑問を生じる．

---

[1] 厳密には，この「お互い」に関わる制約は一般的な条件である束縛条件 (A)（Binding Condition (A)）の効果である．束縛条件 (A) は相互代名詞だけではなく英語の *himself* などの再帰代名詞（reflexive pronoun）にも適用する包括性の高い条件である．その定義，応用例については，Chomsky (1981), Chomsky and Lasnik (1993), 中村・金子・菊地 (2001), 有元・村杉 (2005) などをご覧いただきたい．

ここで，(8) の第2文には音声上表出されてはいないけれども，「ハリーとロン」に相当する，あるいはそれを指す名詞表現が主語として存在していると仮定してみよう．その場合，当該の文は以下のように分析される．

(9)　マクゴナガル：　[ハリーとロン]$_i$ について知っていることをおっしゃい．
　　　ハーマイオニー：　e_i お互いを罵っていました．

第2文の主語が e と表示されているが，これは音形のない要素（専門用語では空範疇（empty category））を表している．また，それは第1文の「ハリーとロン」と同じ下付き文字を付されているが，これはその空範疇が「ハリーとロン」が指し示すものと同じものを指し示すことを表している．そうすると，当該の文では「お互い」が同一節内に適切な先行詞を持つことになり，上記の疑問に答えることができる．

音声上は表出していないが，統語的・意味的に項が存在していると仮定すると，(8) のような例の適格性を説明することができる．すなわち，このことはそのような要素を仮定することの論拠となるのである．このような，音形を持たないが統語的・意味的に存在していると仮定される項のことを空項（null argument）と呼ぶ．また，そのような主語や目的語を特に空主語（null subject），空目的語（null object）と呼ぶこともある．

空項の存在の2つ目の論拠として，格（case）に関わる現象を考察する．上記 (3a) と (3c) をそれぞれ (10a, b) として再掲する．

(10)　a.　ハリーが来た．
　　　b.　ハリーが杖を折った．

これらの例が示すように，自動詞文の主語は主格「が」を伴い，他動詞文の主語と目的語はそれぞれ主格（nominative case）「が」と対格（accusative case）「を」で標示されている．これは日本語の一般的な格標示パターンである．

しかし，主動詞に可能を表す助動詞「られ，れ」が付き複合動詞（complex verb）が形成された場合，一般的ではないパターンが生じることが知られている．次例は，他動詞「話す」に可能の助動詞「れ」が接辞した場合である（音韻変化により，動詞語幹 /hanas/ に後続する助動詞 /re/ の語頭の子音 /r/ が脱落し /hanas+e/ となる）．

(11)　a.　太郎が英語を話せる．
　　　b.　太郎が英語が話せる．

c. 太郎に英語が話せる．
d. *太郎に英語を話せる．

(11a) が示すように，通常の他動詞文の格パターン「が-を」が維持される一方，(11b) のように目的語を「が」で標示することも可能である．目的語が「が」で標示された場合，(11b) に示されるように主語の格は主格の「が」も可能だが，(11c) のように与格 (dative case)「に」も可能になる．

主語に「が」または「に」，目的語に「を」または「が」が可能なわけだから，合計4通りの組み合わせが出て来るはずである．しかし，主語に与格「に」，目的語に対格「を」を与える組み合わせは，(11d) に示されるように許容されない．

柴谷 (1978) は，時制を持つ定形節 (finite clause) は少なくとも1つの主格を担う要素を含んでいなければならないという制約が日本語の文法に働いていると論じ，これを主格保持の制約と呼ぶ．(11a-c) では主格要素が少なくとも1つ生じているのに対し，(11d) は主格要素が存在せず，主格保持の制約に違反しているのである．

この制約に留意しつつ，次例を考察しよう．

(12) マクゴナガル： ハリーについて何を知っていますか．
　　　ハーマイオニー： ヘビ語を話せます．

マクゴナガルの問いに対するハーマイオニーの返答では，主語が表出していない．この文脈では，空主語がハリーを指すと解釈するのが自然である．ここで注意すべきは，ハーマイオニーの発話には表面上主格要素が現れておらず，主格保持の制約に違反しているのではないかと考えられることである．

当該の文は，何の問題もない，完全に容認可能な文である．そうすると，主格保持の制約も遵守しているはずである．この問題は，ハーマイオニーの発話には音声上は表出していないが，意味・統語的に主語が存在し，この主語が主格を担っていると仮定すれば，解決することができる．

もしこの仮定が正しければ，空主語は意味解釈上存在しているだけでなく，文法的にも格を担うという重要な役割を演じているということになる．

この考え方のさらなる証左を使役構文から得ることができる．日本語では使役の助動詞「させ」を動詞語幹に付けることにより使役構文を作ることができる．次例は自動詞「走る」を用いた使役構文の例である（音韻変化により，動詞語幹 /haɕir/ に後続する助動詞 /sase/ の語頭の子音 /s/ が脱落し /haɕir + ase/ となる）．

(13) a. ハリーが学校まで走った．
　　 b. マクゴナガル先生がハリーに学校まで走らせた．
　　 c. マクゴナガル先生がハリーを学校まで走らせた．

(13a)は主動詞として「走る」を用いた単文である．行為者の「ハリー」は主格「が」で標示されている．(13b-c)が使役構文であるが，使役者の「マクゴナガル先生」は主格「が」で標示され，「走る」行為を行う「ハリー」はこの場合，与格「に」か対格「を」で標示される．

次に，「させ」が他動詞とともに用いられる場合を考察する．

(14) a. ハリーがヘビ語を話した．
　　 b. マクゴナガル先生がハリーにヘビ語を話させた．
　　 c. *マクゴナガル先生がハリーをヘビ語を話させた．

(14a)は主動詞に「話す」を用いた単文である．主語が「が」，目的語が「を」で標示されている．これに「させ」を付加すると，(14b, c)が得られるわけだが，「話す」行為者の「ハリー」が与格「に」で標示される(14b)は適格である一方，対格「を」で標示される(14c)は容認されない文である．

この現象を説明するために，Harada (1973)は1つの動詞句内に2つ以上の対格要素があってはならないという二重対格制約 (Double O Constraint) を提案した．(14b, c)では「話させた」という複合動詞を主要部とする動詞句の内部に「ハリー」と「ヘビ語」という2つの名詞句が生起している．前者を与格「に」，後者を対格「を」で標示した(14b)は二重対格制約に違反しないが，両者を「を」で標示した(14c)はこれに違反する．

このことを念頭に次例を考察しよう．

(15) ダンブルドア：　ヘビ語がなぜ使われたのじゃ．
　　 ハーマイオニー：　マクゴナガル先生がハリー{に／*を}話させた
　　　　　　　　　　　のです．

ダンブルドアの問いかけに対するハーマイオニーの返答において，「話す」行為の対象である「ヘビ語」が表出していない．「話す」行為者の「ハリー」が与格で標示された場合は完全に容認可能な文であるが，対格で標示された場合は(14c)と同様容認されない文となる．

(15)のハーマイオニーの発話文で「ハリー」が「を」で標示された場合は，「話す」の目的語の「ヘビ語」が表出しておらず，一見二重対格制約の違反にはならないように思われる．ではどうやって，当該の文が(14c)と同様に悪い

文であることを説明したらよいのだろうか．

　ここでも，上記主格保持の制約の議論と同じように，ハーマイオニーの発話文には音声上表出していないが，「話す」の目的語が存在しており，対格を持っていると仮定する．そうすると，当該の例文はその空項と「ハリー」の2つの名詞句が対格を持つことになり，二重対格制約により排除することが可能になる．

　(12) における空主語が主格を担うのと同様に，(15) の空目的語は対格を持っているということになる．そうすると，これまで考察してきた類いの空項は，意味的にその存在が要求されるだけではなく，統語的・文法的にも存在していると考えることができる．

　ここまでは，空項を仮定することにより，相互代名詞の認可に関わる条件や格に関わる制約に関連して，適格な文の適格性や悪い文の非文法性をうまく説明できることを見た．では，より原理的に，当該の例文に空項が存在することを要求するものは何なのであろうか．

　Chomsky (1981) は，動詞などの述語とそれが選択する項との間に以下の条件が適用されると論じている．

(16)　θ 規準
　　a.　（述語が持つ）意味役割（semantic role, θ-role）は項に与えられなければならない．
　　b.　項は意味役割を与えられなければならない．

この条件の効果をわかりやすく見るために，英語の例を用いる．

(17)　a.　Harry speaks English.
　　b.　*Speaks English.
　　c.　It is likely that Harry will win the game.
　　d.　*Ron is likely that Harry will win the game.

(17a) は他動詞を含む単文の例である．英語では，(17b) に示されるように，時制節が主語を持たない場合は非適格な文，つまり非文となる．これは，(16a) により，他動詞 *speak* は行為者（話す人）と対象（話されるもの）という2つの意味役割を名詞句に与えなければならないが，(17b) では行為者という意味役割を担いうる名詞句が存在せず，よって非文となっていると述べることができる．[2]

---

　[2] (17b) が非文であることはさらに，日本語とは異なり英語は時制節に空主語を許容しない

また，*be likely* という述語は命題（proposition）という1つの意味役割を与える．(17c) では，この意味役割が *that* 節に与えられており，(16a) の条件を満たしている．他方，英語には意味上要求されない場合でも，節の主語位置には何らかの要素が現れなければならないという条件が働いており，[3] (17c) では主節の主語には何の意味役割も与えられないが, *it* という虚辞（expletive）が使われている．この虚辞の代わりに，意味役割を担うべき項の，例えば *Ron* という名詞句が用いられると，(17d) のように非文となる．これは θ 規準の2つ目の条件，すなわち (16b) によるものである．

　θ 規準は，英語だけでなくすべての自然言語に適用する普遍的な原理であると仮定されている．そうすると，これまで見てきたような日本語の，主語や目的語を一見「欠いている」ように見える事例が問題となる．もし，項が「欠けている」事例が本当に項を欠いているとしたら，それはθ規準に違反し，非文となるはずである．例えば，「ハリーはどうしたの．——もう帰ったよ．」の後続文では主語が表出していない．仮に文字通り主語となる項が欠けているとしたら，動詞「帰った」の意味役割（行為者）が与えられず，θ 規準の違反となるはずである．この文は，英語の (17b) とは異なり適格なので，θ 規準も当然遵守しているはずである．

　日本語には，音声上表出しないが意味・統語的に存在する空項が許されると考えると，上記の問題に解を与えることができる．「もう帰ったよ．」という文では主語として空項が存在し，動詞から意味役割を与えられているのである．

2. 空項の分析

　本節では，日本語の空項に対して提示されてきた3つの主要な分析を紹介する．いずれも，空項を何か特別なものとして扱うのではなく，自然言語に独立して観察されるものに帰そうとしており，その点では同じ考え方に立ったアプローチと言える．三者の違いは，空項を何と同一のものとするかにある．

2.1. 空代名詞分析

　管見によれば，生成統語論（generative syntax）の立場で日本語の空項を考

言語であることを意味する．
　[3] この，節は主語を持たなければならないという条件は，(16) のθ規準はすべての統語レベルに適用されるという条件と一緒に拡大投射原理と呼ばれる．この原理については，Chomsky (1981) や中村・金子・菊地 (2001) をご覧いただきたい．

第 7 章　項省略

察した最初の研究は Kuroda (1965) である．Kuroda は，空項は音形を持たない代名詞であるという空代名詞 (empty pronoun) 分析を提案した．[4] これは，空項が代名詞と似た振る舞いを示すという観察に基づいている．

　まず，日本語の例文 (18), (20), (22) とそれらに対応する英語の例文 (19), (21), (23) を比べてみよう．

(18)　#e 来た．
(19)　#He came.
(20)　ハーマイオニー：　ハリーはどこ．
　　　ロン：　e 教室にはいなかったぜ．
(21)　HERMIONE:　Where's Harry?
　　　RON:　He wasn't in the classroom.
(22)　ハリーは [e 魔法を使っていないと] 主張した．
(23)　Harry insisted that he never used magic.

(18) と (19) の文が何の脈絡もなく使われたと仮定しよう．その場合，聞き手は (18) の空主語や (19) の代名詞主語が誰を指すのかわからず，その意味でそれらの文は不適切な表現である（文頭の記号 # は当該の例文が意図された文脈では不適切であることを示している）．他方，(20) から (23) では空主語や代名詞主語は先行する文脈もしくは同じ文の中に先行詞（「ハリー」，Harry）が存在しており，どれも容認可能な表現である．

　このように，代名詞と同様，空項は先行詞を必要とする．空項が代名詞であると仮定すると，この類似性は当然の帰結として説明される．

　空項と代名詞の類似性は，上記の観察に止まらない．まず，以下の英語の例文を考察しよう．

(24)　a.　$Harry_i$ thinks that Ginny loves him_i.
　　　b.　$Harry_i$ told Ron that he_i would never come back to Hogwarts.
　　　c.　*$Harry_i$ hates him_i.

ここでは代名詞が Harry を先行詞とする解釈に焦点を当てる（代名詞と Harry に同じ下付き文字を付すことによってその解釈を示している）．(24a, b) のように，先行詞が主節の主語，代名詞が従属節の一部となっている場合は，何の問題もない適格な文が得られる．他方，(24c) のように，1 つの節の中で先行詞が主語，代名詞が目的語として用いられると容認不可能な文とな

---

[4] 空代名詞はゼロ代名詞 (zero pronoun) と呼ばれることもある．

る．ここで注意すべきことは，(24c)は代名詞が Harry 以外の誰かを指すという解釈では適格であるが，当該の解釈，すなわち目的語位置にある代名詞が同節の主語を先行詞とする解釈では非適格であるという点である．

　この現象は，束縛条件（B）(Binding Condition (B))の効果として知られるものである．その条件は概略，代名詞は同節中の先行詞に c 統御（c-command）されてはいけないという内容の，代名詞の文中の分布を規定するものである．[5] c 統御は以下のように定義される．

(25)　α を支配しているすべての範疇（category）が β を支配しているとき，α は β を c 統御する，ただし α と β は同一ではない．

これを念頭に，以下の (24c) の構造を見てみよう．

(26)　$[_{TP} [_{NPi} \text{Harry}] [_{T'} \text{T} [_{VP} [_{v} \text{hates}] [_{NPj} \text{him}]]]]$

まず，先行詞 Harry に相当する名詞句 NP_i と代名詞 him に相当する名詞句 NP_j は同一ではない．また，NP_i を支配するすべての範疇（ここでは TP のみ）が NP_j を支配している．よって，NP_i は NP_j を c 統御する．さらに，両者は同じ節の要素であり，(24c) は束縛条件（B）の違反となる．

　日本語の空項に話を戻すと，もしそれが代名詞であるとすれば，束縛条件（B）に従うことが予測される．次例を考察しよう．

(27)　*ハリー$_i$ が e_i 憎んでいる．

ここでは目的語の空項が同節の主語，すなわち「ハリー」を先行詞としてとれるかどうかが問題である．この解釈は非常に難しいと判断される．

　比較の対象として，空項と先行詞が別々の節に生起している例を見てみる．

(28)　ハリー$_i$ がロンに $[e_i$ ヘビ語を話せると$]$ 言った．

この例では，空項は従属節の主語，先行詞は主節の主語として用いられており，英語の例文 (24b) と同様の構造を持つ．(28) では (27) とは異なり，当該の解釈（e_i =「ハリー」）を得るのに何の問題もない．

　このように，空項は束縛条件（B）に従うという特徴を持っており，これは空項を代名詞とみなす立場を支持する論拠となる．

---

　[5] より直観的な述べ方をすれば，代名詞は構造的に近すぎる位置にある名詞句を先行詞にできないのである．より厳密な定義，応用例については，Chomsky (1981)，Chomsky and Lasnik (1993)，中村・金子・菊地 (2001)，有元・村杉 (2005) などをご覧いただきたい．

2.2. 空話題分析

前節において空項が代名詞的であることを示すために，英語の例文（24b-c）とそれらに対応する日本語の例文（27），（28）を考察した．そこで考慮から外れていた事例が1つある．すなわち，（24a）に対応する日本語の例が触れられていなかった．下記（29）がその例である．

(29) *ハリー$_i$ が [ジニーが e_i 愛していると] 思っている．

この文では空項が従属節の目的語として生起しており，主節の主語「ハリー」を先行詞とする．（29）と同類の例文を考察した Kuroda（1965）や類似した中国語の例文を観察した Huang（1984）などは，意図された解釈において当該の文は容認されないと述べている．

空項が代名詞であるとするとこれは予測されない．むしろ，（24a）や音形のある代名詞「彼」を用いた次例と同様に容認可能であることが予測される．

(30) ハリー$_i$ が [ジニーが彼$_i$ を愛していると] 思っている．

(29) のような事例の非適格性を説明するのに，Huang（1984）は特に目的語として生起する空項は，空代名詞ではなく，音形のない話題要素（topic）に束縛される変項（variable）であるという仮説を提案した（ここではこれを空話題（empty topic）分析と呼ぶ）．

ここで簡単に話題文について見ておこう．次例は英語の話題文である．

(31) a. This book, Harry read.
     b. This book, Ron said Harry read.

(31a, b) において，*This book* がそれぞれの文の話題として機能している．この構文の特徴として，話題要素は文頭に置かれ，それに対応する文中の位置は空所（gap）となることが知られている．上例では動詞 *read* の目的語位置が話題に対応する空所となっている．

話題文の標準的な分析は，話題要素は空所の位置に基底生成（base generate）され，その後，節の上部にある話題主要部（topic head）の指定部（specifier）に移動するというものである．[6] 主語を越えて節頭に要素を移動させる操作を A′ 移動（A′-movement）と呼ぶことがある．話題文の他には，疑問文における疑問詞（interrogative phrase）の移動や関係節における関係代名詞（rela-

---

[6] 話題主要部は特に Rizzi（1997）をはじめとする近年のカートグラフィー（Cartography）理論で仮定されている．

tive pronoun) の移動が A′ 移動の例である．下の事例 (32), (33) では移動の始点を t で表示しているが，それは移動の「痕跡」と呼ばれる一種の空範疇であり，意味的には移動した要素に束縛される変項として機能する．[7]

(32) a. What did Harry buy t?
b. What do you think Harry bought t?
(33) a. This is the book which Harry bought t.
b. This is the book which Ron said Harry bought t.

A′ 移動は Postal (1971) により指摘された強交差 (strong crossover) の効果を示す．以下はその例である．

(34) a. *This professor$_i$, he$_i$ hates t_i.
b. *This professor$_i$, he$_i$ thinks Ginny hates t_i.
c. *Who$_i$ does he$_i$ love t_i?
d. *Who$_i$ does he$_i$ think Ginny loves t_i?

(34a, b) は話題文，(34c, d) は疑問文である．話題要素と疑問詞の移動の始点を痕跡 t で示している．ここで重要なのは，移動された要素とその痕跡の間にそれらと同じ指示を持つ代名詞が介在していることである．つまり，話題要素や疑問詞が同じ指示を持つ別の要素を「交差」して移動している．その結果は (34) に示されているように，完全な非文である．

Huang (1984) は，中国語や日本語の特に空目的語は音形のない話題要素で，上で見た英語の話題要素と同じように A′ 移動の適用を受けると論じている．これによれば，(35) の第 2 文は (36) のように分析される．

(35)　ハーマイオニー：　ハリーはどうしたの．
　　　ロン：　先生が叱っていたよ．
(36)　*TOP* 先生が t 叱っていたよ．

(36) は，(*TOP* と表示されている) 音形のない話題が目的語位置に基底生成され，その後文頭に移動したことを表している．この空話題は (35) の文脈では「ハリー」を指すことになり，結果として (35) のロンの発話が「先生がハ

---

[7] ここで使われている束縛と変項は，論理学で用いられる用語である．例えば，「万物には寿命がある．」という命題は論理式で ∀ x Mortal(x) と表されるが，Mortal という述語の項になっている変数 x が変項と呼ばれ，この場合には普遍量化詞 (universal quantifier) ∀ に束縛されている．(31), (32), (33) では，それぞれ話題，疑問詞，関係代名詞が普遍量化詞のような操作子 (operator) として機能し，変項として機能する痕跡 (trace) を束縛している．

リーを叱っていた」という解釈を持つことを保証する.[8]

空話題分析によれば，(29) は (37) のように分析される．

(37)　TOP_i ハリー$_i$ が [ジニーが t_i 愛していると] 思っている．

空話題が従属節の目的語位置から文頭に移動しており，移動の始点と着点の間に空話題と同じ指示を持つ要素「ハリー」が介在している．これはまさに上述した強交差の構造である．

同様に，前節で束縛条件 (B) を用いて説明した (27) の例文も，以下に示すように強交差によりとらえ直すことができる．

(38)　TOP_i ハリー$_i$ が t_i 憎んでいる．

ここでも移動を受けた空話題とその始点の間に同じ指示を持つ要素「ハリー」が介在している．

空代名詞分析が説明できる (27) だけでなく，それが説明できない (29) の容認度の低さもとらえることができるという点で空話題分析は優っている．しかしながら，Huang (1984) 以降，空話題分析の問題点が指摘されてきた．

まず類似した中国語のデータに基づき，Xu (1986) は (29) で観察された事実には例外があることを指摘している．次例を見てみよう．

(39)　ハリー$_i$ が (先生に) [ジニーが e_i 殴ったと] 訴えた．

構造的に見れば，(39) は (29) と違いがない．従属節の目的語として空項があり，それが主節の主語を指す解釈が意図されている．しかし，(29) と対照的に (39) は容認可能な文である．

これは強交差効果の典型的な例には見られない事実である．(34) の例文はいかに動詞を替えようとも決して容認度が増すことはない．

(40)　a. *This professor$_i$, he$_i$ thinks Ginny hit t_i.
　　　b. *This professor$_i$, he$_i$ said Ginny kicked t_i.
　　　c. *Who$_i$ did he$_i$ tell the teacher that Ginny punched t_i?

(40) は (34b, d) に対して，(39) と同様に主節や従属節の動詞を替える修正を施した例文である．この修正にもかかわらず，(40) は相変わらず非文である．このことは，(29) の非適格性は強交差効果に帰されるべきものではない

---

[8] 空話題の代わりに音形のある要素を話題として使えば，「ハリーは先生が叱っていたよ．」という文になる．

ことを示唆する．

Xu（1986）はまた，空目的語を含む構文が移動の効果を示さないことを指摘している．Xu（1986）は中国語のデータを用いているが，ここでは類似した日本語の例文を考察する．

(41)　ハリー：　この杖$_i$が何だって言うの．
　　　ロン：　魔法省が [$_{NP}$ [$_{RC}$ e_j e_i 所有していた] 魔法使い$_j$] を探しているらしいぜ．

ハリーの発話によって「この杖」が談話の話題として設定されている．ハリーの質問に対するロンの応答には，複合名詞句（complex NP），すなわち節（この場合は RC と標示された関係節）を含む名詞句が使われており，その中に話題「この杖」を指す空項 e_i が生起している．[9] Ross（1967）は，複合名詞句はその内部からの要素の移動を許さない「島（island）」の一種であると論じている．例えば，以下の英語の話題文を考察しよう．

(42)　*This book$_i$, Snape will punish [$_{NP}$ the boys [$_{RC}$ who read t_i]].

ここでは，話題 *This book* が関係節の目的語位置から文頭に移動しているが，この文は極めて容認度が低い．

これに対して，(41) のロンの発話は問題なく容認される文であり，空話題分析によりその事実を説明することは難しい．空話題分析を維持しつつ (41) の事実をとらえる 1 つの解決案のヒントが，やはり Ross（1967）により指摘された以下に例示される現象から得られるように思われる．

(43)　This book$_i$, Snape will punish [$_{NP}$ the boys [$_{RC}$ who read it$_i$]].

(43) は (42) と唯一関係節の目的語位置に空所ではなく代名詞が生起している点で異なっている．しかし，これにより (43) は容認可能な文となっている．このように移動の痕跡の代わりに用いられる代名詞を再述代名詞（resumptive pronoun）と呼ぶことがあるが，そのような代名詞は「島」の効果を緩和する働きを持つ．

(41) のロンの発話文も以下に示されるように，空話題に対応する空所の位置に代名詞，この場合は音形のない代名詞があり，再述代名詞として働いてい

---

[9] (41) のロンの発話にはもう 1 つ空所（e_j）が存在する．それは関係節に修飾される名詞「魔法使い」に対応する空所である．

ると仮定することができる（空代名詞を *pro* と表記する）.[10]

(44) TOP$_i$ 魔法省が [$_{NP}$ [$_{RC}$ e_j pro_i 所有していた] 魔法使い$_j$] を探しているらしいぜ.

話題要素と代名詞の音形の有無を除けば，(44) は (43) と同様の構造を持っており，当該の文が「島」の効果を示さないこともとらえることができる．
　しかし，一旦空話題分析がこのような形で空代名詞の存在を認めてしまうと，空話題を仮定する積極的な根拠を失ってしまうことになり，結局は空代名詞も仮定せざるをえないという結果になる.[11] このような考察により，少なくとも日本語の空項が関わる構文において空話題を仮定する分析はあまり支持を集めてこなかったように思われる.[12]

2.3. 項省略分析

　前節で言及した Xu (1986) は，空話題分析だけでなく空代名詞分析への反例も指摘している．以下は Xu (1986) が用いている中国語の例文に対応する日本語の例である．

(45) マクゴナガル先生： 誰が自分（自身）を批判しましたか.
　　 ハーマイオニー： ハリーが *e* 批判しました.

ハーマイオニーの発話は空目的語文である．(45) の文脈では，その文は「ハリーが自分（自身）を批判しました」と解釈される．つまり，空目的語は同じ文の主語「ハリー」を先行詞としている．もし空項が常に空代名詞であるならば，当該の文は以下のように分析されることになる．

(46) ハリー$_i$ が pro_i 批判しました.

目的語位置には空代名詞があり，それが主語と同じ指示を持っている．2.1 節で述べたように，このような文は束縛条件 (B) の違反となり，非文法的な文

---

[10] 日本語の話題文に再述代名詞が用いられることは，Saito (1985) などにより指摘されてきた．実際，(41) のロンの発話文に対応する形で音形のある話題と再述代名詞を用いることが可能である（「この杖は，魔法省がそれを所有していた魔法使いを探しているらしい.」）．
[11] 実際 Huang (1984) は，空主語については空代名詞の存在を認めている．
[12] このことは空話題分析が他の言語にも通用しないということを意味するものではない．例えば，Cole (1987) はポルトガル語の空目的語構文が Huang (1984) が予測する通り「島」の効果を示すと述べている．また，Huang (1984) の基本的な考え方を踏襲しつつ日本語の事象を説明するように修正を加えた分析を提示した論考に Hasegawa (1984/85) がある．

として排除されるはずである．しかし，当該の文は (45) の談話において何の問題もない文である．

　ここで注意しなければならないのは，(45) のハーマイオニーの発話文が容認されるためには，(45) のような文脈（マクゴナガル先生の先行文）が必要だということである．当該の文が何の脈絡もなく使用された場合は，意図された解釈を得ることは難しい（例文 (27) も参照）．

　(47)　*ハリー$_i$ が e_i 批判しました．

(45) や (47) の事実はどのように説明されるのだろうか．
　また，Otani and Whitman (1991) は次例のようなデータを指摘している．

　(48)　a.　ハリーは自分の母親を尊敬している．
　　　　b.　ロンは e 軽蔑している．

(48a) に後続する形で (48b) が用いられたとき，その文は「ロンはハリーの母親を軽蔑している」という解釈と「ロンは自分（つまり，ロン自身）の母親を軽蔑している」という解釈のどちらも持つことができる．前者は，当該の文の目的語が先行文の目的語と同一人物（すなわち，「ハリーの母親」）を指すので，「厳密な同一性 (strict identity)」解釈と呼ばれる．他方後者は，後続文の目的語も「自分の母親」と解され先行文の目的語と同一ではあるが，指示対象が両者では異なるので（(48a) では「ハリーの母親」，(48b) では「ロンの母親」），「緩やかな同一性 (sloppy identity)」解釈と呼ばれる．

　(48) を代名詞を含む英語の例文と比較してみよう．

　(49)　a.　Harry respects his mother.
　　　　b.　Ron despises her.

(49b) は目的語として代名詞が用いられている．(49a) に後続する文脈で (49b) が用いられた場合，その代名詞は「ハリーの母親」を指す厳密な同一性解釈は持つが，「ロンの母親」を指す緩やかな同一性解釈は持たない．また，(48b) の空代名詞を音形のある代名詞「彼女」で置き換えると次例が得られる．

　(50)　a.　ハリーは自分の母親を尊敬している．
　　　　b.　ロンは彼女を軽蔑している．

この代名詞も「ハリーの母親」を指す解釈しか持ちえない．
　このように，人称代名詞は一般に緩やかな同一性解釈を持たない．もし (48b) の空項が空代名詞であったら，それが緩やかな同一性解釈を持つという

観察を説明することができない．

さらに，第1節で考察した相互代名詞「お互い」を用いた例文も空代名詞分析の限界を示す．

(51) a. ハリーとジニーはお互いを尊敬している．
     b. ロンとハーマイオニーは e 軽蔑している．

(51a) を先行文とする空代名詞文 (51b) は，「ロンはハーマイオニーを，ハーマイオニーはロンを軽蔑している」という相互読みを持つ．

これを以下の英語と日本語の代名詞を含む用例と比較してみる．

(52) a. Harry and Ginny respect each other.
     b. Ron and Hermione despise them.
(53) a. ハリーとジニーはお互いを尊敬している．
     b. ロンとハーマイオニーは彼らを軽蔑している．

それぞれ (52a) と (53a) に後続する文脈において，(52b) と (53b) ともに「ロンとハーマイオニーはハリーとジニーを軽蔑している」という解釈しか持たず，(51b) が持つ相互読みは不可能である．ここでも，もし空項が一義的に空代名詞だとしたら，(51b) は (52b) や (53b) と同様の解釈しか持たないことが誤って予測されてしまう．つまり，(51b) の相互読みは空代名詞分析ではとらえられないのである．

上記 (45), (48), (51) に観察される事実を説明するために，Huang (1991), Kim (1999), Oku (1998), Otani and Whitman (1991) などは空項を省略により分析する仮説を提案している．特に Oku (1998) と Kim (1999) は，空項を項そのものを省略することにより生成する「項省略 (argument ellipsis)」分析を提案している．[13]

この考え方によれば，(45), (48), (51) は以下のように分析される．

(54) マクゴナガル先生： 誰が自分（自身）を批判しましたか．
     ハーマイオニー： ハリーが 自分（自身）を 批判しました．
(55) a. ハリーは自分の母親を尊敬している．
     b. ロンは 自分の母親を 軽蔑している．

---

[13] 対して Huang (1991) や Otani and Whitman (1991) は，空項を含む文には動詞句の省略が関与しているという仮説を提案している．この動詞句省略 (verb phrase (VP) ellipsis) 分析は，Kim (1999), Oku (1998), Takahashi (2008a) などにより反論が提示されており，ここでは扱わないこととする．興味がある読者は上記の文献をお読みいただきたい．

(56) a. ハリーとジニーはお互いを尊敬している．
b. ロンとハーマイオニーは お互いを 軽蔑している．

　いずれの例においても，後続文の目的語位置には先行文の目的語と同じ名詞句がもともと生成されていて，同一名詞句の繰り返しを避けるために省略を受けている（ここでは省略部分を字消し線で表示している）．
　ここでは，省略とは対象となる語句の音声的表出を阻止する操作と仮定する．[14] つまり，例えば (55b) の派生では，統語部門で「ロンは自分の母親を軽蔑している」という形式が形成され，それが音声解釈と意味解釈への入力となる．意味解釈では，当該の文は「ロンは自分（すなわち，ロン）の母親を軽蔑している」という解釈が得られ，他方音声解釈では，目的語部分が音声上の表出を受けず，空目的語文として具現化される．
　この分析によれば，(54) のハーマイオニーの発話文は「自分（自身）」という再帰代名詞が目的語として生起しており，「ハリーが自分，つまりハリーを批判しました」という読みが得られる．同様に，(56b) の目的語位置には「お互い」という相互代名詞があり，先行文 (56a) の目的語との同一性ゆえに省略を受けている．しかし統語・意味的には，(56b) は相互代名詞を含んでおり，それ故相互読みを持つということが説明できる．
　2.1 節において，空項が適切に解釈されるためには先行詞の存在が必要であることを見た．省略分析においてもこのことは予測される．Hankamer and Sag (1976) は，省略（より正確には彼らが表層照応表現（surface anaphora）と呼ぶもの）には先行詞が必要であることを以下のような例を用いて論じている．

(57) HANKAMER: I'm going to stuff this ball through this hoop.
　　　SAG: It's not clear that you'll be able to.
(58) [Hankamer attempts to stuff a 9-inch ball through a 6-inch hoop.]
　　　SAG: #It's not clear that you'll be able to.

(57) で後続文中に動詞句 *stuff this ball through this hoop* の省略が生じているが，それは先行文中に先行詞として機能する動詞句が存在していることによ

---

[14] これはいわゆる「削除 (deletion)」分析である．省略現象の削除分析については，Chomsky and Lasnik (1993), Sag (1976), Merchant (2001) などの文献をご覧いただきたい．省略現象には，Williams (1977) や Chung, Ladusaw and McCloskey (1995) などに代表される「転写 (copying)」分析という代案も存在する．項省略については，Oku (1998) や Saito (2007) は転写分析を提案している．本章では便宜上，削除分析を用いて説明を行う．

り適切に解釈される．対して，(58) において括弧で示されているのは言葉で表現されていない状況であり，その状況で発せられた動詞句省略文は不自然である．

このように，代名詞と同じように省略も省略されている部分が何を指すのかがわかるような先行詞を必要とするのである．[15]

省略分析を支持するさらなる証拠を不定名詞句 (indefinite noun phrase) や数量詞 (quantifier) が用いられた文の考察から得ることができる．Oku (1998) は次のような例を指摘している．

(59) a. 昨日魔法使いがハリーの家に来た．
　　　b. ロンの家にも来た．

(59a) で使われている「魔法使い」が不定名詞句として解釈される読みに絞って考察することにする（つまり，「特定の魔法使いが来た」という解釈ではなく，「魔法使いが誰か来た」という解釈である）．(59a) を先行文とする (59b) は空主語構文である．問題なのは，その空主語がどのように解釈されるかである．

1つの解釈は，「ハリーの家に来た同じ魔法使いがロンの家にも来た」という解釈である．これに加えて，(59b) は「魔法使いが誰かロンの家にも来た」という解釈も持ちうる．この場合，ロンの家に来た魔法使いはハリーの家に来た魔法使いと同じである必要がなく，これにより1つ目の解釈と区別される．

(59b) の空主語の代わりに音形のある代名詞を用いたのが次例である．

(60) a. 昨日魔法使いがハリーの家に来た．
　　　b. {彼／そいつ} はロンの家にも来た．

代名詞が「彼」であろうと「そいつ」であろうと，(60b) は「同じ魔法使い」の解釈しか持ちえない．(60) に対応する英語の例も同様である．

(61) a. A wizard came to Harry's house yesterday.
　　　b. He came to Ron's house, too.

代名詞 *He* が用いられた (61b) はやはり「同じ魔法使い」の解釈しか持たない．

空項を常に代名詞とみなす空代名詞分析では，(59b) の空主語は空代名詞と

---

[15] しかし，省略と代名詞には本節で見てきたような相違も存在する．Hankamer and Sag (1976) にも両者の違いが述べられている．

して扱われるので，(59b) は (60b) や (61b) と同様に「同じ魔法使い」の読みしか持たないことを予測する．

これに対して，項省略分析によると，(59) は以下のように分析される．

(62) a. 昨日魔法使いがハリーの家に来た．
　　 b. 魔法使いが ロンの家にも来た．

(62b) に示されるように，後続文の主語位置には代名詞ではなく「魔法使い」という不定名詞が用いられ，先行文の主語との同一性により省略を受けている．この分析では，(59b) の空主語が不定名詞句の読みを持つことをとらえることができる．[16]

数量詞が用いられた例文を検証することで，上記の議論の妥当性を確認することができる．篠原 (2004)，Saito (2007)，Takahashi (2008b) などは次例のようなデータを考察している．

(63) a. ハリーは（一晩に）3 冊の本を読めた．
　　 b. ロンは読めなかった．

(63a) は目的語に「3 冊の本」という数量詞が用いられている文である（関連する解釈が取りやすいように「一晩に」という表現を用いているが，それがなくても基本的な考察に影響はない）．(63b) はこれを先行文としているが，目的語が空である．この文はどのような解釈を持つだろうか．

まず，(63b) は「ロンはハリーが読んだ 3 冊の本を読めなかった」という読みを持ちうる．これは空目的語の代わりに代名詞が使われた次例が持つ解釈である．

(64) a. ハリーは（一晩に）3 冊の本を読めた．
　　 b. ロンはそれらを読めなかった．

この点において，(63b) の空目的語は空代名詞であると考えても良さそうである．しかし，(63b) が (64b) と決定的に違うのは，(63b) には別の読みが可能であるということである．

(63) が使われている状況として，ハリーとロンが何でも良いから本を読むという宿題を課せられたと仮定しよう．そして，ハリーは 3 冊読むことができたが，ロンは 2 冊までしか読むことができなかったとしよう．この状況下

---

[16] 賢明な読者は，「同じ魔法使い」読みが項省略分析でどのように説明されるのか疑問に思うであろう．これについては次節で取りあげる．

で，(63)，特に (63b) を用いることが可能である．つまり，意味論的な述べ方をすると，ロンは 2 冊まで本を読んだが 3 冊は読まなかったという状況において (63b) は真でありうる．

ここで注意すべきは，代名詞を用いた (64b) は上記の解釈を持ちえないということである．すなわち，空項を代名詞とする分析では，当該の解釈を予測することができない．

これに対して，項省略分析は (63) を次に示すように分析する．

(65) a. ハリーは（一晩に）3 冊の本を読めた．
b. ロンは 3 冊の本を 読めなかった．

後続文の目的語位置には数量詞「3 冊の本」が生起しており，省略を受けている．意味的には，当該の文は「ロンは 3 冊の本を読めなかった．」という文が持つ解釈を持つことになり，その省略のない文は上記の「2 冊までは読んだが 3 冊に至らなかった」という状況下で真となりうる．[17]

この 2.3 節ではこれまで，適当な先行文が与えられれば空項は緩やかな同一性解釈や再帰代名詞，相互代名詞としての解釈，不定名詞句や数量詞としての解釈を持つことができることを論じてきた．これらは空項を代名詞とみなす考え方ではとらえることができない特徴であるが，項省略分析ではうまく説明することができる．また省略分析でも，空項が適切に解釈されるのに先行詞を必要とすることが予測できることも述べた．

最後に，空代名詞分析のもう 1 つの論拠であった束縛条件 (B) に関わる事例を考察する．関連する例文 (27) を (66) として再掲する．

(66) *ハリー$_i$ が e_i 憎んでいる．

何の先行文脈も与えられない場合に空目的語が主語の「ハリー」を指す解釈は不可能である．空代名詞分析によれば，この空目的語は代名詞なので束縛条件 (B) の適用を受け，この場合はそれに違反する．つまり，(66) は束縛条件 (B) の違反例として排除される．

項省略分析ではどのように説明されるであろうか．上述したように，省略も先行詞を必要とする．(66) で目的語の省略の先行詞となりえるものは唯一，主語の「ハリー」である．その場合，(66) は以下に示すように分析される．[18]

---

[17] (63b) が持つ「ロンはハリーが読めたのと同じ 3 冊の本を読めなかった」という解釈をどのように説明するかについては次節で述べる．
[18] ここでの議論は概ね Kim (1999) に基づいている．

(67)　ハリー$_i$が ~~ハリー$_i$~~を 憎んでいる．

目的語位置に「ハリー」が生じており，主語名詞句との同一性により省略を受けている．しかしこの構造は，固有名詞（proper noun）などの指示表現（referential expression）が同じ指示（reference）を持つ名詞句にc統御されることを禁じる束縛条件（C）（Binding Condition（C））に違反する．[19]

束縛条件（C）の効果は以下に例示される．

(68)　a.　*He$_i$ criticized Harry$_i$'s mother.
　　　b.　One of his$_i$ teachers criticized Harry$_i$'s mother.
　　　c.　*Harry$_i$ said Harry$_i$ would quit school.
　　　d.　His$_i$ uncle said Harry$_i$ would quit school.

(68a, c) では，目的語もしくは従属節中の指示表現 Harry が同一文中の主語 He もしくは Harry にc統御されている．他方，(68b, d) では，Harry に先行する代名詞は Harry をc統御していない．この構造上の違いがそれぞれの文の適格性に現れている．

このことを踏まえて (67) を見ると，目的語位置にある指示表現「ハリー」が主語の「ハリー」にc統御されている．よってその構造は束縛条件（C）の違反として排除されるはずである．

1つ注意しなくてはいけないのは，(67) の省略が適用しない事例が日本語では容認される文であるということである．[20]

(69)　ハリーがハリーを憎んでいる（ことは周知の事実だ）．

したがって，(66) を (67) に示すように束縛条件（C）を用いて説明することはそれほど明確ではない．

しかし，(67) と (69) には違いが存在する．(69) の2つの「ハリー」という名詞句はそれぞれ独自に指示表現として「ハリー」という名前を持つ同一人物を表している．その2つの間にはおそらく，指示表現と代名詞・再帰代名詞などの間にある指示に関する依存関係は存在しないであろう．例えば，次例は指示表現とそれを指す代名詞・再帰代名詞を含む文である．

---

[19] c統御の定義は (25) に示してある．束縛条件（C）の厳密な定義，応用例については，Chomsky (1981), Chomsky and Lasnik (1993), 中村・金子・菊地 (2001), 有元・村杉 (2005) などをご覧いただきたい．

[20] この点に関連する考察は Hoji (1998) や Lasnik (1991) などにある．

(70) ハリー$_i$が{彼$_i$／自分$_i$}の母親がとても優しかったと思っている．

代名詞や再帰代名詞はそれ自体で何か事物を指すことはできず，例えばこの文の「ハリー」のような独自の指示を持つものに依存する．

(67) では確かに2つの指示表現が用いられており，その意味では (69) と同様である．しかし，(67) では主語の名詞句との同一性に基づいて目的語が省略を受けるというある種の依存関係が存在している．この依存関係の有無を用いて (67) と (69) を差別化できるかもしれない．

束縛条件が規定する束縛とは複数の名詞句の間の指示についての依存関係に関するものであると了解しよう．[21] (69) では，2つの「ハリー」はそれぞれ指示表現として独立して指示対象物を持っており，それらの間に依存関係はない．たまたまその2つの名詞句が同じ対象物を指しているのである．よって，束縛条件（C）の適用を免れている（この場合，なぜ同様のことが (68c) ではできないのかという疑問が生じるが，それは今後の研究課題とする）．これに対して (67) では，省略が適用する結果として2つの「ハリー」の間に依存関係が生じており，それ故束縛条件の適用を受けることになる．[22]

このように考えることができれば，(66) の非適格性を説明することが可能になるが，憶測の域に留まる仮定もあり，それを検討することは研究課題である．

以上，本節では，項省略分析は空代名詞分析ではとらえられない，緩やかな同一性や不定名詞句や数量詞が関わる現象を説明することができ，さらに一部今後の研究を要するものもあるが，空代名詞分析により説明されていた事象もとらえることができることを述べた．日本語の空項は項省略により生成されるという考え方は現時点でもっとも妥当性の高い仮説であるといえる．[23]

---

[21] 指示の依存関係については Evans (1980), Fiengo and May (1994), Higginbotham (1983) や Reinhart (2006) が詳しい．

[22] ここでの考え方は多田浩章氏の示唆に基づく．

[23] 項省略分析は空代名詞分析の代案として登場したのであるが，音形のある代名詞が省略をうけた場合，それは「空代名詞」となる．この意味で，省略分析においても空代名詞が認められうる．次節に関連する議論がある．

第2部　項省略分析のさらなる展開

1. 厳密な同一性解釈と「同じ魔法使い／同じ3冊の本」解釈

第1部2.3節において考察した (48) を (71) として再掲する．

(71) a.　ハリーは自分の母親を尊敬している．
　　　b.　ロンは e 軽蔑している．

(71b) が持つ「ロンは自分（つまり，ロン）の母親を軽蔑している」という緩やかな同一性解釈は項省略により説明できることを見た．では，その文が持つもう1つの読み，「ロンはハリーの母親を軽蔑している」という厳密な同一性解釈はどのように扱われるだろうか．[24]

1つの方策は，(50) で見たように厳密な同一性解釈は代名詞により与えられうるという観察を利用することである．(50) を (72) に再掲する．

(72) a.　ハリーは自分の母親を尊敬している．
　　　b.　ロンは彼女を軽蔑している．

(72b) では代名詞「彼女」が用いられているが，その文は厳密な同一性の読みしか持たない．

もし (71) の空項が省略と空代名詞の2通りに分析されるとしたら，それらは各々緩やかな同一性と厳密な同一性の解釈を生じると言うことができる．これはすなわち，日本語の空項には項省略分析と空代名詞分析のいずれもが通用するという考え方である．

これとは別に，省略だけで厳密な同一性を説明することもできる．

Fiengo and May (1994) は省略と束縛条件の関係を考察し，省略には彼らが vehicle change（ここでは「形式替え」と訳す）と呼ぶ事象が観察されることを論じている．以下，Fiengo and May (1994) で用いられた例文を見ながら，その議論を説明する．

まず次例を見てみよう．

(73) a.　* Mary hit John$_i$ and he$_i$ did, too.
　　　b.　Mary hit John$_i$ and he$_i$ did **hit John$_i$**, too.

(73a) は英語の動詞句省略の例である．先行文の目的語を指す代名詞が省略文

---

[24] 以下の議論は Oku (1998) で指摘されているものである．

の主語として使われているが，当該の文は非適格な文である．

この事実は，(73b) に示されるように説明することができる．動詞句省略において，省略された動詞句は先行詞として機能する動詞句と同一であると仮定する．すなわち，(73b) において太字で示されている動詞句が統語的・意味的に省略部分に存在していると仮定する．すると，(73b) において後続文は，指示表現 John が同じ指示を持つ代名詞 he に c 統御されており，束縛条件 (C) の違反となる．

この分析は問題がないように思われるが，再考の必要性が (74) により示される．

(74)　Mary loves John$_i$, and he$_i$ thinks that Sally does, too.

これは (73a) と異なり，容認される文である．(73a) に与えた分析をこれに適用すると，以下のようになる．

(75)　Mary loves John$_i$, and he$_i$ thinks that Sally does **love John$_i$**, too.

後続文の省略部分に先行文の動詞句と同一のものが存在している．ここでも指示表現 John は同じ指示を持つ代名詞 he に c 統御されており，今度は誤って (74) が非適格であると予測してしまう．

この問題を避けるために，Fiengo and May (1994) は (74) の省略の元になっている構造は (76) であると主張する．

(76)　Mary loves John$_i$, and he$_i$ thinks that Sally does **love him$_i$**, too.

(75) との違いは，省略部分の動詞句に代名詞 him が生じていることである．この構造は代名詞を含み，それ故に束縛条件 (B) が関わってくるが，代名詞 him は同節中の要素に束縛されておらず，適格である．

この (76) が (74) の元になっているという考え方が正しければ，省略において先行詞に含まれる指示表現 John と省略部分に含まれる代名詞 him の形式的な違いは省略の適用の妨げにならないと言うことができる．指示が一定でさえあれば，形式上どのような表現でそれを表すかは省略における先行詞と省略部分の同一性にとって問題にならないのである．[25]

---

[25] いかなる相違も省略の妨げにならないとは言えない．例えば，(73a) の元になっている構造として Mary hit John$_1$ and he$_1$ did **hit himself$_1$**, too が可能だとすると，誤ってその文は適格と予測されてしまう．先行詞中の指示表現と省略部分の再帰代名詞の違いは「形式替え」に当たらないと言わざるをえない．どのような場合に形式替えが可能で，どのような場合にそれが不可能なのかについては，Fiengo and May (1994) や Oku (1998) をお読みいただき

その場合，(73) を再考する必要が出てくる．(73a) は (73b) のように分析されると上述したが，以下のようにも分析されうる．

(77)　Mary hit John$_i$ and he$_i$ did **hit him**$_i$, too.

太字で示した省略部分に指示表現ではなく代名詞が生じている．このこと自体は省略の妨げにならないはずであるが，この構造は今度は束縛条件（B）に違反する．よって，(73a) は依然として正しく排除される．

　形式替えのもう1つの例として (78) が挙げられる．

(78)　Max hit himself before Oscar did.

この文は厳密な同一性解釈（Max hit himself before Oscar hit Max.）と緩やかな同一性解釈（Max hit himself before Oscar hit Oscar himself.）において両義的である．省略部分に先行詞と同一の動詞句が生じているとすると，(78) は以下のように分析される．

(79)　Max hit himself before Oscar did **hit himself**.

この構造は緩やかな同一性解釈を生じる．

　厳密な同一性解釈を持つ場合は，(80) が元になっていると Fiengo and May (1994) は述べる．

(80)　Max$_i$ hit himself$_i$ before Oscar did **hit him**$_i$.

ここでは省略部分に *Max* を指す代名詞が生じている．先行文中の再帰代名詞 *himself* と省略部分の代名詞 *him* の形式上の違いは省略の適用の妨げになっていない．

　省略がこのような形式上の違いに妨げられないことを考えると，(71) が厳密な同一性解釈を持つ場合は次のように分析できる．

(81)　a.　ハリー$_i$は自分$_i$の母親を尊敬している．
　　　b.　ロンは 彼$_i$の母親を 軽蔑している．

省略を受けている (81b) において，目的語位置に「彼の母親」が生じている．その内部の代名詞「彼」は「ハリー」を指しており，先行文中の再帰代名詞「自分」と同じ指示を持っている．(80) で見たように，先行詞中の再帰代名詞と省略部分の代名詞の形式上の違いは省略の妨げにならない．よって，(81b) に

たい．

示された省略は可能なはずである．

　当該の例には，別の分析の仕方も可能である．すなわち，(72b) が省略の入力になることも考えられる．(72) を (82) として再掲する．

(82) a.　ハリー$_i$ は [自分$_i$ の母親]$_j$ を尊敬している．
　　 b.　ロンは 彼女$_j$ を 軽蔑している．

(82b) の目的語には，(82a) の「自分（ハリー）の母親」を指す代名詞「彼女」が生じている．前者はその内部に「自分」という再帰代名詞を含み，固有名詞などとは異なり独自の指示を持っていないが，束縛条件においては条件 (C) の適用を受ける指示表現として振る舞う．

(83)　*Ginny$_i$ thinks he$_j$ criticized [her$_i$ father]$_j$.

この例の *her father* は内部に代名詞を含み，やはり指示的には依存した要素である．しかし，同じ指示を持つ代名詞 *he* に c 統御され，束縛条件 (C) の効果を示している．

　(82) に戻ると，「自分の母親」という指示表現が同じ指示を持つ代名詞「彼女」の省略を認可している．この指示表現と代名詞の関係は，(76) で見たものであり，許容されるはずである．

　この考え方によれば，日本語には元々は音形のある代名詞として文に導入され，その後省略を受ける，つまり音声上の具現化を受けない「空代名詞」が存在することになる．空代名詞分析は語彙的な特性として音形のない代名詞を仮定するが，項省略分析は形式替えと相まって新しい形の「空代名詞」を認めるのである．

　次に，(59) と (63) における「同じ魔法使い」，「同じ 3 冊の本」の解釈を考察する．2 つの例をそれぞれ (84)，(85) に再掲する．

(84) a.　昨日魔法使いがハリーの家に来た．
　　 b.　ロンの家にも来た．
(85) a.　ハリーは（一晩に）3 冊の本を読めた．
　　 b.　ロンは読めなかった．

第 1 部 2.3 節において，(84b) と (85b) の空項は，先行文で言及されているのとは「別の魔法使い」，「別の 3 冊の本」という解釈があることを観察し，それは省略分析により説明されることを見た．では，もう 1 つの解釈，すなわち「ハリーの家に来たのと同じ魔法使い」，「ハリーが読んだのと同じ 3 冊の本」という解釈はどのように説明できるだろうか．

やはり第1部2.3節において，これらの解釈は空項の代わりに代名詞を用いた文に生じることを見た．関連する例文（60）と（64）をそれぞれ（86）と（87）に再掲する．

(86) a. 昨日魔法使いがハリーの家に来た．
　　 b. ｛彼／そいつ｝はロンの家にも来た．
(87) a. ハリーは（一晩に）3冊の本を読めた．
　　 b. ロンはそれらを読めなかった．

ここでも形式替えを適用できる．(86)において，先行文中の「魔法使い」が後続文の同じ指示を持つ代名詞「彼／そいつ」の省略を認可することが可能なはずである．同様に(87)でも，先行詞「3冊の本」が同じ指示を持つ代名詞「それら」の省略を認可することができるはずである．

このように，省略分析は関連する例文が持つ両義性を説明することができる．説明できる事象の範囲が空代名詞分析よりも広く，よって項省略分析の方が優れている仮説だと言うことができる．

2. 項省略の通言語的分布

これまでは日本語に焦点を絞り，その空項が項省略により生成されると論じてきた．世界の言語には，日本語と同じように時制を持った節の主語や目的語を音声上表出しなくてもよい言語が存在する．他方，英語のようにある特殊な場合を除き項の音声上の表出が義務的な言語もある．

前者のタイプの言語において，そこに観察される空項は項省略により生成されるのだろうか．また，後者のタイプの言語において項省略が適用しない理由は何なのであろうか．

1つ目の疑問から考察を始める．Oku (1998) はスペイン語の空主語を調査し，それが日本語の空項とは異なる特徴を持つことを観察している．

(88) a. María cree　　que su propuesta será　aceptada.
　　　　Maria believes that her proposal will.be accepted
　　　　「マリアは自分の提案が受け入れられるだろうと信じている.」
　　 b. Juan también cree　　que *e* será　aceptada.
　　　　Juan also　　believes that　　will.be accepted
　　　　「フアンも受け入れられるだろうと信じている.」

(88a)に後続する(88b)では，従属節の主語が音声上空である．Oku (1998)

によると，その空主語は「マリアの提案」を意味することはできるが，「フアンの提案」を意味することはできない．要するに，スペイン語の空主語は厳密な同一性解釈しか持たないのである．

スペイン語は，よく知られているように主語と動詞の一致（agreement），生成言語学的な観点では主語と時制辞の一致が形態的に「豊か」であり，主語の人称・数により異なる動詞の形が現れる．例として動詞 *hablar*「話す」の直接法現在の活用を以下に示す．

(89) 　一人称単数 hablo 　　　一人称複数 hablamos
　　　二人称単数 hablas 　　　二人称複数 habláis
　　　三人称単数 habla 　　　 三人称複数 hablan

標準的な仮説では，この豊かな屈折により主語位置の空代名詞が認可されると考えられている．[26]

スペイン語の空主語が空代名詞だとすると，それが厳密な同一性解釈しか持たないことは当然の帰結である．第1部2.3節で述べたように，それは代名詞の特徴だからである．

ここで重要なことは，スペイン語の空主語はなぜ項省略により生成されないのかということである．もし項省略が可能であれば，(88b)は緩やかな同一性解釈も持ちうるはずだが，事実はそうではない．

また，Şener and Takahashi (2010) はトルコ語を調査している．トルコ語はスペイン語と同じように主語と動詞（正確には時制辞）の一致が豊かな言語であり，やはり時制節において空主語を許す．例えば，次例は動詞 *okumak*「読む」の現在形の活用である．

(90) 　一人称単数 okuyorum 　　一人称複数 okuyoruz
　　　二人称単数 okuyorsun 　　二人称複数 okuyorsunuz
　　　三人称単数 okuyor 　　　 三人称複数 okuyorlar

同時に，日本語と同じように，目的語と動詞の一致は存在しないものの空目的語を許容する．

興味深いことに，トルコ語はスペイン語と日本語の空項の特徴を併せ持つ言語である．

---

[26] Jaeggli and Safir (1989) やそこで言及されている文献をお読みいただきたい．

(91) a. Can [oğl-u　İngilizce öğren-iyor diye] bil-iyor.
　　　　John son-his English　learn-PRES COMP know-PRES
　　　　「ジョンは自分の息子が英語を習っていることを知っている.」
　　b. Filiz-se　　　　[e Fransızca öğren-iyor diye] bil-iyor.
　　　　Phylis-however　 French　 learn-PRES COMP know-PRES
　　　　「フィリスはフランス語を習っていることを知っている.」
(92) a. Can anne-si-ni　　　eleştir-di.
　　　　John mother-his-ACC criticize-PAST
　　　　「ジョンは自分の母親を批判した.」
　　b. Filiz-se　　　　e öv-dü.
　　　　Phylis-however　praise-PAST
　　　　「フィリスは褒めた.」

　(91)と(92)はそれぞれ空主語，空目的語の例である．(91b)は従属節の主語が空である．(91a)に後続する文脈で用いられた場合，その空主語は厳密な同一性解釈は持つが，緩やかな同一性解釈は持たない．つまり，トルコ語の空主語はスペイン語の空主語と同じ特徴を持っているのである．

　また，(92a)を先行文とする(92b)では目的語が空になっている．(91b)の空主語とは対照的に，(92b)の空目的語は厳密な同一性解釈と緩やかな同一性解釈のいずれも持つことができる．これは，日本語の空項と同じ特徴である．

　上述したような現象を考察し，Saito (2007)やTakahashi (2014)は，時制辞などの機能範疇（functional category）と一致関係にある項は省略を受けることができないと論じている．これをここでは便宜上，項省略の「反一致（anti-agreement）定理」と呼ぶことにする．[27]

　スペイン語やトルコ語の時制節の主語は，上述の通り形態的に明白な形で時制辞との一致を示す．反一致定理により，それらは項省略により生成されることはできない．これら2つの言語の空主語が豊かな屈折により認可される空代名詞であると仮定すると，その厳密な同一性解釈しか持ちえないという特性を説明することができる．

　対して，日本語の主語や目的語，トルコ語の目的語は機能範疇との一致を示

---

[27]「定理」と呼ぶのは，それがより一般的な「公理」から導かれるべきものであることを意味している．Saito (2007)は省略の転写分析と素性照合（feature checking）理論から反一致定理を説明する．他方Oku (1998)は，自由語順現象と項省略を関連させる分析を提案している．この提案に対する反論がTakahashi (2014)により提示されている．

さない．よって，それらは項省略の適用を受けることができ，省略に特有の解釈上の特性を示す．

次に，本節冒頭で述べた2つ目の疑問，すなわち英語のような言語でなぜ項の省略が可能ではないのかという問いを考える．

英語をそのような言語の代表例として考察することにする．次例は，英語の時制節が空主語を許さないことを示す．

(93) a. *Am a student. (cf. I am a student.)
b. *Harry said would quit school. (cf. Harry said he would quit school.)

また (94) は，英語は通常空目的語も許容しないことを示す．

(94) a. *I like. (cf. I like it.)
b. *Harry said Ginny criticized. (cf. Harry said Ginny criticized him.)

英語は，スペイン語などと比べるとかなり貧弱ではあるが，主語と時制辞の一致を有する．反一致定理により，英語で主語の省略が許容されないことが導かれる．また，Huang (1984) や Jaeggli and Safir (1989) などが仮定するように，豊かな一致形態が空代名詞の認可条件だとすると，英語の貧弱な一致では空代名詞が主語として生起することも許されない．

では，目的語はどのように説明されるだろうか．Chomsky (1995, 2000) などは，主語名詞句の主格が時制辞との一致により認可されるように，目的語名詞句の対格は軽動詞という機能範疇との一致により認可されると仮定している．Chomsky (2000) の格に対する考え方を以下の簡略な構造を用いて説明する．

(95)　... $F_{\{\phi\}}$ ... $DP_{\{\phi, \text{Case}\}}$ ...

これは，ある構造において，人称・数・性を表すϕ素性を持つ機能範疇 F とϕ素性および格素性を持つ名詞句 DP が生じていることを示している．F と DP のϕ素性は一致することになる，すなわち DP のϕ素性の値が F 上に反映されることになるが，その結果として DP の格素性の値が決定される．F が時制辞であれば，それは主格となり，F が軽動詞 (light verb) であれば，それは対格となる．この考え方では，主格や対格はそれを担う名詞句と機能範疇との一致関係の反映と言うことができる．特に，この対格の認可に関する仮定が正しければ，反一致定理により英語の目的語が項省略の適用を受けないことが

導かれる.
　ここで注意しなければならないのは，仮定されている英語の目的語の一致は非顕在的であるということである．当該の仮定は主に，対格の認可を主格の認可と平行的に扱いたいという理論的な希求に拠るところが大きいが，具体的な事例により論じることも可能である.
　まず，次例を考察しよう.

(96) a.　Harry seems to have been put in prison.
　　 b.　T seem to have been put Harry in prison.

(96a) は繰り上げ (raising) 構文である．名詞句 *Harry* は不定詞補部節の内部から主節の時制辞句指定部に移動を受けている．名詞句移動 (NP-movement) が起こる前の構造が (96b) に示されている．Chomsky (2000) の理論によれば，主節の時制辞 T は移動の前段階として *Harry* と一致の関係を結ぶ.
　Chomsky (1995, 2000) などで論じられているように，この一致関係は間に別の名詞句が介在すると阻止されることが知られている．(97a) は非適格な文である.

(97) a.　*Harry seems it was told that his mother was ill.
　　 b.　T seem it was told Harry that his mother was ill.

(97a) の *Harry* の移動前の構造が (97b) である．主節の時制辞と *Harry* の間に名詞句 *it* が介在している.
　この介在効果を一致関係の有無を検証するための手段として用いることができる．(96) と (97) で観察したことは，例外的格付与 (exceptional Case-marking) 構文として知られる対格名詞句の繰り上げ構文でも見てとれる.[28]

(98) a.　We believe Harry to be certain to be put in prison.
　　 b.　we *v* believe to be certain to be put Harry in prison.
(99) a.　*We believe Harry to be certain that it will be told that his mother is ill.
　　 b.　we *v* believe to be certain that it will be told Harry that his mother is ill.

(98a) における *Harry* の移動前の段階が (98b) である．主節の軽動詞 *v* が *Harry* と一致関係を結び，その後の移動を誘引する．(99a) は (97a) に対応

---

[28] 例外的格付与構文については Lasnik (1999) が詳しい.

する非適格な文である．移動前の構造である（99b）に示されるように，軽動詞と *Harry* の間に別の名詞句 *it* が介在している．（99a）が介在効果を示すということは，そこに一致関係が存在しているということである．

　形態的な具現化がない抽象的な一致の存在が英語において目的語の省略を妨げているという考え方は，翻って日本語ではなぜそのような一致がないと言えるのかという疑問を生じる．この章では，日本語では主語や目的語が項省略の適用を受けるということを論じてきたわけだが，そのためには日本語では主語や目的語は時制辞や軽動詞と一致関係にないということを保証する必要がある．上述した英語の目的語に関する議論により，見かけ上の一致の欠如だけでは十分な理由にならないと言えるからである．

　名詞句と機能範疇の一致は格の認可に関わるので，日本語の主格や対格がどのように名詞句に与えられるのかということを考慮する必要がある．Fukui (1988) や Kuroda (1988) は，日本語には機能範疇との一致がないということを論じている．英語では主格が一致を前提として与えられるため，1つの時制辞に（つまり，1つの時制節に）1つの主格名詞句が生じる．これに対して，日本語では一致が働いていない結果として，1つの節に複数の主格名詞句が可能である．次例は Kuno (1973) による多重主格構文 (multiple nominative construction) である．

(100)　文明国が男性が平均寿命が短い．

これに関連して Saito (1985) は，日本語では主格は時制辞の投射に直接支配された（すなわち，時制辞句の指定部や付加された位置に生じる）名詞句に与えられるという仮説を提案しており，これは名詞句と時制辞の間の一致の欠如と矛盾しない考え方である．

　この議論は対格には通用しないと思われる．第1部で見たように，日本語には二重対格制約が働いており，原則1つの節に対格要素は1つまでしか生じられないからである．

　Fukui and Takano (1998) や Takahashi (1996) は，日本語の対格はいわゆる内在格 (inherent case) で，動詞の意味役割の付与に基づいて与えられると示唆している．これはここでの考察の方向性と合致する考え方である．しかしながら，内在格説はさらなる検証を必要としており，したがって日本語において目的語と軽動詞の一致が本当にないのかを検証することが喫緊の研究課題ということになる．

おわりに

　第1部第1節において，主語や目的語といった構成要素が欠落しているように見える文には，統語的・意味的にはそのような要素が存在していることを論じた．

　第1部第2節では，空項の分析法として3つの考え方を概観し，少なくとも日本語に関する限り，空代名詞分析や空話題分析よりも項省略分析が妥当であることを論じた．

　第2部第1節では，項省略分析のさらなる展開として，省略一般に適用する形式替えを用いると，空代名詞という理論構成物を使わずに空代名詞分析でとらえられていた現象を項省略により説明できることを見た．

　第2部第2節は，項省略の日本語以外の言語での存在・欠如を考察し，そこに反一致定理が関わっていることを述べた．最後はいささか不確定な終わり方をしたが，逆に言えばそのことは，項省略はまだ研究の余地が残っているトピックであることを意味する．

　空項の考察を掘り下げていくと，一致や格という現象の研究にも何かしらの貢献をする可能性があるという見通しを持つことができる．単なる主語や目的語の省略の研究が文法理論全般に関わる重要な意義を持つのである．

　空項などの音形のない要素は，直接的に知覚することができないゆえに，話者がいかにしてその特性を「知る」のかは興味深い問題である．Chomsky (1981) は，音形のない要素は直接その特性を学習することが難しい故に，ヒトに生得的に備わっている普遍文法の特性をより反映している可能性があると述べている．普遍文法研究において音形のない要素を研究することがいかに大切かがわかる．

参考文献

有元將剛・村杉恵子 (2005)『束縛と削除』研究社，東京．
Chomsky, Noam (1981) *Lectures on Government and Binding*, Foris, Dordrecht.
Chomsky, Noam (1995) "Categories and Transformations," *The Minimalist Program*, 219-394, MIT Press, Cambridge, MA.
Chomsky, Noam (2000) "Minimalist Inquiries: The Framework," *Step by Step: Essays on Minimalist Syntax in Honor of Howard Lasnik*, ed. by Roger Martin, David Michaels and Juan Uriagereka, 89-155, MIT Press, Cambridge, MA.
Chomsky, Noam and Howard Lasnik (1993) "The Theory of Principles and Parame-

ters," *Syntax: An International Handbook of Contemporary Research*, ed. by Joachim Jacobs, Arnim von Stechow, Wolfgang Sternefeld and Theo Vennemann, 506-569, Walter de Gruyter, Berlin and New York.

Chung, Sandra, William Ladusaw and James McCloskey (1995) "Sluicing and Logical Form," *Natural Language Semantics* 3, 239-282.

Cole, Peter (1987) "Null Objects in Universal Grammar," *Linguistic Inquiry* 18, 597-612.

Evans, Gareth (1980) "Pronouns," *Linguistic Inquiry* 11, 337-362.

Fiengo, Robert and Robert May (1994) *Indices and Identity*, MIT Press, Cambridge, MA.

Fukui, Naoki (1988) "Deriving the Differences between English and Japanese: A Case Study in Parametric Syntax," *English Linguistics* 5, 249-270.

Fukui, Naoki and Yuji Takano (1998) "Symmetry in Syntax: Merge and Demerge," *Journal of East Asian Linguistics* 7, 27-86.

Hankamer, Jorge and Ivan Sag (1976) "Deep and Surface Anaphora," *Linguistic Inquiry* 7, 391-428.

Harada, S.-I. (1973) "Counter Equi NP Deletion," *Annual Bulletin* 7, 113-147, Research Institute of Logopedics and Phoniatrics, University of Tokyo.

Hasegawa, Nobuko (1984/85) "On the So-Called 'Zero Pronouns' in Japanese," *The Linguistic Review* 4, 289-342.

Higginbotham, James (1983) "Logical Form, Binding, and Nominals," *Linguistic Inquiry* 14, 395-420.

Hoji, Hajime (1998) "Null Object and Sloppy Identity in Japanese," *Linguistic Inquiry* 29, 127-152.

Huang, C.-T. James (1984) "On the Distribution and Reference of Empty Pronouns," *Linguistic Inquiry* 15, 531-574.

Huang, C.-T. James (1991) "Remarks on the Status of the Null Object," *Principles and Parameters in Comparative Grammar*, ed. by Robert Freidin, 56-76, MIT Press, Cambridge, MA.

Jaeggli, Osvaldo and Kenneth J. Safir (1989) "The Null Subject Parameter and Parametric Theory," *The Null Subject Parameter*, ed. by Osvaldo Jaeggle and Kenneth J. Safir, 1-44, Kluwer, Dordrecht.

Kim, Soowon (1999) "Sloppy/Strict Identity, Empty Objects, and NP-Ellipsis," *Journal of East Asian Linguistics* 8, 255-284.

Kuno, Susumu (1973) *The Structure of Japanese Language*, MIT Press, Cambridge, MA.

Kuroda, S.-Y. (1965) *Generative Grammatical Studies in the Japanese Language*, Doctoral dissertation, MIT.

Kuroda, S.-Y. (1988) "Whether We Agree or Not: A Comparative Syntax of English and Japanese," *Linguisticae Investigationes* 12, 1-47.

Lasnik, Howard (1991) "On the Necessity of Binding Conditions," *Principle and Parameters in Comparative Grammar*, ed. by Robert Freidin, 7-28, MIT Press, Cambridge, MA.

Lasnik, Howard (1999) *Minimalist Analysis*, Blackwell, Malden, MA.

Merchant, Jason (2001) *The Syntax of Silence: Sluicing, Islands, and the Theory of Ellipsis*, Oxford University Press, Oxford.

中村捷・金子義明・菊地朗 (2001)『生成文法の新展開：ミニマリスト・プログラム』研究社，東京．

Oku, Satoshi (1998) *A Theory of Selection and Reconstruction in the Minimalist Perspective*, Doctoral dissertation, University of Connecticut.

Otani, Kazuyo and John Whitman (1991) "V-Raising and VP-Ellipsis," *Linguistic Inquiry* 22, 345-358.

Postal, Paul (1971) *Cross-over Phenomena*, Holt, Rinehart and Winston, New York.

Reinhart, Tanya (2006) *Interface Strategies*, MIT Press, Cambridge, MA.

Rizzi, Luigi (1997) "Fine Structure of the Left Periphery," *Elements of Grammar*, ed. by Liliane Haegeman, 281-337, Kluwer, Dordrecht.

Ross, John Robert (1967) *Constraints on Variables in Syntax*, Doctoral dissertation, MIT.

Sag, Ivan A. (1976) *Deletion and Logical Form*, Doctoral dissertation, MIT.

Saito, Mamoru (1985) *Some Asymmetries in Japanese and Their Theoretical Implications*, Doctoral dissertation, MIT.

Saito, Mamoru (2007) "Notes on East Asian Argument Ellipsis," *Language Research* 43, 203-227.

Şener, Serkan and Daiko Takahashi (2010) "Ellipsis of Argument in Japanese and Turkish," *Nanzan Linguistics* 6, 79-99, Center for Linguistics, Nanzan University.

柴谷方良 (1978)『日本語の分析』大修館書店，東京．

篠原道枝 (2004)「日本語の削除現象について」学士論文，南山大学．

Takahashi, Daiko (1996) "On Antecedent-Contained Deletion," *University of Connecticut Working Papers in Linguistics* 5, 65-80.

Takahashi, Daiko (2008a) "Noun Phrase Ellipsis," *The Oxford Handbook of Japanese Linguistics*, ed. by Shigeru Miyagawa and Mamoru Saito, 394-422, Oxford University Press, Oxford.

Takahashi, Daiko (2008b) "Quantificational Null Objects and Argument Ellipsis," *Linguistic Inquiry* 39, 307-326.

Takahashi, Daiko (2014) "Argument Ellipsis, Anti-agreement, and Scrambling," *Japanese Syntax in Comparative Perspective*, ed. by Mamoru Saito, 88-116, Oxford University Press, Oxford.

Williams, Edwin (1977) "Discourse and Logical Form," *Linguistic Inquiry* 8, 101-139.

Xu, Liejiong (1986) "Free Empty Category," *Linguistic Inquiry* 17, 75-93.

第 8 章

名詞句内の省略[*]

宮本　陽一

大阪大学

> 　第 7 章では，節レベルの省略現象について概観し，(A) に続く (B) の [e] のような明示されない要素の特徴を明らかにした．
>
> 　　(A)　太郎が自分の車を売った．
> 　　(B)　次郎も [e] 売った．
>
> 本章では名詞句レベルの省略現象に焦点を移す．(D) と (F) では，[e] の部分の名詞が明示されていないが，(D) は (C) と，(F) は (E) と同意であり，何ら問題のない文である．
>
> 　　(C)　花子の本は高かったが，太郎の本は安かった．
> 　　(D)　花子の本は高かったが，太郎の [e] は安かった．
> 　　(E)　花子の甘えは許せるが，太郎の甘えは許せない．
> 　　(F)　花子の甘えは許せるが，太郎の [e] は許せない．
>
> ここで「太郎」という名詞が属格の「の」でマークされていることに注目してほしい．属格は名詞を修飾する際に使われる助詞であるにもかかわらず，(D) と (F) では [e] で示したように修飾される名詞が見当たらない．さらに，(D) の [e] は「本」，(F) の [e] は「甘え」でなければならない．本章では，この [e] がどのような要素であるのか考えてみたい．

---

[*] 本章執筆にあたり，2 名の査読者から貴重な意見をいただいた．ここに深く感謝する．また，前田雅子氏，猿渡翌加氏には長崎方言のデータを数々提供していただいた．ここに感謝申し上げる．

本章の構成

　第1部では，日本語の名詞句内の省略について主たるデータならびにその代表的な分析を概観し，省略操作が関与しているとする「省略分析」が，より幅広いデータが説明できることを見る．さらに，日本語と中国語の比較を通して，中国語の関係節のみが名詞句内の省略を許すことから，両言語の関係節を含む名詞句の構造について検討する．第2部では，第1部での議論を踏まえ，九州方言のデータについて考察する．一見，省略分析にとって問題に見える長崎方言のデータは，「の」（長崎方言の「と」）の性質から説明されることを示唆する．

第1部　日本語の名詞句内の省略

1. 名詞句内の省略とは

　名詞句内の省略現象は，第7章で扱った項省略とは異なり，日本語のみならず英語でも見られる．ただ，項省略同様，音形を持たない要素であるため，日英語でどのような統語操作が関与しているのかは容易には判断できない．また，この音形を持たない要素を子供はどのように獲得していくのであろうか．このような点を考えると，直接，観察ができない要素に関する研究は非常に興味深いものであり，我々の言語の本質に触れられる可能性が高いのである．
　それでは，英語で現象を整理することから始めよう．(1) では，下線部の *student of linguistics* が明示されなくても非文になることはない．

　(1)　John praised Mary's student of linguistics, and Bill praised Susan's (student of linguistics), too.

ここで当然のことと思うかもしれないが，*student of linguistics* が明示されない場合，どのような文脈であろうと，*Susan's teacher of physics* のように先行する節と違った意味で解釈することはできない．*Susan's student of linguistics* の解釈しかあり得ないのである．これは，先行する節との間に一種の平行性が保たれなければいけないことを示している．
　この平行性について，もう少し詳しく見ておくことにする．省略操作は言語的な先行詞を必要とすることが広く知られている (Hankamer and Sag (1976))．(2) と (3) を比較してみよう．[1]

---

[1] (2a, b) と (3a, b) は，有元・村杉 (2005: 135) からの引用である．# は，与えられた状

(2) a. Sag produces an uncooked egg and goes into a wind up motion as if in preparation for throwing the egg into the audience.
   b. Hankamer: #Don't be alarmed, Ladies and Gentlemen. He never actually does [*e*].
   c. Hankamer: Don't be alarmed, Ladies and Gentlemen. He never actually does it.
(3) a. Audience member: I am afraid Sag will throw an egg.
   b. Hankamer: He never actually does [*e*].

まず (2) では，(a) のような状況のもとで (b) の文のみを発するわけである．この状況を考えると卵を投げようとしていることは明らかであるにもかかわらず，(2b) の発話は文法的に適格な文にはならない．この場合は，(2c) にあるように代名詞を補わなければならない．これに対して，(2a) と同じ状況を説明する文 (3a) が先行した場合は，(3b) の [*e*] は *throw an egg* として正しく解釈できる．このように，同じような状況下であっても，明示されていない要素が文脈上，言語的に表現されていなければいけない点は，省略現象の大きな特徴のひとつである．

名詞句内省略においても同様の観察がなされている．Lasnik and Saito (1992: 161) が，(4a) で示された状況において (4b) のみの発話は容認できないが，(5a) の発話に続く (5b) は問題がないことを指摘している．

(4) a. Lasnik and Saito are in a yard with several barking dogs belonging to various people.
   b. Lasnik: #Harry's [*e*] is particularly noisy.
(5) a. Saito: These dogs keep me awake with all their barking.
   b. Lasnik: Harry's [*e*] is particularly noisy.

この対比から，名詞句内の省略にも言語的な先行詞が必要であることがわかる．これは，名詞句内の [*e*] も省略操作の結果であることを示すものである．

さらに，この名詞句内の省略には条件があり，常に名詞を省略できるわけではない．(1) に対して，(6) では *student of linguistics* を省略すると非文になってしまう．

(6) John praised Mary's student of linguistics, and Bill praised the *(student of linguistics), too.

───────────

況では適確な文にならないことを意味する．

(1) と (6) の違いからわかることは，属格を付与された名詞句に後続する名詞はその項とともに省略できるが，冠詞に後続する場合は省略できないということである．

この一般化をより深く理解するために，まずは名詞句の構造について見ていくことにする．名詞句内の省略現象は広く N′ 省略と呼ばれてきたが，これは (7) の名詞句の構造を仮定していたためである (Chomsky (1970)).[2]

(7)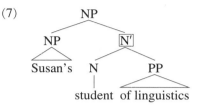

(1) では (7) の構造から N′ が省略されていると考えられていた．ここでの省略は文字通り N′ 省略である．しかし，他の省略現象を見てみると，(8a) の VP, (8b) の IP と最大投射が省略の対象になっていることがわかる．

(8) a. Hanako left because [IP Akira did [VP leave]].
    b. Hanako bought something, but I don't know [CP what$_i$ [IP she bought t$_i$]].

(8a, b) から考えて，名詞句内に限り省略する対象が最大投射ではないという状況は当然望ましくない．この省略対象の統一を可能にしたのが，いわゆる DP 仮説である (Abney (1987)). 80 年代に入り，名詞句の構造は (7) ではなく，(9) であると考えられるようになった．

(9)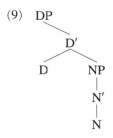

---

[2] 章を通して，[...] で囲った部分が省略の対象であることを示す．

第 8 章　名詞句内の省略

例えば，(1) と (6) の構造は (10a, b) になる．

(10) a.
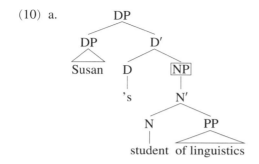

b.
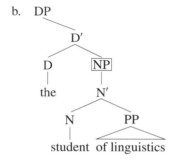

この DP 仮説のもとでは，属格を付与される *Susan* は DP の指定部に，冠詞は D の主要部に位置すると考える．本章では，DP 仮説を仮定し，名詞句内の省略は NP を省略の対象にした「NP 省略」であるとする．

次に，この DP 仮説のもとで IP, CP, DP における省略操作が適用される統語環境を見てみよう．(8a) の IP ならびに (8b) の CP は，(11a, b) のようになる．

(11) a.
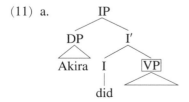

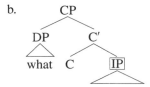

ここで (10a) と (11a, b) の構造的な共通点から (12) の省略に関する一般化が見えてくるのである (Lobeck (1990), Saito and Murasugi (1990)).

(12) 省略にかかる条件
機能範疇 X の指定部が埋まっている場合に限り, その補部を省略することができる.

例えば, (11b) では CP の指定部が *what* で埋まっているため IP が省略できるのである.

では, ここまでの話を踏まえ, 日本語に話を移そう. 日本語においても名詞が明示されない場合を冒頭で見た. (13b) と (14b) である.

(13) a. 花子の本は高かったが, 太郎の本は安かった.
　　　b. 花子の本は高かったが, 太郎の [e] は安かった.
(14) a. 花子の甘えは許せるが, 太郎の甘えは許せない.
　　　b. 花子の甘えは許せるが, 太郎の [e] は許せない.

(13b) では主語の一部が, (14b) では目的語の一部が欠落している. それにもかかわらず, これらの文を正しく理解できる. さらに, (13b) の [e] は「本」, (14b) の [e] は「甘え」である. この点を考えると, この明示されていない要素は意味的ならびに統語的に存在していると考えられる. では, この [e] は, どのような要素なのであろうか. (13b) と (14b) の [e] は, 英語の NP 省略同様, 省略操作が関与しているのであろうか.

2. この [e] の正体は何か

生成文法の枠組みにおいて, この DP 内の明示されない要素 [e] の候補としては 3 つの可能性が考えられる. まず, そのうちの 2 つを考えることにする.

2.1. 基底生成分析

最初に考えられるのが，Kadowaki (1995) に代表される非顕在的な代名詞 (*pro*) を用いた分析である．

Kuroda (1965) 以来，日本語には非顕在的な代名詞があると考えられてきた．[3] 例えば，太郎が寿司を買ってきて，その寿司をどうしたのか，その状況を見ていた人に尋ねた場合，(15) が答えになり得る．

(15) 食べたよ．

この答えは「彼がそれを食べたよ」と同意であり，(15) の構造は非顕在的な代名詞を使った (16) であると考えられる．

(16) *pro pro* 食べたよ

この *pro* を仮定し，Kadowaki (1995) では，例えば，(14b) を (17) のように考えるのである．

(17) 花子の甘えは許せるが，<u>太郎の *pro*</u> は許せない．

非顕在的な代名詞が [e] の位置を占めており，下線部の構造は (18) になる．

(18)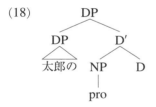

しかし，Murasugi (1991) が指摘しているように，この分析には問題がある．この *pro* 分析のもとでは，(19a, b) の対比を捉えることができない．

(19) a. ベテランの先生がいらした．
b. #ベテランのがいらした．

(19a) と異なり，(19b) の「ベテランの」からはここで話題になっている人物（＝先生）が尊敬に値しないという意がくみ取れる．それにもかかわらず，この例文では「いらした」という尊敬語が使われているため，不自然な文になるのである．では，(19b) の「ベテランの」の場合も，(18) 同様，*pro* が存在す

---

[3] ただし，第7章を参照のこと．

るのであれば,なぜこのような違いが生じるのであろうか.(20)に示すように,pro が尊敬する人物を指すこと自体は何ら問題のないことがわかっている.

(20) あのクラスは,田中先生が数学を教えていらっしゃる.
pro 理科も教えていらっしゃる.

(20) の2文目で (19b) 同様の不自然さが生じないことを考えると,(19b) は pro に基づく分析の問題として残る.

では,ここから (19b) の問題を解決すべく,2つ目の可能性に移ることにしよう.奥津(1974)は,「の」自体を代名詞であると考えた.この分析のもとでは,(14b) の「太郎の」は (21) の構造を持つことになる.[4]

(21)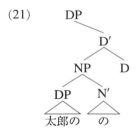

(21) では,属格の「の」と代名詞の「の」が重複している.ここで,「の」が重なることを避けるという音韻上の理由により,(22) に示すような語中音消失が起こり,「太郎の」になると奥津は提唱している.

(22) 太郎ののは許せない.

ここで大切なことは,この代名詞の「の」に基づく分析においても,英語の場合とは異なり,省略操作は関与していないということである.

この分析では,(19a, b) の対比は問題にならない.Kuroda (1976–1977) がすでに代名詞の「の」は尊敬する人物を指すことができないことを明らかにしているためである.

さらに,長崎方言では,属格の「の」は「の」もしくは「ん」,代名詞の「の」は「と」で表すが,(14b) の後半の節は (23) になる.[5]

---

[4] 「太郎の」の位置については,この後,明らかにしていく.
[5] (23) の例文は,前田雅子氏(私信),猿渡翠加氏(私信)による.長崎方言については,第2部で詳しく扱う.

(23) 太郎んとは許せんと．

(23) では「の」が連続しているわけではないので，語中音消失は起こらない．代名詞の「の」に基づく分析のもとでは，(22) と (23) の差も驚くことではない．

しかしながら，代名詞の「の」に基づく分析のもとでは，新たな問題が生じる．神尾 (1983) が指摘しているように，代名詞の「の」は抽象名詞を指すことができないのである．例えば，(24)，(25) において「態度」・「依存」を代名詞の「の」で置き換えることはできない．

(24) a. 太郎の研究に対する態度は，あまり感心できない態度だった．
　　 b. *太郎の研究に対する態度は，あまり感心できないのだった．
(25) a. その時の太郎の山田先生への依存は，仕方がない依存だった．
　　 b. *その時の太郎の山田先生への依存は，仕方がないのだった．

(24b)，(25b) が非文であるにもかかわらず，Saito and Murasugi (1990) が指摘しているように，(26a) の「院生の」は「院生の先生への依存」として，また (26b) の「花子の」は「花子の研究に対する態度」として問題なく解釈できる．

(26) a. 学部生の先生への依存は許されるが，院生のは許されない．
　　 b. 太郎の研究に対する態度は良いが，花子のは良くない．

では，なぜ (24b)，(25b) と (26a, b) の間で差が生じるのであろうか．(26a, b) の下線部の「の」が代名詞の「の」であるならば，差は生じないはずである．

ここまでの議論をまとめると，明示されるかいなかの違いはあるにせよ，代名詞をもとにした分析では [e] の本質を十分に捉えきれないのである．

2.2. 省略分析

それでは，ここから残された 3 つ目の分析に話を移すことにする．最後の分析は，Saito and Murasugi (1990) が提唱する省略分析である．英語同様，(14b) において省略操作が関わっていると考えるのである．

(27) 花子の甘えは許せるが，太郎の [e] は許せない．（= (14b)）

(27) の下線部の構造を (28) であると考え，NP「甘え」が省略されるのである．

(28)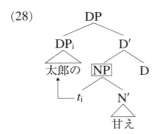

ここで (29) に繰り返した省略に関する認可条件を思い出してほしい.

(29) 省略にかかる条件
機能範疇 X の指定部が埋まっている場合に限り, その補部を省略することができる.

NP 省略が行われるためには DP の指定部に何らかの要素が必要であるため, (28) では「太郎の」が DP の指定部に移動するのである. Saito and Murasugi (1990) は, 指定部—主要部一致 (SPEC-head agreement) がこの移動の要因であると考えた. Saito, Lin and Murasugi (2008) は, 省略操作は指定部が埋められている場合のみ起こると主張している. この移動の動機については更なる研究が必要であるが, ここでは後者に従い, 省略操作は指定部に要素がある場合のみに起こると仮定する.

ここで英語同様, NP 省略の操作が関与しているならば, 日本語の NP 省略の場合も (29) の条件に従うはずである. では, どのように示すことができるであろうか. Saito and Murasugi (1990) は項と付加詞の対比を証拠として挙げている. 次の 2 文をみてもらいたい.

(30) a. *[花子が見せた] 甘えは許せるが, [太郎が見せた] は許せない.
b. *2 切れのハムは夕食になるが, 1 切れのはならない.

(27) と (30a, b) の文法性の差を説明するために DP の構造に注目してみよう. まず, (27) の「太郎」は「甘え」の動作主であり, 項である. これに対して (30a) の関係節, (30b) の「1 切れ」は項ではなく, 「甘え」ならびに「ハム」を修飾する付加詞である. (27) と (30a, b) の差は, (31) に挙げた DP 内の省略に関する一般化の存在を示しているのである.

(31) NP 省略において付加詞が残存することはない.

では, この一般化は理論的にどのように捉えられるだろうか. (30a, b) の

第 8 章　名詞句内の省略　　275

下線部の構造は (32a, b) である。[6]

(32)
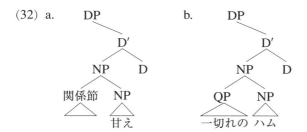

(32a, b) において DP 指定部への移動が起これば，(33a, b) に示したようになるはずである．

(33)
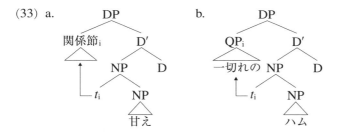

しかし，Saito and Murasugi (1990) は，(33a, b) で示した移動は移動に関わる独立した制約によって排除されると主張する．ここでは，Lin, Murasugi and Saito (2001) で挙げられた例文を紹介する．次の英語の 3 文を見てもらいたい．

(34)　a.　[$_{DP}$ the [$_{NP}$ destruction of the city then]]
　　　b.　[$_{DP}$ the city's$_i$ [$_{NP}$ destruction t_i then]]
　　　c.　*[$_{DP}$ then$_i$ [$_{NP}$ destruction of the city t_i]]

(Lin, Murasugi and Saito (2001))

(34a) において the city は破壊の対象であり項である．これに対して then は時の副詞であり付加詞である．よって，(34b) と (34c) の文法性の差は項のみが DP 指定部に移動できることを示している．では，この項と付加詞の対立を (26a, b) で考えてみよう．(26a) の「院生」と (26b) の「花子」も，(34b) の the city 同様，項である．よって，(26a, b) においても，(28) で示

---

[6]　(32b) における QP は Quantifier Phrase の略である．

したDP指定部への移動が起こり，省略操作が適用可能になるのである．代名詞「の」が使われているわけではないので，神尾 (1983) の抽象名詞に関する制約に従う必要もなく，(26a, b) は容認されることになる．これに対して，(33a, b) で示した移動は付加詞を対象にしたものであり，(34c) とともに許されない．よって，(30a, b) は省略に関する認可条件を満たせず，「甘え」ならびに「ハム」を省略することはできないのである．DPの指定部を埋めることが省略の条件であるとすると，(31) の一般化は省略分析から自然に導き出されるのである．

さらに，この項のみを対象にした省略分析が正しいとすると，*pro* 分析にとって問題になった (19b) には，省略分析を当てはめることが出来ないことになる．これは，(19a) の「ベテランの」がベテランであるという意味の付加詞であるからに他ならない．奥津 (1974) によれば，この「の」は，(35) に挙げた「だ」の連用形である．

(35) その先生はベテランだ．

付加詞であるため「ベテランの」は指定部へ移動できず，省略操作は適用されない．(36) の「の」は代名詞の「の」でしかあり得ないのである．

(36) #ベテラン<u>の</u>がいらした．　(= (19b))

結果として，尊敬に値しない人物であるという意味合いが生じ，「いらした」との間に問題が生じるのである．

また，緩やかな同一性 (sloppy identity) の解釈が許されることも省略分析を支持する．この解釈については第7章でいくつかの例を紹介したが，例をもう1つ見ておくことにする．

(37) a. Hanako praised her proposal.
　　　b. Taro did, too.
　　　c. Taro did it, too.

(37b) には2通りの解釈が許される．まず，太郎も花子の考えを賞賛したという，厳密な同一性 (strict identity) の解釈がある．また，太郎は花子のものではなく自分自身の考えを賞賛したという，緩やかな同一性の解釈もある．これに対して，(37c) では厳密な同一性の解釈しか許されない．では，NP省略の例文を見てみよう．

(38) 花子の自分の弟の批判は許せるが，太郎のは絶対に許せない．

(38) は，太郎が花子の弟を批判した状況を表す厳密な同一性の解釈だけでなく，太郎が自分の弟を批判した場合を表す緩やかな同一性を表す解釈を許す．この後者の解釈の存在は省略分析から正しく予測できるものである．

2.3. 神尾 (1983) の代名詞の「の」に関する制約

さて，省略分析は，神尾 (1983) の代名詞の「の」に関する制約を基盤にしている．抽象名詞は代名詞の「の」に置き換えることができないため，(14b) の「の」は代名詞ではあり得ないというところから省略分析はスタートした．

(39) 花子の甘えは許せるが，太郎の [e] は許せない．（= (14b)）

ところが，この神尾の制約には一見，反例と思える例文が存在する．以下の例文は金水 (1995: 157) から引用したものである．

(40) 恋愛にも派手なのと地味なのがある．

金水は，文脈上，対比される対象が存在する場合には，抽象名詞であっても，代名詞の「の」で置き換えることができると考えた．(40) において「派手なもの」と「地味なもの」が対比関係にあるため，「恋愛」が代名詞の「の」で置き換えられると考えるのである．この説明を (39) に当てはめると，「花子の甘え」と「太郎の甘え」が対比関係を成しているため，「甘え」であっても代名詞の「の」が使えるということになる．これが正しいとなると，(39) における省略分析の基盤は崩れ，代名詞の「の」に基づく分析の再検討が必要になる．

ここで注目すべきは，省略分析を支持する (31) の一般化である．具体的には，(41a, b) の非文性である．

(41) a. ?*[花子が（指導教員に）見せた] 甘えは許せるが，[太郎が（先輩に）見せた] のは許せない．
　　 b. *2 切れのハムは夕食になるが，1 切れのはならない．（= (30b)）

金水 (1995: 159) は，「の」について (42a, b) に挙げた意味的制約を提唱している．

(42) a. 主名詞は，自然なクラスを指示対象としていなければならない．
　　 b. 修飾語句は，主名詞のクラスを自然なサブ・クラスに分類しなければならない．

ここでは「自然なクラス」ならびに「自然なサブ・クラス」の定義にはあえて触れずに話を進めることにする．まず，「甘え」という抽象名詞が使われてい

るにもかかわらず，(39) と (41a) では文法性に差があることに注目してもらいたい．(39) が的確な文であることから，(41a) の非文性は，(42a)，つまり主名詞「甘え」の問題ではないことがわかる．ゆえに，(41a) の非文性は，(42b) から説明されることになる．金水は，(41b) の非文性について数量表現が主名詞のクラスを自然なサブ・クラスに分類できないためであると示唆している．しかし，(41a) については，(39) における「花子の」および「太郎の」が自然なサブ・クラスを形成できるということであるならば，意味的に大きく異なるわけではない関係節に同様の働きができない理由はあるのだろうか．

ここでは，抽象名詞がその例 (instance) を指す場合は可算名詞として振る舞うという Quirk, Greenbaum, Leech and Svartvik (1985: 299) の指摘を挙げておきたい．[7] (43) に引用しておく．

(43) Some [abstract non-count nouns] can be reclassified as count nouns where they refer to an instance of a given abstract phenomenon

可算名詞として振る舞うということは，抽象名詞を具体化しているということであり，もはや純粋な抽象名詞ではない．神尾 (1983) の代名詞の「の」の制約の反例に思われる (40) は，その抽象名詞が表す概念の例を指している場合であると考えられる．ここで，抽象名詞が具体化し，可算名詞として使われているということは，その例を数えられるはずである．例えば，(44) が (40) に続くことができる．

(44) その2つの恋愛は全く異質なものだ（よね）．

これに対して，(45) が (39) に続くことは難しい．

(45) #その2つの（指導教員への）甘えは全く異質なものだ（よね）．

(44) は，(40) において「恋愛」が具体化されていることを示しており，この例文においては代名詞の「の」が使えることになる．これに対して，(45) は，(39) の場合に「甘え」が具体化されにくいことを示している．よって，(39) では代名詞の「の」の使用が許されず，NP 省略のみが容認されるのである．加算名詞として使われるということは，金水が主張するように対比関係を構築することも当然可能である．こう考えることによって，NP 省略の枠組みにおいても (40) が容認される事実は問題にはならないのである．ただし，神尾

---

[7] ここでの議論は Miyamoto (2013) に基づく．他に，Huddleston and Pullum (2002), Leech and Svartvik (2002) 等を参照のこと．

(1983) の抽象名詞に関する制約については，今後，更なる研究が必要であることを付け加えておく．

3. 関係節とNP省略：日本語と中国語の比較を通して

前節で日本語の付加詞はNP省略を認可しないことが明らかになった．この節では，他言語との比較を通してNP省略の可否からわかることを概観する．特に関係節を含む文を比較統語論的な立場から検討することによって，関係節の構造について新たな知見が得られることを見ていく．

3.1. 日本語の関係節によるNP省略

省略分析において (46) の非文性は関係節が付加詞であることに起因する．

(46) *[花子が見せた] 甘えは許せるが，[太郎が見せた] は許せない．
　　　(= (30a))

(47) に図示したように関係節がDPの指定部に移動することができず，省略操作が適用できないためであった．

(47)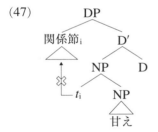

(48) の非文性も問題はない．

(48)?*[花子が（指導教員に）見せた] 甘えは許せるが，[太郎が（先輩に）見せた] のは許せない．　　　　　　　　　　　　　　　(= (41a))

省略操作が適応されないため，(48) の下線部「の」は代名詞の「の」でしかありえない．したがって，神尾 (1983) の代名詞の「の」に関する制約により，抽象名詞である「甘え」の代わりに「の」は使えず，この例文は容認されないのである．

ところが，(49a) から (49b) ができるように省略分析の反例にあたると思

われる例文があることが Takahashi (2011) によって指摘されている．[8]

(49) a. [昨日行われた] 手術はかなり時間がかかったが，[今日予定されている] 手術はそんなにはかからないだろう．
  b. [昨日行われた] 手術はかなり時間がかかったが，[今日予定されている] のはそんなにはかからないだろう．

(49a, b) では「手術」という抽象名詞が使われているため，(49b) の下線部の「の」は代名詞ではあり得ないと考え，Takahashi (2011) は (49b) は省略操作の結果であると結論付けている．(49b) において省略操作が係わっているとすると，この例文は付加詞が NP 省略を許すことを示し，2.2 節で紹介した省略分析の反例になる．では，省略操作の結果，(49b) が得られたとすると，下線部の「の」は何であろうか．Takahashi は属格の「の」であると主張する．しかし，これが正しいとすると，なぜ (50) は非文なのであろうか．

(50) *[花子が見せた] 甘えは許せるが，[太郎が見せた] の甘えは許せない．

(51b) に挙げたように NP 省略は任意的であり，「の」の有無と省略操作の有無は無関係である．

(51) a. 花子の甘えは許せるが，太郎の甘えは許せない．
  b. 花子の甘えは許せるが，太郎の [e] は許せない．

関係節が通常「の」を伴わないことを考えると，(49b) と (50) の差を説明することは容易ではないように思われる．
 ここで，(49b) を受けて (52) の発話が可能である事実に注目してほしい．

(52) その 2 つの手術は全く異質なものだからだ．

昨日と今日の手術を「その 2 つの手術」で受けられるということは「手術」という抽象名詞で表された行為の具体例であることを示している．そうであるならば，2.3 節で見たように (49b) で使われている「の」は代名詞の「の」であり，(49b) の存在は省略分析にとって何ら問題にはならないのである．
 ここでの結論はさらに九州方言から支持される．長崎方言では (53) で示したように (49b) の「の」は代名詞の「と」で置き換えられるのである．

---

 [8] (49b) のような例文が省略操作の結果ではないことについては，Miyamoto (2013) を参照のこと．

(53) ［今日予定されとる］とはそがんはかからんやろう．

これは (49b) の「の」が代名詞の「の」である強い証拠となる．日本語の関係節が NP 省略を許さないとする省略分析とも一致する．

3.2. 中国語における付加詞による NP 省略

日本語の関係節が NP 省略を許さないことを見たが，日本語同様，名詞修飾要素が主要部に先行する中国語では，例えば，(54) において *nanhai* 'boy' の有無から文法性の差が生じないことを，Saito, Lin and Murasugi (2008) が指摘している．

(54) [[Wo zuotian   kanjian] de nanhai] bi [[ni zuotian   kanjian]
　　 I   yesterday see   de boy   than you yesterday see
　　 de (nanhai)] geng youqian.
　　 de boy   more rich
　　 'The boy I saw yesterday is richer than the boy you saw yesterday.'
　　　　　　　　　　　　　　　　　　(Saito, Lin and Murasugi (2008: 263))

では，日本語と異なり，なぜ中国語では関係節が主要部の省略を許すのであろうか．

日本語の関係節の構造を手掛かりに中国語の関係節を考えよう．日本語の関係節は (32a) で示したように付加詞であるため NP に付加されると考えた．そして，(47) で図示したように，関係節は DP の指定部へ移動できないため NP 省略を認可できないわけである．この分析が正しいとすると，中国語の関係節は DP の指定部に移動できる位置に生成されていることになる．

Kayne (1994) の分析が，まさにこの移動を可能にしてくれるのである．[9] では，まず，英語の関係節 (55a) を例にとって Kayne の関係節の分析を見ていくことにしよう．

(55) a. the book that Mary bought

---

[9] 詳細は異なるものの，関係節の主要部移動に基づく分析は，Brame (1968), Schachter (1973), Vergnaud (1974) 等によって提唱されてきた．

b.

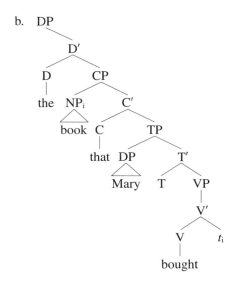

(47) でみた日本語の関係節の構造との違いは，D が NP ではなく，関係節に当たる CP を補部に選択している点である．この構造において，*bought* の項として生成された *book* が関係節の主要部であるため CP の指定部に移動する．よって，*the book that Mary bought* の語順ができあがるのである．Kayne の分析では，関係節の主要部にあたる要素が TP 内から移動するのである．

Simpson (2003) に従い，Saito, Lin and Murasugi (2008) は，この構造が中国語にも当てはまると主張する．(55b) と比較しながら中国語の関係節に関わる 3 つの移動を見ていくことにする．まず，(55b) で *book* が移動したように関係節の主要部に当たる NP *nanhai* が CP の指定部に移動する．

(56) 　[$_{DP}$ [$_{D'}$ D [$_{CP}$ nanhai$_i$ [$_{C'}$ [$_{TP}$ ni　zuotian　kanjian t_i] de]]]]
　　　　　　　　　　boy　　　　　　you yesterday see　　　de

次に，C に位置する *de* が D に移動する．この移動は *de* が D の性質を持つことに起因すると考える．

(57) 　[$_{DP}$ [$_{D'}$ de$_j$ [$_{CP}$ nanhai$_i$ [$_{C'}$ [$_{TP}$ ni zuotian kanjian t_i] t_j]]]]

最後に，英語では起こらなかった移動であるが，*de* が前接辞であるため TP が DP の指定部に移動する．

(58) 　[$_{DP}$ [$_{TP}$ ni zuotian kanjian t_i]$_k$ [$_{D'}$ de$_j$ [$_{CP}$ nanhai$_i$ [$_{C'}$ t_k t_j]]]]

第 8 章　名詞句内の省略　　283

この最後の移動によって，関係節が主要部に先行することになり，(59) に示したように主要部後置型の DP 構造ができあがるのである．

(59)
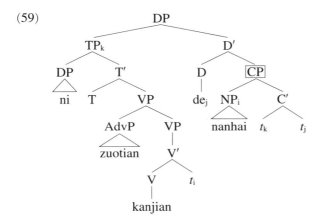

(59) の構造において注目すべきは，中国語の関係節が DP の指定部を埋め，(60) に繰り返した省略にかかる条件を満たしている点である．

(60)　省略にかかる条件
　　　機能範疇 X の指定部が埋まっている場合に限り，その補部を省略することができる．

結果として，中国語の関係節が関係節主要部の省略を認可することが正しく予測される．範疇から見れば，(59) で省略されるのは NP ではなく CP であるが，関係節主要部が省略の対象になることに変わりはない．日本語の関係節は NP の付加位置に生成されるため DP の指定部への移動は許されなかったが，中国語では関係節が C の補部位置から移動を起こすので，関係節でありながら DP の指定部に移動できるのである．

ただ，中国語の関係節が常に省略操作を許すわけではない．(61) のような付加詞を関係節主要部に持つ場合には，主要部を省略すると非文になる．

(61)　[[Ta xiu che] de fangfa] bi　　　[[wo xiu che] de*(fangfa)] hao.
　　　 he fix car   de method compare   I fix car   de method good
　　　'The way he fixes cars is better than the way I fix cars.'
　　　　　　　　　　　　　　　　　　　　　　　　(Aoun and Li (2003: 181))

では，(54) と異なり，(61) ではなぜ省略ができないのであろうか．ここで叙

述関係を形成するため関係節の主要部は NP でなければならないとすると，この文の非文性は (62) の文が非文である事実と関連していると考えられる．[10]

(62) *Na-ge   fangfa, ta xiu hao na-bu   che.
      that-CL method he fix well that-CL car
      'That way, he fixed that car well.'

(Aoun and Li (2003: 173))

(62) に対して (63) は容認される．

(63) Yong na-ge   fangfa, ta xiu hao na-bu   che.
     use that-CL method he fix well that-CL car
     'In that way, he fixed that car well.'

(Aoun and Li (2003: 174))

この 2 文の違いが *yong* の有無にあることから，*fangfa* については，話題化のような CP の指定部への移動の際に顕在的な前置詞が必須であることが分かる．これが正しいとすると，(64) に示した，CP の指定部への顕在的な NP_1 の移動を (61) で仮定することは難しい．つまり，関係節の主要部にあたる NP の TP 内からの移動は許されないということである．

(64)

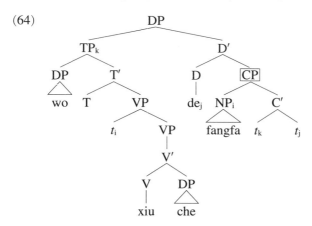

これは，(61) において関係節が DP の指定部を埋める構造が許されないことを意味する．その結果，主要部の省略もできないのである．中国語の関係節は

---

[10] CL は類別詞 (classifier) を表す．

原則，DPの指定部に移動可能であるが，(61)のような例文においては関係節に関わる移動操作とは独立した要因でKayneタイプの構造が排除されるのである．では，(61)において(64)の構造が許されないとすると，どのような構造を持つのであろうか．

ここで，この種の関係節が島の違反の効果を示すことがヒントになるであろう．(65b)では，下線部が複合名詞句（Complex NP）を構成していることに注目してほしい．

(65) a. zhe jiu shi [[ta renwei [ni yinggai e_i zuo zhejian shi
 this exactly is he think you should do this matter
 de]] fangfa$_i$]
 de method
 'This is the way that he thinks you should do this work.'
 b. * zhe jiu shi [[ta xihuan [[e_i zuo zhejian shi de] ren]
 this exactly is he like do this matter de person
 de] fangfa$_i$]
 de method
 'This is the way that he likes the person that does the work.'

(Aoun and Li (2003: 177))

(65a)に対して(65b)が非文であるという事実は，複合名詞句制約（Complex NP Constraint）の効果が見られることを示しており，移動が関与しているということである．関係節主要部自体の移動でなければ，Ning (1993) が指摘するように空演算子（Op）の移動が関与しているはずである．[11] よって，(61)の下線部の構造は(66)になる．

---

[11] 関係節における演算子移動についてはChomsky (1977)，中国語の関係節についてはMiyamoto (2014a) を参照のこと．

(66)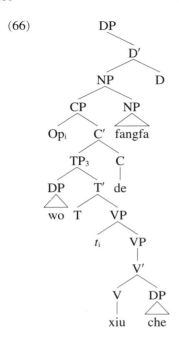

日本語の関係節同様，中国語の付加詞が関与する関係節は NP に付加するタイプの構造を形成しているということである．

　この節をまとめると，日本語と中国語の関係節による NP 省略の可能性を比較検討することから関係節を含む DP の構造が明らかになった．ここで挙げた Saito, Lin and Murasugi (2008) は，単に単語の羅列を見ただけではわからないことが比較統語論的な立場から検討することによって明らかになる場合があることを示す代表的な例である．

第 2 部　方言から得られる示唆

　ここからは，Takahashi (2008) および Maeda and Takahashi (2013) で議論されている省略分析を支持する証拠をもう 1 つ見ていくことにする．[12] Fox (2000) が VP 省略について観察していることであるが，省略現象には解釈の平行性がある．(67a, b) の VP 省略の例を見てもらいたい．

---

[12] この節の議論は Miyamoto (2014b) に基づく．

(67) a. A boy respects every teacher.
　　　b. A girl does [e], too.

まず (67a) が曖昧であることを確認しておこう．ある一人の少年が先生全員を尊敬しているという解釈と，先生一人ひとりについて少年が一人は尊敬しているという解釈である．後者は，例えば，太郎が田中先生を，理が鈴木先生を，啓が石井先生を尊敬している場合の解釈である．1つ目の解釈では存在数量詞が普遍数量詞よりも高い作用域をとっており，2つ目の解釈では逆に普遍数量詞が存在数量詞よりも高い作用域をとっている．次に (67b) では，[e] の部分に *respect every teacher* が省略されているので，(67b) は (68) と等しいと見なすことができる．

(68) 　A girl respects every teacher, too.

結果として，(67a) と (68) における2つの数量詞の関係は同一なので，(67b) においても2つの解釈が許されるはずである．これが正しければ，(67a)，(67b) ともに曖昧であるため，2通り×2通りで4通りの解釈の組み合わせが可能になるはずである．ところが，実際に許される解釈は，1文目と2文目が同一の数量詞解釈を許す2通りだけである．例えば，1文目が，あるひとりの少年が先生全員を尊敬しているという意味で理解されたなら，2文目も，あるひとりの少女が先生全員を尊敬しているという意味で理解されなければならない．これを数量詞の作用域に関する平行性と呼び，省略現象の特徴の1つであると広く考えられている．

では，この平行性を念頭に (69) を考えてみよう．ここでは，(69b) が (69a) に後続すると考える．[13]

(69) a. <u>たいていの組織からのアジアの一カ国の脱退</u>は認められたけど，
　　　　　　　　　　　　　　　　　　　　　　　　　　　　　(one >/< most)
　　　b. <u>たいていの組織からのヨーロッパの一カ国の</u>は認められなかった．
　　　　　　　　　　　　　　　　　　　　　　　　　　　　　(one >/< most)

(69a) は2通りに解釈できる．1つ目は，例えば，日本が WHO, UN 等から脱退したいと考えている状況を表す解釈である．この場合，アジアの一カ国とは日本のことである．2つ目は，例えば，WHO から日本が，UN から中国が，

---

[13] Takahashi (2008) では，(69b) からさらに「たいていの組織からの」を項省略によって省略した「ヨーロッパの一カ国のは認められなかった．」で解釈の平行性を観察している．

IMFから韓国が脱退したいと考えている状況を表す解釈である．この場合，「アジアの一カ国」はそれぞれの組織によって異なる．ここでは，(69a)の下線部の構造を(70)であるとしよう．

(70)

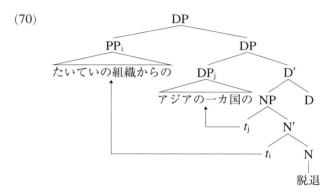

「アジアの一カ国の」がDPの指定部に，そして「たいていの組織からの」がスクランブリングによってDPの付加位置に移動し，(69a)ができあがるのである．(69b)も同様に2通りの解釈が得られる．(69b)も(71)に示したように同じ派生をたどることになる．

(71)

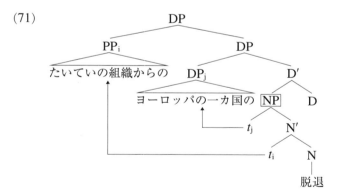

ただし，(71)ではNP省略の結果，表層上は(69b)の下線部になるのである．ここで，(71)は(70)と同じ構造を持つのであるから，曖昧になるはずである．ここで特筆すべきは，(67a, b)で見た解釈の平行性が(69a)と(69b)の間でも見られることである．この平行性は，Takahashi (2008)が指摘しているように，(69b)において(71)に図示したNP省略が関与していることを示している．

第 8 章　名詞句内の省略

長崎方言では，(69a, b) を (72a, b) のように表す．[14]

(72) a.　たいていの組織からんアジアん一カ国ん脱退は認められたけど，
　　　　　　　　　　　　　　　　　　　　　　　　　(one >/< most)
　　 b.　たいていの組織からんヨーロッパん一カ国んとは認められんやった．
　　　　　　　　　　　　　　　　　　　　　　　　　(one >/< most)

(69a, b) 同様，(72a, b) では 2 通りの解釈のみが容認される．ここで (72b) では，「と」が挿入されていることに注目してほしい．(72b) では (73) に示すように「と」が NP の主要部位置を占めているのであろうか．

(73)

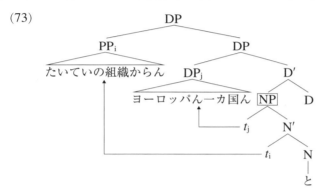

この構造に NP 省略がかかると「と」まで省略されて，(74) に挙げた非文ができてしまう．

(74) *たいていの組織からんヨーロッパん一カ国んは認められんやった．

これでは困る．ただ，(72b) は (72a) との間に解釈の平行性があるため，省略が関与していないと結論付けることもできない．省略操作が適用されるにもかかわらず，「と」が残るのである．

さらに，(75) を見てもらいたい．

(75) *たいていの組織からんヨーロッパん一カ国ん脱退とは認められんやった．

---

[14] (72b) の例文は前田雅子氏（私信）による．Takahashi (2008) 同様，Maeda and Takahashi (2013) では，「ヨーロッパん一カ国んとは認められんやった．」を考察対象にしている．

この例文は,「と」が残存していても,「脱退」が省略されないと非文になることを示している.

　Maeda and Takahashi (2013) は生成文法理論の現ミニマリストプログラムの枠組みにおいて (76) に示したように nP という機能範疇を仮定し,Merchant (2001) が提唱した E-feature の具現化したものである,NP 省略を認可する役割を果たす「と」が,この nP の主要部に位置するという提案を行っている.[15]

　(76)　[$_{DP}$ [$_{nP}$ [$_{NP}$ ... N] と]]

(76) では「と」が省略される領域外に基底生成されるため,「と」が省略されることはない.さらに,この「と」は代名詞の「と」ではないため,神尾 (1983) の抽象名詞に関する制約に従う必要もない.非常に興味深い提案であるが,この分析のもと第 1 部で紹介した,関係節や数詞のような付加詞の場合に NP 削除が認可されないという事実はどのように捉えられるであろうか.(76) の構造から E-feature によって NP が削除されるということは,残存している要素が項であるか,付加詞であるかは,省略操作に直接関係しないことを意味する.実際,第 1 部で見た (77) のような例文が存在する.

　(77)　[今日予定されとる] とはそがんはかからんやろう．(=(53))

この文が容認されるということは,関係節と「と」は共起できることを示しており,Maeda and Takahashi の分析のもとでは (78) に示したように「と」の存在が名詞句省略を認可するはずである.

---

[15] Merchant (2001) の E-feature は,補部を発音しないように PF に伝達する素性であると考える.詳細については,Merchant (2001) ならびに Maeda and Takahashi (2013) を参照のこと.

第 8 章　名詞句内の省略　　　　　　　　　　291

(78)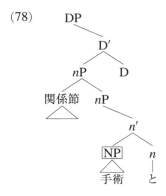

つまり，付加詞が残存しても NP 省略が可能なはずである．

　ところが，長崎方言においても項と付加詞の対比は見られる．NP 省略が認可されているように見える関係節の場合は，文脈さえ整えば，言語的な先行詞は必須ではない．例えば，友達同士でパーティに着ていく服を買いに行った帰り道で友達のひとりが発した (79) の文は何の問題もない．

(79)　ところで，[今日，佐藤さんが買った] とはどう思った．ちょっと高すぎたよね．

この言語的な先行詞が必要ではないという事実は，(79) の下線部の「と」が代名詞の特徴を持つことを示している．つまり，「と」が常に省略を認可する役割を果たしているとは言えないのである．また，(80) においては到着した人物が尊敬に値しないという意味合いがある．

(80)　若いとが来た．

これは，代名詞の「の」で Kuroda (1976/1977) が観察した性質である．「と」も代名詞の性質を持つということである．

　これまでの議論を踏まえ，第 2 部の後半では，Maeda and Takahashi の示唆する省略を認可する「の」・「と」に加え，奥津 (1974)，神尾 (1983) 等に従い，代名詞の「の」・「と」の存在を仮定し，(81) に繰り返した省略にかかる条件を (76) の構造において検討する．

(81)　省略にかかる条件
　　　機能範疇 X の指定部が埋まっている場合に限り，その補部を省略することができる．

まずは，項について見てみよう．(72b) は，(73) ではなく，(82) の構造を持つことになる．

(82)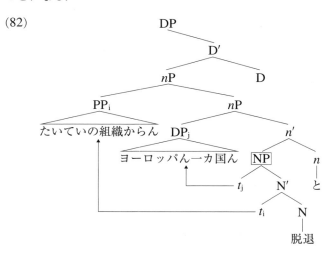

(82) では「ヨーロッパん一か国ん」が nP の指定部に移動しているため，NP 省略が認可される．この際，n に位置する省略操作を牽引する E-feature が「と」で具現化されるのである．この構造で NP が省略されると，「と」はすでに NP 外に位置するため省略の対象にはならないことになる．

「と」は E-feature が具現化したものなので，「と」がない場合は E-feature がないことを意味する．よって，(74) では省略操作は適用できず，非文になる．また，逆に E-feature があるということは省略操作が牽引されるので，(75) もあり得ないのである．

ここまでは Maeda and Takahashi の主張のポイントがそのまま反映されたかたちになっている．

では，付加詞はどうであろうか．(83a) の下線部の関係節に (78) ならびに (83b) の構造は許されないことになる．

(83) a. [今日予定されとる] とはそがんはかからんやろう．(＝(53))

第 8 章　名詞句内の省略

b.

(83b) で NP が省略されるためには，(81) に従って関係節が nP の指定部に移動する必要があるが，この移動は関係節が付加詞であるため許されない．よって，NP 省略は許されず，E-feature の具現化した「と」が n に現れることはない．結果として，(83a) には代名詞の「と」を用いた (84) の構造のみが許されるのである．

(84)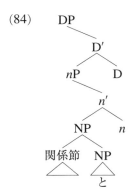

省略操作は関与していないので，(84) から言語的な先行詞が必要ではないことも自然に導かれる．ただ，関係節が nP の指定部に移動し，NP が省略されたとしても，結果は省略がない場合と同じになるため，表層上は省略操作が関与しているかどうかは区別がつかないのである．

　形容詞の場合も同様で，(80) の下線部の構造は (85b) になる．[16]

(85) a.　若いとが来た．　(= (80))

---

[16] AP は形容詞句である．

294   第III部　省　略

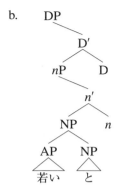
b.

代名詞の「と」しか許されないため,必然的に軽蔑的な意味合いがでてくるのである.

ところが,数詞は付加詞でありながら,関係節,形容詞とは異なった振る舞いをする.[17]

(86) a. *2切れのハムは夕食になるが,1切れのはならない.　（＝(30b)）
     b. *2切れのハムは夕食になるが,1切れんとはならん.

(86a, b) の非文性は,神尾 (1983: 82),金水 (1995) が「の」について指摘しているように,数詞が代名詞の「の」・「と」と共起できないことに起因する.[18] 数詞の場合は,そもそも (87) の構造自体が許されないのである.

---

[17] Bae (2012) が高知方言,鹿児島方言において同様の観察を行っている.
[18] 第1部2.3節を参照のこと.また,Llombart-Huesca (2002: 61) が英語においても同様の対比を挙げている.

   (i) *two ones
   (ii) two green ones

(87)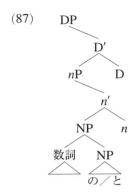

(86a, b) に対して，他の修飾要素を数詞と「の」・「と」の間に挟んだ (88a, b) では問題が生じない.[19]

(88) a. 2切れの厚いハムは夕食になるが，1切れの薄いのはならない．
b. 2切れの厚いハムは夕食になるが，1切れの薄いとはならん．

(88a, b) の文法性は (86a, b) の非文性が数詞と代名詞の関係にあることを支持するものである．

さらに，(86a, b) の場合も，2切れずつのパックになったハムは夕食になるが，1切れずつのパックになったハムは夕食にならないという解釈のもとでは適確な文である．Miyamoto (2009) は，この「ずつ読み」の数詞は関係節を形成すると主張している．これが正しければ，(86a, b) の「ずつ読み」の解釈は関係節の別例にあたり，(84) と同じ構造ということになる．この「ずつ読み」の解釈の存在も代名詞の「の」・「と」の存在を仮定することによって正しく導き出されるのである．

では，最後に今後の課題を挙げておきたい．第2部では，Maeda and Takahashi (2013) の長崎方言の分析に，第1部で見た省略に関する認可条件を組み込み，さらに代名詞の存在を認めた分析を紹介した．関係節，数詞等の付加詞の場合は，名詞句省略が認可されないので，代名詞の「の」・「と」の可能性しかないが，項の場合は，省略操作が関与しているかどうかで，どちらの可能性も考えられるのである．この立場をとる場合，標準語，長崎方言のみならず，例えば，高知方言では「が」，鹿児島方言では「と」であるように，この

---

[19] ここでの数詞に関する観察は，藤井友比呂氏（私信）による．

2 要素が常に同音であるという事実を説明しなければならない.[20] これは，不定代名詞の性質，省略のメカニズムのみならず，日本語の名詞句構造の解明に繋がる重要な課題である．

おわりに

　本章では，名詞句内における省略現象について 3 つの可能性を検討し，英語同様，名詞句内において NP 省略の操作が関与していることを明らかにした．省略分析の基盤は，項が残存している場合に限り NP 省略が認可されるという一般化にあった．今後，この一般化をミニマリストプログラムの枠組みにおいてどのように捉えるべきか考えていかなければならない．また，本章では，関係節による NP 省略について日本語と中国語を比較し，日本語と中国語の関係節を含む DP の構造の違いを見た．第 2 部では長崎方言に焦点を移し，NP 省略に伴う解釈の平行性について検討した．nP の主要部を占める，省略を牽引する「の」・「と」(Maeda and Takahashi (2013)) と代名詞の「の」・「と」を認めることにより，「と」が NP 省略の際に他の要素とともに省略されないことを保証し，さらに NP 省略に関する項と付加詞の対比を捉えることができることを示した．このように，日本語の構造について他言語・方言から学べることは数多くあるのである．[21]

参考文献

Abney, Steven (1987) *The English Noun Phrase in Its Sentential Aspect*, Doctoral dissertation, MIT.

Aoun, Joseph and Audrey Y.-H. Li (2003) *Essays on the Representational and Derivational Nature of Grammar: The Diversity of Wh-constructions*, MIT Press, Cambridge, MA.

有元將剛・村杉恵子 (2005)『束縛と削除』研究社，東京．

Bae, Sun-Hee (2012) "NP Languages Do Not Have NP-ellipsis: Examination of Korean and Japanese," *Harvard Studies in Korean Linguistics* 14, 273-284.

Brame, Michael (1968) *A New Analysis of the Relative Clause: Evidence for an In-*

---

[20] 高知方言，鹿児島方言については，Bae (2012) を参照のこと．
[21] また，Murasugi (1991) は，富山方言のデータから提唱する関係節の分析を支持している．

terpretive Theory, MIT Press, Cambridge, MA.
Chomsky, Noam (1970) "Remarks on Nominalization," *Readings in English Transformational Grammar*, ed. by Roderick A. Jacobs and Peter S. Rosenbaum, 184-221, Ginn and Co., Waltham, MA.
Chomsky, Noam (1977) "On Wh-movement," *Formal Syntax*, ed. by Peter Culicover, Thomas Wasow and Adrian Akmajian, 71-132, Academic Press, New York.
Fox, Danny (2000) *Economy and Semantic Interpretation*, MIT Press, Cambridge, MA.
Hankamer, Jeorge and Ivan Sag (1976) "Deep and Surface Anaphora," *Linguistic Inquiry* 7, 391-428.
Huddleston, Rodney and Geoffrey Pullum (2002) *The Cambridge Grammar of the English Language*, Cambridge University Press, Cambridge.
Kadowaki, Makoto (1995) "N'-ellipsis Reconsidered," *Proceedings of the 6th Tokyo Conference on Psycholinguistics*, 191-215.
神尾昭雄 (1983)「名詞句の構造」『日本語の基本構造』、井上和子(編), 77-126, 三省堂, 東京.
Kayne, Richard (1994) *The Antisymmetry of Syntax*, MIT Press, Cambridge, MA.
金水敏 (1995)「日本語のいわゆる N' 削除について」『第三回南山日本語教育・日本語学国際シンポジウム報告書』, 阿部泰明・坂本正・曽我松男(編), 153-176, 南山大学.
Kuroda, S.-Y. (1965) *Generative Grammatical Studies in the Japanese Language*, Doctoral dissertation, MIT.
Kuroda, S.-Y. (1976-77) "Pivot-independent Relativization in Japanese III," *Papers in Japanese Linguistics* 5, 157-176.
Lasnik, Howard and Mamoru Saito (1992) *Move-α: Conditions on Its Application and Output*, MIT Press, Cambridge, MA.
Leech, Geoffrey and Jan Svartvik (2002) *A Communicative Grammar of English*, 3rd ed., Longman, London.
Lin, T.-H. Jonah, Keiko Murasugi and Mamoru Saito (2001) "Modification and Specification: An Investigation of *No* and *De*," paper presented at the 10th annual meeting of the International Association of Chinese Linguistics, University of California, Irvine, June.
Llombart-Huesca, Amlia (2002) "Anaphoric *One* and NP-ellipsis," *Studia Linguistica* 56, 59-89.
Lobeck, Anne C. (1990) "Functional Heads as Proper Governors," *NELS* 20, 348-362.
Maeda, Masako and Daiko Takahashi (2013) "NP-ellipsis in the Nagasaki Dialect of Japanese," paper presented at JK23, MIT, October.
Merchant, Jason (2001) *The Syntax of Silence: Sluicing, Islands, and the Theory of*

Ellipsis, Oxford University Press, Oxford.

Miyamoto, Yoichi (2009) "On the Nominal-internal Distributive Interpretation in Japanese," *Journal of East Asian Linguistics* 18, 233-251.

Miyamoto, Yoichi (2013) "On the Unavailability of NP-ellipsis with Japanese Relative Clauses," *Nanzan Linguistics* 9, 51-83.

Miyamoto, Yoichi (2014a) "On Chinese and Japanese Relative Clauses and NP-ellipsis," *Japanese Syntax in Comparative Perspective*, ed. by Mamoru Saito, 50-87, Oxford University Press, New York.

Miyamoto, Yoichi (2014b) "On NP-ellipsis in Kyushu and Shikoku Dialects," paper presented at ELSJ Spring Forum, Doshisha University, April.

Murasugi, Keiko (1991) *Noun Phrases in Japanese and English*, Doctoral dissertation, University of Connecticut, Storrs.

Ning, Chun-Yuan (1993) *Theory of Relativization in Chinese*, Doctoral dissertation, University of California, Irvine.

奥津敬一郎（1974）『生成日本文法論——名詞句の構造』大修館書店，東京．

Quirk, Randolph, Sidney Greenbaum, Geoffrey Leech and Jan Svartvik (1985) *A Comprehensive Grammar of the English Language*, Longman, Harlow.

Saito, Mamoru, T.-H. Jonah Lin and Keiko Murasugi (2008) "N'-ellipsis and the Structure of Noun Phrases in Chinese and Japanese," *Journal of East Asian Linguistics* 17, 247-271.

Saito, Mamoru and Keiko Murasugi (1990) "N'-deletion in Japanese: A Preliminary Study," *Japanese/Korean Linguistics* 1, 258-301.

Schachter, Paul (1973) "Focus and Relativization," *Language* 49, 19-46.

Simpson, Andrew (2003) "On the Status of Modifying *De* and the Syntax of the Chinese DP," *On the Formal Way to Chinese Languages*, ed. by Sze-Wing Tang and Chen-Sheng Luther Liu, 74-101, CSLI Publications, Stanford.

Takahashi, Daiko (2008) "Scope Interaction in DPs with NP-deletion in Japanese," *The State of the Art in Linguistic Research: the Interface of Form and Meaning*, ed. by Yoshiaki Kaneko, Akira Kikuchi, Yoshiki Ogawa, Etsuro Shima and Daiko Takahashi, 397-407, Kaitakusha, Tokyo.

Takahashi, Masahiko (2011) *Some Theoretical Consequences of Case-marking in Japanese*, Doctoral dissertation, University of Connecticut, Storrs.

Vergnaud, Jean-Roger (1974) *French Relative Clauses*, Doctoral dissertation, MIT.

第 9 章

省略の獲得*

杉崎　鉱司

三重大学

　日本語では，様々な要素を省略することが可能である．(A) の文は，「我々は誰をケンが雇ったか知らない．」と解釈され，主語と動詞を含む節が省略されていると考えられている．(B) および (C) における話者 B の発話では，その解釈の 1 つにおいて，それぞれ目的語（「自分の手紙を」）と主語（「自分の提案が」）が省略されているという分析がなされている．

　(A)　　ケンは誰かを雇ったらしいが，我々は誰をか知らない．
　(B)　　話者 A：　ケンは自分の手紙を捨てた．
　　　　 話者 B：　ハナコも捨てた．
　(C)　　話者 A：　ケンは [自分の提案が採用されると] 思っている．
　　　　 話者 B：　ハナコも [採用されると] 思っている．

　日本語を母語とする幼児は，これらの省略現象について，成人の母語話者と同じ知識を持つのであろうか．また，もし同じ知識をすでに持つのであれば，それはなぜだろうか．本章では，日本語の省略現象について，幼児がどのような知識を持つのかを調査した主要な研究を整理し，その成果について概観する．

---

* 本章の執筆に際して，宮本陽一，村杉恵子，大滝宏一，斎藤衛，高橋大厚，瀧田健介の各氏から貴重なコメント・示唆をいただいた．また，草稿を発表した南山大学言語学研究センターにおける統語論・言語獲得ワークショップの参加者および初稿に対する 2 名の匿名査読者からも有益なコメントをいただいた．ここに謝意を表する．

本章の構成

　第1部では，wh 疑問文において節を省略する現象であるスルーシングと，目的語などの項を省略する現象である項省略に関して，日本語を母語とする幼児が成人と同質の知識を持つか否かを調査した研究について整理する．第2部では，項省略の獲得について議論を深め，幼児による目的語の省略が項省略によるものであって，他の省略現象（具体的には動詞句削除）によるものではないことを示す証拠について議論する．なお，本章で取り上げる獲得研究と密接に関係した一連の統語分析，特に項省略の分析については高橋（本書）にて詳しい議論が展開されているため，そちらと一緒に読んでいただくとより理解が深まる．

第1部　日本語における省略現象の獲得

1.　日本語に見られる省略現象

　日本語を特徴づける主要な性質の1つに，文の中にある様々な要素を表出しないで済ませることが可能であるという性質がある．例えば，(1) の会話においては，話者Bの発話である「提出したらしいよ．」は，「ケンはあのレポートを提出したらしいよ．」と解釈されるので，主語である「ケンは」と目的語である「あのレポートを」が表出されていないと考えることができる．また，(2) の例における話者Cの発話は，「僕はこれを絶対に食べきれない．」という意味として解釈されるため，主語である「僕は」と目的語である「これを」が表出されていないと考えることができる．

(1)　話者A：　ケンはあのレポートを提出したのかな？
　　　話者B：　提出したらしいよ．
(2)　（目の前にある大きなギョーザを目にして）
　　　話者C：　絶対に食べきれない．

　文の中にある様々な要素を表出しないで済ませる現象を「省略」と呼ぶことにしよう．省略には，大きく分けて，直前の文において発音を伴って表出された要素が存在する場合にのみ可能となる省略と，発話の状況からどのような要素が省略されているかが明らかである限り，発音を伴って表出された要素が直前に存在しなくとも可能となる省略の2種類がある．[1] 前者の具体例として，

---

[1] この区別に関する詳細な研究については，Hankamer and Sag (1976) を参照していただきたい．

スルーシング (sluicing) と呼ばれる現象と項省略 (argument ellipsis) と呼ばれる現象を取り上げよう．

スルーシングとは，(3) の話者 B の発話に含まれる下線部のように，*wh* 句と疑問文標識である「か」を残してその節に含まれる他の要素全てが省略される現象のことを指す．[2] (3) における話者 B の発話は，「僕は誰をプロ野球チームのスカウトが探しているかわからない」という意味に解釈されるので，「プロ野球チームのスカウトが探している」という主語と動詞を含む節が省略されていると考えられる．スルーシングは，(3) のように，直前の文において発音を伴って表出されている要素が存在する場合にのみ可能であり，このような「先行詞」が存在せず，発話の状況のみに基づいてスルーシングを適用することはできない．例えば，(4) のように，直前に文が存在しない場合にスルーシングを適用すると，おかしな文となってしまう．[3]（文頭の記号 # は当該の例文が意図された文脈では不適切であることを示す．）

(3) 話者 A： プロ野球チームのスカウトが誰かを探しているみたいだ．
    話者 B： 僕は誰をかわからない．
(4) [発話の状況：大学の野球チームのメンバーが練習をしている．彼らは，スタンドに，プロ野球チームのスカウトを見つけ，誰かをスカウトするために来たことを察する．]
    話者 B：#僕は誰をかわからない．

次に，項省略の具体例として，(5) を考えよう．

(5) a． その敗戦の後，本田選手は自分自身を批判していた．
    b． でも，香川選手は批判していなかった．

(5b) の文において，「香川選手は」を主語としてとらえた時，2 通りの解釈が可能である．1 つは，(5b) において省略されている目的語が本田選手を指している解釈，つまり「でも，香川選手は本田選手を批判していなかった．」という解釈で，もう 1 つは，省略されている目的語が香川選手自身を指している解釈，つまり「でも，香川選手は香川選手自身を批判していなかった．」という解釈である．前者は厳密な同一性解釈 (strict-identity interpretation)，後者は緩やかな同一性解釈 (sloppy-identity interpretation) と呼ばれる．後者の

---

[2] スルーシングに関する理論的分析については，Ross (1969) や Merchant (2001) などをご覧いただきたい．

[3] (3) および (4) の例は，Takahashi (1994) に基づく．

解釈は，(6b) に示されるように，「自分自身を」という目的語を省略することから生じると考えられるが，このような省略は，直前の文に「自分自身を」が表出されている場合にのみ可能である．例えば，発話の状況のみが与えられ，省略の先行詞が表出されていない (7) の例では，「香川選手は香川選手自身を批判していなかったのに．」という緩やかな同一性解釈は許容されず，「香川選手は本田選手を批判していなかったのに」という解釈のみが可能である．

(6) a. その敗戦の後，本田選手は自分自身を批判していた．
b. でも，香川選手は自分自身を批判していなかった．
(7) [敗戦の後，本田選手がテレビで自分自身のプレーを批判しているのを話者 A が目撃する．]
話者 A： あれ，香川選手は批判していなかったのに．

スルーシングや項省略は，以下で議論するように，直前の文に先行詞が存在しさえすればどのような場合でも省略が可能なわけではなく，ある一定の「制約」に従うことがこれまでの統語分析によって明らかになっている．これらの制約は，幼児が周りの大人から与えられる言語経験に基づいて「学習」した性質とは考えにくいため，ヒトに生得的に与えられた母語獲得のための仕組みである普遍文法 (UG) を密接に反映した性質であると推測される．もしそうであれば，日本語を母語とする幼児がこれらの制約に関して成人と同質の知識を持つか否かを調査することは，母語獲得に UG が関与するという仮説の妥当性に関する我々の理解を深めることにつながるはずである．

本章では，直前の文において先行詞が表出されている場合にのみ可能となる省略現象（具体的には，スルーシングと項削除）に焦点を当て，日本語を母語とする幼児がこれらの現象について成人と同質の知識を持つか否かを調査した研究を整理して概観する．それにより，日本語における省略現象の獲得に関して，これまで主にどのような研究が行われ，その成果がどのような理論的意味を持つのかを明らかにする．

2. 日本語の省略現象と UG

2.1. 母語獲得と UG

母語知識とは，ヒトが生後，一定期間触れることによって得た言語の知識のことを指す．この説明が示すように，この世に生を受けた子どもが何語の知識を母語として獲得するかは，生後の一定期間，何語に触れるかによって決定される．両親の国籍などにかかわらず，日本語に触れていれば日本語の知識を母

語として獲得し，英語に触れていれば英語の知識を母語として獲得する．何語に触れることもなければ，何語の知識も獲得され得ないと考えられるため，母語知識の獲得には，周りの人々が話すことばを耳にし，それを言語経験として取り入れることが不可欠であると言える．

　一方で，我々の持つ母語知識には，言語経験から学んだとは考えにくいような性質が含まれている．例えば，先ほどの (5) と (7) の例で示したように，「香川選手は批判していなかった．」という文が，「香川選手は香川選手自身を批判していなかった．」という解釈を持つことができるのは，先行する文が存在し，その中に「自分自身を」という目的語が発音を伴って存在する場合のみである．発話の状況のみからこのような解釈を得ることはできないという知識を，日本語を母語とする全ての幼児が言語経験のみから学びとっているとは考えにくい．したがって，生成文法と呼ばれる言語理論では，ヒトには遺伝により生得的に与えられた母語獲得のための仕組みである普遍文法 (UG) が備わっており，母語知識の獲得は，生後外界から取り込まれる言語経験と UG との相互作用により達成されると仮定する．この仮説を図で示すと，(8) のようになる．

　　　　　　　　　　　　　　幼児
(8)　　言語経験　→　| 普遍文法 (UG) |　→　個別言語の知識

　では，UG に含まれる性質とは，どのようなものであると考えられるだろうか．様々な言語を詳細に分析してみると，表面上の相違にもかかわらず，共通して観察される属性があることがわかる．この普遍的属性には，どの言語においても具現されている絶対的な普遍性と，「X という性質を持つ言語には Y という性質も見られる」という含意の形で述べられる相対的な普遍性の 2 種類がある．UG に対する原理とパラメータのアプローチと呼ばれる仮説は，これら 2 種類の普遍性を生み出す属性が UG を構成していると考える．[4] つまり，この仮説では，UG は，全ての言語が満たすべき制約である原理（principle）と，言語間の可能な異なり方を少数の可変部の形で定めた制約であるパラメータ（parameter）から成る．このような UG が母語獲得を支えていると考えることで，獲得された言語になぜ上記の 2 種類の普遍性が観察されるのかを説明することができる．

　では次に，日本語における省略現象を基に，UG に含まれる原理とパラメー

---

[4] UG に対する原理とパラメータのアプローチの基本的な考え方については，Chomsky (1981) や Chomsky and Lasnik (1993) などを参照していただきたい．

タの具体例について考えていくことにしよう.

2.2. スルーシングと UG の原理

スルーシングは,英語・日本語のいずれにおいても観察される省略現象であり,wh 句(および,日本語の場合には,疑問文標識である「か」)を残して,その節に含まれる他の要素全てが省略される現象のことを指す.

(9) a. Ken hired someone, but we don't know who.
 b. ケンは誰かを雇ったらしいが,我々は誰をか知らない.

さらに,英語と日本語のスルーシングは,どちらも,Merchant (2013) によって提案された制約である (10) に従う.

(10) スルーシングに対する制約:
 スルーシングによって省略される動詞と,その直前にあって省略の先行詞となる文に含まれる動詞は,「態」(voice) において同一でなければならない.

(10) の制約により,先行詞となる文が能動態で,スルーシングが適用される文が受動態である場合,英語の文 (11b) に例示される通り,実際にスルーシングを適用してしまうと非文法的となる.一方,スルーシングが適用されない限りは,(11a) が示す通り,可能な文である.同様の観察が日本語においても成り立つことを示した例が (12) である.

(11) a. Someone hired Ken, but we don't know by whom Ken was hired.
 b. *Someone hired Ken, but we don't know by whom.
(12) a. 誰かがケンを雇ったが,我々は誰にケンが雇われたのか知らない.
 b. *誰かがケンを雇ったが,我々は誰にか知らない.

スルーシングの存在およびそれに対する制約 (10) は,英語と日本語という,類型的に見て非常に大きく異なった言語に共通に観察されることから,UG の原理を反映した属性であると推測される.UG の原理は,全ての言語において具現されるべき性質であり,それ自体には何ら(言語経験に基づく)学習を必要としないため,成熟 (maturation) の関与がない限り,最初期から一貫して幼児の母語知識に反映されているはずである.したがって,スルーシングに対する制約 (10) が UG の原理を反映した属性であるという仮説からは,日本語におけるスルーシングの獲得に関して,(13) の予測が導かれる.

(13) 日本語におけるスルーシングの獲得に対する予測：
日本語を母語とする幼児は，観察しうる最初期から，スルーシングに対する制約 (10) に従う．

「観察しうる最初期」とは，幼児が当該の原理の発現に関与する語彙や構造を扱うことができるようになった段階を指す．さらに，当該の原理の知識が心理実験によって調査される場合には，幼児がこのような調査に協力できるだけの集中力・注意力を身につけた段階という意味も含まれる．この予測が妥当であるか否かを調査した研究を，第 3 節で概観することにしよう．

2.3. 項省略と UG のパラメータ

第 1 節においても確認したように，日本語では (5b) の文のように目的語を省略したり，(14b) の文のように（埋め込み文の）主語を省略したりすることが可能である．より具体的には，(14a) の文において表出されている「自分の提案が」を先行詞として，(14b) の埋め込み文の主語を省略することができるため，(14b) の文は，「ハナコも自分の提案（＝ハナコ自身の提案）が採用されると思っている．」という解釈を持つことが可能である．

(14) a. ケンは [自分の提案が採用されると] 思っている．
b. ハナコも [採用されると] 思っている．

主語や目的語など，述語によって意味的に選択されている要素は項 (argument) と呼ばれる．(5b) の文や (14b) の文が緩やかな同一性解釈を許容するという観察は，日本語には，主語・目的語などの項を省略する現象である項省略 (argument ellipsis) が存在することを示している．

項省略という名称は，項が省略された現象であることを示すと同時に，項ではない要素は省略できないということを示した名称でもある．項ではない要素の 1 つに，(15a) の文に含まれる「ゆっくり」のような付加詞 (adjunct) がある．もし (15b) の文が，先行詞となる (15a) の文の付加詞「ゆっくり」に基づいて，(15b) に含まれる同一の付加詞の省略を可能にしているのであれば，(15b) の文は，「ハナコはゆっくり弁当を食べなかった」という文と同じ解釈，つまり「ハナコは弁当を食べたが，ゆっくりとした食べ方ではなかった．」という解釈を持ちうるはずである．しかしながら，(15b) の文はこのような解釈を持たず，「ハナコは弁当を（全く）食べなかった．」という意味に限定される．この観察から，日本語で省略されうるのは項のみであり，付加詞のような項以外の要素を省略することはできないことが分かる．

(15) a. ケンはゆっくり弁当を食べた．
　　 b. ハナコは弁当を食べなかった．

　一方，項省略そのものについても，許容する言語と許容しない言語が存在することがOku（1998）によって報告されている．Oku（1998）の観察によると，スペイン語は日本語と同様に，主語を表出しないことを許容するが，日本語の文（14）に相当するスペイン語の文（16）は，許容される解釈が日本語とは異なっている．（16b）において，表出されていない主語は「マリアの提案」としてのみ解釈され，「フアン自身の提案」という解釈を持つことはできない．つまり，スペイン語では，表出されていない主語に対して，厳密な同一性解釈のみが可能であり，緩やかな同一性解釈は可能ではない．この観察は，スペイン語では，（16a）の文の埋め込み文の主語を先行詞として，（16b）の埋め込み文の主語を省略するということは可能ではないことを示している．つまり，日本語で観察される項省略は，スペイン語には存在しないと考えられる．

(16) a. Maria cree　　[que su propuesta será　aceptada] y
　　　　 Maria believes that her proposal will-be accepted and
　　　　 「マリアは自分の提案が受け入れられるだろうと信じている．」
　　 b. Juan también cree　[que ___ será　aceptada]
　　　　 Juan too believes that　　 will-be accepted
　　　　 「フアンも受け入れられるだろうと信じている．」

　2.1節で議論したように，母語獲得に生得的なUGが関与しているのであれば，言語の可能な異なり方はパラメータによって狭く限定されているはずである．つまり，項省略の有無は，それ自体が単独で言語間において異なっているのではなく，パラメータによって他の現象の有無と密接に結びつけられているはずである．では，日本語には項省略が存在し，スペイン語にはそれが存在しないという違いと密接に結びついた他の現象はどのような現象であると考えられるだろうか．
　この問いに対しては，これまでの統語研究において，大きく分けて2種類の可能性が提案されている．[5] 1つの可能性は，Oku（1998），Saito（2003）やTakahashi（2008a）が提案するように，項省略が存在するためには，その言語に自由語順という性質が存在しなければならないという可能性である．日本語は，スペイン語とは異なり，適切な文脈が与えられれば，目的語を前置すると

---

[5] この他のパラメータの可能性を提案した研究に，Otaki（2012）がある．

いった語順の変更を比較的自由に行うことのできる言語である．

(17) a.　ハナコがケンを雇った．　　　　　　　　（主語-目的語-動詞）
　　 b.　ケンをハナコが雇った．　　　　　　　　（目的語-主語-動詞）

　もう1つの可能性は，Saito（2007）やTakahashi（2014）が提案するように，項省略が存在できるのは，主語や目的語と動詞の一致（agreement）現象を持たない言語に限られる，という可能性である．スペイン語では，主語の人称・性・数に応じて，動詞の形が変化するので，一致現象が存在していると言えるが，日本語ではこのような一致現象は見られず，(18)に例示されるように，主語が1人称単数であっても，3人称単数であっても，動詞の形は同一である．

(18) a.　私は毎朝リンゴを食べる．
　　 b.　ハナコは毎朝リンゴを食べる．

　項省略の有無を司るパラメータは，項省略と自由語順とを結びつけるものであるのか，それとも項省略と一致の欠如を結び付けるものであるのか，あるいは項省略とこれら以外の全く別の現象とを結びつけるものであるのかという問いは，さらなる証拠を必要とする課題である．母語獲得研究は，この問いに対して答えを与えることに貢献できる可能性を秘めている．なぜならば，項省略を司るパラメータに関する上記の2つの提案は，母語獲得に対して異なった予測をするからである．もし，項省略を司るパラメータが，項省略と自由語順とを結びつけているのであれば，これら2つの性質の獲得はお互いと密接に結びついていることになるため，それらの獲得に対し，(19)の予測が成り立つはずである．

(19)　項省略と自由語順を結びつけるパラメータからの予測：
　　　日本語の獲得において，表出されていない主語や目的語に対して緩やかな同一性解釈を与えることができるのは，語順の変化した文を解釈することのできる幼児のみである．

　一方，項省略を司るパラメータが，一致現象を持たない言語においてのみ項省略を許容しているのであれば，一致の欠如の有無に関する知識の獲得と項省略に関する知識の獲得はお互いと密接に結びついていることになるため，これら2つの性質の獲得に対し，(20)の予測が成り立つことになる．

(20) 項省略と一致の欠如を結びつけるパラメータからの予測：
日本語の獲得において，表出されていない主語や目的語に対して緩やかな同一性解釈を与えることができるのは，日本語には主語や目的語と動詞との一致現象が存在しないという知識を持つ幼児のみである．

これらの予測の妥当性について調査することを通して，項省略の獲得過程を明らかにすることを目指した研究が既に行われている．これらの獲得研究については，第4節で概観することとし，まずは日本語におけるスルーシングとその制約の獲得について議論する．

3. 日本語におけるスルーシングの獲得と UG

2.2節で議論したように，(21) に例示されるスルーシングは，英語・日本語のいずれにおいても観察される省略現象であり，Merchant (2013) によって提案された制約である (22) に従う．この制約により，先行詞となる文が能動態で，スルーシングが適用される文が受動態である場合には，(23) に示される通り，どちらの言語においても非文となる．

(21) a. Ken hired someone, but we don't know who.
　　 b. ケンは誰かを雇ったらしいが，我々は誰をか知らない．
(22) スルーシングに対する制約：
スルーシングによって省略される動詞と，その直前にあって省略の先行詞となる文に含まれる動詞は，「態」(voice) において同一でなければならない．
(23) a. *Someone hired Ken, but we don't know by whom.
　　 b. *誰かがケンを雇ったが，我々は誰にか知らない．

スルーシングに対する制約 (22) が生得的な UG の原理を反映した属性であるならば，日本語におけるスルーシングの獲得に関して，(24) の予測が当てはまるはずである．

(24) 日本語におけるスルーシングの獲得に対する予測：
日本語を母語とする幼児は，観察しうる最初期から，スルーシングに対する制約 (22) に従う．

Sugisaki (2015) による研究では，(24) の予測の妥当性を調査するために，4歳7か月から6歳6か月までの日本語を母語とする幼児21名（平均年齢は

第 9 章　省略の獲得

5 歳 7 か月) を対象とした実験が行われた．これらの被験者は，提示されるテスト文の種類が異なる以下の 2 グループに分類された．

(25) a.「不一致」グループ：
　　　態の不一致を含むテスト文を提示されたグループ
　　　（先行詞が能動態の動詞を含み，スルーシング文が受動態の動詞を含む．）
　　b.「一致」グループ：
　　　態の一致を含むテスト文を提示されたグループ
　　　（先行詞・スルーシング文の両方が受動態の動詞を含む．）

　この実験における幼児の課題は，実験者が提示する質問に答えることである．より具体的には，まず，実験者が各幼児に，ノートパソコン上で一連の写真を提示しながら，「お話」を聞かせる．「お話」の後に，実験者の操る人形が幼児に対して，「お話」の内容に基づいた質問を行う．幼児の課題は，この人形からの質問であるテスト文に答えることである．
　「不一致」グループに対するテスト文の例を (26) に，「一致」グループに対するテスト文の例を (27) に示す．

(26)「不一致」グループに対するテスト文の例
　　　誰かが髪の毛を引っ張ったってライオンさんが言ってたけど, [誰にか] わかる？
(27)「一致」グループに対するテスト文の例
　　　誰かに髪の毛を引っ張られたってライオンさんが言ってたけど, [誰にか] わかる？

　「不一致」グループに提示されたテスト文 (26) は，以下のような考慮の基に用意されたものである．Sadakane and Koizumi (1995) で詳しく議論されているように，「に」という助詞は様々な用法を持つ．例えば，「ケンはハナコにありがとうと言った．」という文に例示されるような，「言う」の対象者を示す用法がある．また，「ケンはハナコに押された．」という文に例示されるように，受動態の文において動作主を示す用法も持つ．これらの用法に基づいて，(26) に例示した態の不一致を含む文を考えると，日本語を母語とする成人話者にとっては，この文に含まれる「誰に」は，(22) にあるスルーシングの制約の効果により，「誰に言ったかわかる？」のように，主節の「言う」と結びつけた解釈に限定される．なぜならば，「誰に」を「誰に髪の毛を引っ張られたかわかる？」のように，受動態の文の動作主として解釈してしまうと，先行詞

となる埋め込み文の動詞が「引っ張った」という能動態の形をとっているため，(22)の制約に違反してしまうからである．言い換えれば，(26)のテスト文が与えられた際，「誰にかわかる？」というスルーシング文を「誰に言ったかわかる？」と解釈し，「誰に髪の毛を引っ張られたかわかる？」と解釈しないためには，(22)の制約の知識を持つことが必要とされる．したがって，(26)のような質問を幼児に与え，それに対してどのように答えるかを調べることで，幼児が(22)の制約を知識として持つかどうかを知ることができるはずである．

　一方で，仮に幼児が(26)の文に対して「誰に言ったかわかる？」という解釈のみを与えた場合，その解釈が(26)に付随する「お話」から得やすい解釈であったという可能性もある．この可能性について確認するために，(27)のようなテスト文を用意し，「一致」グループの幼児に提示した．この文では，先行詞となる埋め込み文の動詞が「引っ張られた」という受動態の形をとっているため，「誰に」は「誰に言ったかわかる？」のように主節の「言う」と結びついた解釈も，「誰に髪の毛を引っ張られたかわかる？」のようにスルーシングを適用された受動態の文の動作主として解釈も可能である．したがって，(27)のような態の一致を含む文と(26)のような態の不一致を含む文を同じ「お話」の後に提示し，「お話」が同一であるにもかかわらず(26)の質問と(27)の質問に対する答え方に違いが見られるのであれば，幼児がすでに(22)に述べたスルーシングの制約の知識を持っており，それを用いて答えを判断していると考えられる．

　この実験では，スルーシングに対する制約(22)に関する知識を調べるための(26)あるいは(27)のような文が，各幼児に対し4文提示された．また，(26)や(27)のような文を解釈できるためには，受動態の文を正しく解釈できる必要があるため，受動態の文と能動態の文を正しく区別して解釈できるか否かを調べるためのテスト文が4文用意された．

　(26)と(27)のテスト文に付随する「お話」は，(28)と(29)のとおりであり，それらの唯一の違いは，「お話」の最後にあるライオンさんの発話が能動態であるか受動態であるかという点である．実際に実験に用いられた写真もあわせて提示する．

　　(28)　「お話」の例：「不一致」グループ
　　　　　妖怪保育園で，パンダさんとライオンさんが，電車のおもちゃで遊んでいます．そこへ，いたずら好きのお友達がやってきて，ライオンさんの髪の毛を引っ張りました．「わあー，誰？」びっくりしたライオンさんが後ろを振り返りましたが，誰もいません．そこへ，妖怪保育

園の先生がやってきました．ライオンさんは，大好きな先生に，「誰かが髪の毛を引っ張んたんだよ．」と言いました．

(29) 「お話」の例：「一致」グループ

妖怪保育園で，パンダさんとライオンさんが，電車のおもちゃで遊んでいます．そこへ，いたずら好きのお友達がやってきて，ライオンさんの髪の毛を引っ張りました．「わあー，誰？」びっくりしたライオンさんが後ろを振り返りましたが，誰もいません．そこへ，妖怪保育園の先生がやってきました．ライオンさんは，大好きな先生に，「誰かに髪の毛を引っ張られたんだよ．」と言いました．

21名の幼児を対象に実験を実施したところ，3名の幼児が，能動文と受動文の区別に関する知識を確かめるためのテスト文に対して全問正解とはならなかった．これらの幼児は，そもそも受動文の知識をまだ獲得していない可能性があるため，結果分析の対象外とした．残りの18名から得られた結果を整理したのが表1である．

	幼児の数	「誰に」の解釈	
		主節の「言う」と結びついた解釈	埋め込み文である受動態の動作主として解釈
「不一致」グループ	9	91.7% (33/36)	8.3% (3/36)
「一致」グループ	9	0	100% (36/36)

表1: スルーシングに対する制約の知識を調査した実験の結果 (Sugisaki (2015))

　先行詞となる埋め込み文の動詞が受動態である (27) のような文を提示された「一致」グループの幼児達は,「誰にかわかる?」というスルーシング文を一貫して「誰に髪の毛を引っ張られたかわかる?」のように埋め込まれた受動態の文の動作主として解釈した. この観察は, (28) や (29) のような「お話」が与えられた際,「誰に」に対して複数の解釈が可能な場合には,受動態の動作主 (つまり,髪の毛を引っ張る行為を行った人) としての解釈が最も顕著であることを示唆する. それにもかかわらず,先行詞となる埋め込み文の動詞が能動態である (26) のような文を提示された「不一致」グループの幼児達は,「誰にかわかる?」というスルーシング文を「誰に言ったかわかる?」と解釈する傾向,つまり「誰に」を主節の「言う」と結びつけて解釈する傾向を強く示した. このような「不一致」グループと「一致」グループの間に見られる「誰に」の解釈に関する大きな差は,日本語を母語とする幼児がすでにスルーシングに対する制約 (22) に関する知識を持っており,それゆえ (26) のような質問に対して「誰に髪の毛を引っ張られたかわかる?」という解釈,つまり埋め込まれている受動態の文に対してスルーシングを適用した解釈を与えることがないことを示していると考えられる. この発見は, (22) の制約が,観察しうる最初期から日本語を母語とする幼児の言語知識の中に存在するという (24) の予測が妥当であることを明らかにするものである. (24) の予測は, (22) の制約が生得的な UG の原理を反映した属性であるという仮説から導かれたものであるから, Sugisaki (2015) で得られた結果は,スルーシングに対する制約 (22) が UG の原理を反映している可能性,およびより一般的には, UG の原理が存在し,それが観察しうる最初期から母語獲得を制約しているという仮説の妥当性を高めたものと言える.

4. 日本語における項省略の獲得と UG

4.1. 項省略を司るパラメータからの日本語獲得への予測

2.3 節において確認したように，目的語が省略された日本語の例（30b）や，主語が省略された日本語の例（31b）においては，省略された項が緩やかな同一性解釈を持つことが可能である．つまり，(30b) の例は「ハナコもハナコ自身の手紙を捨てた．」という解釈を持つことができ，(31b) の例は，「ハナコもハナコ自身の提案が採用されると思っている．」という解釈を持つことができる．

(30) a. ケンは自分の手紙を捨てた．
　　 b. ハナコも捨てた．
(31) a. ケンは [自分の提案が採用されると] 思っている．
　　 b. ハナコも [採用されると] 思っている．

これらの解釈は，直前の文に含まれる「自分の手紙を」や「自分の提案が」を先行詞として（32）に示されるような項の省略を適用した結果から生じると提案されている．

(32) a. ハナコも自分の手紙を捨てた．
　　 b. ハナコも [自分の提案が採用されると] 思っている．

このような項省略は，日本語には観察されるがスペイン語には観察されないため，その有無にはパラメータが関与すると考えられる．そして，項省略を司るパラメータについては，これまでの統語分析において，(i) 項省略の有無と自由語順の有無とを結びつけているという可能性と，(ii) 項省略の有無と主語−動詞の一致現象の有無とを結びつけているという 2 つの主要な可能性が提案されている．それぞれの提案の背後にある基本的な考え方は以下の通りである．

パラメータに関する前者の提案（i）によれば，日本語はスペイン語よりも述語と項の結びつきが弱いため，表面的には，項と述語が離れていたり，項位置が空になっていたりすることが可能である．項と述語が離れていても良いという理由から，自由語順という性質が可能となり，また項位置が空であっても良いという理由により，項省略という性質が観察される．文が意味解釈を受ける段階までには項位置は埋まっている必要があるため，自由語順現象においては，前置された目的語が通常の位置へと戻され，項省略現象においては，先行する文から必要な句（例えば（30b）であれば「自分の手紙を」という目的語）

がコピーされて，空いている項位置に置かれ，結果として緩やかな同一性解釈が得られる．

パラメータに関する後者の提案（ii）によれば，スペイン語のような一致現象を示す言語では，一致によって述語と項との間に強固な関係が築かれるため，項の「再利用」をすることができず，したがって先行する文から項をコピーして後続する文の空いている項位置に置くということができない．一方，日本語のように一致現象を持たない言語では，述語と項との間にこのような強固な関係が築かれないため，例えば (30a) の目的語である「自分の手紙を」という項を，(30b) の空いている目的語位置へとコピーして再利用することが可能となる．

項省略を司るパラメータに関する提案（i）が正しければ，日本語を母語とする幼児は，自由語順という性質を獲得することができれば，パラメータの働きにより，項省略が可能であるという知識をほぼ自動的に導き出すことができる．一方，項省略を司るパラメータに関する提案（ii）が正しければ，日本語の動詞が項の人称・性・数に応じて変化を示すということがないという知識を獲得することができれば，パラメータの働きにより，項省略が可能であるという知識をほぼ自動的に導き出すことができる．したがって，項省略を司るパラメータに関するこれらの提案からは，それぞれ以下のような予測が導かれる．

(33) 項省略と自由語順を結びつけるパラメータからの予測：
日本語の獲得において，語順の変化した文を解釈することのできる幼児は，項省略の知識も持っており，それゆえ表出されていない主語や目的語に対して緩やかな同一性解釈を与えることができる．

(34) 項省略と一致の欠如を結びつけるパラメータからの予測：
日本語の獲得において，日本語には主語や目的語と動詞との一致現象が存在しないという知識を持つ幼児は，項省略の知識も持っており，それゆえ表出されていない主語や目的語に対して緩やかな同一性解釈を与えることができる．

日本語における自由語順の獲得に関しては，杉崎・村杉（本書）において詳しく議論されている通り，日本語を母語とする幼児は，適切な文脈を与えられさえすれば，目的語の前置による語順の変化を受けた文（具体的には，(17b) のような目的語-主語-動詞の語順を持つ文）を3歳ないしそれ以前から正しく理解できることが Otsu (1994) や Murasugi and Kawamura (2005) によって明らかにされている．また，主語と動詞の一致については，イタリア語などの一致が豊かな言語の獲得において，幼児はすでに2歳頃で正しい一致を示し

ており，誤りを示す割合が平均して全発話数の4％以下と非常に低いことがHyams（2002）などの研究において観察されている．したがって，おそらく日本語の獲得においても，一致が存在しないという知識は2歳頃には獲得されていると推測できる．より具体的には，UGの働きによって，幼児には，獲得しようとしている言語には一致が存在しないという可能性がデフォルトの可能性として与えられており，動詞が項の人称・性・数に応じて変化を示すことが観察された場合にのみ，この可能性を排除し，その言語には一致があるという知識を獲得すると考えられる．この仮説のもとでは，日本語には動詞の変化が観察されないため，日本語を母語とする幼児は最初期から一貫して一致が存在しないという知識を持っていることになる．

　上記の考慮に基づくと，項省略を司るパラメータは，それが項省略の存在と自由語順を結びつけるものであったとしても，あるいは項省略の存在と一致の欠如を結びつけるものであったとしても，3歳（以降）の幼児に対しては，同じ予測をすることになる．つまり，いずれのパラメータに関する提案においても，項省略と結びつけられている他の性質は，3歳以前の段階においてすでに成人と同質の知識が幼児に備わっていると考えられるため，(35)の予測が導かれる．

(35)　項省略を司るパラメータからの予測：
　　　日本語を母語とする幼児は，3歳の段階で項省略の知識をすでに持っており，それゆえ表出されていない主語や目的語に対して緩やかな同一性解釈を与えることができる．

　3歳以前の幼児に対して用いることのできる実験方法が非常に限られているため，3歳以前の幼児を対象に項省略の知識に関する実験を実施し，(33)と(34)のどちらの予測が妥当であるかを調べることは，残念ながら現時点では難しいと考えられる．したがって，項省略を司るパラメータに関して，自由語順に基づく提案と一致の欠如に基づく提案のどちらが正しいかを母語獲得の観点から検討することは，実験上の制約によって実現が困難であると言わざるを得ない．しかし，もし(35)の予測が妥当ではないことが実験により明らかになった場合，つまりもし項省略の獲得が例えば6歳以降まで達成されないといった事実が判明した場合，この日本語獲得に関する事実は，自由語順に基づく提案および一致の欠如に基づく提案のいずれにとっても問題となるはずである．したがって，(35)の予測が妥当であることを確かめることは，項省略を司るパラメータに関する主要な2種類の提案の両方にとって，重要な試金石となることは疑いない．

次節からは，(35) の予測の妥当性を確かめるために実施された獲得研究を概観する．

4.2. 幼児日本語における目的語の省略 [1]

Sugisaki (2007) は，省略された目的語の解釈に関して (35) の予測が妥当であるかどうかを調べるために，3歳1か月から5歳7か月までの日本語を母語とする幼児10名（平均年齢4歳5か月）を対象に実験を実施した．[6] この実験においては，以下のようなテスト文が用いられた．

(36) a. パンダさんが自分の三輪車を洗っているよ．
b. ぶたさんも洗っているよ．
(37) a. パンダさんが自分の三輪車を洗っているよ．
b. ぶたさんもそれを洗っているよ．

(36b) の文は，目的語が省略された文である．先行する文 (36a) が目的語に「自分の三輪車を」を含むため，項省略の知識を持つ幼児は，この目的語を先行詞として (36b) の目的語に項省略を適用し，それにより (36b) に対して「ぶたさんも自分の三輪車を洗っているよ．」という緩やかな同一性解釈を与えることができるはずである．また，この緩やかな同一性解釈がどのような種類の目的語に対しても可能であるという「誤った」知識を持っていないことを保証するため，(37b) のように目的語位置に代名詞を含み，それゆえ緩やかな同一性解釈を許容しない文に関する幼児の解釈についても同時に調査が行われた．

この実験で用いられた方法は，真偽値判断法（truth-value judgment task）である．[7] この課題では，各幼児はまずノートパソコン上で提示された写真を見ながら，「お話」を聞く．この「お話」の後，実験者の操る人形が，「お話」の中で起こったと思われることについて，(36) や (37) のような文を用いて述べる．幼児の課題は，この人形の発話した文が，「お話」の内容に照らして，合っていたか間違っていたかを判断することである．（具体的には，人形の発話した文が合っていたと思う場合には人形にイチゴを与え，間違っていたと思う場合にはピーマンを与えるように，幼児に対して指示が与えられた．）

---

[6] 省略された目的語の緩やかな同一性解釈を扱った他の獲得研究に，Matsuo (2007) がある．

[7] 真偽値判断法の詳しい手順については，Crain and Thornton (1998) や松岡・上田・平田・藪 (2005) などに説明がある．

(36) および (37) のテスト文に付随する「お話」は (38) の通りである．

(38) 「お話」の例：

今日，パンダさんとぶたさんは三輪車に乗って遊んだよ．いっぱい走ったから，2人とも三輪車が泥だらけになっちゃったよ．今から2人で三輪車を洗うんだって．パンダさんが言ったよ．「うわー，僕の三輪車の方が泥だらけだ．きれいに洗えるかなあ．」それを聞いたぶたさんが言ったよ．「じゃあパンダさんの三輪車を一緒に洗ってあげようか？」それを聞いたパンダさんが言ったよ．「大丈夫．僕は僕のをがんばって洗うから，ぶたさんもぶたさんのを洗いなよ．」2人は一生懸命三輪車を洗い始めたよ．

この「お話」では，結果としてぶたさんはぶたさん自身の三輪車を洗ったため，省略された目的語に対して緩やかな同一解釈を許容する幼児は，(36) の文が「お話」に照らして「正しい」と判断するはずである．一方，これらの幼児は，緩やかな同一解釈を許容しない代名詞を含む (37) の文に対しては，成人の母語話者と同様，「間違っている」という判断を与えるはずである．

この実験では，各幼児に対して，(36) のような省略された目的語を含む文が2文，(37) のような音形を伴った代名詞を含む文が2文，そして課題を理解するための練習問題が1文提示された．得られた結果は表2の通りであった．

省略された目的語を含む文に対し，「正しい」と判断した反応	90%（18/20）
音形を伴った代名詞を含む文に対し，「正しい」と判断した反応	15%（3/20）

表2：省略された目的語の緩やかな同一性解釈に関する実験の結果（Sugisaki (2007)）

表2に示された通り，幼児は省略された目的語と音形を伴った代名詞の解釈を区別しており，前者にのみ緩やかな同一性解釈を許容することが判明した．この結果は，(35) の予測と合致するものであり，したがって項省略の知識の獲得が生得的なパラメータによって支えられているという仮説の妥当性を高めるものといえる．

4.3. 幼児日本語における目的語の省略 [2]

省略された目的語のみから生じ，音形を持った代名詞からは生じない解釈には，他の種類も存在する．そのうちの1つを理解するために，以下のような数量詞を含む文を考えよう．

(39) a. ハナコは（一晩に）3冊の本を読めた．
　　 b. ケンは読めなかった．
(40) a. ハナコは（一晩に）3冊の本を読めた．
　　 b. ケンはそれらを読めなかった．

音形を伴った代名詞を含む文 (40b) は，「ハナコは3冊の本を読んだが，ケンはハナコが読んだのと同じ3冊の本を読めなかった．」という解釈を持つ．篠原 (2004)，Saito (2007)，Takahashi (2008b) などの研究によると，省略された目的語を含む (39b) の文は，この解釈に加えて，さらにもう1つの解釈を持つ．その解釈とは，読んだ本の数だけを問題にする解釈，つまり「ハナコは3冊の本を読めたが，ケンは3冊の本を読めなかった．」という解釈である．このような省略された目的語に対する数量詞的解釈 (quantificational interpretation) は，(41) に示されるように，先行する文の目的語として表れている「3冊の本を」を先行詞として，目的語を省略することによって得られると分析されている．

(41) a. ハナコは（一晩に）3冊の本を読めた．
　　 b. ケンは3冊の本を読めなかった．

Otaki and Yusa (2012) は，幼児が省略された目的語に対して数量詞的解釈を与えることができるかどうかを調べることにより，幼児日本語における項省略の知識の有無を調査している．彼らの実験の被験者は，4歳3か月から6歳2か月までの幼児19名（平均年齢5歳2か月）である．実験は，真偽値判断法を用いて次のように行われた．まず，実験者が人形を使いながら「お話」を幼児に聞かせる．「お話」の後に，もう1名の実験者の操る人形が (42b) や (43b) のようなテスト文を発話する．幼児の課題は，人形の発話した文が，「お話」に照らして合っていたか間違っていたかを判断し，合っていた場合には金メダルを，間違っていた場合にはピーマンを人形に与えることである．

(42) コントロール文：
 a. 状況：
  ウシさんが2個の車を洗い，ぶたさんも2個の車を洗う．
 b. テスト文：
  ウシさんが2個の車を洗ったよ．ぶたさんも洗ったよ．

(43) ターゲット文：
 a. 状況：
  クマさんが3個のボールを蹴って，キツネさんが2個のボールを蹴った．
 b. テスト文：
  クマさんが3個のボールを蹴ったよ．キツネさんも蹴ったよ．

(42b) のテスト文も (43b) のテスト文も，省略された目的語を含んでいる．(42a) に述べられた状況では，ウシさんが2個の車（のおもちゃ）を洗い，ぶたさんもそれとは異なる2個の車を洗っているので，省略された目的語に対して数量詞的解釈を与えることのできる幼児は，(42b) にある「ぶたさんも洗ったよ」に対して「正しい」と反応するはずである．一方，(43a) に述べられた状況では，クマさんが3個のボールを蹴ったが，キツネさんが蹴ったのはそれとは異なる2個のボールである．したがって，目的語の省略に関して成人と同様の知識を持つ幼児は，省略の先行詞が「3個のボール」であることから，(43b) のテスト文はこの状況においては「間違っている」と判断するはずである．この実験では，各幼児に対して，(42) のようなコントロール文が2文，(43) のようなターゲット文が2文提示された．

Otaki and Yusa (2012) の実験で得られた結果の概要は表3の通りである．

(42) のようなコントロール文を「正しくない」と判断した反応	7.8%（3/38）
(43) のようなターゲット文を「正しくない」と判断した反応	68.4%（26/38）

表3： 省略された目的語の数量詞的解釈に関する実験の結果（Otaki and Yusa (2012)）

表3からわかるように，(42b) のようなコントロール文を (42a) の状況において「正しくない」と判断した幼児の反応は7.8%にとどまった．つまり，約92%の反応において，省略された目的語の数量詞的解釈が許容されたことになる．一方，(43b) のようなターゲット文に対しては，「正しくない」という判断は68.4%にのぼり，幼児がきちんと省略される要素の先行詞を考慮して判断していることも確認された．Otaki and Yusa (2012) は，この結果に基づき，日本語を母語とする幼児の母語知識には項省略の知識が含まれており，それゆえ (42b) の省略された目的語に対して数量詞的解釈を与えることができると主張した．つまり，この研究は，項省略のパラメータからの予測が妥当であることを，Sugisaki (2007) が扱った現象とは異なった現象の獲得を調べることによって明らかにしたものと言える．

5. 第1部のまとめ

第1部では，日本語におけるスルーシングと項省略（目的語の省略）に関して，日本語を母語とする幼児が，観察しうる最初期から成人と同質の知識を持つことを示した研究について概観した．スルーシングが満たすべき制約の獲得については，その制約が UG の原理の反映であるという仮説から，その知識が早期に発現するという予測を導き出した．一方，項省略については，その有無がパラメータによって日本語の持つ他の顕著な性質（自由語順の存在や一致の欠如）と結びついているという統語研究からの提案と，それらの顕著な性質が日本語において早期に獲得されていることを示唆する先行研究の成果に基づき，項省略の知識が3歳よりも前に獲得されるという予測を導き出した．第1部で概観した獲得研究の成果は，これらの予測が妥当であることを示すものである．これらの発見は，母語獲得に対する UG の関与について，日本語における省略現象の獲得の観点から支持を与えるものと言える．

第2部　日本語における項省略の獲得：さらなる検討

1. 幼児日本語における目的語の省略：動詞句削除の可能性

　第1部の議論においては，(44b) のような省略された目的語を含む文の持つ緩やかな同一性解釈に関して，Oku (1998)，Saito (2007)，Takahashi (2008a, b) などの提案に従い，目的語そのものが省略されているという分析を採用してきた．

(44) a.　ケンは自分の手紙を捨てた．
　　　b.　ハナコも捨てた．

　このような項省略分析が提示される以前には，上記の解釈が英語の文 (45) に見られるような動詞句削除（VP-ellipsis）から生じているという分析が Otani and Whitman (1991) によって提案されていた．

(45)　Ken discarded his letters, and Hanako did, too.

具体的には，(44b) のような日本語の文では，動詞が英語よりも構造的に高い位置に移動しているため，動詞句を省略しても，あたかも目的語のみを省略しているかのように見えると考えられていた．（t は動詞がもともと存在していた位置からの移動の痕跡を示す．）

(46)　ハナコも　[$_{VP}$　自分の手紙を　t　]　捨てた．

　目的語の省略に対する動詞句削除分析は，英語において観察されている動詞句削除という操作が日本語にも存在すると考えることにより，日本語の省略された目的語と英語の省略された動詞句がどちらも緩やかな同一性解釈を許容するという観察を統一的に扱うことができるという点において魅力的な分析である．しかしながら，Oku (1998) は，このような動詞句削除分析に対し，2つの問題点を指摘している．第一に，動詞句削除分析では，(47b) のような文において省略された主語が緩やかな同一性解釈を許容するという観察を説明することが困難である．(46) で示した簡単な構造から明らかなように，主語は動詞句の中に含まれないため，動詞句削除によって省略することが（単純には）できないからである．

(47) a.　ケンは [自分の提案が採用されると] 思っている．
　　　b.　ハナコも [採用されると] 思っている．

第二に，動詞句削除分析では，(48) のような文において付加詞の省略ができないという観察に説明を与えることが難しい．

(48) a. ケンはゆっくり歩いた．
b. ハナコは歩かなかった．
(49) a. ケンはゆっくり歩いた．
b. ハナコはゆっくり歩かなかった．

(48b) の文は，(49b) の文が持つ解釈，つまり「ハナコは歩いたが，その歩き方はゆっくりではなかった．」という解釈を持つことはできない．成人の持つ母語知識においてこの解釈が存在しない1つの理由は，2.3節で議論したように，「ゆっくり」のような付加詞は，主語・目的語などの項とは異なり，省略することができないからである．しかし，日本語の文 (48) に相当する英語の文 (50) を考えると，もう1つの理由があることが分かる．

(50) a. Ken walked slowly.
b. Hanako didn't.

動詞句削除を含む文 (50b) は，「ハナコは歩いたが，ゆっくりではなかった．」という解釈を持つ．この観察は，動詞句削除は，動詞句内に存在する付加詞を省略することを示している．この観察に基づくと，もし成人の日本語話者の知識の中に動詞句削除が存在するのであれば，(51) に示したような方法によって，付加詞が省略された解釈，つまり (49b) と同じ解釈が (48b) の文においても生じてしまうはずである．

(51) ハナコは [VP ゆっくり t] 歩かなかった．

したがって，(48b) の文が (49b) の文と同じ解釈を持たないという事実は，成人の母語話者の持つ日本語の知識の中には動詞句削除が存在していないことを示しているといえる．

これら2つの問題点から，日本語を母語とする成人話者の知識においては，省略された項が示す緩やかな同一性解釈は，動詞句削除から生じているのではなく，項そのものの省略から生じていると考えられる．一方で，日本語を母語として獲得中の幼児が成人とはやや異なった知識を持っており，第1部で観察したような省略された目的語が示す緩やかな同一性解釈が (46) に示したような動詞句削除から生じているという可能性もある．したがって，日本語を母語とする幼児が成人と同様に項省略の知識を持つと結論づけるためには，動詞

第 9 章　省略の獲得

句削除では扱えない現象について調査を行い，成人と同じ反応を幼児が示すことを明らかにする必要がある．第 2 部では，このような考慮に基づいて実施された，①省略された主語の解釈に関する実験と②付加詞の省略に関する実験について議論を行う．

2.　幼児日本語における主語の省略

　Sugisaki (2013) は，日本語を母語とする幼児が動詞句削除ではなく項省略の知識を持っているということを説得力を持って示すため，日本語を母語とする幼児が省略された主語に対し緩やかな同一性解釈を与えることができるかどうかを，実験の実施を通して明らかにしようとした．この実験の被験者は，日本語を母語とする幼児 24 名で，年齢の範囲は 4 歳 11 か月から 6 歳 7 か月（平均年齢 5 歳 10 か月）であった．この 24 名の幼児は，実験グループ 12 名と統制グループ 12 名に分類され，前者に対しては (52) のような省略された主語を含むテスト文，後者に対しては (53) のような音形を持った代名詞の主語を含むテスト文が提示された．

(52)　a.　ぞうさんは [自分の絵が一番上手だと] 思っているよ．
　　　b.　ライオンさんも [一番上手だと] 思っているよ．
(53)　a.　ぞうさんは [自分の絵が一番上手だと] 思っているよ．
　　　b.　ライオンさんも [それが一番上手だと] 思っているよ．

　この実験で用いられた課題は，Sugisaki (2007) や Otaki and Yusa (2012) と同様に，真偽値判断法である．具体的には，各幼児はまずノートパソコン上で提示された写真を見ながら，「お話」を聞く．この「お話」の後，実験者の操る人形が，「お話」の中で起こったと思われることについて，(52) あるいは (53) のような文を用いて述べる．幼児の課題は，この人形の発話した文が，「お話」の内容に照らして，合っていたか間違っていたかを判断することである．（具体的には，人形の発話した文が合っていたと思う場合には人形の右手に付けられた○のカードを指し，間違っていたと思う場合には左手に付けられた×のカードを指すように，幼児に対して指示が与えられた．）

　この実験では，(52) のような省略された主語を含むテスト文および (53) のような音形を持った代名詞の主語を含むテスト文それぞれに関して，緩やかな同一性解釈を確認するための「お話」と厳密な同一性解釈を確認するための「お話」が用意された．これらの「お話」の具体例は，(54) および (55) の通りである．

(54) 緩やかな同一性解釈を確認するための「お話」の例：
ゾウさんとライオンさんとおさるさんが似顔絵を描いて遊んでいるよ．ゾウさんが言ったよ．「僕の絵が一番上手だと思うな．ライオンさん，見てみてよ．」ゾウさんの絵を見て，ライオンさんが言ったよ．「たしかにゾウさんの絵は上手だけど，僕は僕の絵が一番上手だと思うよ．」

(55) 厳密な同一性解釈を確認するための「お話」の例：
ウサギちゃんとリスさんとワンちゃんが，絵本を持ってきて読んでるよ．ウサギさんが言ったよ．「私の絵本が一番おもしろいと思うわ．リスさん，見てみてよ．」ウサギさんが持ってきた絵本を見て，リスさんが言ったよ．「うん，そうだね．僕の絵本もおもしろいけど，僕もウサギさんの絵本が一番おもしろいと思うよ．」

実験グループに属する幼児12名と統制グループに属する幼児12名のそれぞれに対し，緩やかな同一性解釈を確認するための「お話」が2つ，厳密な同一性解釈を確認するための「お話」が2つ，練習問題が2つ提示された．もし日本語を母語とする幼児が，(35)の予測の通り，項省略の知識を持つのであれば，(52)のような省略された主語を含む文に対しては緩やかな同一性解釈を許容し，一方で(53)のような音形を持った代名詞の主語を含む文に対しては，この解釈を許容しないはずである．

Sugisaki (2013) による実験の結果は，表4の通りであった．

	緩やかな同一性解釈 「正しい」という反応	厳密な同一性解釈 「正しい」という反応
省略された主語を含む テスト文	83%（20/24）	96%（23/24）
代名詞の主語を含む テスト文	17%（4/24）	96%（23/24）

表4：省略された主語の緩やかな同一性解釈に関する実験の結果（Sugisaki (2013)）

第1部で議論した目的語の場合と同様に，幼児は省略された主語の解釈と音形を伴った代名詞の主語の解釈とを区別しており，厳密な同一性解釈はどちらに対しても許容する一方で，緩やかな同一性解釈は省略された主語に対してのみ許容することが判明した．この結果は，(35) の予測と合致するものであり，目的語の解釈に関して得られたこれまでの発見と相まって，日本語を母語とする幼児が持つ知識は動詞句削除ではなく，成人と同質の項省略の知識であるという可能性をさらに強めるものである．

3. 幼児日本語における付加詞の省略

幼児の持つ日本語の知識に動詞句削除が存在しないということをより直接的に示すための実験が現在進行中である．この実験は，日本語を母語とする幼児が，成人と同様に，(56) のような文および (57) のような文に対して異なった解釈を与えるか否かを調べるものである．

(56) a. ケンはゆっくり歩いた．
 b. ハナコは歩かなかった．
(57) a. ケンはゆっくり歩いた．
 b. ハナコはゆっくり歩かなかった．

この実験の被験者は，4歳8か月から6歳11か月までの14名の幼児（平均年齢5歳8か月）である．この14名の幼児は，実験グループ7名と統制グループ7名に分類され，前者に対しては (56) のような付加詞が含まれていないテスト文，後者に対しては (57) のような付加詞が含まれたテスト文が提示された．

この実験での課題は，本節においてこれまで議論してきた実験と同じく，真

偽値判断法である．実際に実験に用いられたテスト文と，それらに伴う「お話」の具体例は，以下の通りである．

(58) a. 実験グループのテスト文の例：
ロボニャンは急いで走ったけど，ジバニャンは走らなかったよ．
b. 統制グループのテスト文の例：
ロボニャンは急いで走ったけど，ジバニャンは急いで走らなかったよ．

(59) 「お話」の例：
今日は，妖怪保育園の運動会の日です．今から，ジバニャンとロボニャンがかけっこをします．ヨーイドンをするのは，ぞうさん先生です．ぞうさん先生が，ヨーイドンをすると，ロボニャンは急いで走り出しました．ジバニャンは，「ロボニャンはロボットで速いから，勝てないにゃあ．おいらは走らないことにするにゃあ．」と言いました．すると，ぞうさん先生は，「頑張って最後まで走った子には，素敵なおみやげがあります．」と言って，ジバニャンの好きなお菓子を見せました．それを聞いたジバニャンは，「おいらも走るにゃ．でももう追いつかないから，転ばないように，急がないでゆっくり走るにゃ．」と言って，ゆっくり走りました．

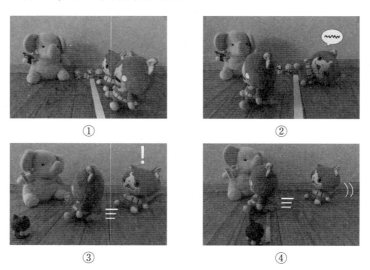

幼児の持つ日本語の知識の中にもし動詞句削除が存在するのであれば，

(58a) と (58b) の文は同じ解釈を持つことになり，(59) の「お話」に照らしてどちらも「正しい」と判断されるはずである．一方，成人の持つ母語知識と同様に，幼児の持つ日本語の知識の中に動詞句削除が存在しないのであれば，(58a) の文は，(59) の「お話」に照らして「間違っている」と判断されるはずである．それぞれのグループに，(58) に例示されたような文を 3 文ずつ提示して得られた結果は，表 5 の通りであった．

	「正しい」という反応
付加詞を含まないテスト文	9.5% (2/21)
付加詞を含むテスト文	85.7% (18/21)

表 5: 付加詞の省略に関する実験の結果

表 5 に示されたとおり，日本語を母語とする幼児は，付加詞を含む文と含まない文に対して異なった解釈を与えた．この結果は，日本語を母語とする幼児の母語知識の中に動詞句削除が存在しないことを示すものである．この結果（および前節の省略された主語に関する結果）から，第 1 部で議論した幼児日本語における目的語の省略は，項省略によって目的語そのものが省略されているのであり，動詞句削除によって生じているのではないと考えることができる．

おわりに

本章では，日本語を母語とする幼児が省略について持つ知識に関し，これまでに行われた主な研究を概観した．より具体的には，幼児が持つ日本語の知識の中に，スルーシングに対する制約の知識が存在するか否かを調べた実験研究，および項省略に関する知識が存在するか否かを調査した実験研究について概観した．スルーシングおよびそれに対する制約は，英語と日本語という，類型的に見て非常に大きく異なった言語に共通に観察されることから，UG の原理を反映した属性であると考えられる．この仮説から，「日本語を母語とする幼児は，観察しうる最初期から，スルーシングに対する制約に従う．」という予測を導きだし，その予測が妥当であることを確認した．項省略に関しては，パラメータによって項省略と密接に結びついている他の性質が 3 歳以前に獲得されるという先行研究の成果に基づき，3 歳頃までに項省略の知識が獲得さ

れるという予測を導き出し，その予測が妥当であることを確かめた．これらの発見は，母語獲得に対する原理とパラメータの関与の可能性を高めるものである．

このように，省略現象はヒトに生得的に与えられた母語獲得の仕組みであるUGと密接に結びついており，それゆえ，その獲得について調べることは，生得的なUGが存在し，この仕組みが母語獲得に関与しているという根本的な仮説について検討を加えることとなる．一方で，省略現象に関する統語研究の多大なる蓄積と比較すると，日本語における省略現象の獲得を扱った研究はいまだかなり限られていると言わざるをない．したがって，日本語における省略の獲得に関して，統語研究と有機的に結びついた形でさらなる研究が活発に行われることにより，生得的なUGの存在およびその具体的な属性について我々の理解がより深まっていくことが期待される．

参考文献

Chomsky, Noam (1981) *Lectures on Government and Binding: The Pisa Lectures*, Foris, Dordrecht.

Chomsky, Noam and Howard Lasnik (1993) "The Theory of Principles and Parameters," *Syntax: An International Handbook of Contemporary Research*, ed. by Joachim Jacobs, Arnim von Stechow, Wolfgang Sternefeld and Theo Vennemann, 506-569, Walter de Gruyter, Berlin.

Crain, Stephen, and Rosalind Thornton (1998) *Investigations in Universal Grammar: A Guide to Experiments on the Acquisition of Syntax and Semantics*, MIT Press, Cambridge, MA.

Hankamer, Jorge and Ivan Sag (1976) "Deep and Surface Anaphora," *Linguistic Inquiry* 7, 391-428.

Hyams, Nina (2002) "Clausal Structure in Child Greek: A Reply to Varlokosta, Vainikka and Rohbacher and a Reanalysis," *The Linguistic Review* 19, 225-269.

Matsuo, Ayumi (2007) "Differing Interpretations of Empty Categories in English and Japanese VP Ellipsis Contexts," *Language Acquisition* 14, 3-29.

松岡和美・上田雅信・平田未季・藪いずみ (2005)「Truth-Value Judgement Task（真偽値判断課題）：実験セッションの手順と注意点」『慶應義塾大学日吉紀要：言語・文化・コミュニケーション』No. 35, 1-17.

Merchant, Jason (2001) *The Syntax of Silence: Sluicing, Islands, and Identity in Ellipsis*, Oxford University Press, New York.

Merchant, Jason (2013) "Voice and Ellipsis," *Linguistic Inquiry* 44, 77-108.

Murasugi, Keiko and Tomoko Kawamura (2005) "On the Acquisition of Scrambling in Japanese," *The Free Word Order Phenomenon: Its Syntactic Sources and Diversity*, ed. by Joachim Sabel and Mamoru Saito, 221-242, Mouton de Gruyter, Berlin.

Oku, Satoshi (1998) "LF Copy Analysis of Japanese Null Arguments," *Proceedings of the 34th Annual Meeting of the Chicago Linguistic Society (CLS 34): Papers from the Main Session*, ed. by M. Catherine Gruber, Derrick Higgins, Kenneth S. Olson and Tamra Wysocki, 299-314, Chicago Linguistic Society, Chicago, IL.

Otaki, Koichi (2012) "Argument Ellipsis Arising from Non-fusional Case Morphology," Online Proceedings of GLOW in Asia Workshop for Young Scholars 2011, ed. by Koichi Otaki, Hajime Takeyasu and Shin-ichi Tanigawa, 247-261.

Otaki, Koichi and Noriaki Yusa (2012) "Quantificational Null Objects in Child Japanese," *Proceedings of the Fifth Formal Approaches to Japanese Linguistics Conference (FAJL 5)*, ed. by Matthew A. Tucker, Anie Thompson, Oliver Northrup and Ryan Bennett, 217-230, MIT Working Papers in Linguistics, Cambridge, MA.

Otani, Kazuyo and John Whitman (1991) "V-raising and VP-ellipsis," *Linguistic Inquiry* 22, 345-358.

Otsu, Yukio (1994) "Early Acquisition of Scrambling in Japanese," *Language Acquisition Studies in Generative Grammar*, ed. by Teun Hoekstra and Bonnie D. Schwartz, 253-264, John Benjamins, Amsterdam.

Ross, John Robert (1969) "Guess Who?" *Papers from the Fifth Regional Meeting of the Chicago Linguistic Society (CLS 5)*, ed. by Robert I. Binnick, Alice Davison, Georgia M. Green and Jerry L. Morgan, 252-286, Chicago Linguistic Society, Chicago, IL.

Sadakane, Kumi and Masatoshi Koizumi (1995) "On the Nature of the "Dative" Particle *ni* in Japanese," *Linguistics* 33, 5-33.

Saito, Mamoru (2003) "On the Role of Selection in the Application of Merge," *NELS* 33, 323-345.

Saito, Mamoru (2007) "Notes on East Asian Argument Ellipsis," *Language Research* 43, 203-227.

篠原道枝 (2004)「日本語の削除現象について」学士論文, 南山大学.

Sugisaki, Koji (2007) "The Configurationality Parameter in the Minimalist Program: A View from Child Japanese," *Proceedings of the 31st Annual Boston University Conference on Language Development (BUCLD 31)*, ed. by Heather Caunt-Nulton, Samantha Kulatilake and I-hao Woo, 597-608, Cascadilla Press, Somerville, MA.

Sugisaki, Koji (2013) "Argument Ellipsis in Acquisition," *Nanzan Linguistics* 9, 147-171.

Sugisaki, Koji (2015) "Sluicing and its Identity Conditions in Child Japanese," paper presented at the 40th Annual Boston University Conference on Language Development (BUCLD 40), Boston University.

Takahashi, Daiko (1994) "Sluicing in Japanese," *Journal of East Asian Linguistics* 3, 265-300.

Takahashi, Daiko (2008a) "Noun Phrase Ellipsis," *The Oxford Handbook of Japanese Linguistics*, ed. by Shigeru Miyagawa and Mamoru Saito, 394-422, Oxford University Press, Oxford.

Takahashi, Daiko (2008b) "Quantificational Null Objects and Argument Ellipsis," *Linguistic Inquiry* 39, 307-326.

Takahashi, Daiko (2014) "Argument Ellipsis, Anti-agreement, and Scrambling," *Japanese Syntax in Comparative Perspective*, ed. by Mamoru Saito, 88-116, Oxford University Press, Oxford.

第IV部
移動

第 10 章

2種類のスクランブリング*

高野　祐二

金城学院大学

　日本語の自由語順現象は，スクランブリング（scrambling）により要素が移動することで生じる．下の (A)–(F) では，(A), (C), (E) が基本語順を，(B), (D), (F) が目的語のスクランブリングにより派生された語順を示している．

　(A)　ケンが寿司を食べた．
　(B)　寿司をケンが食べた．
　(C)　ケンが [マリが寿司を食べたと] 思っている．
　(D)　寿司をケンが [マリが食べたと] 思っている．
　(E)　ケンが [ドアを開けようと] した．
　(F)　ドアをケンが [開けようと] した．

(A), (B) は単文，(C)–(F) は埋め込み節を含む複文であり，(C), (D) の埋め込み節は時制節，(E), (F) の埋め込み節はコントロール補文である．日本語のスクランブリングは，(B) のように，要素を節の中で移動すること（節内のスクランブリング）も，(D), (F) のように，節を越えて移動すること（長距離スクランブリング）もできる．どちらも自由な移動であり，その2種類のスクランブリングの間には特に違いがないように見える．しかし，本当にそうであろうか？　実は，2種類のスクランブリングを詳細に比較してみると，節内のスクランブリングに見られる性質が長距離スクランブリングには見られないという興味深い違いがあることがわかる．さらに不思議なことに，(F) のスクランブリングは長距離スクランブリングであるが，節内のスクランブリングと同じ性質を示す場合と，時制節からの長距離スクランブ

＊ 本章を執筆するにあたり，斎藤衛，杉崎鉱司，瀧田健介，宮本陽一，村杉恵子の各氏から様々な形で貴重な助言をいただいた．また，初稿について2名の査読者から大変有益なコメントをいただいた．ここに深く感謝申し上げる．

リングと同じ性質を示す場合がある．本章では，日本語のスクランブリングについて，こういった現象を考察する．

本章の構成

　第1部では，経験的側面に重点を置き，2種類のスクランブリングの異なる性質を見る．さらに，コントロール補文からのスクランブリングが示す特異性について検討し，その意味するところを考える．第2部では，第1部で明らかになった2種類のスクランブリングの異なる特性を説明する理論的分析について考察する．また，コントロール補文からのスクランブリングについて第1部で得られた結論が，2種類のスクランブリングの分析についてもたらす帰結を検討する．

第1部　スクランブリングとその性質

1. 基本語順とスクランブリング

　日本語は自由語順を許す言語である．このことは，日本語を英語と比較すると明らかである．英語では，(1a) のように主語-動詞-目的語という語順を持つ文は文法的であるのに対して，(1b) のように目的語を文頭に置く文は，通常は許されない．[1]

　(1)　a.　Ken ate sushi.
　　　b.　*Sushi Ken ate.

この事実は，英語には基本語順が存在し，それは主語-動詞-目的語であるということを示している．それに対して日本語では，主語と目的語の語順は自由であり，(2a), (2b) いずれの文も等しく文法的である．

　(2)　a.　ケンが寿司を食べた．
　　　b.　寿司をケンが食べた．

このような自由語順現象が見られることから，日本語に基本語順があるかどうかは，日本語の統語論を研究する上で重要な問題である．
　生成文法の枠組みにおいてこの問題に取り組んだ代表的な研究として，ここ

---

[1] 英語でも，話題化文としてであれば，(1b) の語順は許される．ただし，その場合は，目的語が必ず話題として解釈される「特殊な文」という位置づけになる．

では Hale (1980, 1982, 1983) と Saito (1985) の研究に触れておく．Hale は，人間の言語には基本語順を持つものとそうでないものがあり，日本語は後者であるとする理論を提案した．Hale によると，日本語の (2a), (2b) はいずれも「基本構造」を持つ文である．ここでいう「基本構造」とは，変形規則によって主語や目的語が移動していない構造のことである．そのため，日本語では，主語-目的語-動詞も目的語-主語-動詞も基本構造により生成される「基本語順」だとみなされる．一方，英語では，基本構造によって生成される語順は主語-動詞-目的語だけであり，これが基本語順となる．

　Hale の理論によると，言語には基本構造を決めるパラメータ (parameter) があり，それにより，主語と目的語を構造上区別する構成素（ここでは動詞句と考える）を持つか否かの違いが生じる．英語は動詞句を持つタイプの言語であるため，主語は動詞句の外，目的語は動詞句の中という基本構造になる．その結果，(3) の構造を持つ主語-動詞-目的語だけが基本語順となる．

(3)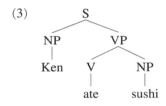

一方，日本語は動詞句を持たないタイプの言語であるため，主語と目的語は構造上の区別がなく自由に S の中に現れる．その結果，(4a, b) いずれも基本構造として生成される．

(4)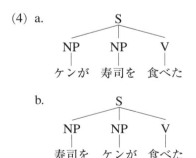

つまり，日本語では，主語-目的語-動詞も目的語-主語-動詞も基本語順となる．これが Hale の理論による自由語順現象の説明である．

　これに対し Saito (1985: ch. 2) は，いくつかの経験的観点から，日本語に

も英語と同様に動詞句が存在し，そのために基本語順があることを明らかにした．Saito によると，日本語の基本語順は主語-目的語-動詞であり，目的語-主語-動詞は目的語の移動によって派生される．つまり，Saito の理論では，日本語と英語の間に基本構造上の違いはなく，どちらも基本語順を持つが，日本語には英語に存在しない変形規則があり，そのために自由語順が許されることになる．この変形規則は文中の要素を自由に移動するもので，スクランブリングと呼ばれる．Saito は，スクランブリングは任意の要素を S に付加する規則であると提案した．Saito の理論によると，(2a, b) は (5a, b) のように分析される．

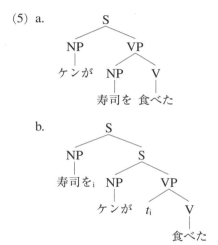

(5) a., b.

日本語には英語と同様，動詞句があるため，主語と目的語の基本構造上の位置が異なる．これを反映したのが (5a) であり，この構造により生成される主語-目的語-動詞が基本語順となる．一方，スクランブリングは任意の要素を移動し S に付加するため，目的語にスクランブリングを適用すると (5b) が派生される．(5b) は基本語順ではなく，スクランブリングによって派生された語順である．スクランブリングは任意の要素に自由に適用できる．したがって，Saito の理論では，スクランブリングの存在が日本語の自由語順現象を説明することになる．

2. 2種類のスクランブリング

日本語には基本語順があり，自由語順現象はスクランブリングによるもので

あるとすると，スクランブリングの性質を研究し明らかにすることが重要な研究課題となる．このような視点から考察してみると，スクランブリングには少なくとも見かけ上は2種類あることがわかる．1つは，(5b) で見たように，要素が節の中で移動するタイプである．これを「節内のスクランブリング」と呼ぶ．もう1つは，(6b) のような文に見られる．

(6) a. ケンがマリが寿司を食べたと思っている．
　　b. 寿司をケンがマリが食べたと思っている．

(6b) は，(6a) からスクランブリングによって派生されたものである．(6a, b) は (7a, b) のように分析される．

(7) a. [$_{S1}$ ケンが [$_{S2}$ マリが寿司を食べたと] 思っている].
　　b. [$_{S1}$ 寿司を$_i$ [$_{S1}$ ケンが [$_{S2}$ マリが t_i 食べたと] 思っている]].

(7a) は埋め込み節（＝S2）を持つ複文であり，主節，埋め込み節ともに基本語順の形をしている．(7a) における埋め込み節の目的語である「寿司を」をスクランブリングによって移動し，主節の S1 に付加すると (7b) が派生される．スクランブリングは，任意の要素を S に付加するものであるから，このようなスクランブリングも可能である．しかし，(7b) におけるスクランブリングは，(5b) の節内のスクランブリングとは異なり，節を越える移動である．このように節を越えるスクランブリングを「長距離スクランブリング」と呼ぶ．

　節内のスクランブリングと長距離スクランブリングは，見かけ上は単に移動の長さが違うだけであり，同じ性質を持つように思われる．しかし，本当にそうであろうか．実は，節内のスクランブリングと長距離スクランブリングの性質を詳細に比較すると，興味深い違いがあることがわかる．

　以下では，節内のスクランブリングと長距離スクランブリングが異なる性質を持つことを，束縛現象の観点から示す．さらに関連する問題として，コントロール補文からのスクランブリングを取り上げる．コントロール補文からのスクランブリングは，以下の点で興味深くかつ重要な性質を持っている．まず，コントロール補文からのスクランブリングは，埋め込み節を越えるという点で，長距離スクランブリングの一種である．しかし，束縛現象の観点から考察すると，コントロール補文からのスクランブリングは，節内のスクランブリングに似た性質を示すことがわかる．ところが，詳細に検討すると，通常の長距離スクランブリングと同じ性質を示す場合もあることがわかる．これらの一見矛盾した不思議な性質は，コントロール現象をコントローラーの移動によって捉える分析のもとで説明がつくことを見る．

3. 節内のスクランブリングと長距離スクランブリング

節内のスクランブリングと長距離スクランブリングは，束縛現象に関して異なる性質を示す．この重要な事実は，ヒンディー語のスクランブリングの研究を通じて Mahajan (1990) によって明らかにされ，Saito (1992) と Tada (1990, 1993) によって日本語でも観察されることが発見された．

3.1. 束縛現象

まずは，今後の議論で重要な役割を果たす束縛現象について概観する．人間言語においてある種の要素は，それ自身では特定の指示対象を持たず，文中の他の要素に指示対象を依存している．例えば，照応形と呼ばれる要素がその例である．ここでは英語の *each other* を用いてその性質を見る．次の (8a, b) を比較してみる．

(8) a. The boys$_i$ called each other$_i$'s mothers.
 b. *Each other$_i$'s mothers called the boys$_i$.

まず (8a) に注目すると，*each other* は照応形であるため，文中の他の要素に指示対象を依存する．(8a) では，*each other* と *the boys* に同じ指標 (index)「i」がついているが，これは，*each other* が *the boys* と同じ指示対象を持つ，つまり，同一指示の解釈を表している．このとき，*the boys* は *each other* の先行詞 (antecedent) であるという．(8a) では，この解釈が可能である（例えば，*the boys* が John と Bill だったとすると，John は Bill の母親に電話し，Bill は John の母親に電話したという解釈になる）．これに対して (8b) は，(8a) の主語と目的語を入れ替えた例であるが，*each other* が *the boys* を先行詞とする解釈 (*the boys* が John と Bill だった場合，John の母親は Bill に電話し，Bill の母親は John に電話したという解釈）を許さない ((8b) の文頭についている *印は，同一指標で意図された同一指示の解釈が不可能であることを示す)．

(8a) と (8b) の違いから，照応形にかかわる同一指示には一定の条件が課されることがわかる．その条件の詳細は束縛理論 (Binding Theory) に規定されているが，ここでは，以下の議論に必要な条件に限定して話を進める．照応形の同一指示に必要な条件は (9) である．

(9) 照応形は束縛 (bind) されなければならない.[2]

(9) における束縛 (binding) という概念は，以下のように定義される (α, β は任意の要素を表す).

(10) α と β が同一指標を持ち，かつ α が β を c 統御 (c-command) しているとき，α は β を束縛する．

上で述べたように，照応形は必ず先行詞を必要とする．照応形とその先行詞は同一指標を持つことから，条件 (9) が述べているのは，要するに，(11) である．

(11) 照応形は先行詞に c 統御されなければならない．

(11) における c 統御は，(12) のように定義される．

(12) α を支配しているすべての範疇が β を支配しているとき，α は β を c 統御する，ただし α と β は同一ではない．

c 統御とは，2 つの要素の構造上の高さ関係を示す概念である．次の英語の文構造を見てみよう．

(13)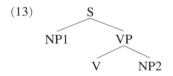

(13) の構造において，NP1 は主語，NP2 は目的語である．英語の文構造には動詞句があることにより，主語と目的語の構造上の位置が異なることは第 1 節で見た．(13) では，NP1 は VP の外にあり S のすぐ下に現れているが，NP2 は VP の中にある．直感的には，主語が目的語より構造上高い位置にあると言える．このような構造上の高さ関係を表す概念が c 統御である．(13) の構造では，NP1 を支配するすべての範疇 (S だけである) は NP2 を支配するが，NP2 を支配する範疇のうち，VP は NP1 を支配しない．したがって，(12) の定義から，NP1 は NP2 を c 統御するが，NP2 は NP1 を c 統御しない．

では，条件 (11) の観点から (8) を見てみる．(8a) では，照応形は目的語

---

[2] ここでの「束縛」は，より厳密には，「A 束縛 (A-binding)」の意味であり，A 位置 (A-position，主語や目的語のような項が現れる位置) にある要素による束縛を意味する．

内にあるため，主語である先行詞によってc統御される．一方，(8b) では，照応形は主語内にあるため，目的語である先行詞によってc統御されない．つまり，(8a) は条件 (11) を満たすのに対して，(8b) は満たさない．このため，(8a) と (8b) の違いが生じるのである．

このような照応形の束縛現象は，日本語にも見られる．次の (14) を見てみる．

(14) a. ケンとマリ$_i$がお互い$_i$の母親に電話した．
b. *お互い$_i$の母親がケンとマリ$_i$に電話した．

日本語の「お互い」は，英語の *each other* に相当する照応形であると考えられる．実際，(14a) と (14b) の違いは，(8a) と (8b) の違いと平行的である．Saito (1985) に従い，日本語は英語と基本的に同じ文構造を持つと考えると，主語-目的語-動詞から成る文は，(15) の構造を持つ (NP1 が主語，NP2 が目的語である)．

(15)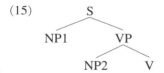

英語の (13) と同様に，日本語の (15) でも，NP1 は NP2 を c 統御するが，NP2 は NP1 を c 統御しない．したがって，(14a) では照応形の「お互い」は先行詞の「ケンとマリ」に c 統御されるのに対して，(14b) では「お互い」は「ケンとマリ」に c 統御されない．このように，(8) の場合と同様に，(14a) と (14b) の対比は条件 (11) によって説明される．

これまで照応形の束縛現象を見てきたが，束縛現象は照応形以外の要素にも見られる．次の (16) は代名詞の束縛現象を示している．

(16) a. Every boy$_i$ called his$_i$ mother.
b. *His$_i$ mother called every boy$_i$.

代名詞も照応形と同様に，それ自体は指示対象を持たず，他の要素に指示対象を依存する．代名詞 *his* が文中または文脈の名詞句を先行詞に取り，特定の1人 (例えば John) を指す場合もあるが，(16a) では，代名詞 *his* は *every boy* と同一指標を持っている．つまり，*his* は *every boy* を先行詞としている．しかし，*every boy* は，*John* や (8) の *the boys* とは異なり，特定の男の子を表してはいない．*every* のような要素は数量詞 (quantifier) と呼ばれ，物の数や

量を表している.そして,*every boy* のような数量詞を含む名詞句は,特定の指示対象を持たない.ここでは,このような名詞句を数量詞句と呼ぶ.数量詞句を先行詞とする代名詞は,束縛変項(bound variable)と呼ばれる解釈を受ける.(16a) で意図された解釈は,(17) のように表すことができる.

(17) どの男の子 X についても以下があてはまる:X が X の母親に電話した.

上述のように,*every boy* は特定の男の子を指すのではなく,(文脈で限定された)すべての男の子の一人ひとりを表す.その *every boy* を先行詞とする代名詞は,一人ひとりの男の子を指示対象とするという解釈を受ける.それを表しているのが (17) である.(16a) の文の中核部分(命題という)は,「X が X の母親に電話した」という形式によって,2 つの X が同一人物であることを示している.さらに,この X は数量詞句の *every boy* によって限定され,それぞれの男の子を表す.したがって,仮にすべての男の子が John, Bill, Tom だとすると,(17) が表す意味解釈は,「John が John の母親に電話し,Bill が Bill の母親に電話し,Tom が Tom の母親に電話した」となる.ここからわかるように,(17) の X の内容は,John の場合,Bill の場合,Tom の場合というように変化する.そのため,このような X は変項と呼ばれる.(17) では,(16a) における代名詞 *his* が変項 X として扱われ,かつ X の内容は数量詞句 *every boy* に依存している.このような代名詞の解釈を束縛変項の解釈という.(16a) では,*his* の束縛変項の解釈が可能である.

(16a) の主語と目的語を入れ替えると (16b) になる.ここでも,意図する解釈は *his* が *every boy* を先行詞とするものであり,(18) のように表される.

(18) どの男の子 X についても以下があてはまる:X の母親が X に電話した.

(18) の解釈は,意味的には何もおかしくない.しかし,これを (16b) の文で表すことはできない.つまり,(16b) では,代名詞 *his* が *every boy* を先行詞とする束縛変項の解釈は不可能である.

代名詞が束縛変項の解釈を受けるためには,先行詞が数量詞句である必要がある.さらに,(16a, b) の事実が,照応形に関してすでに見た (8a, b) の事実と同じパターンであることから,代名詞が先行詞に束縛される必要があることがわかる.つまり,(19) の条件を満たす必要がある.

(19) 束縛変項の解釈を受けるためには,代名詞は数量詞句に c 統御され

なければならない．

　代名詞 his と数量詞句 every boy の関係に着目して (16) を見ると，(16a) では his は every boy に c 統御されるのに対して，(16b) ではそのような関係は成立しない．つまり，代名詞 his は，(16a) では条件 (19) を満たすが，(16b) では満たさない．よって，(16a, b) の違いが生じるのである．

　照応形の場合と同様に，代名詞の束縛現象は日本語にも存在する．[3] そして，それを説明する条件は (19) である．次の (20a, b) では，代名詞「そこ」が数量詞句「どの会社も」を先行詞とする束縛変項の解釈，すなわち，(21a, b) の解釈が可能かどうかが問題である．

(20) a.　どの会社も$_i$ そこ$_i$ の社員を調査した．
　　 b.　*そこ$_i$ の社員がどの会社も$_i$ 調査した．
(21) a.　どの会社 X についても以下があてはまる：X が X の社員を調査した．
　　 b.　どの会社 X についても以下があてはまる：X の社員が X を調査した．

(20a) は (21a) の解釈を許すが，(20b) は (21b) の解釈を許さない．この違いは，条件 (19) によって説明できる．(20a) においてのみ，「そこ」が「どの会社も」に c 統御されるからである．

　数量詞句には，「どの会社も」のような集合の全体に言及するもののほかに，存在を表すものもある．例えば，(22) の「3 つ以上の会社」は，存在を表す数量詞句の例である．

(22) a.　3 つ以上の会社$_i$ がそこ$_i$ の社員を調査した．
　　 b.　*そこ$_i$ の社員が 3 つ以上の会社$_i$ を調査した．

そして，この場合も，代名詞の束縛変項の解釈が可能かどうかは，条件 (19) によって決まる．(20a, b) と同じ理由により，(22a) は条件 (19) を満たすが，(22b) は満たさない．よって，(22a) は (23a) の解釈を持つが，(22b) は (23b) の解釈を持たない．

(23) a.　以下があてはまる会社 X が 3 つ以上存在する：X が X の社員を調査した．
　　 b.　以下があてはまる会社 X が 3 つ以上存在する：X の社員が X を

---

[3] 日本語における代名詞の束縛現象に関する詳しい考察は，Hoji (2003) に見られる．

調査した.

3.2. スクランブリングと束縛現象

Saito (1992) と Tada (1990, 1993) は, これまで見た照応形や代名詞の性質を利用して節内のスクランブリングと長距離スクランブリングを比較することにより, 2つのスクランブリングの興味深い違いを明らかにした. まずは, 節内のスクランブリングを見てみる. 下の (24a) はすでに (14b) で見た例であり,「お互い」が「ケンとマリ」にc統御されないため条件 (11) に違反する. その結果,「お互い」が「ケンとマリ」を先行詞とする解釈は不可能である. ここで, 目的語である「ケンとマリに」にスクランブリングを適用し, 文頭に移動してみる. すると, (24b) が得られる.

(24) a. *お互い$_i$の母親がケンとマリ$_i$に電話した.
　　 b. [ケンとマリ$_i$に]$_j$お互い$_i$の母親が t_j 電話した.

そして, 重要なことに, (24b) では,「お互い」が「ケンとマリ」を先行詞とする解釈が可能になる. この事実は, スクランブリングによって先行詞である目的語が主語より構造上高い位置に移動した結果, 条件 (11) を満たすと考えると説明がつく. Saito (1985) の分析に従うと, (24b) は (25) の構造を持つ.

(25)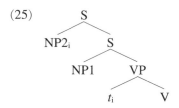

(25) では, NP1 が主語, NP2 が目的語である. NP2 はスクランブリングで移動した結果, NP1 内にある「お互い」をc統御する. それにより, (24b) は条件 (11) を満たすのである. このことから, 節内のスクランブリングには, もともと不可能であった束縛関係を可能にする効果があることがわかる.

同様の結論は, 代名詞の束縛の観点からも得られる. (26a, b) を見てみよう.

(26) a. *そこ$_i$の社員がどの会社も$_i$調査した. 　(= (20b))
　　 b. [どの会社も$_i$]$_j$そこ$_i$の社員が t_j 調査した.

(26a) は, 条件 (19) に違反するため,「そこ」の束縛変項の解釈を許さなかっ

第10章 2種類のスクランブリング　　　　　　　　　　　　　　343

た．しかし，目的語をスクランブリングで移動すると (26b) になり，ここでは束縛変項の解釈が可能になる．(27) でも同様である．

(27) a. *そこ$_i$の社員が3つ以上の会社$_i$を調査した．（= (22b)）
　　　b. [3つ以上の会社$_i$を]$_j$ そこ$_i$の社員が t_j 調査した．

(26b) と (27b) では，スクランブリングによって目的語の数量詞句が移動することにより条件 (19) が満たされ，「そこ」の束縛変項の解釈が可能になったのである．

　照応形の束縛も代名詞の束縛変項の解釈も，先行詞による c 統御を条件とし，基本的には同じ束縛現象である．そうすると，(24), (26), (27) で見た事実は，(28) の性質を示していることになる．

(28)　節内のスクランブリングにより照応形や代名詞を束縛した要素は，それらの先行詞になることができる．

　ここまでは，節内のスクランブリングを見てきた．では，長距離スクランブリングはどうであろうか．Saito (1992) と Tada (1990, 1993) は，長距離スクランブリングは (28) とは異なる性質を示すことを明らかにした．(29) を見てみよう．

(29) a. *お互い$_i$の母親が [アヤがケンとマリ$_i$に電話したと] 思っている．
　　　b. *[ケンとマリ$_i$に]$_j$ お互い$_i$の母親が [アヤが t_j 電話したと] 思っている．

(29a, b) は，埋め込み節を持つ複文である．(29a) では，主節の主語内に「お互い」があり，埋め込み節の目的語が先行詞である．先行詞が照応形を c 統御しないため，(29a) は条件 (11) に違反し，非文法的である．興味深いのは (29b) である．(29b) では，先行詞がスクランブリングによって主節主語の前に移動している．ここまでは，(24b) と同じ状況である．しかし，(24b) とは異なり，(29b) は文法的にならない．「ケンとマリに」は，スクランブリングによって「お互い」を c 統御する位置に移動したにもかかわらず，「お互い」の先行詞として解釈できないのである．つまり，この事実は，長距離スクランブリングが節内のスクランブリングとは異なる性質を持つことを示している．

　同様のことは，代名詞の束縛からも言える．(30) は (29) と同じパターンを示している．

(30) a. *そこ$_i$の社員が [ケンが3つ以上の会社$_i$を調査したと] 言った．

b. *[3つ以上の会社$_i$を]$_j$ そこ$_i$の社員が [ケンが t_j 調査したと] 言った．

(30a) の代名詞「そこ」は，条件 (19) を満たさないため，束縛変項の解釈を受けない．(30b) では，数量詞句がスクランブリングで移動したため，条件 (19) を満たす構造になっていると思われる．それにもかかわらず，「そこ」の束縛変項の解釈は可能にならない．

以上の事実は，長距離スクランブリングが節内のスクランブリングとは異なる性質を持つことを示している．すなわち，長距離スクランブリングは，(28) ではなく，(31) の性質を持っている．

(31) 長距離スクランブリングにより照応形や代名詞を束縛した要素は，それらの先行詞になることができない．

節内のスクランブリングと長距離スクランブリングは，一見同じタイプの移動に見えるが，束縛現象に対する効果に重要な違いがあることがわかった．長距離スクランブリングは，節内のスクランブリングが示す (28) の性質を示さない．その証拠となった (29) と (30) では，埋め込み節が時制節の形をしている．つまり，時制節からの長距離スクランブリングは，(31) の性質を持つのである．このことはすべての長距離スクランブリングにあてはまるのだろうか．実は，そうではないことが研究によってわかっている．次節では，埋め込み節が時制節でない場合の長距離スクランブリングが示す性質について，コントロール補文からのスクランブリングを取り上げ考察する．

4. コントロール補文からのスクランブリング

本節で検討するのは，「コントロール (control)」と呼ばれる性質を持つ文におけるスクランブリングの特性である．[4] 日本語のデータを見る前に，まずは問題となるコントロール現象について概観する．

4.1. コントロール現象

まずは英語のコントロール現象を見る．(32) を見てみよう．

(32) a.　John tried to open the door.

---

[4] より正確には，本節で取り上げるコントロール現象は，「義務的コントロール (obligatory control)」と呼ばれるものである．

　　　　b.　John told Mary to open the door.

(32a, b) において，*to* 以下が埋め込み節である．ここでは，埋め込み節は時制節ではなく不定詞節である．そして，その不定詞節には一見主語が存在しない．しかし，意味的には，埋め込み節の動詞である *open* は主語を必要とする．そして，その主語は，(32a) では必ず John であり，(32b) では必ず Mary であると解釈される．このことから，(32) の文は (33) のように分析される．

　(33)　a.　John$_i$ tried [PRO$_i$ to open the door].
　　　　b.　John told Mary$_i$ [PRO$_i$ to open the door].

(33a, b) いずれにおいても，埋め込み節の主語には発音されない代名詞的要素である PRO が存在する．そして，その PRO は，(33a) では *John* と，(33b) では *Mary* と同じ指標を持っている．これにより，(33a, b) の PRO はそれぞれ *John*, *Mary* と同一指示であるとみなされる．このとき，(33a) の *John*，(33b) の *Mary* は，PRO をコントロールするという．また，PRO をコントロールする名詞句は，PRO のコントローラー (controller) と呼ばれる．さらに，(33a) のように，PRO のコントローラーが主語である場合を主語コントロール (subject control) と呼び，(33b) のように，PRO のコントローラーが目的語である場合を目的語コントロール (object control) と呼ぶ．
　コントロール現象は日本語でも見られる．(34) がその例である．

　(34)　a.　ケンがドアを開けようとした．
　　　　b.　ケンがマリにドアを開けるように言った．

(32) と同様に，(34) の文は (35) のように分析できる．

　(35)　a.　ケン$_i$が [PRO$_i$ ドアを開けようと] した．
　　　　b.　ケンがマリ$_i$に [PRO$_i$ ドアを開けるように] 言った．

(35) に示されるように，(34a, b) はいずれも埋め込み節を含み，その主語は PRO である．そして，PRO は，(35a) では「ケン」に，(35b) では「マリ」にコントロールされる．つまり，(35a) は主語コントロール，(35b) は目的語コントロールの例である．
　ここで，コントロール構文におけるスクランブリングについて考える．(35a, b) の埋め込み節（コントロール補文）の目的語にスクランブリングを適用し主節の文頭に移動すると，(36a, b) が派生される．

(36) a. ドアを$_i$ ケンが [PRO t_i 開けようと] した．
b. ドアを$_i$ ケンがマリに [PRO t_i 開けるように] 言った．

(36) における「ドアを」の移動は，コントロール補文の中から外に起こっている．つまり，節を越える移動であるため，長距離スクランブリングである．その点では，前節で見た時制節からの長距離スクランブリングと同じである．では，コントロール補文からの長距離スクランブリングは，時制節からの長距離スクランブリングの性質を示すだろうか．

4.2. コントロール補文からのスクランブリングと束縛現象

この観点から日本語のスクランブリングを詳細に考察した研究として，Nemoto (1993) がある．Nemoto は，Mahajan (1990) のヒンディー語の研究における観察に基づき，日本語のコントロール補文からの長距離スクランブリングは節内のスクランブリングに似た性質を示すという重要な指摘をした．ここでは，第3節の内容を踏まえて，束縛現象に関してこの特性を確認する．

まずは，主語コントロールの例を見る．

(37) a. *そこ$_i$の社員が [PRO 3つ以上の会社$_i$を調査しようと] した．
b. [3つ以上の会社$_i$を]$_j$ そこ$_i$の社員が [PRO t_j 調査しようと] した．

代名詞の解釈に注目して (37) を見ると，(37a) では，「そこ」が「3つ以上の会社」を先行詞とする束縛変項の解釈は不可能である．これは，「そこ」が「3つ以上の会社」に c 統御されないため，第3節の条件 (19) に違反するからである．それに対して，(37b) では，「そこ」の束縛変項の解釈が可能である．これは，「3つ以上の会社」がスクランブリングによって埋め込み節から主節に移動し，「そこ」を c 統御するようになったからであると考えられる．しかし，ここでのスクランブリングは，コントロール補文内から外への移動であるため，長距離スクランブリングである．このことからすると，第3節の (31) により，(37b) では，(30b) と同様に，束縛変項の解釈が不可能であることが予測されるが，それに反して可能になっている．

同様の事実は，目的語コントロールでも見られる．

(38) a. *ケンがそこ$_i$の社員に [PRO 3つ以上の会社$_i$を調査するように] 言った．
b. ?[3つ以上の会社$_i$を]$_j$ ケンがそこ$_i$の社員に [PRO t_j 調査するように] 言った．

(38a) では，予測どおり，「そこ」の束縛変項の解釈はできない．しかし，埋め込み節の目的語をスクランブリングで移動した (38b) では，その解釈が可能になる．[5] この事実も，(31) の予測に反している．

このように，コントロール補文からのスクランブリングは，形の上では長距離スクランブリングであるにもかかわらず，あたかも節内のスクランブリングであるかのように振る舞い，第3節の (28) の性質を示すように思われる．Nemoto (1993) は，この不思議な性質を指摘した上で，その分析を提案した．ここではその詳細には立ち入らないが，Nemoto の提案の骨子は，コントロール補文からのスクランブリングの特殊性をコントロール補文の特性に帰するものである．コントロール補文は時制を持たない．したがって，時制節とは異なり，いわば，完全な節としての性質を持たない．そのために，コントロール補文からのスクランブリングは，時制節からのスクランブリングとは異なり，節を越える移動の効果を示さないと考える提案である．

4.3. コントロール補文からのスクランブリング再考

Nemoto (1993) の研究により，コントロール補文からのスクランブリングは，長距離スクランブリングではあるが，節内のスクランブリングに似た性質を示すことが明らかになった．コントロール補文からのスクランブリングが示すこの事実は，スクランブリングを研究する上で重要な発見である．また，Nemoto の分析は，コントロール補文の「節」としての特性に通常の時制節とは異なるものがあるとするものであった．この提案は，スクランブリングの研究がコントロールの研究に対して重要な帰結をもたらす可能性を示している．

この視点から，ここではコントロール補文からのスクランブリングをもう少し詳しく考察してみる．Nemoto の分析は，コントロール補文からのスクランブリングの特異性をコントロール補文の節としての特性に帰するものであった．したがって，この分析は，コントロール補文からのスクランブリングが常に時制節からのスクランブリングと異なる振る舞いを示すことを予測する．具体的には，コントロール補文からのスクランブリングが代名詞の束縛変項の解釈を常に可能にすることを予測する．この予測を検証したものに Takano (2010) の研究がある．Takano によると，コントロール補文からのスクラン

---

[5] 筆者の判断では，(37b) と (38b) を比較すると，束縛変項の解釈は，(37b) では問題なく可能であるのに対して，(38b) ではやや難しいように思われる．そのため，(38b) の文頭に「?」を付けている．しかし，ここで重要なのは，前節の (30b) と比べると，(38b) の束縛変項の解釈は容認可能だという点である．

ブリングを詳細に検討すると，Nemoto の分析の予測に反する例がある．(39)を見てみよう．

(39) a. *そこ$_i$の社員がケンに [PRO 3つ以上の会社$_i$を調査するように] 言った．
b.?*[3つ以上の会社$_i$を]$_j$ そこ$_i$の社員がケンに [PRO t_j 調査するように] 言った．

(39) は，(38) の主節の主語と目的語を入れ替えた文である．(39b) では，(38b) と同様に，埋め込み節の目的語数量詞句がコントロール補文からスクランブリングによって主節に移動している．Nemoto の分析は，(39b) が，(38b) と同様に，代名詞の束縛変項の解釈を可能にすることを予測する．しかし，(39b) では，(38b) に比べ，その解釈は困難である．[6]

(37b), (38b) に対し (39b) が代名詞の束縛変項の解釈を可能にしないという事実は，Nemoto の分析への反例となるばかりでなく，コントロール補文からのスクランブリングが持つ非常に重要な性質を示している．(37b) と (38b) は，Nemoto が主張するように，節内のスクランブリングと同様の性質（= (28)）を示していた．これに対して (39b) は，長距離スクランブリングと同様の性質（= (31)）を示している．このことから，コントロール補文からのスクランブリングは，節内のスクランブリングと長距離スクランブリングの両方の性質を持っているように見える．つまり，コントロール補文からのスクランブリングは，Nemoto が明らかにしたものより，さらに複雑な性質を持っているように思われる．

4.4. 3種類のスクランブリング？

では，コントロール補文からのスクランブリングは，節内のスクランブリングとも長距離スクランブリングとも異なる，第3のタイプのスクランブリングなのであろうか．しかし，そのような考えには問題がある．仮に第3のタイプのスクランブリングだとしても，そもそも，なぜ (37b) と (38b) が同じパターンを示し，(39b) が違うパターンになるのか説明できなければいけない．さらに，なぜ (37b) と (38b) が節内のスクランブリングの性質を示し，(39b) が長距離スクランブリングの性質を示すのか，なぜ逆のパターンになら

---

[6] ここでは (38b) と (39b) の容認度の差が重要であるが，(39b) は，(30b) ほど束縛変項の解釈が不可能ではないように思われる（(39b) の文頭の「?*」はこの判断を表している）．(30b) と (39b) の違いに関する考察については，Takano (2013) を参照のこと．

ないのか，といった疑問に答えられなければならない．単に第3のタイプのスクランブリングと言っただけでは，これらの問題を解決することはできない．

では，(37)-(39) の事実を説明し，かつこれらの疑問に答えることができる分析はどのようなものであろうか．この問題を解決するために，Takano (2010) はまず，(37)/(38) と (39) を区別する要因として，(37)/(38) では代名詞がコントローラーに含まれているが，(39) ではそうではないという事実に着目した．そして，この事実は一体何を意味するのかということを考えた．その結果，上記の問題はすべて，コントロールの移動分析を採用することで解決できるという提案をした．

4.5. 長距離スクランブリングとコントロールの移動分析

コントロールの移動分析とはどのようなものであろうか．これは，Hornstein (1999) によって現在の統語理論（ミニマリスト・プログラム（Minimalist Program））の文脈で提案され，その後，様々な観点から論じられている分析であり，賛否両論が存在する．[7] コントロールの移動分析では，(40) のコントロール現象を (41) のように分析する．

(40) a. John tried to open the door.
　　 b. John told Mary to open the door.
(41) a. John$_i$ tried [t_i to open the door].
　　 b. John told Mary$_i$ [t_i to open the door].

つまり，コントロール現象を，(33) のようにコントローラーによる PRO のコントロールとして捉えるのではなく，コントローラーの名詞句が補文の主語位置に生成され，そこから主節の主語あるいは目的語の位置に移動したものとする分析である．この分析では，(41a) の *John* は補文の主語位置と主節の主語位置で，(41b) の *Mary* は補文の主語位置と主節の目的語位置で，それぞれ2つの θ 役割を付与される．その結果，補文の主語と主節の主語または目的語が同一人物であるという解釈が保証される．日本語の (42) についても同様に，(43) のように分析される．[8]

---

[7] コントロールの移動分析に関する研究については，Takano (2010: 83) に挙げられている文献を参照のこと．

[8] 日本語のコントロール現象を移動分析の観点から詳細に考察した研究に，Fujii (2006) がある．

(42) a. ケンがドアを開けようとした．
    b. ケンがマリにドアを開けるように言った．
(43) a. ケンが$_i$ [t_i ドアを開けようと] した．
    b. ケンがマリに$_i$ [t_i ドアを開けるように] 言った．

　ミニマリスト・プログラム以前の理論では，(41), (43) におけるコントローラー (John/Mary, 「ケン／マリ」) の移動は，投射原理とθ基準の観点から許されないと考えられていた．(41a) を例に取ると，John が移動するためには，D 構造 (D-Structure) で主節主語の位置が空でなければならない．しかし，これは投射原理 (Projection Principle) に違反する．また，John は，移動することで，埋め込み節と主節でθ役割を受けることになるが，これはθ基準 (θ-Criterion) に違反する．しかし，ミニマリスト・プログラムでは，D 構造, S 構造 (S-Structure) が廃止され，その結果，投射原理も存在しないことになる．また，θ基準についても，意味解釈上最低限必要な条件は，項がθ役割を必要とするということである．そうであれば，1 つの項が複数のθ役割を持つことは，むしろ排除されるべきではない．このように考えると，コントロールの移動分析は，理論上十分あり得る可能性である．そうだとすると，コントロールの移動分析を支持する経験的証拠があるかどうかを検討することは有意義な方向性である．

　以上を前提として，Takano (2010) は (37b), (38b), (39b) の分析を提案した．Takano (2010) によると，説明の鍵となるのは，以下のポイントである．

(44) a. 節内のスクランブリングにより照応形や代名詞を束縛した要素は，それらの先行詞になることができる．
    b. 長距離スクランブリングにより照応形や代名詞を束縛した要素は，それらの先行詞になることができない．
    c. 長距離スクランブリングの前に，節内のスクランブリングが起こる．
    d. コントロールはコントローラーの移動により派生される．

(44a, b) は，第 3 節で確認した (28) と (31) である．(44c) は，連続循環移動 (successive cyclic movement) と呼ばれ，節を越える Wh 移動 (Wh-movement) などで一般的に採用されている仮定をスクランブリングに採用したものである．(44d) は，上で見たコントロールの移動分析である．これらいずれも独立した根拠を持つ仮定を採用することで，(37b), (38b), (39b) が説明で

第 10 章　2 種類のスクランブリング

きるというのが Takano の提案である．
　では，Takano の分析を具体的に見てみよう．まずは，(37b) の派生である．(44) のもとでは，(37b) は (45) のように派生される．

(37)　b.　3 つ以上の会社$_i$ をそこ$_i$ の社員が調査しようとした．
(45)　a.　[そこ$_i$ の社員 3 つ以上の会社$_i$ を調査しようと]
　　　　　　　↓ 節内のスクランブリング
　　　b.　[[3 つ以上の会社$_i$ を]$_j$ そこ$_i$ の社員 t_j 調査しようと]
　　　　　　　↓ コントローラーの移動
　　　c.　[そこ$_i$ の社員が]$_k$ [[3 つ以上の会社$_i$ を]$_j$ t_k t_j 調査しようと] した．
　　　　　　　↓ 長距離スクランブリング
　　　d.　[3 つ以上の会社$_i$ を]$_j$ [そこ$_i$ の社員が]$_k$ [t_j t_k t_j 調査しようと] した．

(45) ではまず，コントローラーである「そこの社員」は埋め込み節の主語位置に生成され，(45a) の埋め込み節構造ができる．この構造において目的語である「3 つ以上の会社を」が埋め込み節内でスクランブリングを起こすと，(45b) が派生される．そして，コントローラーが主節主語の位置に移動することで (45c) が派生され，最後に，「3 つ以上の会社を」が長距離スクランブリングによって主節に移動することで，(45d) が派生される．注目すべきは，この派生において，(45b) と (45d) の段階で数量詞句「3 つ以上の会社」が代名詞「そこ」を c 統御するということである．このうち，(45d) は，(45c) から「3 つ以上の会社を」を長距離スクランブリングによって移動した結果派生された構造であるため，(44b) より，束縛変項の解釈を可能にしない．しかし，(45b) は，「3 つ以上の会社を」が節内のスクランブリングによって移動した結果の構造であるため，(44a) より，束縛変項の解釈を可能にすることができる．[9] よって，(37b) では，束縛変項の解釈が可能となる．
　次に，(38b) の派生を見てみよう．

---

[9] このように，派生の途中の段階で束縛変項の先行詞が決まる独立した経験的証拠として，以下のような例がある．

　(i)　[3 つ以上の会社$_i$ を]$_j$ ケンが [そこ$_i$ の社員が t_j 調査したと] 言った．

上で見た (30b) とは異なり，(i) は「そこ」の束縛変項の解釈を許す．これは，(i) で数量詞句が移動する際に，まずは埋め込み節内でスクランブリングが起こり，その段階で「そこ」の先行詞になることができるからである．

(38) b. ?3つ以上の会社$_i$をケンがそこ$_i$の社員に調査するように言った.
(46) a. [そこ$_i$の社員 3つ以上の会社$_i$を調査するように]
　　　　　　　↓ 節内のスクランブリング
　　 b. [[3つ以上の会社$_i$を]$_j$ そこ$_i$の社員 t_j 調査するように]
　　　　　　　↓ コントローラーの移動
　　 c. ケンが [そこ$_i$の社員に]$_k$ [[3つ以上の会社$_i$を]$_j$ t_k t_j 調査するように] 言った.
　　　　　　　↓ 長距離スクランブリング
　　 d. [3つ以上の会社$_i$を]$_j$ ケンが [そこ$_i$の社員に]$_k$ [t_j t_k t_j 調査するように] 言った.

　ここでも,「そこの社員」は,まずは埋め込み節の主語として生成される.次に,「3つ以上の会社を」が埋め込み節内でスクランブリングを起こし,(46b) が派生される.また,(38b) は目的語コントロールの文であるので,「そこの社員」は主節の目的語位置に移動し,(46c) が派生される.最後に,「3つ以上の会社を」が長距離スクランブリングによって主節に移動し,(46d) の形になる.この派生においても,(46d) で数量詞句が代名詞を c 統御するが,これは長距離スクランブリングによってできた構造であるため,束縛変項の解釈を可能にするものではない.一方,(46b) の方は,数量詞句の節内のスクランブリングによって派生された構造であるため,束縛変項の解釈が可能となる.
　つまり,この分析では,(37b) と (38b) の派生において,(45b),(46b) の段階があることで,代名詞の束縛変項の解釈が可能となることが説明される.では,それに対して,(39b) の派生はどうなるであろうか.(39b) は,(47) のように派生されることになる.

(39) b.?*3つ以上の会社$_i$をそこ$_i$の社員がケンに調査するように言った.
(47) a. [ケン 3つ以上の会社$_i$を調査するように]
　　　　　　　↓ 節内のスクランブリング
　　 b. [[3つ以上の会社$_i$を]$_j$ ケン t_j 調査するように]
　　　　　　　↓ コントローラーの移動
　　 c. そこ$_i$の社員が [ケンに]$_k$ [[3つ以上の会社$_i$を]$_j$ t_k t_j 調査するように] 言った.
　　　　　　　↓ 長距離スクランブリング
　　 d. [3つ以上の会社$_i$を]$_j$ そこ$_i$の社員が [ケンに]$_k$ [t_j t_k t_j 調査するように] 言った.

(39b) では，コントローラーは「ケン」である．したがって，(47) の派生では，「ケン」は埋め込み節主語から主節目的語に移動するが，「そこの社員」は，もとから主節主語に存在する．その結果，(47) の派生で数量詞句「3つ以上の会社」が代名詞「そこ」をc統御するのは，(47d) の段階だけである．しかし，(47d) は，数量詞句の長距離スクランブリングにより派生される構造であるため，束縛変項の解釈を可能にしない．したがって，(39b) では束縛変項の解釈が不可能であるという事実が説明される．

　この分析で重要なのは，(37b) と (38b) の派生には，束縛変項の解釈を可能にする段階（すなわち (45b), (46b)）が存在するが，(39b) にはそれがないことである．そして，この分析を可能にしているのは，コントロールの移動分析である．コントロールの移動分析のもとでは，(45), (46) においてコントローラーである「そこの社員」は埋め込み節内に生成されるからである．もしコントロールの移動分析を採用しなければ，(38b) と (39b) は以下のように派生されることになる．

(48) a. [PRO 3つ以上の会社$_i$ を調査するように]
　　　　　　↓ 節内のスクランブリング
　　 b. [[3つ以上の会社$_i$ を]$_j$ PRO t_j 調査するように]
　　　　　　↓ 長距離スクランブリング
　　 c. [3つ以上の会社$_i$ を]$_j$ ケンがそこ$_i$の社員に [t_i PRO t_j 調査するように] 言った．

(49) a. [PRO 3つ以上の会社$_i$ を調査するように]
　　　　　　↓ 節内のスクランブリング
　　 b. [[3つ以上の会社$_i$ を]$_j$ PRO t_j 調査するように]
　　　　　　↓ 長距離スクランブリング
　　 c. [3つ以上の会社$_i$ を]$_j$ そこ$_i$の社員がケンに [t_i PRO t_j 調査するように] 言った．

(48), (49) の派生では，「そこの社員」はもとから主節に存在する．そのため，数量詞句が代名詞をc統御するのは，(48c), (49c) の段階だけである．これらはいずれも数量詞句の長距離スクランブリングの結果派生される構造であり，両者を区別することはできない．したがって，この分析では，(38b) と (39b) の違いを説明することはできない．

4.6. コントロール補文からのスクランブリングの重要性

　コントロール補文からのスクランブリングの特性を適切に説明するには，な

ぜ (37b) と (38b) が同じパターンを示し，(39b) が違うパターンになるのか，なぜ (37b) と (38b) が節内のスクランブリングの性質を示し，(39b) が長距離スクランブリングの性質を示すのか，なぜ逆のパターンにならないのか，といった疑問に答えられなければならないことを上で見た．Takano (2010) の分析は，これらの疑問に答えることができる．(37b)/(38b) が (39b) と異なるのは，代名詞「そこ」がコントローラーに含まれる点である．コントロールの移動分析のもとでは，このことは，(37b)/(38b) においてのみ，「そこ」が埋め込み節内に生成されることを意味する．そして，その結果，(37b)/(38b) においてのみ，数量詞句が節内のスクランブリングの結果，埋め込み節内で代名詞を束縛することが可能になる．これが，(37b)/(38b) が節内のスクランブリングの性質を示す理由である．(39b) では，同様の状況が生じないため，通常の長距離スクランブリングと同じ性質しか見られないのである．

このように考えると，コントロール補文からのスクランブリングは，節内のスクランブリングとも長距離スクランブリングとも異なる第3のスクランブリングなのではなく，長距離スクランブリングの一種であるにすぎない．その一方で，コントロール補文からのスクランブリングが節内のスクランブリングに似た性質を示すという事実は，実は，コントロールの移動分析を支持する経験的証拠となるのである．上述したように，コントロールの移動分析については，研究者の間でも賛否両論が存在するが，本節で見たことは，日本語のスクランブリングを研究することで，コントロールの分析を巡る論争に新たな視点を提供することができるという重要な帰結を示している．

5. 第1部のまとめ

ここまで日本語のスクランブリングについて，その特性に重点を置いて考察してきた．これまでの考察で明らかになったのは以下の点である．まず，日本語のスクランブリングには2種類が存在する．1つは，要素が節の中で移動する節内のスクランブリングである．もう1つは，要素が節を越えて移動する長距離スクランブリングである．これらのスクランブリングは，束縛現象に関して異なる特性を示す．節内のスクランブリングは，照応形や代名詞にとって新たな先行詞の解釈を可能にする効果を示す．それに対して，長距離スクランブリングは，そのような効果を示さない．この観点から考えたときに興味深い問題を提示するのが，コントロール補文からのスクランブリングである．コントロール補文からのスクランブリングは，長距離スクランブリングであるにもかかわらず，束縛現象に関して節内のスクランブリングと同様の性質を示す場

合がある．しかし，常にそうではなく，長距離スクランブリングと同じ性質を示す場合もある．この一見矛盾する複雑な性質は，実は，コントローラーが移動していることに起因するものである．そう考えると，コントロール補文からのスクランブリングはあくまでも長距離スクランブリングであり，特殊なものとして扱う必要はない．[10]

第2部　スクランブリングの分析

1. 統一分析と非統一分析

　日本語には2種類のスクランブリングが存在し，異なる特性を持っていることを見た．こういった知見は，日本語のスクランブリングを理解する上で重要なものである．しかし，それと同時に，なぜ2種類のスクランブリングが異なる特性を示すのかというより根本的な疑問が生じる．さらに，人間言語の他の移動現象との関係において日本語のスクランブリングをどう位置づけるかということも重要な問題である．こういった問題に取り組むには，より理論的な視点からの分析が必要になる．実際，日本語のスクランブリングについてそのような研究は数多く存在する．[11] 第2部では，2種類のスクランブリングの分析に関する代表的な2つのアプローチを紹介するとともに，第1部で見たコントロール補文からのスクランブリングに関するTakano (2010)の提案がスクランブリングの分析に対してもたらす帰結について考える．

　第1部で見た節内のスクランブリングと長距離スクランブリングの重要な違いは，以下の(50)と(51)であった．

(50) 節内のスクランブリングにより照応形や代名詞を束縛した要素は，それらの先行詞になることができる．

(51) 長距離スクランブリングにより照応形や代名詞を束縛した要素は，それらの先行詞になることができない．

なぜ2種類のスクランブリングにこのような違いがあるのだろうか．この問

---

[10] 本章では，考察の対象を目的語が主語の前に移動するスクランブリングに限定している．しかし，目的語が他の目的語の前に動詞句内で移動する「短いスクランブリング」があるかどうかも，日本語のスクランブリングに関する重要な課題として研究されている．このテーマについては，Takano (2008)およびそこで言及されている文献を参照のこと．

[11] 興味のある読者は，Takano (2010: 83)に挙げられている文献を参照してほしい．

題を解決しようとした提案は数多く存在する．ここではまず，それらの提案のうち代表的なものを大きく2種類に分類し，それぞれの主張を概観する．

(50)と(51)の特性を説明する分析として，1つは，スクランブリングの移動先の位置の違いに還元するものがある．つまり，節内のスクランブリングと長距離スクランブリングは移動先が異なり，その移動先の特性から(50)と(51)を説明する分析である．ここではこれを「非統一分析」と呼ぶ．それに対し，もう1つは，2種類のスクランブリングの移動先は同じであるが，節を越える移動に課される条件の観点から(51)を導くという分析である．これを「統一分析」と呼ぶ．以下では，それぞれの分析の骨子を紹介する．

1.1. 非統一分析

非統一分析は，Mahajan (1990) がヒンディー語に関して，Miyagawa (2005, 2006) が日本語に関して提案した．この分析は，A 移動と A′ 移動の違いに着目し，節内のスクランブリングは A 移動になり得るが，長距離スクランブリングは必ず A′ 移動になるとして，2つのスクランブリングの違いを説明する．ここでは，代名詞の束縛現象に限定して A 移動と A′ 移動の違いを確認する．

一般に，A 移動は代名詞の束縛変項の解釈を可能にするが，A′ 移動は可能にしないという特徴がある．次の例を見てみよう．

(52) a. *It seems to his$_i$ mother that every boy$_i$ is smart.
　　 b. Every boy$_i$ seems to his$_i$ mother [t_i to be smart].

(52a) では，数量詞句が代名詞を c 統御しない．そのため，代名詞の束縛変項の解釈は不可能である．一方，(52b) では，数量詞句が移動することにより，代名詞を c 統御する位置に現れている．その結果，代名詞の束縛変項の解釈が可能になっている．(52b) における数量詞句は，主節主語に移動している．主語や目的語のような項が現れる位置を A 位置（A-position）と言い，A 位置への移動を A 移動（A-movement）という（これに対し，A 位置ではない位置は A′ 位置（A′-position）と言い，A′ 位置への移動は A′ 移動（A′-movement）という）．(52b) は，A 移動が代名詞の束縛変項の解釈を可能にすることを示している．

しかし，(52b) と同様に，数量詞句が代名詞を c 統御する位置に移動していても，束縛変項の解釈が可能にならない例もある．(53)を見てみよう．

(53) a. Who$_i$ t_i called his$_i$ mother?

b. *Who$_i$ did his$_i$ mother call t_i?

(53a, b) において，代名詞 his は疑問詞の who と同一の指標を持っている．この指標が意図する解釈は (54a, b) である．

(54) a.　どの人 X について以下があてはまるか：X が X の母親に電話した．
　　 b.　どの人 X について以下があてはまるか：X の母親が X に電話した．

これらの解釈からわかるように，(54) で問題になっているのも，代名詞 his の束縛変項の解釈である．(53a) は (54a) の解釈を許すが，(53b) は (54b) の解釈を許さない．第 1 部の (19) で見たように，束縛変項の解釈を受けるためには，代名詞は数量詞句に c 統御されなければならない．しかし，(53a, b) いずれにおいても，代名詞は who に c 統御されている（who も数量詞句の 1 種と考える）．このことから，束縛変項の解釈には，数量詞句による c 統御に加えて，数量詞句がどういう位置から c 統御するかも重要な条件になると考えられる．(53b) では，who は演算子（operator）の現れる A′ 位置に移動するため，A′ 位置から his を c 統御する．それに対して，(53a) では，who は A 位置（痕跡の位置）と A′ 位置（移動先）から his を c 統御する．(53a) においてのみ束縛変項の解釈が可能であるから，束縛変項の解釈には，数量詞句による A 位置からの c 統御（つまり，A 束縛（A-binding））が必要だということになる．そのため，(52b) における数量詞句の A 移動とは異なり，(53b) における数量詞句の A′ 移動は，束縛変項の解釈を可能にしないということになる．

　スクランブリングの非統一分析は，束縛現象のこの特性に着目し，節内のスクランブリングと長距離スクランブリングの違いを説明する．英語では一般に，A 移動は節内では起こるが，時制節を越えては起こらない．(55a) は節内の A 移動の例であるが，(55b) のような時制節（=CP）を越える A 移動は存在しない．

(55) a.　John$_i$ was kicked t_i by Bill.
　　 b.　*John$_i$ seems [$_{CP}$ t_i is smart].

このことから，Mahajan (1990) と Miyagawa (2005, 2006) は (56) を主張した．

(56)　節内の移動は A 移動になり得るが，CP を越える移動は必ず A′ 移動

になる.したがって,節内のスクランブリングは A 移動になり得るが,長距離スクランブリングは必ず A′ 移動になる.

このようにして,節内のスクランブリングと長距離スクランブリングの束縛現象に関する (50) と (51) の違いは,(56) から導かれることになる.

1.2. 統一分析

非統一分析のもとでは,2 種類のスクランブリングの違いは,移動の種類の違い (A 移動か A′ 移動か) に還元される.つまり,非統一分析は,2 種類のスクランブリングを違う種類の移動だと主張する.これに対して,節内のスクランブリングも長距離スクランブリングも移動先は同じであり,同じ種類の移動であると考えるアプローチがある.ここではこれを統一分析と呼ぶ.統一分析では,2 種類のスクランブリングが示す異なる特性を,移動先の違いではなく,節を越える移動に課される条件の観点から説明する.統一分析のアイデアを具体的にどう理論化するかについては,いくつかの提案が存在する (例えば,Abe (1993), Bošković and Takahashi (1998), Saito (1992, 2003, 2005), Tada (1990, 1993) など).ここでは,Saito (2003, 2005) の提案を取り上げ紹介する.

Saito (2003, 2005) は,Chomsky (1995) による連鎖の削除を用いた演算子・変項構造 (operator-variable structure) の分析をすべての移動に一般化し,コピー (copy) と削除 (deletion) による移動の理論を提案した.Saito の理論の概要を,まずは Wh 移動がかかわる例を用いて見る.Saito によると,(57) の Wh 句は,(58) の派生をたどり,最終的に (58c) の形で解釈を受ける.

(57) Who did John see?
(58) a.　 did John see 　who
　　　　　　　　　　　　　{P, O, A}
　　　b.　who 　did John see 　who
　　　　　{P, O, A} 　　　　　　　{P, O, A}
　　　c.　who 　did John see 　who
　　　　　{P, O} 　　　　　　　　 {A}

Saito は Chomsky に従い,統語部門で機能する各要素は素性の集合であると考える.(57) の Wh 句は,(少なくとも) 音素性 (P),演算子素性 (O),項素性 (A) を持つ.ここで,音素性は音形にかかわる素性,演算子素性は演算子として解釈を受けるための素性,項素性は項 (argument) として機能し束縛

に関与するために必要な素性である．who はこれらの素性の集合 {P, O, A} として派生に導入され，(58a) が生成される．移動のコピー理論のもとでは，(58a) の who が移動すると，who のコピーが生成される．これはつまり，who の素性のコピーが生成されるということであり，その結果，(58b) では，who の元の位置と移動先に {P, O, A} が存在し，連鎖を形成する．Saito によると，各素性は連鎖の中で選択される位置（必要とされる位置）のみに残され，それ以外の位置では削除される．音素性 P は，顕在的移動の場合は，必ず連鎖の先端（移動先）に残され，それ以外の位置では削除される．したがって，(58b) では，連鎖の末端（元の位置）にある素性 P は削除される．演算子素性 O も演算子として機能するためには連鎖の先端にある必要がある．そのため，(58b) の連鎖の先端にある O が残され，末端の O が削除される．一方，項素性 A は状況が異なる．項として解釈を受けるには，項位置にある必要がある．それは，(58b) では連鎖の末端である．したがって，連鎖の先端の A が削除される．このようにして得られた形式が (58c) である．(58c) は，who が文頭で発音され，who の素性 O が演算子として機能し，素性 A が O に束縛される変項として解釈を受けることを示している．

　長距離の Wh 移動も同様に分析される．(59) の文の派生 (60) を見てみよう．

(59)　Who do you think John saw?

(60)　a.　John saw　who
　　　　　　　　　　{P, O, A}
　　　b.　[_CP who　John saw　who]
　　　　　　{P, O, A}　　　{P, O, A}
　　　c.　[_CP who　John saw　who]
　　　　　　{P, O}　　　　　{A}
　　　d.　do you think [_CP who　John saw　who]
　　　　　　　　　　　　{P, O}　　　　　{A}
　　　e.　who　do you think [_CP who　John saw　who]
　　　　　{P, O}　　　　　　{P, O}　　　　　{A}
　　　f.　who　do you think [_CP John saw　who]
　　　　　{P, O}　　　　　　　　　　　　{A}

これまでどおり，(59) のような長距離移動は，連続循環的に起こると仮定する．ミニマリスト・プログラムの句構造理論では，句構造は併合（Merge）が順次適用されることによって作り上げられる．移動も併合の1つの形式であ

るため，(59) を生成する際に，まずは埋め込み節が形成され，そこで Wh 移動が起こる．この段階を示したのが (60a, b) である．Saito によると，連鎖の削除も節ごとに連続循環的に適用される．したがって，(58b) から (58c) が派生されるのと同様に，(60b) から (60c) が派生される．この後，主節が形成され (60d) の形になり，ここで主節への Wh 移動が起こり (60e) が派生される．この Wh 移動は，埋め込み節内で移動した who の主節への移動である．この who ((60d) の 1 つ目の who) は，(60b) に適用された削除の結果，素性の集合 {P, O} から成る．したがって，この {P, O} がコピーされ，(60e) のようになる．ここでまた，新たに生成された連鎖 ((60e) の 1 つ目と 2 つ目の who から成る連鎖) に削除が適用される．この場合，主節の who が持つ P は顕在的移動であるため削除されず，O も演算子として機能するため削除されない．一方，埋め込み節の who が持つ P と O はその位置では必要ない素性であるため，両方とも削除される．その結果，(60f) の形になり，who が文頭で発音され，演算子素性 O が項素性 A を束縛するという解釈が与えられる．

　Saito (2003, 2005) は，この理論を日本語のスクランブリングに応用し，2種類のスクランブリングの振る舞いの違いを説明した．まずは，節内のスクランブリングが適用された (61) の分析を見る．

(61)　その会社をケンが調査した．

Saito の分析では，この文は (62) のように派生される．

(62) a.　ケンが　その会社を　調査した．
　　　　　　　　{P, A}
　　 b.　その会社を　ケンが　その会社を　調査した．
　　　　　{P, A}　　　　　　　　{P, A}
　　 c.　その会社を　ケンが　その会社を　調査した．
　　　　　{P}　　　　　　　　　　{A}

スクランブリングは，Wh 移動とは異なり，演算子素性はかかわらない．したがって，スクランブリングによって移動する要素は，音素性 P と項素性 A だけを持つ．「その会社を」にスクランブリングが適用され，この素性の集合がコピーされた結果が (62b) である．これは顕在的移動であるため，P は連鎖の末端で削除される．また，A は項素性であるため，先端で削除される．その結果，(62c) が派生される．

　次に長距離スクランブリングの例 (63) を見る．

第 10 章　2 種類のスクランブリング

(63)　その会社をマリがケンが調査したと言った．

この例の派生は (64) のようになる．

(64) a.　ケンが　その会社を　調査した
　　　　　　　　　{P, A}
　　b.　その会社を　ケンが　その会社を　調査した
　　　　　{P, A}　　　　　　　{P, A}
　　c.　その会社を　ケンが　その会社を　調査した
　　　　　{P}　　　　　　　　{A}
　　d.　マリが [$_{CP}$ その会社を　ケンが　その会社を　調査したと]
　　　　　　　　　{P}　　　　　　　　　　{A}
　　　　言った．
　　e.　その会社を　マリが [$_{CP}$ その会社を　ケンが　その会社を
　　　　　{P}　　　　　　　　　{P}　　　　　　　　　{A}
　　　　調査したと] 言った．
　　f.　その会社を　マリが [$_{CP}$ ケンが　その会社を　調査したと]
　　　　　{P}　　　　　　　　　　　　　　{A}
　　　　言った．

　まずは，埋め込み節 (64a) が生成され，節内のスクランブリングによって「その会社を」が移動し (64b) の形になり，「その会社を」の連鎖に削除が適用された結果，(64c) が派生される．ここまでは，(62) と同じである．その後，主節が生成され (64d) になる．次は「その会社を」の長距離スクランブリングである．ここで注目すべきは，(64d) の時点で，長距離スクランブリングの対象となる「その会社を」は，削除の結果，音素性 P しか持っていないということである．この P だけがコピーされた結果が (64e) である．最後に，中間の「その会社を」が持つ P が削除され，(64f) が派生される．

　この分析では，(61) と (63) における「その会社を」の移動先は，いずれも A 位置だとみなされる．この点で，非統一分析とは異なる．Saito によると，2 種類のスクランブリングの特性 (50), (51) は，コピーと削除の直接的帰結として説明される．(61) の分析 (62) をもう一度見てみる．(62b) では，目的語である「その会社を」がスクランブリングの結果，主語を c 統御する位置にある．さらに，その目的語は項素性 A を持っている．この素性は，束縛に関与する素性であった．つまり，Saito の理論では，ある要素が照応形や代名詞の先行詞になるためには，照応形や代名詞を c 統御し，かつ項素性を持つ

ことが必要条件となる．したがって，(62) の派生において，目的語がスクランブリングで移動した結果，主語内の代名詞の先行詞となる環境ができることになる．目的語の項素性は最終的には削除の対象となり，(62c) ではスクランブリングの移動先からは消滅するが，重要なのは，(62b) の段階が存在し，その時点で目的語が主語内の代名詞を束縛し，先行詞になることができる点である．

　一方，長距離スクランブリングの場合は，状況が異なる．(63) の派生 (64) を見ると，長距離スクランブリングで移動した「その会社を」が主節の主語「マリが」を c 統御するのは，(64e) の段階である．しかし，(64e) では，「その会社を」は音素性 P しか持っていない．これは，節内のスクランブリングが起きた (64b) の段階で削除が適用され，「その会社を」の連鎖の先端にある項素性が削除されたからである．先行詞となるためには項素性が必要であるから，(64) の派生では，埋め込み節の目的語が長距離スクランブリングによって主節まで移動したとしても，主節主語内にある代名詞の先行詞となる環境は生じ得ないのである．

　以上のことから，Saito の理論のもとでは，2 種類のスクランブリングの特性 (50) と (51) が，コピーと削除に基づく移動理論の帰結として説明される．この理論では，長距離スクランブリングの特異性は，埋め込み節で削除が適用された結果，節を越えるスクランブリングは常に音素性のみの移動となるという特性に還元される．

2. コントロール補文からのスクランブリングと統一分析

　ここまで，2 種類のスクランブリングの違いを説明する 2 つのアプローチを見てきた．非統一分析は，2 種類のスクランブリングの移動先が異なると主張し，その違いから (50) と (51) の特性を説明する．一方，統一分析は，2 種類のスクランブリングの移動先は同じであるとし，連鎖の削除が連続循環的に適用されることで，節を越えるスクランブリングは音素性のみの移動になると分析し，(50) と (51) の違いを導く．いずれの分析も，それぞれ独立した根拠に基づいて提案されたもので，どちらも正しそうに見える．しかし，第 1 部で見たコントロール補文からのスクランブリングを視野に入れると，2 つの分析を区別することができる．以下では，Takano (2009a, b, 2010) に従い，この点を考察する．

　第 1 部で見たように，コントロール補文からのスクランブリングが節内のスクランブリングと同じ性質を示すのは，(65) の状況が成立する場合であっ

た（QP は数量詞句，*pro* は代名詞，＜　＞内の要素は発音されないコピーを示す）．

(65)　QP … [$_X$ … pro …] …[$_{CP}$ <QP> <X> … <QP> V] …

つまり，長距離スクランブリングで移動した要素は，あくまでも先行詞としての解釈は受けない．しかし，(65) において QP が代名詞にとって適切な先行詞と解釈できるのは，節内でのスクランブリングによって QP が X 内の代名詞を埋め込み節内で c 統御する段階があるからであった．そして，それが可能になるのは，コントロールの移動分析によって，コントローラーである X が埋め込み節内に生成されるからであった．

　ここで，コントローラーの移動に注目してみる．(65) において，X は埋め込み節の主語位置から主節の主語位置（主語コントロール）または目的語位置（目的語コントロール）に移動する．このとき X は主節でも θ 役割を付与される．つまり，X は主節の θ 位置（θ -position）に移動する．θ 位置は，典型的な A 位置である．ということは，(65) において，X は埋め込み節を越えて A 移動を起こしている．これはつまり，コントロール補文からの A 移動が可能であることを意味する．

　このことを念頭に置いて，スクランブリングの非統一分析を考えてみる．この分析では，長距離スクランブリングの (51) の特性は，節を越える移動が必ず A′ 移動になるという主張に還元される．この主張は，(55b) のような事実を証拠に時制節からの移動については維持できるが，コントロール補文からの移動を考えると問題が生じる．なぜなら，(65) において X の移動は A 移動であり，これはつまり，コントロール補文からの A 移動が可能であることを示しているからである．それにもかかわらず，非統一分析では，(65) の QP の主節への移動は，X の移動とは異なり，A 移動になることができないと主張することになる．これは，このままでは根拠を欠いたアドホックな主張であり，受け入れられない．

　これに対し，スクランブリングの統一分析には同様の問題は起こらない．統一分析では，(65) における QP の主節への移動は節を越えるため，まずは埋め込み節内でのスクランブリングの結果に削除が適用される．その結果，QP の長距離スクランブリングは音素性だけの移動となるため，主節では代名詞の先行詞にはなれない．(65) で QP が代名詞の先行詞になれるのは，埋め込み節内だけである．

　このように，Takano (2010) によるコントロール補文からのスクランブリングの分析は，2 種類のスクランブリングの特性を説明する 2 つの代表的なア

プローチを区別し，統一分析を支持するという重要な理論的帰結をもたらすのである．

おわりに

本章では，日本語のスクランブリングについて考察してきた．第1部では，日本語のスクランブリングには2種類が存在することを確認し，それぞれの特性について考察した．2種類のスクランブリングとは，要素が節の中で移動する節内のスクランブリングと，要素が節を越えて移動する長距離スクランブリングである．これらのスクランブリングは，束縛現象に関して異なる効果を示す．この観点から考えたときに，コントロール補文からのスクランブリングが興味深い特性を示す．コントロール補文からのスクランブリングは，長距離スクランブリングである．しかし，束縛現象に関して，節内のスクランブリングと同じ性質を示す場合と，時制節からの長距離スクランブリングと同じ性質を示す場合がある．この一見複雑な事実は，コントロールの移動分析を採用することで説明できることを見た．

第2部では，第1部で見た2種類のスクランブリングの特性を説明する分析について，理論的な視点から考察した．節内のスクランブリングと長距離スクランブリングが束縛現象に関してなぜ異なる特性を示すのかを説明する理論的アプローチとして，統一分析と非統一分析がある．これらは競合する仮説であり，いずれかが正しいことを示すには，独立した証拠や議論が必要である．この問題に対して，コントロール補文からのスクランブリングが新たな視点を与える可能性がある．コントロール補文からのスクランブリングの研究から得られた洞察は，非統一分析の問題を明らかにし，統一分析を支持するという帰結をもたらすものである．

参考文献

Abe, Jun (1993) *Binding Conditions and Scrambling without A/A′ Distinction*, Doctoral dissertation, University of Connecticut.

Bošković, Željko and Daiko Takahashi (1998) "Scrambling and Last Resort," *Linguistic Inquiry* 29, 347–366.

Chomsky, Noam (1995) *The Minimalist Program*, MIT Press, Cambridge, MA.

Fujii, Tomohiro (2006) *Some Theoretical Issues in Japanese Control*, Doctoral disser-

tation, University of Maryland.
Hale, Kenneth (1980) "Remarks on Japanese Phrase Structure: Comments on the Papers on Japanese Syntax," *Theoretical Issues in Japanese Linguistics* (*MIT Working Papers in Linguistics* 2), ed. by Ann K. Farmer and Yukio Otsu, 185-203.
Hale, Kenneth (1982) "Preliminary Remarks on Configurationality," *NELS* 12, 86-96.
Hale, Kenneth (1983) "Walpiri and the Grammar of Non-Configurational Languages," *Natural Language and Linguistic Theory* 1, 5-47.
Hoji, Hajime (2003) "Falsifiability and Repeatability in Generative Grammar: A Case Study of Anaphora and Scope Dependency in Japanese," *Lingua* 113, 377-446.
Hornstein, Norbert (1999) "Movement and Control," *Linguistic Inquiry* 30, 69-96.
Mahajan, Anoop (1990) *The A/A-bar Distinction and Movement Theory*, Doctoral dissertation, MIT.
Miyagawa, Shigeru (2005) "EPP and Semantically Vacuous Scrambling," *The Free Word Order Phenomenon: Its Syntactic Sources and Diversity*, ed. by Joachim Sabel and Mamoru Saito, 181-220, Mouton de Gruyter, Berlin.
Miyagawa, Shigeru (2006) "On the "Undoing" Property of Scrambling: A Response to Bošković," *Linguistic Inquiry* 37, 607-624.
Nemoto, Naoko (1993) *Chains and Case Positions: A Study from Scrambling in Japanese*, Doctoral dissertation, University of Connecticut.
Saito, Mamoru (1985) *Some Asymmetries in Japanese and Their Theoretical Implications*, Doctoral dissertation, MIT.
Saito, Mamoru (1992) "Long-Distance Scrambling in Japanese," *Journal of East Asian Linguistics* 1, 69-118.
Saito, Mamoru (2003) "A Derivational Approach to the Interpretation of Scrambling Chains," *Lingua* 113, 481-518.
Saito, Mamoru (2005) "Further Notes on the Interpretation of Scrambling Chains," *The Free Word Order Phenomenon: Its Syntactic Sources and Diversity*, ed. by Joachim Sabel and Mamoru Saito, 335-376, Mouton de Gruyter, Berlin.
Tada, Hiroaki (1990) "Scrambling(s)," ms., MIT.
Tada, Hiroaki (1993) *A/A-bar Partition in Derivation*, Doctoral dissertation, MIT.
Takano, Yuji (2008) "Ditransitive Constructins," *The Oxford Handbook of Japanese Linguistics*, ed. by Shigeru Miyagawa and Mamoru Saito, 423-455, Oxford University Press, New York.
Takano, Yuji (2009a) "Scrambling and the Nature of Movement," *Nanzan Linguistics* 5, 75-104.
Takano, Yuji (2009b) "Scrambling, Control, and Phases," *Kinjo Gakuin Daigaku Ronshu, Studies in Humanities* Vol. 5 No. 2, 78-110.
Takano, Yuji (2010) "Scrambling and Control," *Linguistic Inquiry* 41, 83-110.
Takano, Yuji (2013) "Extending Movement Derivations from Control to Binding," *Kinjo Gakuin Daigaku Ronshu, Studies in Humanities* Vol. 10, No. 1, 34-45.

第 11 章

移動と語順の制約[*]

瀧田　健介

明海大学

> (A) a.　太郎がパンを食べた．
>   　 b.　パンを太郎が食べた．
> (B) a.＊太郎が食べたパンを．
>   　 b.＊パンを食べた太郎が．
> (C) a.　花子が [太郎がパンを食べたと] 思っている．
>   　 b.　パンを花子が [太郎が食べたと] 思っている．
>   　 c.　[太郎がパンを食べたと] 花子が思っている．
>   　 d.＊[太郎が食べたと] パンを花子が思っている．
>
> 日本語には，(A) のように主語や目的語の語順が比較的自由であるという自由語順と呼ばれる現象がみられる．しかし，(B) に示すようにこれらの要素が動詞の後ろに生じることは許されない．さらに，(C-a)，(C-b) ならびに (C-c) のような語順が許されるにもかかわらず，(C-d) のような語順は許されない．自由語順という性質と，(B) や (C-d) にみられる語順の制約を統一的にとらえるには，どのように考えればよいだろうか．

本章の構成

　第 1 部では，この語順の制約に関して先行研究において積み重ねられてきた経験的事実を，関連する他の事実との関連も踏まえながら整理する．第 2 部では，この語順に関する制約が，日本語の自由語順性を保証しつつ自然言語の他の性質・制約からどのように導かれるかを概説する．

---

[*] 本章の執筆に際して，斎藤衛，宮本陽一，村杉恵子の各氏をはじめとする編著者から貴重なコメント・示唆をいただいた．また，草稿を発表した南山大学言語学研究センターにおける統語論・言語獲得ワークショップの参加者および初稿に対する 2 名の匿名査読者にも有益なコメントをいただいた．ここに感謝の意を表する．

第1部 基本的事実観察

1. 問題設定

　日本語は，英語などに比べて語順が自由な言語であるといわれる．(1) として再掲する (A) の2文を比べてみよう．これらの2文は，(1a) のように主語-目的語の語順であっても，(1b) のように目的語-主語の語順であっても，根本的な意味は変わらない．

(1) a.　太郎がパンを食べた．
　　 b.　パンを太郎が食べた．

自由語順現象とも呼ばれるこのような語順の交替は，(2) に示すように目的語が主語を越えて移動することによって得られるという分析が原田 (1977)，Saito (1985) などの研究以来広く受け入れられている．

(2)　パンを$_i$ 太郎が t_i 食べた

この分析の下では，(1b) は (1a) から目的語が主語を超えて左側に移動することで派生される（このような移動を矢印で表すことにする）．また，移動した要素が動詞の目的語であることは，元位置にその痕跡 (trace) t が残ることによって保証される．日本語においては，このようなスクランブリングと呼ばれる移動が自由に適用できるために自由語順性が生じると分析されている．[1]

　しかし，どのような語順でも可能であるというわけではない．特に，(3) として再掲する (B) にみられるように，単文として動詞の後ろに主語や目的語が生じることは許されない．[2]

---

[1] スクランブリングの様々な性質については，高野（本書）も参照されたい．

[2] (3a, b) を，(i) のように動詞の後に十分にポーズ（ここでは"，"を用いて示す）を置いて発音すると文法的な文になる．

(i) a.　太郎が食べた，パンを．
　　 b.　パンを食べた，太郎が．

これらのポーズを伴うものは，第1部2.1節でとりあげる右方転移構文として分析されるため，本章の考察対象から除外することにする．(3a, b) において意図されている非文法性は，(ii) のように「こと」を付け加えることにより明確になるが，煩雑さを避けるため本文では省略することにする．

(ii) a. *太郎が食べたパンをこと

(3) a. *太郎が食べたパンを.
    b. *パンを食べた太郎が.

もしスクランブリングが自由に適用されうるならば，(3a, b) はそれぞれ (4a, b) のように派生されうるはずである．

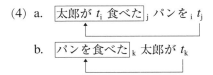

(4a) では，(2) において目的語が移動した後，「太郎が t_i 食べた」という部分にスクランブリングが適用されている．また，(4b) では (1a) の「パンを食べた」という部分にスクランブリングが適用されている．(3a, b) の非文法性は，これらの移動が不可能であることを示している．

このようなスクランブリングに対する制約は，より一般的にみられるようである．上記 (C) に対応する (5) の例を考えてみよう．[3]

(5) a. 花子が [太郎がパンを食べたと] 思っている．
    b. パンを$_i$ 花子が [太郎が t_i 食べたと] 思っている．
    c. [太郎がパンを食べたと]$_j$ 花子が t_j 思っている．
    d. *[太郎が t_i 食べたと]$_k$ パンを$_i$ 花子が t_k 思っている．

(5b) は，(5a) から従属節の目的語「パンを」が節の境界を越えたスクランブリング（長距離スクランブリング）によって移動することで派生されている．(5c) では，(5a) の従属節全体が主節の主語「花子が」を越えて移動している．(5b, c) の文法性は，これらのスクランブリングがどちらも可能であることを示している．ところが，(5d) では (5b) からさらに従属節がスクランブリングの適用を受けているが，この文は非文法的となる．

ここで，(5d) において従属節の目的語「パンを」と動詞「食べ（た）」の語

---

   b. *パンを食べた太郎がこと

[3] 鉤括弧 [ ] はその内部要素が構成素（constituent）と呼ばれるまとまりをなすことを意味することとする．構成素を判別するための統語的なテストについては，藤井（本書）も参照．

順が入れ替わっていることに注目すると，(5d) および (3a, b) の非文法性は (6) のような一般化によってとらえられる．

(6) 日本語においては，述語（predicate）はそれがとる主語や目的語のような項（argument）に先行することができない．

以下第1部では，問題の語順の制約に関する先行研究における経験的議論を整理し，(6) の一般化が経験的に正しいことをみる．

2. 語順の制約とその分析

2.1. 右方転移構文

(6) の一般化に対して，まず (7b, c) の例が反例とならないかを考察してみよう．

(7) a. 太郎があの本を買ったよ．
    b. 太郎が買ったよ，あの本を．
    c. あの本を買ったよ，太郎が．

(7a) では主語の「太郎が」も目的語の「あの本を」も動詞に先行しているが，(7b, c) ではそれぞれ目的語と主語が動詞に後続しているようにみえる．この点で (7b, c) は (3a, b) と似ているが，文法性に関してははっきりと違いが認められる．

これらの構文は右方転移構文（right-dislocation）と呼ばれているが，例えば Haraguchi (1973) は主語や目的語が右側へ移動されることによって派生されると分析した．この分析の下では，(7b) は (8) のように分析されることになる．

(8) 太郎が t_i 買ったよ，あの本を$_i$

もしこの分析が正しいとすると，(6) の一般化は右方転移構文を正しくとらえられないことになる．

しかしながら，右方転移構文の分析については，久野 (1978)，Abe (1999)，Tanaka (2001) などによって提案された (9) に示す分析が正しいと考えられる根拠がある．

(9) a. [$_{S1}$ 太郎が 買ったよ]，[$_{S2}$ 太郎が あの本を 買ったよ]

b.　[S_1 太郎が 買ったよ], [S_2 あの本を$_i$ [太郎が t_i 買ったよ]]

　　　c.　[S_1 太郎が 買ったよ], [S_2 あの本を$_i$ [太郎が t_i 買ったよ]]

　(9a) では，S_1 に続いて，S_1 に目的語「あの本を」が加えられた文 S_2 が繰り返されている．[4] まず (9b) において，S_2 の内部で目的語がスクランブリングによって移動している．さらに (9c) の「太郎が t_i 買ったよ」という構成素が削除されると，(7b) が派生されることになる．この分析の下では，一見 S_1 の動詞の右側に出てきているようにみえる「あの本を」は，実は S_2 の動詞の項であり，さらに左側へスクランブリングによって移動しているので，(6) の一般化に合致した構造を持つことになる．[5]

　この分析では，(3) と (7b, c) の違いを次のようにとらえられる．(9) の分析のポイントの1つは，文を繰り返す必要があるということである．ところが (3) の例は単文である．したがって，(3) の例を (9) のように分析することができないのである．

　(9) の分析に対するさらなる根拠は，S_1 の明示されていない目的語に注目することで得られる．一般に日本語は，英語と異なり代名詞を明示的に表さないことを許す．例えば，(10) の A の発話から，B の発話における代名詞 *he* の指示対象は明らかである．それにもかかわらず，この代名詞を発音しないことは英語では許されない．

　　(10)　A:　What did Taroo do?
　　　　　B:　He ate dinner. / *Ate dinner.

一方 (11) に示すように，日本語では対応する代名詞「彼」を明示的に表さないことが可能である．

　　(11)　A:　太郎は何をしたの．
　　　　　B:　(彼は) 夕飯を食べたよ．

この明示的には表されない代名詞を *pro* と表すとすると，(11B) の発話は (12) のように表示することができる (このような音形を持たない代名詞を仮定する根拠については，高橋 (本書) を参照).

---

　　[4] S_1 と S_2 が構成素をなしているのか，あるいはそれぞれが独立した文であるのかは研究者によって意見が分かれるが，ここでの議論には関係しない．
　　[5] 削除も統語操作の一種であるので，構成素を対象とする．(9b) における「あの本を」のスクランブリングは，(9c) での削除が構成素を対象とすることを可能にしている．

(12) pro 夕飯を食べたよ

したがって，(9c) はより正確には (13) の構造をもつことになる．

(13) [$_{S1}$ 太郎が pro 買ったよ], [$_{S2}$ あの本を$_i$ [太郎が t_i 買ったよ]]

ここで，pro は，音形を欠くこと以外は一般の代名詞と変わらないとすると，この pro を音形を持つ代名詞と置き換えられることが予測される．(14a) の文法性は，この予測が正しいことを示している．つまり，(14a) は (14b) の構造をもつと分析される．

(14) a. 太郎があれを買ったよ，あの本を．
     b. [$_{S1}$ 太郎があれを買ったよ], [$_{S2}$ あの本を$_i$ [太郎が t_i 買ったよ]]

一方，(8) の分析の下では，(14a) の代名詞「あれを」がなぜ許されるのかが自明ではない．なぜなら，(15a) と (15b) の対比が示すように，痕跡は代名詞によって置き換えることができないからである．

(15) a. あの本を$_i$ 太郎が t_i 買ったよ．
     b. *あの本を太郎があれを買ったよ．

このように，(9) に示される分析が正しい限りにおいて，右方転移構文は (6) の一般化に対して問題とはならない．[6]

2.2. 島の制約

(1a) と (1b) がどちらも文法的であることは，スクランブリングが一見自由に適用できることを示しているようにみえる．しかし一方で，スクランブリングは移動一般に課される制約に従うことも知られている．例えば (16a, b) の対比は，スクランブリングが，Ross (1967) 以来島の制約 (island constraints) の1つとして知られる複合名詞句制約 (Complex NP Constraint) に従うことを示している．

(16) a. 太郎が [$_{NP}$ [あの本を書いた] 人] を探している．
     b. *あの本を$_i$ 太郎が [$_{NP}$ [t_i 書いた] 人] を探している．

---

[6] 右方転移構文に関する (9) に示す分析に対するさらなる証拠については，Takita (2011, 2014) および Yamashita (2011) を参照．

複合名詞句とは，補文節や関係節のような時制を含む修飾節を伴う名詞句 (noun phrase, NP) の総称であり，例えば (16) において NP と表示された句に相当する．概略，複合名詞句制約とはそのような名詞句からの移動を禁ずる制約である．(16b) では，「人」を主要部とする複合名詞句から「あの本を」がスクランブリングによって移動しているが，この移動が複合名詞句制約に違反しているため，文が非文法的となる．

複合名詞句制約の他にも，スクランブリングは，Huang (1982) によって提案された，副詞節などの付加詞からの移動を禁じる付加詞条件 (Adjunct Condition) にも従う．(17a, b) の対比をみてみよう．

(17) a. 太郎が [花子があのパンを食べたから] とても怒った．
　　 b. *あのパンを$_i$ 太郎が [花子が t_i 食べたから] とても怒った．

(17a) に対して，(17b) では理由を表す副詞節から「あのパンを」がスクランブリングによって移動している．この移動が付加詞条件に違反しているため，(17b) は非文法的となる．

ここで，例えば (5d) の非文法性を，島の制約の違反として導くことができるかを考えてみよう．まず，(5b, c) にそれぞれ対応する (18a, b) は文法的である．

(18) a. パンを$_i$ [$_\alpha$ 花子が太郎が t_i 食べたと思っている].
　　 b. [太郎がパンを食べたと]$_i$ [$_\alpha$ 花子が t_i 思っている].

これは，(18a) の従属節の目的語「パンを」の長距離スクランブリング，および (18b) の従属節のスクランブリングがともに島の制約に違反していないことを示している．つまり，(18b, c) の α で示した構成素およびその内部に，これらの移動にとっての島が含まれていないということである．

もし (5d) に対応する (19a) が何らかの形で島の制約に違反しているなら，何が島となりうるであろうか．

(19) a. *[太郎が t_i 食べたと]$_j$ パンを$_i$ 花子が t_j 思っている．
　　 b. [$_\beta$ パンを$_i$ [$_\alpha$ 花子が太郎が t_i 食べたと思っている]].

(18a) でみたように，(19a) にスクランブリングが適用される前の構造である (19b) において，α には島は含まれていないと考えられる．したがって，可能性として残るのは，「パンを」を長距離スクランブリングによって移動した結果できた構成素，すなわち (19b) において β で表される構成素である．

しかしながら，(19b) の β が島をなさないと考えられる証拠が存在する．このことを示すために，(20) の例を考えてみよう．

(20) a. 太郎が [花子が次郎に本をあげたと] 思っている．
b. 次郎に$_i$ 太郎が [花子が t_i 本をあげたと] 思っている．
c. 本を$_i$ 太郎が [花子が次郎に t_i あげたと] 思っている．

(20b) は，(20a) から従属節の間接目的語「次郎に」の長距離スクランブリングにより派生される．(20c) では直接目的語「本を」が長距離スクランブリングによって移動しているが，(20b, c) は (20a) と根本的に同義であり，文法性にも違いはみられない．

もし長距離スクランブリングの結果できた構成素が島を形成するなら，その外側に長距離スクランブリングを適用した (21a, b) は非文法的となるはずである．

(21) a. 本を$_j$ 次郎に$_i$ 太郎が [花子が t_i t_j あげたと] 思っている．
b. 次郎に$_j$ 本を$_i$ 太郎が [花子が t_j t_i あげたと] 思っている．

しかし，(21a, b) はどちらも文法的である．少なくとも，典型的な島の制約の違反例である (16b) や (17b) と比較するとその文法性の差は明らかである．
(22) は (21a) の派生である．

(22) a. [$_β$ 次郎に$_i$ [$_α$ 太郎が [花子が t_i 本をあげたと] 思っている]]
b. 本を$_j$ [$_β$ 次郎に$_i$ [$_α$ 太郎が [花子が t_i t_j あげたと] 思っている]]

(22a) の構成素 β は，「次郎に」の長距離スクランブリングの結果できたものであるので，(19b) の β と同じものである．もし β が島を形成するなら，

(22b) の「本を」のスクランブリングは島の制約に違反することになる．したがって，(21a) は事実とは異なって非文法的であると予測されてしまう．このように，島の制約によって (19a) の非文法性を説明することはできない．

2.3. 適正束縛条件

(21) の例が示すさらに興味深い事実は，スクランブリングという移動操作は同一節内で複数回適用できるということである．このことから，(19a) の非文法性に関して考えられる以下の可能性は排除されることになる．まず，長距離スクランブリングを適用して (19b) に対応する (23) を派生したとする．

(23) パンを$_i$ 花子が [太郎が t_i 食べたと] 思っている．

ここで，さらに「太郎が t_i 食べたと」をスクランブリングで移動することができなければ，(19a) は派生されえない．しかし，(21a) の派生である (22) でみたとおり，スクランブリングを同一節内で複数回適用することは可能である．したがって，スクランブリングの適用回数という点から (19a) の非文法性をとらえることはできない．

Saito (1989) は，(23) から (19a) を派生する「太郎が t_i 食べたことを」のスクランブリングは，Fiengo (1977)，May (1977) などによって提案された，(24) に示す適正束縛条件 (Proper Binding Condition) によって排除されると論じている．

(24) 痕跡は束縛されなければならない．

この条件を理解するために，いくつか定義を導入することにしよう．まず，「束縛される」とは，(25) のように定義される (Chomsky (1981))．

(25) 節点 (node) α, β が (i) 同じ指標をもち，(ii) α が β を c 統御するとき，α は β を束縛する．

さらに，「c 統御」は (26) のように定義される (Reinhart (1976)，Chomsky (1981))．

(26) α を支配しているすべての範疇が β を支配しているとき，α は β を c 統御する（ただし α は β とは同一ではない）．

例えば (27) の樹形図において，節点 B と節点 G の関係を考えてみよう．

(27)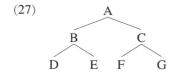

B を支配している範疇は A のみであり，A は G を支配しているので，B は G を c 統御する．他方，G を支配している節点は A と C であるが，C は B を支配していないため，G は B を c 統御しない．[7]

適正束縛条件は，例えば (28a) と (28b) の対比を説明することができる．

(28) a. ??Who$_i$ do you wonder [which picture of t_i]$_j$ John likes t_j?
　　　b. *[Which picture of t_i]$_j$ do you wonder who$_i$ John likes t_j?

(Saito (1989: 187))

まず (28a) においてはいずれの痕跡も束縛されている．一方，(28b) においては，痕跡を含む wh 句 *which picture of t_i* が移動している．このような移動は一般に残余句移動 (remnant movement) と呼ばれるが，(28b) においてはその結果 *who* がその痕跡 t_i を束縛できなくなる．したがって適正束縛条件の違反が生じ，(28b) は非文法的であると分析される．[8]

適正束縛条件が日本語のスクランブリングに対しても適用されることは，例えば (29) の例から示すことができる．

(29) a.　太郎が花子に [次郎が来ると] 伝えた．
　　　b. *太郎が t_i [次郎が 花子に$_i$ 来ると] 伝えた．

(29b) の文は，主節の要素である「花子に」を従属節内に長距離スクランブリングすることによって派生されうるが，非文法的である．[9] この非文法性は，

---

[7] (26) の定義に従うと，B は D と E も c 統御することになる．しかし，B はそれらの接点を支配しているため，c 統御の関係は成り立たない．この点に関しては，本章で扱う範囲においては議論に直接関係しないため，以降では特に扱わないこととする．

[8] 本章では詳細に触れる余裕がないが，Saito (1989) は (28a) の容認度が少し落ちる ("??" という判断である) 理由を，Chomsky (1973) によって提案されたいわゆる下接の条件 (Subjacency condition) に求めている．

[9] (29b) の語順は，(i) のように従属節の主語を主節に長距離スクランブリングしても派生されうる．

(i) *太郎が 次郎が$_i$ 花子に [t_i 来ると] 伝えた．

しかし，Saito (1985) 以来このような主語の長距離スクランブリングは基本的に不可能であ

「花子に」のスクランブリングの結果残された痕跡が束縛されていないことから，適正束縛条件の違反として説明される．[10]

ここで，(28) および (29) の非文法性の説明は，日本語における動詞とその項の間の語順ということからは独立していることに注意されたい．適正束縛条件は，(6) の一般化に関する問題とは独立に根拠を持つ制約なのである．

本章の中心的なデータに戻ろう．(30b) として再掲する (19a) は，(30a) として再掲する (23) から痕跡を含む残余句「太郎が t_i 食べたと」を文頭に移動することによって派生される．

(30) a. パンを$_i$ 花子が [太郎が t_i 食べたと] 思っている．

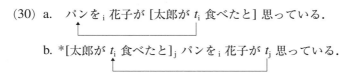

b. *[太郎が t_i 食べたと]$_j$ パンを$_i$ 花子が t_j 思っている．

Saito (1989) の適正束縛に基づく分析では，(30b) の痕跡 t_i がその先行詞である「パンを」に束縛されなくなってしまうために，文が非文法的になると説明される．

このことを，樹形図を使って確認してみよう．Saito (1985) の論ずるようにスクランブリングは節への付加であると仮定すると，(30a, b) はそれぞれ (31a, b) に示すような構造を持つことになる (ここで，S_1 は主節を，S_2 は従属節をそれぞれ表す)．

(31) a.
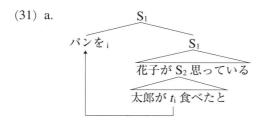

ることが知られている．例えば (ii) の非文法性は，従属節の主語「次郎が」が長距離スクランブリングできないことを示している．

(ii) *次郎が$_i$ 太郎が花子に [t_i 来ると] 伝えた．

[10] 残余句移動とは異なり，(29b) では痕跡が「花子に」を c 統御している．このような移動は繰り下げ (lowering) と呼ばれる．Fiengo (1977) の主張の 1 つは，繰り下げを適正束縛条件により排除することで，移動操作そのものは自由に適用できるとするものである．

b.

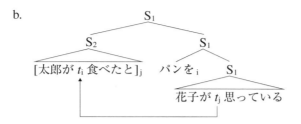

(31a) では痕跡 t_i は「パンを」によって束縛されている．(31b) においても，痕跡 t_j は移動した S_2 によって束縛されている．しかし，S_2 のスクランブリングの結果，S_2 に含まれる痕跡 t_i は束縛されなくなってしまい，適正束縛条件の違反が引き起こされてしまう．以上が Saito (1989) の分析の骨子である．

3. 適正束縛条件に基づく分析の発展

3.1. 単文における適正束縛条件効果と節の構造

ここで，Saito (1989) による適正束縛条件による分析に基づいて，単文内において項が述語に後続している文の非文法性について分析してみよう．(32) として再掲する (3) が当該の例である．

(32) a. ＊太郎が食べたパンを．
    b. ＊パンを食べた太郎が．

まず，(32) の基底構造として，(33a) を仮定する（日本語の動詞句（verb phrase, VP）については，Hoji (1985)，Saito (1985) などを参照されたい）．

(33) a.

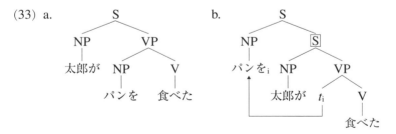

(32a) を派生するためには，まず (33b) のように目的語をスクランブリングによって S に付加することが必要になる．さらに，(33b) の四角で囲われた S を移動することが必要である．しかし，この構成素は目的語の痕跡 t_i を含んでいるので，その移動は適正束縛条件に違反する（(4a) も参照）．したがっ

て，(32a) の非文法性に関しては特に問題なく取り扱えそうである．では (32b) はどうだろうか．実は，(33a) の基底構造を仮定すると，そこから「パンを食べた」という VP を移動することによって，(32b) が派生できてしまう．

しかし，節の構造に関する研究の発展がこの問題を解決してくれる．初期の生成文法では，文は NP と VP という節点をもつ S であると仮定されていたため，例えば (34a) は (34b) のような構造を持つとされていた ((33a) も参照)．

(34) a. John saw Mary.
b.

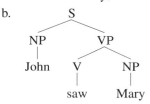

しかしこの節の構造は，Chomsky (1970), Jackendoff (1977) など以来広く仮定されている X バー理論 (X-bar theory) の観点からすると問題である．X バー理論においては，すべての句はその主要部 (head) の投射であり，指定部 (Specifier) および補部 (Complement) を持つ場合（線的順序を無視すると）一般に (35) の構造を持つとされる．

(35)

(34b) において，VP はその中に V という主要部を持ち，その点で X バー理論と整合的である．しかし，S を構成する NP も VP もその主要部ではないため，X バー理論と整合的でない．

この問題を解決するために提案されたのが，(36) に示す構造である．この構造では，従来 S とされてきた節点は，時制を担う要素 T (Tense) の投射であり，その指定部に主語となる NP を，補部に VP をとるとされている．

(36)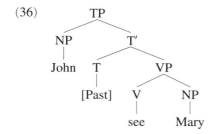

また，TとVが隣接し形態的に1つになることで動詞の形が決まることになる．(36) ではTは過去時制 [Past] という指定を持つので，動詞 see は実際には saw という形で具現化される．

この節構造の分析の下では，(37a)（(33a) から再掲）の構造で表されていた文は (37b) の構造を持つことになる．以下の議論で重要になる両者の違いは，(37a) ではVとされていた「食べた」が，(37b) ではTとして過去時制を表す「た」と，動詞の語幹「食べ」とに分けられ，それらが形態的に1つになって「食べた」という形になるという点である．

(37)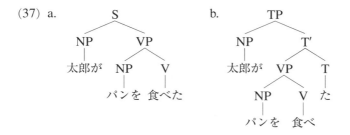

(32b) の非文法性に関する問題は，(37a) の構造ではVPを移動することによって当該の文が派生できてしまう，ということであった．しかし，一旦 (37b) の構造を仮定するとこの問題は解決される．つまり，(37b) のVPを移動しただけでは，時制要素「た」が残されてしまう．そのため，(32b) を派生するためには，例えば (38) のようにまず主語の「太郎が」をTPの外側に移動し，それから四角で囲まれたTP全体を移動しなければならない．[11] しか

---

[11] ここでは，主語はTPに付加されているが，これは Saito (1985) のスクランブリングはSへの付加であるという主張を，TPを用いた構造に当てはめたものである．注9で触れたように主語の長距離スクランブリングは基本的に不可能であるとされているが，同一節内のスクランブリングに関しては例えば Tanaka (2001), Ko (2005a, 2005b, 2006) などがその可能性について論じている．

し，そのTPには主語の痕跡 t_i が含まれるため，適正束縛条件の違反が生じてしまうのである．

(38)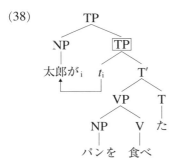

このように，適正束縛条件に基づく分析は，TPを用いた節構造の分析に対しても論拠を与えることができる．

3.2. Takano-Müllerの一般化

以上みてきた適正束縛条件による分析は，一見日本語特有であるようにみえる語順に関する (6) の一般化が，独立に根拠を持つ移動に関する自然言語の一般的制約から説明されうるという点で魅力的である．しかし，適正束縛条件を少なくとも (24) のような形のままで維持することはできない，という経験的事実が，Takano (1994) や Müller (1996) によって指摘されている．彼らの指摘している経験的事実は，ここで Takano-Müller の一般化と呼ぶ (39) のような一般化で表される．

(39) 以下の構造を生じさせる派生において，β の移動と α の移動は同じタイプのものであってはならない：… $[_{\alpha} … t_i …]_j … \beta_i … t_j …$
(Takano (2000: 144)，筆者訳)

以下では，この一般化を支持する証拠をみていくことにする．[12]

Müller (1996) は，適正束縛条件によって一律に排除されるはずの残余句移動が許される場合があることを，ドイツ語の例に基づいて論じている．まず，(40) の例をみてみよう．

---

[12] Takano-Müller の一般化をより一般的な原理から導こうとする試みについては，Takano (1994)，Müller (1996) および Kitahara (1997) などを参照．

(40)　[t_i Zu lesen]$_j$ hat keiner　[das Buch]$_i$ t_j versucht.
　　　　 to read　　 has no one　 the book　　　 tried
　　　'No one has tried to read the book.'

(Müller (1996: 357))

ドイツ語は，日本語と同じようにスクランブリングを許す言語であるとされている．(40) では，不定詞節の目的語 *das Buch* 'the book' がスクランブリングによって不定詞節の外側にまず移動されている．この移動を (41a) に示す．

(41)　a.　 hat keiner [das Buch]$_i$ [t_i zu lesen] versucht

　　　b.　 [t_i zu lesen]$_j$ hat keiner [das Buch]$_i$ t_j versucht

さらに，その痕跡 t_i を含む不定詞節全体が，(41b) のように主節の定形助動詞 *hat* 'has' の前の位置に移動している．ドイツ語では，主節において時制を担う動詞または助動詞が義務的に 2 番目の要素となる，動詞第 2 位 (Verb Second) と呼ばれる現象がある．それらの動詞・助動詞の前には主語や目的語以外にも様々な要素が生じることができるが，これらの要素は話題 (topic) として解釈される．(40) の不定詞節 *zu lessen* 'to read' も同様に話題として解釈されるが，これらは話題化 (topicalization) によって移動しているとされる．Müller (1996) は，(40) にみられる残余句移動が適格であるのは，(41a, b) における移動のタイプが異なるからであると分析している．

次に，補文標識 *daß* 'that' によって導かれる従属節である (42) をみてみよう．

(42)　*daß [t_i zu lesen]$_j$ keiner　[das Buch]$_i$ t_j versucht hat
　　　 that　 to read　　 no one　 the book　　 tried　　 has
　　　'that no one has tried to read the book'

(Müller (1996: 358))

(42) では，時制を担う助動詞 *hat* 'has' は従属節の最も後ろの位置にあり，これは，動詞第 2 位現象が従属節ではみられないことを意味している．また，(42) の不定詞節の目的語は (40) 同様スクランブリングによってその外側に移動している．この移動を (43a) に示す．

(43)　a.　 daß keiner [das Buch]$_i$ [t_i zu lesen] versucht hat

  b. daß [t_i zu lesen]$_j$ hat keiner [das Buch]$_i$ t_j versucht hat

続いて，(43b) に示すようにその痕跡を含む不定詞節がさらに移動している．しかし，動詞第2位現象がみられない従属節では，移動された不定詞節の着地点は話題の位置ではないとされている．つまり，(40) の場合と異なり，不定詞節は話題化ではなく，スクランブリングによって移動しているとされる．この時，(42) の派生に関わる移動はどちらもスクランブリングであるため，(42) は非文法的と分析される．
 (42) の非文法性が従属節における不定詞節のスクランブリングによるものでないことは，(44a) の例が文法的であることによって示される．

(44) a. daß [[das Buch] zu lesen]$_k$ keiner t_k versucht hat
    that the book to read no one tried has
   'that no one has tried to read the book'

(Müller (1996: 358))

  b. daß [[das Buch] zu lesen]$_k$ keiner t_k versucht hat

(44a) は，(44b) に示すように従属節の内部で不定詞節がスクランブリングによって移動しているが，文法的である．したがって，(40) と (42) の対比は，スクランブリングの痕跡を含む不定詞節に適用される移動のタイプの違いに帰することが可能になる．
 では，英語においてはどうであろうか．(45) の各文を考えてみよう．

(45) a. [Criticized t_i by his boss]$_j$, John$_i$ has never been t_j
  b. [How likely t_i to win the game]$_j$ is Mary$_i$ t_j?

受動文である (45a) では，まず *John* は t_i で示される目的語の位置から表層の主語位置へ移動する．さらに，その痕跡を含む動詞句全体が動詞句前置 (VP preposing) によって文頭に移動する．(45b) の場合は，埋め込まれた不定詞節の意味上の主語である *Mary* が主語–主語繰上げ (Subject-to-Subject raising) によって主節の主語位置へ移動する．さらに，埋め込まれた不定詞節を含む wh 句が文頭へ wh 移動の適用を受けている．したがって，これらの文においてはいずれも t_i で示される痕跡が束縛されておらず，適正束縛条件に違反している．これらの文の文法性は，受動化や主語–主語繰上げといった主語位置への移動と，動詞句前置や wh 移動のような移動のタイプが異なるとす

れば，Takano-Müller の一般化の範疇に収まることになる．[13]

3.3. 日本語における Takano-Müller の一般化の効果とその検討

　Takano-Müller の一般化の下では，(30b)（以下に (46) として再掲）の非文法性は，痕跡 t_i と t_j がどちらもスクランブリングによって生じていることから説明される．

　(46) *[太郎が t_i 食べたと]$_j$ パンを$_i$ 花子が t_j 思っている．

　より具体的には，「パンを」が (39) の β に相当し，「太郎が t_i 食べたと」が (39) の α に相当している．そして，この 2 つがどちらもスクランブリングによって移動しているため，非文法性が生じるとされるのである．もしそうであるならば，日本語においても痕跡が異なるタイプの移動によって生じている場合，適正束縛条件の効果がみられないことが予測される．

　(47b) にみられる動詞句スクランブリングの例は，この予測の正しさを裏付けているようにみえる．

　(47)　a.　[$_{TP}$ ケンが$_i$ [$_{vP}$ t_i ナオミを叩きさえ] した]．

　　　　b.　[$_{vP}$ t_i ナオミを叩きさえ]$_j$ [$_{TP}$ ケンが$_i$ t_j した]．

(47a, b) では，vP という要素から「ケンが」が主語の位置，すなわち TP の指定部に移動していると仮定されている．まずこの点について以下で補足をしておこう．

　すでに (36) や (37) でみたとおり，節の構造に関しては (48a) のような TP を用いた分析を仮定してきた．

---

　[13] 受動化や主語-主語繰り上げは，項位置（A(rgument) position，A 位置）への移動であるため A 移動（A-movement）と呼ばれる．他方，動詞句前置や wh 移動のような移動は A 位置への移動ではないため，A' 移動（A'-movement）と呼ばれる（Chomsky (1981, 1986)）．これらの移動の違いについては，高野（本書）を参照．

(48)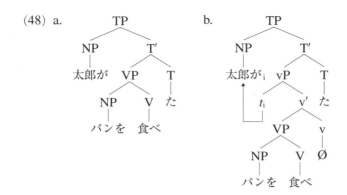

　この構造では，他動詞文の主語は TP の指定部に直接生成されることになる．しかし，Kuroda (1988), Sportiche (1988), Koopman and Sportiche (1991) などによって，他動詞文においても主語が動詞句内に生成され，受動文の目的語と同様に主語位置への移動が起こるという動詞句内主語仮説 (VP-internal subject hypothesis) が提案された．さらに，Chomsky (1995) や Kratzer (1996) などによって，動詞句内に主語を生成する役割を担う v という要素が提案されると，(48a) の構造は (48b) のように改訂されることになる．[14] このような背景の下で，(47) においては主語「ケンが」が vP 内から主語位置へ移動していると仮定されているのである．

　(47b) において重要なのは，「さえ」が付加した vP が痕跡を含んでいるにもかかわらず，その分にスクランブリングを適用しても文が文法的なことである．[15] (47b) は，(49a) のようにまず (47a) から目的語の「ナオミを」をスクランブリングによって移動し，さらに vP が移動された (49b) とは明らかに文法性に差がある．

(49) a.　[TP ナオミを$_j$ ケンが$_i$ [vP t_i t_j 叩きさえ] した].

---

[14] (48b) の Ø は v が形態的に具現化されないことを表す．v が形態的に具現化される例としては，「あがる」と「あげる」のような自動詞と他動詞の交代がある動詞のペアが考えられる．つまり，このペアについては，それぞれの動詞の語幹 /ag/ が V であり，現在時制を表す T の要素を /(r)u/ とすると，/ag-ar-u/ と /ag-e-ru/ で異なる部分，つまり /ar/ と /e/ が，それぞれ自動詞を形成する v と他動詞を形成する v の形態的現れであると分析できるのである．

[15] 「さえ」が vP ではなく VP に付加しており，その VP がスクランブリングによって移動しているならば，主語の痕跡は含まれないことになる (Hoji, Miyagawa, and Tada (1989), Yatsushiro (1997, 1999))．しかし，Takita (2010) は日本語の動詞句スクランブリングでは VP ではなく vP が移動していることを詳細に論じている．

第 11 章　移動と語順の制約　　　　　　　　　　　385

　　　b. *[$_{vP}$ t_i t_j 叩きさえ]$_k$ [$_{TP}$ ナオミを$_j$ ケンが$_i$ t_k した].

　この対比は，(47b) の痕跡 t_i と t_j がそれぞれ主語位置への移動とスクランブリングという異なるタイプの移動の結果であるのに対し，(49b) の痕跡 t_j と t_k がどちらもスクランブリングの結果であると仮定すると容易に説明できる．
　以上の議論は，Takano-Müller の一般化を経験的に支持するとともに，(50) に再掲する (6) の一般化は厳密には正しくないという可能性を示唆している．

　(50)　日本語においては，述語はそれがとる主語や目的語のような項に先行
　　　　することができない

なぜなら，(47b) では述語「叩き（さえ）」が，その意味上の主語である「ケンが」に先行しているにもかかわらず文法的であるからである．
　しかし，(47b) 同様に異なるタイプの移動が含まれているにもかかわらず，非文法的になってしまうケースも存在する．典型的には，Hoji, Miyagawa and Tada (1989) によって観察された (51) や (52) のような例である．

　(51)　a.　船が$_i$ 昨日 [t_i 沈みさえ] した．

　　　　b. *[t_i 沈みさえ]$_j$ 船が 昨日 t_j した．

　(52)　a.　りんごが$_i$ [太郎によって t_i 食べられさえ] した．

　　　　b. *[太郎によって t_i 食べられさえ]$_j$ りんごが$_i$ t_j した．

(51a) および (52a) から動詞を含む要素をスクランブリングによって移動した (51b) と (52b) は非文法的である．問題は，(51a) と (52a) においてスクランブリングに先立って適用された「船が」および「りんごが」の移動が，どちらも主語位置への移動である点である．これはスクランブリングとは異なるタイプの移動であると考えられるため，Takano-Müller の一般化の予測に反する．
　(51) と (52) における主語位置への移動という点に関して，「食べられ」という動詞の受動態を含む (52) は特に問題はないと思われるが，(51) に関しては補足が必要であろう．(51) の「沈む」という動詞は主語のみを項にとる自動詞であるが，Perlmutter (1978) や Burzio (1981) 以来，自動詞は非対格

動詞（unaccusative verb）と非能格動詞（unergative verb）といわれる2つのタイプに分けられるとされている．さらに，非対格動詞と非能格動詞の主語はそれぞれ構造上異なる位置に生起すると考えられている．より具体的には，項であるNPは非対格動詞では（53a）のようにVPの補部として，非能格動詞では（53b）のようにvPの指定部に生起すると考えられている（ここでは指定部および補部の語順は無関係である）．[16]

(53)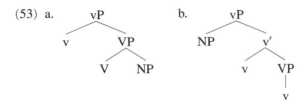

では，このような構造を仮定する根拠にはどのようなものがあるだろうか．(53a, b) の構造と他動詞のvPである (54)（(48b)も参照）を比べると，非対格動詞の項は他動詞の目的語（(54) の NP_2），非能格動詞の項は他動詞の主語（(54) の NP_1）と同じ場所にそれぞれ生起している．

(54)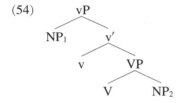

(53) の構造が正しいとすると，他動詞の目的語と非対格動詞の項そして他動詞の主語と非能格動詞の項がそれぞれ同じような振る舞いをすることが予測される．

Miyagawa (1989) は，数量詞遊離（Numeral Quantifier Float）の振る舞いが，非対格動詞と非能格動詞の区別を支持すると論じている．まず，数量詞遊離とは，(55a) の「ビール」を修飾している数量詞「3本」が，(55b, c) のようにその修飾している要素から分離することができる現象である．

(55) a. 太郎が3本のビールを飲んだ．

---

[16] 非対格動詞の場合にvPが存在するかどうかについては研究者の間でも意見の分かれるところであるが，ここではLegate (2003)，Ko (2005a, 2007) などにしたがって非対格動詞にもvPを仮定しておく．

b. 太郎がビールを3本飲んだ．
c. ビールを太郎が3本飲んだ．

数量詞の修飾相手が目的語である時は，それらの間に（55c）のように別の要素（ここでは主語「太郎が」）が介在することができる．しかし，数量詞の修飾相手が主語である場合には，異なる振る舞いがみられる．(56) の例を考えてみよう．

(56) a. 3人の学生たちがビールを飲んだ．
b. 学生たちが3人ビールを飲んだ．
c. *学生たちがビールを3人飲んだ．

(56b, c) では，それぞれ (56a) から主語を修飾する数量詞「3人」が遊離している．(56c) の非文法性は，(55c) と異なり数量詞とその修飾相手の間に目的語が介在できないことを示している（黒田 (1980) および Saito (1985) も参照）．
　Miyagawa (1989) は，この他動詞文における主語と目的語の対比が，非能格動詞の主語と非対格動詞の主語にもみられると指摘している．まず非能格動詞を含む (57) をみてみよう．

(57) a. 5人の学生が自分の金で電話した．
b. 学生が5人自分の金で電話した．
c. *学生が自分の金で5人電話した．

(57b) は，(57a) から数量詞「5人」が遊離できることを示している．ところが，(57c) のように「自分の金で」という要素が介在すると非文法的となる．これは，非能格動詞の主語が (56) の他動詞文の主語と同じ振る舞いをすることを示している．
　他方，(58) の文は非対格動詞を含んでいる．

(58) a. 2つのドアがこの鍵で開いた．
b. ドアが2つこの鍵で開いた．
c. ドアがこの鍵で2つ開いた．

(58c) が (58b) 同様文法的であることは，非対格動詞の主語が (55) の他動詞文の目的語と同じ振る舞いをすることを示している．したがって，(57c) と (58c) の対比は (53) の構造を支持することになる．[17]

---

[17] 数量詞遊離にみられる主語-目的語の非対称性の具体的な分析については，第2部2.1節

非能格動詞と非対格動詞の違いは意味的にも支持されうる．典型的に，非能格動詞の主語は意志を持ち，ある出来事を引き起こすことができる名詞句である．例えば，(57) において主語である「学生」は，「電話する」という出来事を意図的に引き起こしている「動作主」である．同様に，他動詞の主語も一般的に動作主であると考えられるため，意味的にもこの2つを同じように扱うことには根拠がある．対照的に，非対格動詞の主語は典型的に起こった出来事によって影響を受ける「被動作主」であり，例えば (58) では主語である「ドア」は自らの意志において「開いた」のではなく，何か他の要因によって「開く」という出来事が起こった結果を被ったものである．他動詞の目的語も，例えば (55) の目的語「ビール」は主語の「太郎」が引き起こした「飲む」という出来事の影響を受けている．したがって，非対格動詞の主語と他動詞の目的語が同じように振る舞うことは自然であると考えられる．

　このように，項が常に vP あるいは VP の内部に生起し，表層の主語の位置に移動していると考えると，(51) および (52) において示したようにそれぞれの主語名詞句「船が」と「りんごが」も主語位置へ移動していると考えられる．ここで，(47b) の文法性が主語位置への移動とスクランブリングが異なるタイプであることに帰せられるなら，(51b)，(52b) も同様に文法的であってしかるべきである．なぜなら，これらの例において，スクランブリングによって移動している構成素が含んでいる痕跡は主語位置への移動によって生じたものであるからである．しかし，(51b)，(52b) はむしろ (49b) と同様の非文法性を示している．したがって，(51b)，(52b) の非文法性は，Takano-Müller の一般化にとっては問題となる．

　他方，(51b)，(52b) においては項が述語に後続しているため，その非文法性は (50) の一般化にとっては問題とならない．(50) の一般化にとって問題となるのは (47b) が文法的であることである．何が (47b) と (51b) (それぞれ (59a)，(59b) として再掲) の間の差を引き起こしているのだろうか．

(59) a.　[$_{vP}$ t_i ナオミを叩きさえ]$_j$ [$_{TP}$ ケンが$_i$ t_j した]

　　 b. *[t_i 沈みさえ]$_j$ 船が 昨日 t_j した

　その答えの鍵となるのは，「する」という動詞の性質である．「する」という動詞は，(60) に示すように，他動詞としても自動詞としても使われうる．

を参照されたい．

(60) a. 太郎が宿題をする．
     b. 変なにおいがする．

(60) において同じ「する」という動詞の主語でありながら，(60a) の「太郎」と (60b) の「変なにおい」には意味的な差がある．「太郎」は，自らの意志をもって「宿題」を行っているが，「変なにおい」にはそのような意志はないと考えられる．したがって，(60b) における「する」は非対格動詞に属すると考えられる．

ここで，(59a) の「する」が他動詞の「する」であり，(59b) の「する」が非対格動詞の「する」であると考えてみよう．すると，それぞれの例における動詞句の構造を (61) として示すことができる．

(61) a.

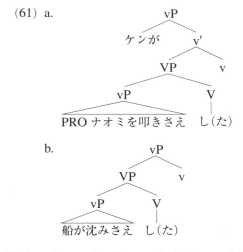

(61a) においては，「ケン」は「する」の動作主であり，「ナオミを叩く」という出来事を引き起こしている．(61a) の「叩き（さえ）」を中心とする vP の動作主が「ケン」であることについては，PRO という，pro とは異なる性質を持つ発音されない代名詞が義務的に「ケン」を先行詞にとると仮定することでとらえられる．このような PRO を含む構文は一般にコントロール構文と呼ばれる（コントロール構文の諸性質に関しては，藤井（本書）および高野（本書）を参照されたい）．[18] 一方，(61b) の「する」は非対格動詞であるため，(61a)

---

[18] 日本語の動詞句スクランブリングにおける「する」がコントロール動詞であるという提案については，長谷川（1990），Ohkado（1991），Hoshi（1994），Saito and Hoshi（2000），Saito（2006），Takita（2010）も参照．

とは異なり動作主が存在しない．(61b) の「する」の唯一の項となっているのは vP である．したがって，(61b) の構造が意味するところは，「船が沈む」という出来事が起こった，ということである．

もしこのような基底の構造が仮定できるなら，(59a) と (59b) の差は自然にとらえられることになる．(59a) は (61a) から「PRO ナオミを叩きさえ」という vP をスクランブリングによって移動すれば派生されるが，この vP には痕跡が含まれない．「ケン」はあくまで「する」の項であって，当該の vP を移動しても依然として「ケン」は「する」に先行したままである．一方，(61b) のような構造を仮定すると，「沈みさえ」という構成素が「船が」に先行している (59b) を派生するためには，一旦「船が」を主語位置へ移動してから，残った vP をスクランブリングによって移動する必要がある．この結果派生された (59b) が非文法的であることは，Takano-Müller の一般化に基づいてとらえることはできない．[19]

しかし，なぜ (59b) が非文法的であるかは，(50) の一般化に基づけば明らかである．なぜなら，「船」が一連の移動操作によりその述語である「沈み（さえ）」に後続する結果になってしまうからである．このことは，Takano-Müller の一般化よりも (50) の一般化の方がより広い経験的事実をとらえうることを示している．[20]

---

[19] Takano-Müller の一般化の根拠となったドイツ語や英語の例について，日本語と同様 PRO を含む構造を持つと分析できるかは考えてみる価値のある問題である．(45) の例 ((i) として再掲) において痕跡 t_i とされているものが PRO である可能性はあるだろうか．

(i) a. [Criticized t_i by his boss]$_j$, John$_i$ has never been t_j
   b. [How likely t_i to win the game]$_j$ is Mary$_i$ t_j?

PRO は目的語の位置には生じることができないため (Chomsky (1981))，(ia) の t_i を PRO として分析することはできない．したがって，(ia) は Takano-Müller の一般化を支持すると考えられる．他方，(ib) については，これらの例における *likely* をコントロール動詞として分析し，痕跡ではなく PRO が生じているという分析が Lasnik and Saito (1992) などによって提案されている．もしこの分析が正しいなら，(ib) は本文でみた日本語の例同様 Takano-Müller の一般化の根拠とはならないことになる．

[20] Hiraiwa (2010) は，日本語にみられる様々な移動の組み合わせから Takano-Müller の一般化には反例が存在することを指摘し，その分析を提案している．特に，以下の (ib) と (iib) の対比は Hiraiwa (2010) の分析にとって重要なものである．

(i) a. [$_{TP}$ ケンが$_i$ みんなに [t_i 馬鹿だと] 思われている].
   b. [t_i 馬鹿だと]$_j$ [$_{TP}$ ケンが$_i$ みんなに t_j 思われている].
(ii) a. [$_{TP}$ ケンが ナオミを$_i$ 心から [t_i 馬鹿だと] 思った].
   b. *[$_{TP}$ [t_i 馬鹿だと]$_j$ ケンが ナオミを$_i$ 心から t_j 思った].

3.4. スクランブリングと主語位置への移動

さらに，Saito (2003) は (62) のような例に基づいて，日本語における適正束縛条件の効果が Takano-Müller の一般化よりも広範にみられることを論じている．

(62) a. 花子が太郎に [ソウルまで行くことを] 命じた．
   b. 花子が ソウルまで$_i$ 太郎に [t_i 行くことを] 命じた．
   c. [ソウルまで行くことが]$_i$ 太郎に t_i 命じられた．
   d. *[t_i 行くことが]$_j$ ソウルまで$_i$ 太郎に t_j 命じられた．

(62) の各文の従属節は「こと」によって名詞化された節である．[21] (62b) では，従属節の後置詞句「ソウルまで」がスクランブリングによって主節に移動している．一方，(62c) では，名詞化された従属節が受動化によって主語となっており，主語位置へ移動していると考えることができる．ここで，(62b) のようにスクランブリングによって「ソウルまで」を移動した後で，名詞化された従属節を受動化によって主語位置に移動すると (62d) のような文が派生されるが，この文は非文法的である．つまり，(62d) における痕跡 t_i はスクランブリングによって生じたものであるが，それを含む構成素全体は主語位置への移動をしているため，t_i が束縛されていなくても Takano-Müller の一般化の下

Hiraiwa (2010) によれば，(i) には主語-主語繰上げが含まれる一方で，(ii) では従属節の意味上の主語「ナオミ」が主節の目的語位置へ繰り上げられている．ここで，目的語位置への移動は主語位置への移動同様 A 移動であるという一般的な仮定に基づくと，(ib), (iib) における「t_i 馬鹿だと」のスクランブリングとは異なる種類の移動であることになる．したがって，Takano-Müller の一般化からすると (iib) の非文法性は予測されないことになる．

一方，(50) の一般化からすると問題となるのは，「馬鹿だ」という述語がその項である「ケンが」に先行している (ib) の文法性である．本章では紙面の都合上詳細に立ち入ることはできないが，Takano (2014) は，(i) が Hiraiwa (2010) の主張する主語-主語繰り上げとは異なる，(iii) に示す構造を持つと論じている．

(iii) [$_{TP}$ ケンが$_i$ みんなに [pro_i 馬鹿だと] 思われている].

この構造では「馬鹿だ」の項は「ケン」ではなく pro である．よって，「pro_i 馬鹿だと」がスクランブリングによって移動しても (50) の一般化には問題とはならない．

[21] より正確には，(62a) の従属節の主語は「太郎」と同一指示である PRO であり，したがって (i) のように表示される．

(i) 花子が太郎に [PRO ソウルまで行くこと] を 命じた．

では適格な構造となるはずである．したがって（62d）の非文法性は，日本語においては，異なるタイプの移動が関与しているにもかかわらず適正束縛条件の効果がみられることを示している．一方で，（62d）においては「行く」という述語がその項「ソウルまで」に先行しているため，（50）の一般化の範疇に収まることになる．

4. 第1部のまとめ

第1部では，（63）に再掲する（6）/（50）の一般化に関わる事実を整理してきた．

(63) 日本語においては，述語はそれがとる主語や目的語のような項に先行することができない

この一般化を支持するデータとしては，基本データ（B）および（C-d）（(64) として再掲）に，（65）にまとめたものを加えることができる．

(64) a. *太郎が食べたパンを．
　　 b. *パンを食べた太郎が．
　　 c. *[太郎が t_i 食べたと]$_j$ パンを$_i$ 花子が t_j 思っている．
(65) a. *[t_i 沈みさえ]$_j$ 船が昨日 t_j した．
　　 b. *[太郎によって t_i 食べられさえ]$_j$ りんごが$_i$ t_j した．
　　 c. *[t_i 行くことが]$_j$ ソウルまで$_i$ 太郎に t_j 命じられた．

また，適正束縛条件に基づく分析とその発展を概説した．特に，Takano-Müllerの一般化の効果がどの程度日本語にみられるかを検討し，（63）がより広い経験的事実をとらえていることをみた．

第2部では，（63）の一般化を，それとは独立に根拠を持つ言語一般の性質から導きだそうとした Takita (2009, 2010) の分析を概観する．

第2部　線状化と適正束縛条件効果

1. 統語構造の線状化

第2部でとりあげる分析において中心的役割を果たす概念は，統語構造の線状化（linearization）というものである．例えば英語のような言語では，

(66a) のように目的語の NP が動詞に後続し，一方日本語のような言語では，(66b) のように動詞に先行する．

(66) a.   b.

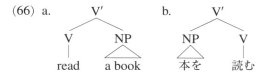

これらの線的順序は，X バー理論においては，主要部とその補部の線的順序を決定する主要部パラメータ（Head-parameter）の値を設定することによって決められる．この，構造に基づいて線的順序を決定するメカニズムのことを線状化という．

X バー理論と主要部パラメータを仮定する統率・束縛理論（Chomsky (1981)）においては，D 構造で統語構造が作られる段階ですでに線的順序が決定されていた．すなわち，派生の最初の段階ですでに線状化が適用されていると考えることができる．つまり，(67) に示す文法モデルにおいて，線的順序は D 構造において決定され，その情報はそれ以降の派生において保持されることになる．

(67)

これに対して，Chomsky (1995) 以降仮定されている併合（Merge）による句構造構築の下では，線的順序は統語部門の中には存在しないことになる．なぜなら，併合という操作は，語彙項目（lexical item）あるいはそれらからなる統語的対象物（syntactic object）である 2 つの要素 α, β から別の統語的対象物 γ を作る操作であるが，ここで γ は α と β からなる集合 $\{\alpha, \beta\}$ であり，集合の要素間には一般に線的順序が存在しないからである．

では，線状化は派生のどの時点で起こるのだろうか．線状化は発音上必要であると考えると，統語部門から音韻部門へ情報が渡される時に起こると考えるのが自然である．ミニマリストプログラムの初期（Chomsky (1993, 1995)）においては，D 構造や S 構造という表示のレベルは廃棄されたが，そのかわりに書き出し（Spell-Out）という操作が仮定され，(68) のように LF と PF の分岐がなされるようになった．

(68)

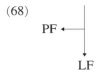

このモデルの下では，線状化は書き出し操作の一部として，統語部門から PF に情報が送られるときに適用されると考えることができる．

(68) のモデルでは，書き出しはそれぞれの派生について 1 回だけ適用されると仮定されている．したがって，このモデルでは線状化も 1 回だけ起こることになる．しかし，Uriagereka (1999), Chomsky (2000, 2001) などによって 1 回の派生について書き出しが複数回適用されるモデルが提案されると，線状化の適用についても新しい可能性が出てくる．つまり，派生において書き出しが適用されるたびに線状化がなされるという可能性である．

1.1. 循環的線状化

派生において線状化が複数回適用されるという可能性を積極的に利用したのが Fox and Pesetsky (2003, 2005) によって提案された循環的線状化 (Cyclic Linearization) の理論である．この循環的線状化の理論において中心的役割を果たす原理が，(69) である．

(69) 線状化保持 (Linearization Preservation)
ある領域 D に含まれる構成素間の線的順序は書き出しが適用されるときに決定され，その結果は同一の派生の中において矛盾してはならない

例えば，(70) に示した派生を考えてみよう．

(70) a. [$_D$ X Y Z] → X < Y < Z
b. α [$_D$ X Y Z]

(70a) の段階で，X, Y, Z という 3 つの要素からなる構成素 D が形成されたとする．D に書き出しが適用されると（書き出しの適用を→という記号で表すことにする），X, Y, Z の線的順序が決定される．[22] 例えば，「X < Y」という表記は「X が Y に先行する」ことを表すとすると，この段階での書き出しによっ

---

[22] 説明の都合上簡略化してあるが，(70a) の X, Y, Z は階層構造を持ち，線的順序はその階層構造に従って決定されていることに注意．

て (70a) の矢印の右側にあるような線的順序に関する指定が生じることになる．さらに派生が進んで，(70b) では構成素 D が α と併合したことになる．

ここで，(70b) に続いて (71) のように派生が進んだと仮定してみよう．(71) では，D の内部から X がさらに構造的に高い位置に移動し，D′ が形成されたことを表す．

(71)　[$_{D'}$ ... X ... α [$_D$ t_X Y Z]　→　X < α < Y < Z

D′ に書き出しが適用されて生じる「X < α < Y < Z」という新たな線的順序についての指定と，(70a) において生じた「X < Y < Z」という指定の間には矛盾はない．X, Y, Z 間の線的順序の指定は変化しておらず，α と他の要素との線的順序関係は (70a) の段階ではまだ指定されていないからである．また，X の痕跡に関しては，発音されないゆえに線状化に参与しないとすれば，特に問題は生じない．したがって，(71) のように派生を続けても，線状化保持の原理に違反することはない．

では，(70b) から (72) のように派生が進んだと仮定してみよう．この場合，D の内部から移動した要素は Y である．続けて書き出しが D′ に適用されると，(72) の矢印の右側にある線的順序の指定が生じることになる．

(72)　[$_{D'}$ ... Y ... α [$_D$ X t_Y Z]　→　Y < α < X < Z

このとき生じた線的順序の指定は，この派生の前のステップである (70a) において生じた線的順序の指定と矛盾してしまっている．具体的には，(70a) では，Y は X に線的順序において後続するように指定されているにもかかわらず，(72) では Y が X に先行するように指定されている．したがって，この派生は線状化保持の原理の違反として排除される．

1.2. 移動の連続循環性

Fox and Pesetsky (2003, 2005) がこの循環的線状化の理論でとらえようとした大きな問題の 1 つが，いわゆる移動の連続循環性 (successive-cyclicity) である．(73a) の文では，従属節の目的語である wh 句の *what* が節の境界を越えて文頭に移動しているが，この移動を分析する際に大きく分けて 2 つの可能性が存在する．

(73)　a.　What did Bill think that John bought?

b. [$_{CP1}$ what$_i$ did Bill think [$_{CP2}$ that John bought t_i]]

c. [$_{CP1}$ what$_i$ did Bill think [$_{CP2}$ t'_i that John bought t_i]]

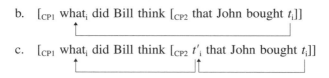

1つは，(73b) に示す，*what* が動詞 *bought* の目的語の位置から主節の CP$_1$ に一足飛び (one-fell-swoop) で移動していると考える可能性である．もう1つは，移動はより細かいステップの積み重ねであると考える可能性である．具体的には，(73a) の *what* は実は (73c) のように，例えば従属節の CP$_2$ を経由し，そこから主節の CP$_1$ に移動すると考えるのである．(73c) のような移動は連続循環的移動と呼ばれており，その中間地点は，(73c) の構造では痕跡 t'_i によって示されている．

このような2つの仮説について，Chomsky (1973) 以来，連続循環的移動を支持すると考えられる証拠が提出されてきている．[23] それらの証拠の1つに，*himself* のような照応形 (anaphor) の束縛に関する議論があげられる (Barss (1986))．まず (74a) では，*himself* を含む wh 句が従属節の目的語の位置から主節へ移動している．この場合，主節の主語 *John* も従属節の主語 *Fred* も *himself* を束縛することが可能である．

(74) a. Which pictures of himself$_{i/j}$ does John$_i$ think that Fred$_j$ likes?
  b. John$_i$ thinks that Fred$_j$ likes these pictures of himself$_{*i/j}$?

(Barss (1986: 33): 一部改変)

しかし (74b) では，*himself* の先行詞となれるのは *Fred* のみであり，*John* はその先行詞となることはできない．[24]

(25) の束縛の定義からすると，(74a) の *himself* は表層の位置では正しく束縛されえない．なぜなら，その位置では *John* にも *Fred* にも c 統御されないからである．ここで，Belletti and Rizzi (1988) などにしたがって，照応形の束縛は派生の途中で行うことが可能であると仮定してみよう．もし当該の wh 句が元位置から一足飛びに移動しているなら，wh 移動がおこる前の構造は (75a) のようになるはずである．一方，wh 句が連続循環的に移動してお

---

[23] ここでとりあげられなかった連続循環的移動を支持する経験的議論に関しては，Boeckx (2008) が詳しい．

[24] 本章では詳細に立ち入る余裕がないが，この対比は一般に束縛条件 (A) (Binding Condition A：Chomsky (1981), Chomsky and Lasnik (1993) などを参照) と呼ばれる一般的な条件によって説明される．

り，特に CP_2 を経由しているなら，(75a) に加えて (75b) のような派生の途中段階が得られることになる．

(75) a. [$_{CP1}$ does John$_i$ think [$_{CP2}$ that Fred$_j$ likes [which picture of himself$_{i/j}$]]]
   b. [$_{CP1}$ does John$_i$ think [$_{CP2}$ [which picture of himself$_{i/j}$]$_k$ that Fred$_j$ likes t_k]]

(75a) における John, Fred, himself の間の構造的位置関係は (74b) と同一であり，したがって Fred だけが himself の先行詞になれるはずである．しかし，(75b) のような構造が派生の途中段階で得られるなら，John が himself を束縛できることが自然に説明できる．(75b) では，John だけが himself を c 統御するからである．したがって，(74) の対比は連続循環的移動の仮説を支持することになる．

では，なぜ移動は連続循環的におこるのであろうか．Fox and Pesetsky (2003, 2005) は，CP 全体が書き出しによって線的順序が決定される領域であると考えることによってこの問いに答えられるとしている．例えば (76a) を派生するとき，一足飛びに wh 移動を行う (76b) の派生と，連続循環的に移動を行う (76c) の派生が考えられる．

(76) a. What did John think that Bill bought?
   b. [$_{CP1}$ what$_i$ did John think [$_{CP2}$ that Bill bought t_i]]
   c. [$_{CP1}$ what$_i$ did John think [$_{CP2}$ t'_i that Bill bought t_i]]

ここで，(76b) の派生には (77) に示される問題が生じることになる．

(77) a. [$_{CP2}$ that Bill bought what] → that < Bill < bought < what
   b. [$_{CP1}$ what$_i$ did John think [$_{CP2}$ that Bill bought t_i]]

   → what < did < John < think < CP_2

(77a) では，従属節の CP_2 が完成した段階で書き出しが適用され，矢印の右側にある線的順序の指定が生じることになる．このとき what は，最終的な移動先である主節がまだ構造に導入されていないため，元位置に留まったままである．したがって，CP_2 内のすべての別の要素に後続するように指定されることになる．さらに派生が進んで主節の CP_1 が形成されるのに伴って，(77b)

に示すように what の移動がおこる．ここで主節の CP_1 に書き出しが適用され，CP_1 内の要素の線的順序が指定されると，矛盾が生じてしまう．なぜなら，(77b) での書き出しによって，what は CP_2 に先行するように指定されているが，CP_2 内の要素はすでに (77a) の段階で what に先行するように指定されているからである．

一方，(76c) の派生では，このような矛盾は生じない．(78) を考えてみよう．

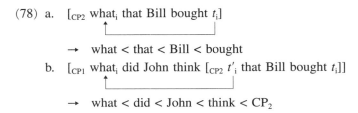

(78) a. [$_{CP2}$ what$_i$ that Bill bought t_i]

    → what < that < Bill < bought

  b. [$_{CP1}$ what$_i$ did John think [$_{CP2}$ t'_i that Bill bought t_i]]

    → what < did < John < think < CP_2

この派生では，what は CP_2 が完成するのに伴って，(78a) のように中間位置へ移動する．したがって，CP_2 の書き出しは，what がそれ以外の要素に先行するように線的順序を指定することになる．続いて CP_1 が形成された時，what は (78b) のように中間位置から最終的な着地点へ移動する．CP_1 の書き出しは，(77b) と同様 what が CP_2 に先行するように線的順序を指定するが，(77) でみたような矛盾はこの派生には生じない．なぜなら，すでに (78a) の段階で what が CP_2 内の要素に先行することは保証されているからである．

このように，循環的線状化の理論はなぜ移動が連続循環的に起こるのかという問いに説明を与えることができる．

2. 循環的線状化に基づく語順の制約の分析

2.1. vP の書き出しと遊離数量詞の主語-目的語非対称性

この循環的線状化の理論に基づいて，第 1 部でみた日本語の語順に関する制約をとらえるためには，もう 1 つ重要な仮定が必要である．今までみてきた循環的線状化の理論の概説では，説明を簡潔にするために書き出しが適用される領域を CP に限ってきた．Ko (2005a, 2007) は，韓国語や日本語のような言語では vP 全体が書き出しによる線的順序の指定の対象となると仮定することで，第 1 部 3.3 節でみた数量詞遊離における主語と目的語の非対称性が説

明できると論じている.[25]

遊離した数量詞が (55) のように目的語を修飾する場合と, (56) のように主語を修飾する場合をそれぞれ (79), (80) として再掲する.[26]

(79) a. 太郎が3本のビールを飲んだ.
　　 b. 太郎がビールを3本飲んだ.
　　 c. ビールを太郎が3本飲んだ.
(80) a. 3人の学生たちがビールを飲んだ.
　　 b. 学生たちが3人ビールを飲んだ.
　　 c. *学生たちがビールを3人飲んだ.

遊離した数量詞とその修飾相手との関係について, 黒田 (1980) や Sportiche (1988) に従ってそれらが構成素をなして基底生成されると仮定すると, (79b, c) はそれぞれ (81a, b) の構造を持つと考えることができる (以下では, Subj は主語, Obj は目的語, NQ は数量詞を表す). (81a) では, 目的語と数量詞は構成素をなしたままであり, したがって隣り合ったままである.

(81) a.　[... Subj ... [$_{vP}$ ... [Obj NQ] ...] ...]
　　 b.　[... Obj$_i$ ... Subj ... [$_{vP}$ ... [t_i NQ] ...] ...]

一方, 目的語と数量詞からなる構成素から, 目的語だけをスクランブリングによって主語より前に移動すると, (81b) が得られる. ここで, 目的語が痕跡を残すことで数量詞との修飾関係が保たれると仮定する.

このように数量詞遊離を分析した場合, (80b) は (82a) の構造を持つことになる.

(82) a.　[... [Subj NQ] ... [$_{vP}$ ... Obj ...] ...]
　　 b.　[... Obj$_i$ ... [Subj NQ] ... [$_{vP}$ ... t_i ...] ...]

---

[25] Fox and Pesetsky (2003, 2005) は英語やスウェーデン語の例に基づいて, 動詞句のレベルで書き出しが適用されるのは vP ではなく VP であるとしている. ここでは詳細には立ち入らないが, Takita (2010) では, 書き出しが vP に適用されるか VP に適用されるかが, 適正束縛条件効果に関して日本語と, 英語やドイツ語のような言語を区別するパラメータになっていると主張されている.

[26] Ko (2005a, 2007) は韓国語の例を主に用いているが, ここではより理解しやすくするため日本語の例を使用する.

c.　[... Subj$_j$ ... Obj$_i$ ... [t_j NQ] ... [$_{vP}$ ... t_i ...] ...]

ここから (80c) の語順を派生するには，まず (82b) のように目的語を主語より前にスクランブリングによって移動し，(82c) のようにさらに主語だけをスクランブリングする必要がある．問題は，(82c) のように主語と数量詞の間の修飾関係が痕跡 t_j によって (81b) と同様に保証されているはずなのに，(80c) が非文法的であることである．

このような派生を排除する提案として，Saito (1985) は，主語がスクランブリングの適用を受けられないと仮定した（注 9 も参照）．もしこれが正しければ，(82c) のステップは不可能になるので，(80c) を派生できない事実をとらえられるようになる．しかし，Ko (2005a, 2007) は一旦 (48b) でみた動詞句内主語仮説を採用してしまうと，この分析が成り立たなくなると指摘している．(83) の派生を考えてみよう．

(83)　a.　[$_{vP}$ [Subj NQ] [$_{VP}$ ... Obj ...] ...]
　　　b.　[$_{vP}$ Obj$_i$ [Subj NQ] [$_{VP}$ ... t_i ...] ...]
　　　c.　[$_{TP}$ Subj$_j$ [$_{vP}$ Obj$_i$ [t_j NQ] [$_{VP}$ ... t_i ...] ...] ...]

(83a) では，動詞句内主語仮説に従って主語と数量詞からなる構成素が vP 内に基底生成されている．ここから目的語をスクランブリングしたものが (83b) である．さらに，vP 内から主語だけが主語位置へ移動したものが (83c) である．ここで，最後の主語位置への移動はスクランブリングではないので，Saito (1985) のように主語のスクランブリングを禁じるだけでは，(83) の派生を阻止できなくなってしまうのである．

このような背景の下，Ko (2005a, 2007) は，vP 全体が書き出しによって線的順序を決定される領域であると考えれば，(83) のような派生は必ず線的順序の指定に関して矛盾を生じさせることになり，したがってそのような派生は常に破綻することになると論じている．vP 全体が書き出しの対象となる領域であるとすると，vP が完成した段階で利用可能な線的順序の指定は (84) に示す 2 通りに限られることになる．

(84)　a.　[$_{vP}$ [Subj NQ] [$_{VP}$ ... Obj ...] ...]　→　Subj < NQ < Obj
　　　b.　[$_{vP}$ Obj$_i$ [Subj NQ] [$_{VP}$ ... t_i ...] ...]　→　Obj < Subj < NQ

つまり，(84a) のように目的語を元位置に留めたまま書き出しを適用するか，(84b) のように目的語を移動したうえで書き出しを適用するかである．(84a) は (83a) に，(84b) は (83b) にそれぞれ対応していることに注意されたい．

しかし，(83c) から引き続き CP が形成され書き出しが適用されると，(85) に示すように線的順序が指定されることになる．

(85)　[$_{CP}$ … [$_{TP}$ Subj$_j$ [$_{vP}$ Obj$_i$ [t_j NQ] [$_{VP}$ … t_i …] …] …] …]
　　→　Subj < Obj < NQ

(85) で指定された線的順序は，(84) のいずれとも矛盾をきたす．したがって，(80c) の語順をもたらす派生は破綻することになるのである．

2.2. 循環的線状化と語順の制約

Takita (2009, 2010) は，Fox and Pesetsky (2003, 2005) の循環的線状化の理論に基づき，Ko (2005a, 2007) の vP 全体を書き出しの対象とする提案に加えて日本語の主要部後置性を考慮することで，(86) に再掲する語順の制約を自動的に導き出せるようになると提案している．

(86)　日本語においては，述語はそれがとる主語や目的語のような項に先行することができない

Ko (2005a, 2007) の提案においては，主語や目的語の間の線的順序が問題とされており，それらの要素と動詞の線的順序に関しては特に考慮されていなかった．しかし，日本語が主要部後置型言語であることを考慮すると，vP の書き出しの時点において指定されうる線的順序は，(87a, b) のようなものになる．

(87)　a.　[$_{vP}$ Subj [$_{vP}$ Obj V] v]　　→　Subj < Obj < V < v
　　　b.　[$_{vP}$ Obj$_i$ Subj [$_{vP}$ t_i V] v]　→　Obj < Subj < V < v

(87a) では，目的語は移動せずに元位置に留まったままである．日本語の主要部後置性により，VP の主要部 V は VP の中で他の要素に後続し，v も同様に vP 内の他の要素，つまり主語と VP に後続することになる．[27] (87b) では，目的語が主語の前にスクランブリングすることによって目的語が主語に先行す

---

[27] 線的順序を規定しない併合に基づく句構造構築の理論において主要部後置性をどのようにとらえるかは実は重要な問題である．詳細に関しては Takita (2009, 2010) を参照．

る語順が指定されるが，V および v に関しては (87a) 同様主語と目的語の両方に後続することになる．

仮に，vP の書き出しの前に VP をスクランブリングで移動できるなら，(88) のように V が主語および目的語に先行する語順を派生することも可能になる．(88a) は (87a) から，(88b) は (87b) からそれぞれ VP を移動して得られる構造である．

(88) a. [$_{vP}$ [$_{VP}$ Obj V]$_i$ Subj t_i v]

b. [$_{vP}$ [$_{VP}$ t_j V]$_k$ Obj$_j$ Subj t_k v]

しかし，この VP の移動が不可能であると考えられる根拠がいくつかある．そのすべてをここでとりあげることはできないが，(88) ではいずれも V と v が隣接していないため動詞の形を正しく決定できず，形態的に違反が生じるという可能性がある．[28]

もし (88) のような VP の移動が不可能であるなら，vP に書き出しが適用された段階で得られる線的順序の指定は (87a, b) の 2 通りのみに限られる．(87a, b) では，動詞などの述語がその項に常に後続すると指定されている．(69) の線状化保持の原理によりこの線的順序に関する指定が派生の後の段階でも保持されるならば，(86) の一般化がなぜ成り立つのかを説明することができる．第 1 部第 4 節でまとめた，(86) の一般化を支持する例を (89)，(90) として再掲する．

(89) a. *太郎が食べたパンを．
b. *パンを食べた太郎が．
c. *[太郎が t_i 食べたと]$_j$ パンを$_i$ 花子が t_j 思っている．

(90) a. *[t_i 沈みさえ]$_j$ 船が昨日 t_j した．
b. *[太郎によって t_i 食べられさえ]$_j$ りんごが$_i$ t_j した．
c. *[t_i 行くことが]$_j$ ソウルまで$_i$ 太郎に t_j 命じられた．

例えば，(89c) の従属節の vP に書き出しが適用されて指定される線的順序は，(91) に示す 2 通りに限定される．

---

[28] 動詞の形を決定するために V と v が隣接していることが要求される，という点に関しては注 14 を参照．

(91) a. [$_{vP}$ 太郎が [$_{VP}$ パンを [v^0 食べ]] [$_v^0$ Ø]]
　　　→　太郎が ＜ パンを ＜ 食べ
　　b. [$_{vP}$ パンを$_i$ 太郎が [$_{VP}$ t_i [v^0 食べ]] [$_v^0$ Ø]]
　　　→　パンを ＜ 太郎が ＜ 食べ

(91a) では，目的語「パンを」が元位置に留まっている．一方 (91b) では，「パンを」がスクランブリングによって移動している．いずれにせよ，従属節の vP が書き出しの適用を受けたとき指定することができる線的順序は「パンを」が「食べ」に先行するものだけである．(69) の線状化保持の原理からこの線的順序は保持されなければならないが，(89c) では「パンを」が「食べ」に後続している．したがって，(89c) の語順を導く派生には常に線的順序において矛盾が生じ，必ず破綻することになる．一方で，基本データ（A）にみられるような主語と目的語の間のスクランブリングによる語順の変更は，それが vP の書き出し以前に起こる限りにおいて線的順序の指定に関して矛盾を引き起こさない．このようにして，自由語順という性質と，当該の語順の制約を両立させることが可能になるのである．

おわりに

本章では，日本語が自由語順という性質を持つ一方で，動詞などの述語の語順に関しては厳しい制約がみられるという問題を取り上げ，その解決がどのように日本語統語論および言語理論に対して貢献してきたかを概説した．まず第 1 部では，述語とその項の間の語順に関する制約を経験的に支持する事実を確認し，整理した．また，特に適正束縛条件に基づく分析を中心に，先行研究がどのようにこの制約をより一般的な原理から導こうとしてきたかをみた．第 2 部では，この日本語の語順に課せられる制約を，独立に根拠を持つ原理から導く提案の 1 つとして Takita (2009, 2010) の線状化に基づく分析を概説した．特に，この一般化が移動の連続循環性および数量詞遊離に関する主語と目的語の非対称性という，問題の語順に関する一般化とは独立の現象を説明するために提案された循環的線状化の理論を応用することで，広く言語事実を捉え，理論的に統一された説明ができることをみた．

参考文献

Abe, Jun (1999) "On Directionality of Movement: A Case of Japanese Right Dislocation," ms., Nagoya University.

Barss, Andrew (1986) *Chains and Anaphoric Dependence: On Reconstruction and Its Implications*, Doctoral dissertation, MIT.

Belletti, Adriana and Luigi Rizzi (1988) "Psych-Verbs and Θ-Theory," *Natural Language and Linguistic Theory* 6, 291-352.

Boeckx, Cedric (2008) *Understanding Minimalist Syntax: Lessons from Locality in Long-Distance Dependencies*, Blackwell, Malden.

Burzio, Luigi (1981) *Intransitive Verbs and Italian Auxiliaries*, Doctoral dissertation, MIT.

Chomsky, Noam (1970) "Remarks on Nominalization," *Readings in English Transformational Grammar*, ed. by Roderick Jacobs and Peter Rosenbaum, 184-221, Blaisdell, Waltham, MA.

Chomsky, Noam (1973) "Conditions on Transformations," *A Festschrift for Morris Halle*, ed. by Stephen Anderson and Paul Kiparsky, 232-286, Holt Rinehart & Winston, New York.

Chomsky, Noam (1981) *Lectures on Government and Binding*, Dordrecht, Foris.

Chomsky, Noam (1986) *Knowledge of Language: Its Nature, Origin, and Use*, Praeger, New York.

Chomsky, Noam (1993) "A Minimalist Program for Linguistic Theory," *The View from Building 20: Essays in Linguistics in Honor of Sylvain Bromberger*, ed. by Ken Hale and Samuel J. Keyser, 1-52, MIT Press, Cambridge, MA.

Chomsky, Noam (1995) *The Minimalist Program*, MIT Press, Cambridge, MA.

Chomsky, Noam (2000) "Minimalist Inquiries: The Framework," *Step by Step: Essays on Minimalist Syntax in Honor of Howard Lasnik*, ed. by Roger Martin, Juan Uriagereka and David Michaels, 89-155, MIT Press, Cambridge, MA.

Chomsky, Noam (2001) "Derivation by Phase," *Ken Hale: A Life in Language*, ed. by Michael Kenstowicz, 1-52, MIT Press, Cambridge, MA.

Chomsky, Noam and Howard Lasnik (1993) "The Theory of Principles and Parameters," *Syntax: An International Handbook of Contemporary Research*, ed. by Joachim Jacobs, Arnim von Stechow, Wolfgang Sternefeld and Theo Vennemann, 506-569, Walter de Gruyter, Berlin.

Fiengo, Robert (1977) "On Trace Theory," *Linguistic Inquiry* 8, 35-61.

Fox, Danny and David Pesetsky (2003) "Cyclic Linearization and the Typology of Movement," ms., MIT.

Fox, Danny and David Pesetsky (2005) "Cyclic Linearization of Syntactic Structure," *Theoretical Linguistics* 31, 1-45.

原田信一（1977）「日本語に変形は必要だ」『月刊言語』10月号，88-95；11月号，96-103．［『シンタクスと意味：原田信一 言語学論文選集』福井直樹（編），2000，545-566，大修館書店，東京．］

Haraguchi, Shosuke (1973) "Remarks on Right Dislocation in Japanese," ms., MIT.

長谷川信子（1990）"On the VP-internal Subject Hypothesis,"『日本語教育国際シンポジウム報告書』，249-254，南山大学．

Hiraiwa, Ken (2010) "Scrambling to the Edge," *Syntax* 13, 133-164.

Hoji, Hajime (1985) *Logical Form Constraints and Configurational Structures in Japanese*, Doctoral dissertation, University of Washington, Seattle.

Hoji, Hajime, Shigeru Miyagawa and Hiroaki Tada (1989) "NP-Movement in Japanese," ms., University of Southern California, Ohio State University, and MIT.

Hoshi, Hiroto (1994) *Passive, Causative, and Light Verbs: A Study on Theta Role Assignment*, Doctral dissertation, University of Connecticut, Storrs.

Huang, C.-T. James (1982) *Logical Relations in Chinese and the Theory of Grammar*, Doctoral dissertation, MIT.

Jackendoff, Ray (1977) $\overline{X}$ *Syntax: A Study of Phrase Structure*, MIT Press, Cambridge, MA.

Kitahara, Hisatsugu (1997) *Elementary Operations and Optimal Derivations*, MIT Press, Cambridge, MA.

Ko, Heejeong (2005a) *Syntactic Edges and Linearization*, Doctoral dissertation, MIT.

Ko, Heejeong (2005b) "Syntax of Why-in-Situ: Merge into [Spec, CP] in the Overt Syntax," *Natural Language and Linguistic Theory* 23, 867-916.

Ko, Heejeong (2006) "On the Structural Height of Reason Wh-Adverbials: Acquisition and Consequences," *Wh-Movement: Moving On*, ed. by Lisa Cheng and Nobert Corver, 319-349, MIT Press, Cambridge, MA.

Ko, Heejeong (2007) "Asymmetries in Scrambling and Cyclic Linearization," *Linguistic Inquiry* 38, 49-83.

Koopman, Hilda and Dominique Sportiche (1991) "The Position of Subjects," *Lingua* 85, 211-258.

Kratzer, Angelika (1996) "Severing the External Argument from Its Verb," *Phrase Structure and the Lexicon*, ed. by Johan Rooryck and Laurie Zaring, 109-137, Kluwer, Dordrecht.

久野暲（1978）『談話の文法』大修館書店，東京．

黒田成幸（1980）「文構造の比較」『日英比較講座2：文法』，國廣哲彌（編），25-61，大修館書店，東京．

Kuroda, S.-Y. (1988) "Whether We Agree or Not: A Comparative Syntax of English and Japanese," *Linguisticae Investigationes* 12, 1-47.

Lasnik, Howard and Mamoru Saito (1992) *Move α*, MIT Press, Cambridge, MA.

Legate, Julie (2003) "Some Interface Properties of the Phase," *Linguistic Inquiry* 34,

506-516.

May, Robert (1977) *The Grammar of Quantification*, Doctoral dissertation, MIT.

Miyagawa, Shigeru (1989) *Syntax and Semantics 22: Structure and Case Marking in Japanese*, Academic Press, San Diego.

Müller, Gereon (1996) "A Constraint on Remnant Movement," *Natural Language and Linguistic Theory* 14, 355-407.

Ohkado, Masayuki (1991) "A Note on Suru in Japanese," *Linguistic Analysis* 21, 148-169.

Perlmutter, David (1978) "Impersonal Passives and the Unaccusative Hypothesis," *BLS* 4, 157-190.

Reinhart, Tanya (1976) *The Syntactic Domain of Anaphora*, Doctoral dissertation, MIT.

Ross, John R. (1967) *Constraints on Variables in Syntax*, Doctoral dissertation, MIT.

Saito, Mamoru (1985) *Some Asymmetries in Japanese and Their Theoretical Implications*, Doctoral dissertation, MIT.

Saito, Mamoru (1989) "Scrambling as Semantically Vacuous A'-Movement," *Alternative Conceptions of Phrase Structure*, ed. by Mark Baltin and Anthony Kroch, 182-200, University of Chicago Press, Chicago.

Saito, Mamoru (2003) "A Derivational Approach to the Interpretation of Scrambling Chains," *Lingua* 113, 481-518.

Saito, Mamoru (2006) "Expletive Replacement Reconsidered: Evidence from Expletive Verbs in Japanese," *Form, Structure, and Grammar: A Festschrift Presented to Günther Grewendorf on Occasion of his 60th Birthday*, ed. by Patrick Brandt and Eric Fuss, 255-273, Akademie Verlag, Berlin.

Saito, Mamoru and Hiroto Hoshi (2000) "The Japanese Light Verb Construction and the Minimalist Program," *Step by Step: Essays on Minimalist Syntax in Honor of Howard Lasnik*, ed. by Roger Martin, Juan Uriagereka and David Michaels, 261-295, MIT Press, Cambridge, MA.

Sportiche, Dominique (1988) "A Theory of Floating Quantifiers and Its Corollaries for Constituent Structure," *Linguistic Inquiry* 19, 425-450.

Takano, Yuji (1994) "Unbound Traces and Indeterminacy of Derivation," *Current Topics in English and Japanese*, ed. by Masaru Nakamura, 229-253, Hituzi Syobo, Tokyo.

Takano, Yuji (2000) "Illicit Remnant Movement: An Argument for Feature-Driven Movement," *Linguistics Inquiry* 31, 141-156.

Takano, Yuji (2014) "Minimality for Movement," ms., Kinjo Gakuin University.

Takita, Kensuke (2009) "The Proper Binding Condition Effect as a Consequence of Cyclic Linearization," *NELS* 38, 427-440.

Takita, Kensuke (2010) *Cyclic Linearization and Constraints on Movement and Ellip-*

sis, Doctoral dissertation, Nanzan University.

Takita, Kensuke (2011) "Argument Ellipsis in Japanese Right Dislocation," *Japanese/Korean Linguistics* 18, 380-391.

Takita, Kensuke (2014) "Pseudo-Right Dislocation, the Bare-Topic Construction, and Hanging Topic Constructions," *Lingua* 140, 137-157.

Tanaka, Hidekazu (2001) "Right-Dislocation as Scrambling," *Journal of Linguistics* 37, 551-579.

Uriagereka, Juan (1999) "Multiple Spell-Out," *Working Minimalism*, ed. by Samuel D. Epstein and Norbert Hornstein, 251-282, MIT Press, Cambridge, MA.

Yamashita, Hideaki (2011) "An(other) Argument for the Repetition Analysis of Japanese Right Dislocation: Evidence from the Distribution of Thematic Topic -*Wa*," *Japanese/Korean Linguistics* 18, 410-422.

Yatsushiro, Kazuko (1997) "VP Scrambling in Japanese," *Is the Logic Clear: Papers in Honor of Howard Lasnik* (*UConn Working Papers in Linguistics 8*), ed. by Jeong-Seok Kim, Satoshi Oku and Sandra Stjepanović, 325-338, MITWPL, Cambridge, MA.

Yatsushiro, Kazuko (1999) *Case Licensing and VP Structure*, Doctoral dissertation, University of Connecticut, Storrs.

第 12 章

否定辞と数量詞の作用域：柴田義行氏の研究*

斎藤　衛・瀧田　健介

南山大学　　明海大学

　数量詞や焦点辞を含む否定文の解釈において，日英語間に興味深い差異が観察される．まず，以下の英語の例を見てみよう．

(A)　a.　Everyone didn't go there.
　　　b.　Mary didn't scold everyone.

(Aa) には2つの読みがある．1つは，*not* が文全体を否定する解釈で，全員がそこに行ったということはない，つまりそこに行かなかった人がいるというものである．この場合には，*everyone* が否定される単位に含まれる．もう1つは，*not* が主語を除く述部を否定する解釈で，全員の一人一人について，そこに行ったということはない，すなわち，だれもそこに行かなかったという読みである．この場合は，*everyone* が否定される単位の外にあるため，異なる意味になる．この曖昧性は，*everyone* が目的語にある (Ab) では観察されない．*not* が文を否定しても，述部を否定しても，*everyone* が否定される単位に含まれるためである．メリーが全員を叱ったということはないと言っても，メリーについて，全員を叱ったということはないと言っても，意味に相違は生じない．
　ところが，対応する日本語文の解釈は少し異なる．

(B)　a.　全員がそこに行かなかった（こと）
　　　b.　花子が全員を叱らなかった（こと）

---

　* 本章は，柴田義行氏に担当していただく予定であったが，2014年11月5日に不整脈のため急逝され，この計画は実現しなかった．しかしながら，柴田氏の研究の重要性に鑑み，氏の分析と提案を紹介するものとして，この章を本書に含めることとした．柴田氏のご冥福をお祈りするとともに，本章に示す氏の研究方法が受け継がれていくことを願うものである．なお，本章をまとめるにあたり，村杉恵子氏から有益な助言をいただいた．この場を借りて，感謝申し上げる．

(Ba) は，(Aa) と同様に曖昧であり，全員がそこに行ったというわけではないという解釈とだれもそこに行かなかったという解釈が得られる．しかし，(Ab) とは異なり，(Bb) にも曖昧性が見られる．(Ab) と同様に，花子が全員を叱ったということはないという読みがある一方で，花子がだれも叱らなかったという解釈も可能である．

この日英語の相違は，焦点辞の *only* ならびに「だけ」を含む (Ca, b) の対比において，より鮮明な形で現れる．

 (C) a. Mary didn't eat only sweets.
   b. 花子が甘いものだけ食べなかった（こと）

(Ca) は，*only sweets* が否定される単位に含まれるため，メリーが甘いものだけを食べたということはない，つまり，他にも食べたものがあるという意味を持つ．ところが，(Cb) では，「甘いものだけ」が否定される単位に含まれず，甘いものだけについて，花子は食べなかったと言える，すなわち，他のものは全部食べたという解釈になる．

日本語の否定辞が否定する単位が，英語とは異なるのだろうか．それとも，(Bb) や (Cb) の解釈は，否定辞の解釈とは独立した日本語文法の特徴を反映したものなのだろうか．本章では，後者を支持する柴田義行氏の議論を紹介する．

本章の構成

本章では，日本語否定文の構造と解釈に関する Shibata (2015a, 2015b) の仮説を紹介する．Shibata は，上記 (A) 〜 (C) のような例に基づき，2 つの問いを提示して，それに答える．(A) を (1) として以下に再掲する．

(1) a. Everyone didn't go there.
  b. Mary didn't scold everyone.

すでに述べたように，*everyone* が主語の位置にある (1a) が曖昧であるのに対して，*everyone* が目的語である (1b) には曖昧性がない．ところが，(2) に繰り返す (B) が示すように，日本語では，「全員」が主語であっても目的語であっても，曖昧性が観察される．

(2) a. 全員がそこに行かなかった（こと）
  b. 花子が全員を叱らなかった（こと）

日本語では，目的語が主語と同様のパターンを示すのである．

この一般化は，*only* と「だけ」の解釈においても見られる．まず，以下の英語の例に

ついて考えよう.

(3) a. Only that boy didn't come.
    b. John didn't eat only sushi.

興味深いことに，(1a) と異なり，(3a) には曖昧性はなく，その少年だけについて，来なかったと言える，すなわち，その少年以外は全員来た，という解釈のみが得られる．*only that boy* は，*not* によって否定される単位に含まれない．他方，(3b) の *only sushi* は否定される単位に含まれ，この文は，ジョンは寿司だけを食べたのではない，つまり，寿司以外にもジョンが食べたものがある，という解釈を受ける．

日本語においては，(4) が示すように，この主語と目的語の相違が観察されない．

(4) a. その少年だけ来なかった．
    b. 太郎が寿司だけ食べなかった（こと）

(4a) は (3a) と同様に，その少年は来なかったが，他は全員来たという解釈になる．ところが，(4b) は (3b) とは異なり，寿司だけについて，太郎が食べなかったと言える，すなわち，太郎は寿司以外のものはすべて食べた，という意味である．目的語の「寿司だけ」も，主語の「その少年だけ」と同じように，「ない」が否定する単位に含まれない．

Shibata (2015a, b) が提示する第一の問いは，以上に見た日英語の差異に関するものである．第1部1.1節で述べるように，英語の例 (1) の解釈は，統語構造に基づいて説明される．では，対応する日本語文が異なる解釈を受けることは，日英語間に文構造上の相違があることを示すのだろうか．そうだとすれば，構造の相違は，どのような理由で生じるのだろうか．第二の問いは，英語と日本語に共通する事象に関わる．*everyone* を主語とする (1a) では曖昧性が見られるのに対して，*only that boy* が主語である (3a) の解釈は画一的である．日本語でも，(2a) は曖昧であるが，(4a) には曖昧性がない．*only* と「だけ」の解釈の特殊性は何に起因するのだろうか．Shibata は，データの詳細な検討を通して，この2つの問いに至り，さらにこの2つの問いに答えようとする．

本章の第1部では，まず Shibata (2015a, b) が記述的な先行研究を発展させて，数量詞や焦点辞を含む日英語の否定文に関する2つの問いに至るプロセスを追体験する．その上で，Shibata が提示する日英語の相違の分析を紹介する．この分析によれば，日本語では，形態的要請により，目的語が述部内から述部外に転写される（移動する）ため，目的語が主語と同様のパターンを示すことになる．より専門的な知識を前提とする第2部では，Fox (2003) の連鎖解釈メカニズムに基づく Shibata (2015a, b) の *only* と「だけ」の解釈上の特殊性に関する分析を概観する．

第 12 章　否定辞と数量詞の作用域：柴田義行氏の研究

第 1 部　日英語の否定文の構造とその相違

　日本語分析の前提として，第 1 部 1.1 節で英語の例（1）の分析を示し，1.2 節では，日本語否定文に関する先行研究を概観する．その上で，第 1 部第 2 節で，Shibata (2015a, b) の議論に則して日英語間の相違の要因を探る．ここで得られる記述的結論は，日本語においては，目的語が常に否定辞の上位に転写される（移動する）というものである．第 1 部第 3 節では，この目的語の移動が，動詞，否定辞，時制を一語に集約する形態的操作の要請によるものであるとする Shibata の仮説を紹介する．

1. 日英語における否定辞と全称数量詞の解釈

1.1. 英語否定文の解釈と統語構造

　英語否定文の解釈は，文構造を反映したものであるとされている．本節では，全称数量詞 *everyone* を含む (1a) および (1b) をとりあげて，この主張の根拠を見る．

　従来，(5) の構造は，(6) であると考えられてきた．

(5)　Mary did not scold John.
(6)

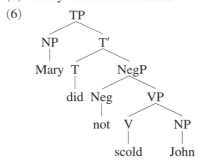

しかし，Koopman and Sportiche (1991) 等により，主語は VP 内に生起し，表層上の主語位置に転写される（移動する）とする VP 内主語仮説（VP-internal Subject Hypothesis）が提案された．Chomsky (1995) は，この分析に修正を加え，(7) が (5) の構造であるとしている．

(7)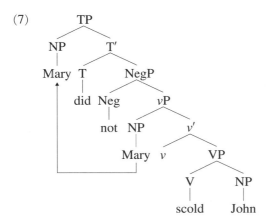

VPはジョンを叱るという行為を表し，vはその行為の担い手を表す*Mary*を文に導入する．矢印が示すように，*Mary*が主語の位置に転写されて，文が完成する．¹ この分析を仮定し，以後，VP内主語仮説を*v*P内主語仮説と言い換えることにする．

*v*P内主語仮説を裏付ける経験的証拠として，Koopman and Sportiche (1991) は，(8) と (9) の対比を挙げている．

(8) a. I introduced them all to Mary.
　　b. *I introduced them to Mary all.
(9) a. They all will go there.
　　b. They will all go there.

(8a) の *all* は *them* に係る遊離数量詞（floating quantifier）であり，*them all* で *all of them* と同義に解釈される．遊離数量詞は，修飾する名詞句に隣接していなければならない．(8b) の非文法性は，*them* と *all* の間に前置詞句 *to Mary* が介在することによる．

(9a) では，主語 *they* と *all* が隣接しており，文法性は隣接条件が予測する通りである．しかし，(9b) は，*they* と *all* の間に時制辞 *will* が介在するにもかかわらず，(8a) や (9a) と同様に文法的に適格であり，隣接条件の予測に反するように見える．この現象は，*v*P内主語仮説により，以下のように説明される．

---

¹ 転写の結果，統語構造では，*Mary* は元の位置と転写先の2か所に生起する．音声的には転写先のみで具現化されることから，転写は表層的には移動として表れる．

(10) [TP they (all) [T' will [vP they (all) [VP go there]]]]

they は *v*P 内に生成され，矢印が示すように主語の位置に転写される．したがって，*they* が 2 か所に生起する構造が形成される．この分析によれば，(9a) の *all* も (9b) の *all* も，(10) が示すように *they* に隣接しており，双方の文法性が正しく予測される．

　*v*P 内主語仮説をふまえて，(11a, b) に再掲する (1a, b) の統語構造を考えてみよう．

(11) a. Everyone didn't go there.
　　 b. Mary didn't scold everyone.

(11a) の構造を (12) に示す．

(12)

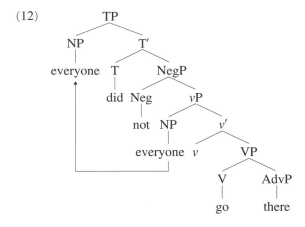

否定辞 *not* は *v*P を補部とすることから，*v*P が表す内容を否定するものと考えられる．また，*v*P 内主語仮説に基づき，*everyone* が主語の位置に転写されるため，この全称数量詞は 2 か所に表れる．*everyone* がこの 2 つの位置のいずれでも解釈しうるとすると，(11a) の曖昧性が導かれる．全称数量詞が *v*P 内で解釈されれば，否定される単位に含まれる．その場合，(11a) の意味は，すべての人がそこに行ったということはない，すなわち，そこに行かなかった人がいるということになる．他方，*everyone* が主語の位置で解釈されれば，否定される単位には含まれない．したがって，(11a) は，すべての人について，そこに行かなかったと言える，すなわち，だれもそこに行かなかったという意味になる．

このように，(11a) の曖昧性は，主語が vP 内から vP 外の位置に転写されることにより生じると考えられる．(11b) では，*everyone* が目的語であり，vP 外の位置に転写されることがないため，曖昧性が見られない．(11b) の統語構造は，(13) に示す通りである．

(13)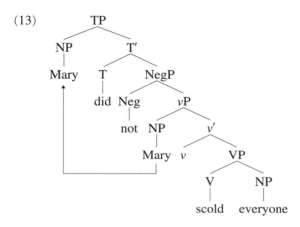

(11b) についても，*Mary* が統語構造上 2 つの位置に表れるため，メリーがすべての人を叱ったということはない，あるいは，メリーについて言えば，すべての人を叱ったということはないという 2 つの言い換えができるが，これらは同義であり，いずれもメリーが叱らなかった人がいることを意味する．

　以上見てきたように，(11a) の曖昧性と (11b) が曖昧ではないことは，文の統語構造から予測しうる．日本語否定文の解釈についても，同様のことが言えるのだろうか．第 1 部 1.2 節では，まず，日本語否定文に関する先行研究を概観し，第 1 部第 2 節でこの問いに答える．

1.2. 日本語否定辞に関する先行研究

　日本語の否定文が，英語とは異なる解釈を受けうることは，Kuno (1980) 以来たびたび指摘されてきた．本節では，Kuno (1980) に加えて，片岡 (2006) の考察を中心に先行研究を紹介する．

　Kuno (1980) は様々な例を詳細に検討しているが，(14) に示す日英語の対比が最もよく知られたものであろう．

(14) a. 花子は，太郎がぶったから泣いていない．
　　 b. Mary isn't crying because John hit her.

(14b) の英語文には曖昧性がある．通常の解釈は，メリーは，ジョンがぶったから泣いているわけではないというものであり，メリーが泣いている理由は別にあるという意味である．もう1つの読みは，メリーが泣いていないのは，ジョンがぶったからだというものである．

この曖昧性は，(15) に示すように，*because* 節の統語構造上の位置に帰すことができる．

(15) a. Mary is [not [$_{vP}$ crying because John hit her]]
 b. Mary is [not [$_{vP}$ crying]] [because John hit her]

(15a) では，*because* 節が vP 内，したがって，*not* が否定する単位内に表れる．結果として，「ジョンがぶったから泣いている」が否定され，ジョンがぶったから泣いているというわけではないという解釈が得られる．これに対して，(15b) では *because* 節が vP 外にあり，*not* が否定するのは「泣いている」のみであることから，*not* と vP で「泣いていない」という意味になる．この場合には，*because* 節は「泣いていない」理由を示すものとして解釈される．

Kuno (1980) は，(14a) の日本語文には同様の曖昧性がないことを指摘する．興味深いことに，この例が許容するのは，太郎がぶった結果として，花子は泣いていないという (15b) に対応する不自然な読みのみである．もし，日本語の否定辞「ない」が，英語と同様に vP を否定の単位とするのであれば，この事実を予測することはむずかしい．ここから，Kuno は，日本語の「ない」は，vP ではなく，動詞などの最小の述語のみを否定することを提案している．

ただし，Kuno 自身がこの一般化に例外があることも論じている．その典型的な例として，(16) を挙げることができる．

(16) 太郎はバスで通学していない．

この例では明らかに，「通学している」ではなく，「バスで通学している」が否定されている．Kuno は，「バスで，徒歩で，電車で」のように具体的な選択肢があり，そのうちの1つが焦点として文内に表れる場合には，例外的に否定が適用される単位に含まれるとする．[2]

これに対して，Takubo (1985) は，Kuno の一般化の例外がより広範に観察

---

[2] 焦点は，比較される選択肢を区別する要素とみなすことができる．(16) では，「バスで通学する，徒歩で通学する，電車で通学する，…」という選択肢の中で，「バスで通学する」が否定されている．結果として，この文は，「バスで」が否定されているように解釈される．詳しくは，Rooth (1985) を参照されたい．

されることを示して，日本語の否定辞「ない」が適用される範囲が述語に限られず，場合によっては，より大きな単位であることを主張する．この研究の方向性をより体系的に押し進めたのが，片岡 (2006) である．片岡は，以下のような例を挙げて，日本語否定文が多重的に曖昧であることを示す．

(17) このクラスの 5 人以上の生徒がゲームソフトを 3 本以上もっていない．

片岡によれば，この例には，このクラスの 5 人以上の生徒がゲームソフトを 3 本以上もっているということはない，という否定辞が主語と目的語を含む文全体を否定する解釈がある．また，このクラスの 5 人以上について，ゲームソフトを 3 本以上もっているということはないと言える，という「ない」が主語を排除した目的語＋動詞を否定する読みも可能であるとする．

この考察に基づき，片岡は，「ない」は，動詞のみ，目的語＋動詞，主語＋目的語＋動詞のいずれも否定することができるとの結論を導いている．また，分析として，英語の否定辞が統語構造上の決められた位置に生起するのに対して，日本語の「ない」は，(18) に示すように，V, VP, vP のいずれにも付くことができると提案する．

(18) [$_{vP}$ 主語 [$_{VP}$ 目的語 [V (ない′)]] (ない″)] (ない‴)

この分析によれば，「ない′」は動詞を，「ない″」は目的語＋動詞を，そして「ない‴」は主語を含む vP 全体を否定の単位とする．

Shibata (2015a, b) は，片岡 (2006) の記述を，否定辞と「全員，5 人以上」のような数量詞の解釈に関する限り妥当であるとし，議論の始点に据える．片岡の一般化は，以下に繰り返す (2) の解釈とも合致する．

(19) a. 全員がそこに行かなかった（こと）
　　 b. 花子が全員を叱らなかった（こと）

前述したように，(19a) は，「全員」が「ない」が否定する単位に含まれる読み（全員がそこに行ったわけではない）と含まれない読み（だれもそこに行かなかった）の双方を許容する．片岡の分析では，前者の場合には「ない‴」，後者の場合には「ない″」あるいは「ない′」が表れることになる．また，(19b) にも同様に，「全員」が否定の単位に含まれる解釈（花子が全員を叱ったわけではない）と含まれない解釈（花子がだれも叱らなかった）がある．前者は「ない‴」あるいは「ない″」，後者は「ない′」によって生じる．

(20a) に再掲する Kuno (1980) の (14a) は，片岡の一般化の反例に見え

る．

(20) a. 花子は，太郎がぶったから泣いていない．
b. Mary isn't crying because John hit her.

(20a) の否定辞が例えば「ない‴」であれば，(20b) と同様に，花子は太郎がぶったから泣いているのではない，という解釈が可能でなければならない．しかし，Shibata は，(21) にもこの読みがないことを指摘する．

(21) Mary isn't crying since John hit her.

この例も，(20a) のように，メリーが泣いていないのは太郎がぶったからだという，いわば通常ではない解釈のみを有する．Shibata は，*because* 節が *v*P 内および *v*P 外に生起しうるのに対して，「から」節や *since* 節は *v*P 外の否定辞よりも高位に位置すると仮定することにより，(20a) は説明されるとする．そうであれば，(20a) は片岡 (2006) の分析にとって問題とはならない．

しかし，Shibata (2015a, b) はさらに論を進め，*only* や「だけ」のような焦点辞を含む要素を考慮すると，片岡 (2006) とは異なる記述に到達することを示している．次節では，この議論を見ていくことにする．

2. 焦点辞の解釈と目的語の位置

Shibata の議論に入る前に，*only* 句を主語とする英語の否定文の解釈について概観しておこう．同じ否定文であっても，主語が *everyone* である場合と *only John* である場合とでは，異なるパターンが観察されることはすでに述べた．(22) の例に基づいて，この点を確認しよう．

(22) a. Everyone didn't take the exam.
b. Only John didn't take the exam.

(22a) には，全員が試験を受けたわけではない，という解釈と，だれも試験を受けなかった，という解釈があるが，(22b) には曖昧性がない．ジョンだけが試験を受けたわけではない（＝ジョン以外にも試験を受けた人がいる）という文全体が否定の対象となる読みはなく，ジョンだけについて，試験を受けなかったと言える（＝ジョン以外は全員試験を受けた）という否定の対象から主語が除外されている解釈のみが可能である．

この *only* 句の特徴は，統語構造に基づいて記述することができる．(23) が (22b) の統語構造である．

(23)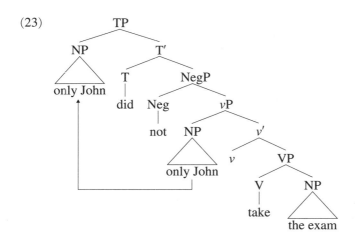

　vP内主語仮説によれば，主語の名詞句は，vP内から主語の位置に転写される．(22a)の曖昧性は，everyoneが元の位置でも，主語の位置でも解釈されうることから生じるものであった．一方で，(22b)は，only Johnがnotによって否定される単位に含まれない読みのみを許容する．このことは，only句が，必ず転写された位置，すなわち表層上の位置で解釈されるという特徴を有することを示す．

　日本語の「だけ」句に同様の特徴があることは，例えばSaito (2010)において指摘されている．以下の3例を比較してみよう．

(24) a. その時，教室には受講生全員がいなかった．
　　 b. その時，教室には太郎だけがいなかった．
　　 c. その時，教室には学生がいなかった．

　(24a)は曖昧であり，その時教室に受講生全員がいたわけではない（＝その時教室にいなかった受講生がいる）という読みと，その時教室に受講生がだれもいなかったという読みがある．それに対して，(24b)には，その時教室に太郎だけがいたわけではない（＝その時教室に太郎以外の人もいた）という解釈はなく，その時教室にいなかったのは太郎だけだ（＝その時教室に太郎以外の人は全員いた）という解釈のみが可能である．日本語においても，「だけ」句は，必ず表層上の位置で解釈されると考えられる．

　興味深いことに，不定名詞句「学生」を主語とする(24c)はそれとは逆のパターンを示す．ある学生について，その時教室にいなかったと言える（＝その時教室にいなかった学生がいる）という読みはなく，得られるのは，その時教

室に学生がいたということはない（＝その時教室に学生がだれもいなかった）という読みのみである．不定名詞句は，必ず「ない」が否定する単位に含まれることから，転写された位置ではなく，元の位置で解釈されるようだ．

　Shibata (2015a, b) は，(24b) に見られる「だけ」句の特徴をふまえて，以下の日英語の対比を指摘する．

(25)　a.　John didn't eat only sushi.
　　　b.　太郎は，寿司だけ食べなかった．

(25a) の解釈は，ジョンが寿司だけを食べたということはない（＝ジョンは寿司以外にも食べたものがある）というものである．英語の not が vP を否定の単位とするのであれば，目的語は vP に含まれることから，この事実は正しく予測される．しかし，(25b) の日本語文では，この解釈が得られない．この文の意味は，寿司だけについて，太郎が食べなかったと言える（＝太郎は寿司以外のものはすべて食べた）というものであり，これは，「寿司だけ」が「ない」が否定する単位に含まれない時に得られる意味である．

　(25b) の解釈は，片岡 (2006) の記述と矛盾する．片岡の記述は，以下に再掲する (18) が示すように，「ない」が複数の位置に生起しうるとするものであった．

(26)　[$_{vP}$ 主語 [$_{vP}$ 目的語 [V（ない′）]]（ない″）]（ない‴）

この構造に従えば，(25b) の「寿司だけ」は，「ない″」もしくは「ない‴」が否定する単位に含まれる．したがって，(25b) が英語文 (25a) と同様の解釈を許容することを誤って予測する．

　では，(25b) の解釈は，日本語否定文がどのような構造をもつことを示すのだろうか．「だけ」句は表層上の位置で解釈されるのであるから，(25b) の「寿司だけ」は，「ない」が否定する vP の外に転写されていなくてはならない．したがって，この例は (27) に示す構造を有することになる．

(27)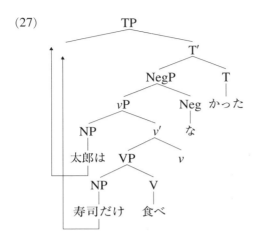

このようにして，Shibata (2015a, b) は，日本語否定文に見られる解釈の特異性は，片岡 (2006) が主張するように否定辞が複数の位置に生じることによるものではなく，主語に加えて目的語も vP 外の位置に転写されることに起因することを提案するのである．

Shibata が指摘するように，この分析は，目的語が全称数量詞である (19b) の曖昧性とも合致する．(19) を (28) に再掲する．

(28) a. 全員がそこに行かなかった（こと）
　　 b. 花子が全員を叱らなかった（こと）

(28a) は (29a) と同様に曖昧であり，vP 内主語仮説，そして全称数量詞が元の位置でも転写された位置でも解釈されうることにより，この曖昧性が予測される．

(29) a. Everyone didn't go there.　(= (11))
　　 b. Mary didn't scold everyone.

日本語の特殊性は，(28b) が，英語の (29b) とは異なり，(28a) と同様に曖昧であることであった．この例には，花子が全員を叱ったわけではないという読みに加えて，全員について，花子が叱らなかったと言える（＝花子はだれも叱らなかった）という読みがある．この事実は，日本語においては目的語が vP 外に転写されるとする Shibata の仮説により，正しく予測される．全称数量詞は元の位置でも転写先でも解釈されうるため，「ない」によって否定される vP が「全員」を含む解釈と含まない解釈の双方が可能となる．

3. 日本語における目的語転写の形態的分析

Shibata (2015a, b) によれば，否定辞の統語構造上の位置においても，否定辞の解釈においても，日英語間に相違はなく，特異に見える日本語否定文の解釈は，日本語では英語と異なり目的語が vP 外に転写されるという極めて単純な仮説により説明される．この記述的結論は，新たな問いを提示する．なぜ日本語では，目的語が vP 内に留まることができないのだろうか．

日本語はスクランブリング言語であり，目的語を比較的自由に前置することができる．基本語順の (30a) に加えて，(30b) や (30c) も文法的に適格である．

(30) a. 花子が太郎に鰐を食べさせた（こと）
b. 花子が鰐を太郎に食べさせた（こと）
c. 鰐を花子が太郎に食べさせた（こと）

スクランブリングにより，目的語の vP 外への転写が可能であることは説明できる．しかし，ここで問題となっているのは義務的な転写であり，異なる説明が求められる．もし vP 外への転写が随意的であれば，以下に繰り返す (25b) の目的語は vP 内に留まり，「ない」が否定する単位に含まれうるはずである．

(31) 太郎は，寿司だけ食べなかった．

Shibata (2015a) は，目的語の作用域解釈に焦点をおいており，なぜ目的語が vP 外に義務的に転写されるかについては，目的格接辞「を」の認可のためである，という提案をしている．Shibata (2015b) は，その分析を発展させ，まず，日本語においては，目的語のみならずすべての vP 内要素が vP 外に転写されることを示す．そして，この現象が動詞と時制の結合に係る形態的要請によって説明されることを提案する．本節では，より包括的である Shibata (2015b) の議論を概観しよう．

3.1. vP 内要素の義務的転写

日本語においては，主語に加え，目的語も vP 外に義務的に転写されることはすでに見たが，間接目的語や後置詞句などの他の要素についてはどうなのだろうか．まず，(32) に示す間接目的語を含む例について考えてみよう．

(32) a. 花子は，5 人以上の友達に年賀状を送らなかった．
b. 花子は，太郎にだけ年賀状を送らなかった．

(32a) は曖昧である．1つの解釈は，花子が5人以上の友達に年賀状を送ったということはない（＝花子が年賀状を送った友達は4人以下である）というものであり，この場合，「5人以上の友達」が「ない」が否定する単位に含まれる．2つ目の解釈は，花子が年賀状を送らなかった友達が5人以上いるというもので，「5人以上の友達」が「ない」が否定する単位に含まれない読みである．これまでの分析を仮定すれば，この曖昧性は，間接目的語が，主語や目的語と同様に，vP内に生成され，vP外に転写されることを意味する．「5人以上の友達」が元の位置で解釈されれば最初の読み，転写先で解釈されれば二番目の読みが得られる．

一方，(32b) に曖昧性はなく，花子が年賀状を送らなかったのは太郎だけだという解釈のみが可能である．これは，「太郎にだけ」が vP 外で解釈される時に得られる読みである．「だけ」が必ず転写先で解釈されることから，この事実は，間接目的語が vP 内から vP 外に転写されるとする (32a) の分析と合致する．

Shibata (2015b) は，「だけ」と同様の性質を示す他の焦点辞を用いて，この結論をさらに確認する．ここでは，「も」をとりあげて，議論の概要を見ることにしよう．「だけ」の場合と同じように，「も」が付随する主語や目的語は，「ない」が否定する単位に含まれない．(33a) は主語，(33b) は目的語の例である．

(33) a. 太郎も鰐を食べなかった（こと）
b. 太郎が鰐も食べなかった（こと）

(33a) には，(多くの人が鰐を食べ，さらに) 太郎も鰐を食べたということはない，とする解釈はない．あるのは，(多くの人が鰐を食べず，さらに) 太郎も鰐を食べなかったという読みのみである．(33b) も，太郎が多くのものを食べず，鰐も食べなかったという解釈になる．主語と目的語が vP 内から vP 外に転写されるとすると，(33) は，「も」が「だけ」と同様に必ず転写先で解釈されることを示す．

以上の「も」の性質をふまえて，(34) の例を考えてみよう．

(34) 花子は，太郎にも年賀状を送らなかった．

この例には，花子が年賀状を（多くの人に送り，）太郎にも送ったということはない，という読みはない．得られる解釈は，太郎についても，花子は年賀状を送らなかったという，「太郎にも」が「ない」が否定する vP に含まれない解釈である．したがって，この例は，(32b) と同様に，間接目的語が vP 内から

vP 外に転写されることの証拠となる.

次に，後置詞句の振る舞いを見てみよう．まず，「5 人以上の学生と」を含む (35) には曖昧性が観察される．

(35)　太郎は，5 人以上の学生と話をしなかった.

この文については，太郎が 5 人以上の学生と話をしたということはないとする解釈も，太郎が話をしなかった学生は 5 人以上だという解釈も可能である．「と」を主要部とする後置詞句も，vP 内から vP 外に転写されるという結論が得られる．

(36) は，この結論を支持するさらなる証拠となる．

(36)　a.　太郎は，花子とだけ話をしなかった.
　　　b.　太郎は，花子とも話をしなかった.

(36a) の「花子とだけ」も，(36b) の「花子とも」も，「ない」が否定する単位に含まれない．(36a) には，太郎は花子とだけ話をしたわけではない，という解釈はなく，この例は，太郎が話をしなかったのは花子だけだという意味である．(36b) は，太郎が，他の人と話をせず，花子とも話をしなかったという解釈を受ける．(36a, b) の解釈は，後置詞句が，否定が適用される単位の外に転写されることを示す．

前節では，日本語において，目的語が vP 外に義務的に転写されるという結論を得た．しかし，間接目的語や後置詞句も同様のパターンを示すことから，(37) のように，目的語に限らず，すべての vP 内要素が vP 外に転写されるというより一般的な結論が得られるのである．

(37)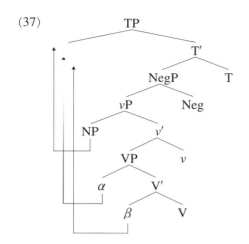

このような転写が,例えば英語では観察されず,日本語で義務的に適用されるのには,何らかの理由がなければならない.次節以降で,Shibata (2015b) の仮説を紹介する.

3.2. 動詞と時制の形態的結合

Shibata (2015b) の仮説は,動詞と時制が形態的に結合するために,vP 内要素が時制の上位に義務的に転写されるとするものである.まず,本節では,この仮説の前提となる動詞と時制の結合について,簡単に見ておこう.

ほとんどの言語では,動詞の語幹と時制が結合して語を形成する.例えば,「食べ＋た」,「食べ＋る」は,それぞれ「食べ」を語幹とする動詞の過去,非過去形である.日本語の場合には,形容詞も,「やさし＋かった」,「やさし＋い」のように,語幹と時制が結合した形をもつ.また,「食べ＋な＋かった」,「食べ＋な＋い」に見られるように,否定辞も語を形成する要素である.否定辞に後続する時制は,動詞ではなく,形容詞のパターンを示す.

では,動詞と時制は,どのように結合するのだろうか.人間の言語では,この点に関して 2 種類の異なる方法があると考えられている.Chomsky (1957) が指摘したように,英語では両方が観察されるので,英語を例にとって説明することにする.まず,*be* 動詞を主動詞とする (38) の例を見てみよう.

(38) a. Mary is a student.
     b. Mary is not a student.
     c. Is Mary a student?

be 動詞は, (39) に示すように, 時制 (T) の位置に転写され (上昇し), 時制と結合する.

(39)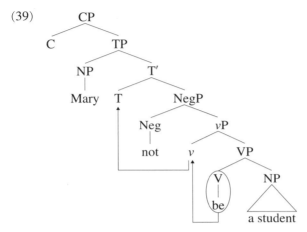

結果として, (38b) の否定文では, 時制と結合した be 動詞が否定辞の前に表れることになる. 英語の主文疑問文は, 時制を C の位置に転写する (上昇させる) ことにより形成されるが, be 動詞が T の位置で時制と結合しているため, (38c) に見られるように, be 動詞 + 時制が文頭に表れる.

一方, 主動詞が be 動詞ではない場合には, 異なるパターンが観察される. (40a) の kick が T に転写されることにより時制と結合するのであれば, 否定文は (40b), 疑問文は (40c) になることが予測される.

(40) a. Mary kicked John.
 b. *Mary kicked not John.
 c. *Kicked Mary John?

この予測に反して (40b, c) が文法的に不適格であるのは, kick が異なる方法で時制と結合するからである. (41) に示すように, この動詞は v に転写されるが, その後は, 隣接する語幹 (動詞) と接辞 (時制) を一語とする形態的併合 (morphological merger) が適用される.[3]

---

 [3] 形態的併合は, Chomsky (1957) が接辞移動 (affix hopping) と呼ぶものである. ここでは, Chomsky (2008) の分析に従い, 形態的併合が適用される前に V がまず v に転写されると仮定する. Chomsky の分析では, さらに, 目的語が (i) のように V の前に転写されるが, この点については, 立ち入らないこととする.

(41)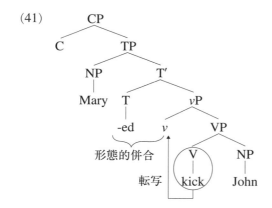

　形態的併合は，隣接を条件とする．(41) では，より正確には，主語の位置に転写される Mary が T (-ed) と v の間に介在する．しかし，この名詞句は転写先で音声的に具現化されるため，形態的併合を阻止しない．「隣接」は以下のように定義される．

(42)　α と β が隣接する ＝$_{定義}$ 音声素性を伴う要素が α と β の間に介在しない．

　この隣接条件により，(40a) に対応する否定文，疑問文では，形態的併合を適用することができない．否定文の構造を (43a) に示す．

(43) a.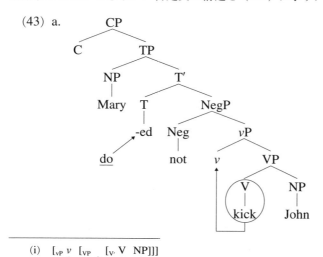

(i)　[$_{vP}$ v [$_{VP}$ [$_{V'}$ V NP]]]

b.　Mary did not kick John.

(43a) では，時制と v に転写された動詞の間に否定辞 not が介在するため，両者は隣接していない．結果として，形態的併合は適用されない．時制の接辞 -ed は単独では語となりえないことから，do が挿入され，(43b) が派生される．do 挿入 (do-support) と呼ばれる現象である．

　疑問文においても，類似する現象が観察される．(44a) は，(40a) に対応する疑問文の構造である．

(44)　a.

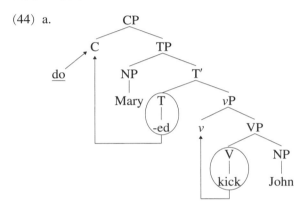

　b. Did Mary kick John?

上述したように，主文疑問文は，時制を文頭の C に転写することにより形成される．時制は，音声的には転写先で具現化されることから，形態的併合を適用するためには，C と動詞が隣接していなければならない．しかし，主語の Mary が介在し，隣接の条件が満たされていない．ここでも，do 挿入が起こり，(44b) が派生される．

　隣接性が形態的併合の条件となることを見てきたが，ここで「隣接」の定義として 2 通りの可能性があることを指摘しておきたい．1 つは，線上的な隣接性である．例えば (41) の場合，発音される要素は，Mary—-ed—kick—John の順に表れ，-ed と kick は線上的に隣接している．一方，(43a) では，Mary—-ed—not—kick—John となっており，not が両者間に線上的に介在する．もう 1 つの隣接性の可能な定義は，構造に基づくものである．(41) を見ると，時制 T よりも下位にあり，動詞の転写先である v よりも上位にある音声を伴う要素は存在しない．しかし，(43a) の構造においては，Neg である not が構造上 T と v の間に位置する．

ここで,「上位」を「c 統御 (c-command)」として,より正確に定義しておこう.

(45) α が β を c 統御する =_{定義} α を含む最小の枝分かれしている節点が β を含む.

(45) に基づいて,構造上の隣接を以下のように定義することができる.

(46) α と β が構造的に隣接する =_{定義} α が c 統御し,β を c 統御する音声を伴う要素が存在しない.

(43a) の構造では,*-ed* を含む最小の枝分かれしている節点は T′ であり,これは *not* を含む.したがって,*-ed* は *not* を c 統御する.*not* を含む最小の枝分かれしている節点は NegP である.NegP が *kick* を含むことから,*not* は *kick* を c 統御する.したがって,*-ed* は *not* を c 統御し,*not* は *kick* を c 統御する.(46) により,*-ed* と *kick* は隣接していない.一方,(41) では,*-ed* が c 統御し,*v* に転写された *kick* を c 統御する要素は存在しない.よって,*-ed* と *kick* は隣接し,形態的併合の適用対象となる.

3.3. *v*P 内要素の義務的転移に対する形態的説明

　前節では,動詞と時制の結合には,動詞の時制への転写および形態的併合の 2 種類があること,また,形態的併合は隣接条件に従うが,隣接を線上的に定義すべきか,構造的に定義すべきかが残された問題としてあることを見た.このコンテクストで日本語統語論を考える時,2 つの研究課題が浮かび上がる.1 つは,日本語における動詞と時制の結合が,転写によるのか,それとも形態的併合によるのか,ということである.この課題についてはこれまでも議論されてきたが,まだ決定的な証拠が提示されていない.英語の場合は,否定辞が独立語であり,*be* 動詞が否定辞の前に生じるという事実に,*be* 動詞の時制への転写をはっきりと見ることができる.また,*be* 動詞以外の主動詞が否定辞の前に表れず,*do* 挿入を誘発する事実が,形態的併合を仮定する根拠となる.しかし,日本語では,否定辞が,動詞と時制の複合語の一部として表れるため,このようなはっきりとした証拠を得にくい.

　2 つ目の研究課題は,日本語の動詞と時制の結合が形態的併合による場合,条件となる隣接の定義を選択することを可能にするデータを追究することである.(47) の 2 つの構造から見ることができるように,(47a) のような英語の主要部前置型構造では,線上的隣接と構造的隣接に差異を見出しにくいが,日本語の統語構造は (47b) のように主要部後置型であり,この点について重要

なデータの発掘が期待できる．

(47)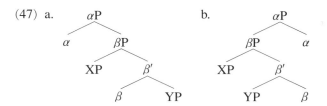

いずれの構造においても，α と β は，XP と YP が介在するため，構造的に隣接していない．主要部前置型構造の (47a) では，α と β は線上的にも隣接しておらず，構造的隣接と線上的隣接は区別されない．しかし，主要部後置型の (47b) では，α と β は線上的には隣接しており，隣接をどのように定義するかにより，異なる予測が得られる．

Shibata (2015b) は，この 2 つの研究課題に対して，3.1 節で紹介した vP 内要素の vP 外への義務的な転写が重要な手掛かりを与えることを指摘する．(48) に示す構造に基づいて，動詞と時制の結合について考えてみよう．

(48)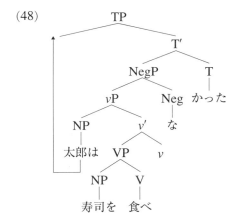

この例では，「食べ，v，な，かった」の 4 要素が結合して，一語を形成する．この結合が転写によるのであれば，ここで特に問題は生じない．V を v に転写し，V-v を Neg に転写し，V-v-Neg を T に転写するという循環的な操作により，4 つの要素が結合される．

では，形態的併合を仮定した場合はどうだろうか．もし，形態的併合が線上的隣接を条件とするのであれば，やはり問題は生じない．V と v，v と Neg，Neg と T はそれぞれ線上的に隣接しており，形態的併合により，「食べなかっ

た」という語を形成することができる．しかし，構造的隣接が形態的併合の条件であるとすると，結果は大きく異なる．「太郎」は，否定辞「な」と v に介在するが，主語の位置に転写され，元の位置で音声的に具現化されないため，形態的併合の障害とはならない．問題となるのは，目的語の「寿司」である．v は「寿司」を c 統御し，「寿司」は動詞「食べ」を c 統御する．よって，目的語が介在することから，v と動詞は隣接条件を満たさず，形態的に結合することができない．ここで，形態的併合を可能にするためには，目的語が主語のように上位の位置に転写されなければならないという結論が導かれる．

(48) では目的語を問題としたが，同様のことがすべての vP 内要素について言える．T と Neg，Neg と v，v と V が形態的に併合するためには，(37) に示したように，T と V の間に介在する要素はすべて T の上位に転写されなければならない．(37) を (49) に再掲する．

(49)
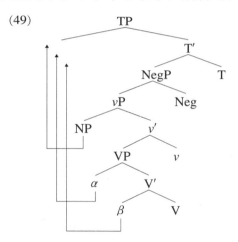

したがって，このような転写が，日本語においては義務的であるとする 3.1 節の記述的結論は，日本語では時制と動詞の結合が形態的併合によること，また，形態的併合に係る隣接条件が構造的に定義されるべきであることを支持する証拠となる．

Shibata (2015b) の議論に沿って，日本語否定文の解釈に関する説明という観点から，以上の結論を言い換えてみよう．日本語における時制と動詞の結合が構造的隣接条件を伴う形態的併合によることから，すべての vP 内要素が vP 外に転写される必要が生じる．その結果として，例えば (50) に繰り返す日英語文の解釈上の相違が観察されることになる．

(50) a.　花子が全員を叱らなかった（こと）
　　 b.　Mary didn't scold everyone.

(50b) では，scold が v に転写され，目的語は元来の位置に留まる．よって，everyone は not が否定の単位とする vP に含まれる．他方，(50a) では，動詞，v，否定辞，時制が形態的併合により結合する．構造的隣接条件を満たすために，「全員」は時制によって c 統御されない位置に転写されなければならない．結果として，花子が全員を叱ったわけではないという英語文にも見られる解釈と，花子はだれも叱らなかったという解釈の双方が可能になる．

　動詞がどのように時制と結合するかは，当該動詞の性質によって決定される．英語でも，be 動詞とそれ以外の動詞では，異なった方法が採用される．Shibata (2015b) の提案によれば，日本語の動詞は形態的併合を選択し，この日本語の動詞の語彙的性質により，日本語における否定文の解釈が説明される．

第 2 部　焦点辞に見られる反再構築化現象

　第 1 部では，否定文の解釈に関する日英語間の相違をとりあげ，Shibata (2015a, b) の記述と説明を紹介した．その過程で，「全員，5 人以上」などの数量詞と「だけ，も」などの焦点辞が異なるパターンを示すことを観察した．関連する例を復習しておこう．

(51) a.　Everyone didn't take the exam.
　　 b.　Only John didn't take the exam.

(51a) の everyone は，vP 内の元々の位置でも，転写先の主語の位置でも解釈しうる．結果として，everyone が，not が否定の単位とする vP に含まれる読みと含まれない読みが可能となる．前者はしばしば，everyone の転写を取り消したかのような読みという意味で，everyone が再構築（reconstruct）された読みと呼ばれる．他方，(51b) の only John は，必ず転写先で解釈されるため，not が否定する単位には含まれず，この例には曖昧性がない．

　日本語の (52) でも，同様の現象が観察される．

(52) a.　花子が全員を叱らなかった（こと）
　　 b.　花子が太郎だけ叱らなかった（こと）

(52a) の「全員」は,「ない」が否定の単位とする vP 内でも, vP 外でも解釈しうる. 第1部で紹介した分析によれば, これは, 日本語において目的語が義務的に vP 外に転写されるからである. それに対して, (52b) には曖昧性がなく, 太郎だけについて, 花子が叱らなかったと言えるという「太郎だけ」が vP 外で解釈される読みのみが可能である.

(51a), (52a) と (51b), (52b) との対比は, *only* や「だけ」のような焦点辞には, なぜ再構築された読みがないのかという日英語に共通した問題を提示する. 第2部では, この問いに対する Shibata (2015a, b) の答えを紹介する. 第2部第1節で分析の基礎となる Fox (2003) の連鎖 (chain) の解釈メカニズムを概観し, 第2節で付加要素の遅延挿入 (late insertion) に基づく Shibata の提案を見る.

1. 転写と演算子-変項関係

演算子-変項 (operator-variable) 関係を含む典型的な例として, 以下の wh 疑問文について考えてみよう.

(53)　Which book did Mary buy?

この例では, *which book* が目的語の位置から文頭に転写されている. wh 句の音声的な具現化が転写先でなされるため, 目的語の位置には何もないように見えるが, 統語的には転写に伴い, (54) が派生される.

(54)　which book did Mary buy which book

一方で, (53) は, 意味的には (55a) あるいは (55b) のように解釈される.

(55)　a.　[which x: x is a book] Mary bought x
　　　b.　どの本 x について次のことが言えるか：メリーが x を買った

(54) からどのようにして (55) の解釈が得られるのだろうか. Fox (2003) は, この問題について, 以下に示すような分析を提案している.

Fox の提案は, (56) に示す変項挿入 (variable insertion) と限定辞置き換え (determiner replacement) から成る.

(56)　a.　variable insertation:
　　　　　(Det) Pred → (Det) [Pred $\lambda y\ (y = x)$]

b. determiner replacement:
   (Det) [Pred λy (y=x)] → the [Pred λy (y=x)]

ここでは，(56) を少し簡略化して具体例に適用し，この2つの操作の効果を考えることにしよう．まず，(54) の2つの *which book* が [which x: x is a book] と解釈されるとすると，(57a) が得られる．

(57) a. [which x: x is a book] Mary bought [which x: x is a book]
     b. [which x: x is a book] Mary bought [the y: y=x]
     c. どの本 x について次のことが言えるか：メリーは y=x である y を買った

しかし，(57a) は意味をなさず，文の解釈は，(57b) あるいは (57c) のように表示されなければならない．(57b) は，(57a) から (56) の2つの操作によって導きうる．第一に，以下のように，目的語に変項 y を導入する．

(58) [which x: x is a book] Mary bought [which y: y=x]

これが (56a) の変項挿入である．次に，目的語の限定辞を *which* から *the* に変えることにより，(57b) に至る．この第二の操作が (56b) の限定辞置き換えということになる．

Fox は，演算子-変項関係の解釈が，一般的にこの2つの操作を伴うとする．以下に再掲する (51a) を例にとって，この点を見ておこう．

(59) Everyone didn't take the exam.

wh 句と異なり，数量詞は顕在的に演算子の位置に転写されず，(59) の *everyone* は主語の位置にある．May (1977) に従い，演算子-変項関係の表示を導く第一歩として，(60) に示すように，数量詞が非顕在的に演算子の位置に転写されるとしよう．[4]

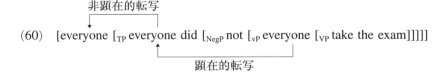

(60) [everyone [$_{TP}$ everyone did [$_{NegP}$ not [$_{vP}$ everyone [$_{VP}$ take the exam]]]]]

---

[4] この数量詞の非顕在的転写を数量詞繰り上げ (quantifier raising) と言う．非顕在的転写は，音声素性が転写先ではなく，元の位置で具現化される点においてのみ，顕在的転写と異なる．

everyone は，文頭の非顕在的転写先で，[every x: x is a person] という演算子として解釈される．変項挿入と限定辞置き換えを *v*P 内のコピーに適用することにより，以下のように，演算子−変項の関係が形成される．[5]

(61) a. [every x: x is a person] did not [every x: x is a person] take the exam

　　　　　　　　　　　　　　　　↓ 変項挿入

　　b. [every x: x is a person] did not [every y: y = x] take the exam

　　　　　　　　　　　　　　　　↓ 限定辞置き換え

　　c. [every x: x is a person] did not [the y: y = x] take the exam

(61c) は，(62) と同義であり，*everyone* は *not* が否定する単位に含まれない．

(62) [every x: x is a person] [Past [Not [x take the exam]]]

よって，すべての人 x について，x が試験を受けないということが過去に起こったという解釈が得られる．では，*everyone* が *not* が否定する単位に含まれる読みは，どのように導かれるのだろうか．

(60) では，主語の位置の *everyone* を非顕在的に演算子の位置に転写したが，この非顕在的転写を *v*P 内の *everyone* に適用することにより，(63) が得られる．

(63) [_TP everyone did [_NegP not [everyone [_vP everyone [_VP take the exam]]]]]

非顕在的に転写された *everyone* を (64a) のように [every x: x is a person] と解釈し，つづけて *v*P 内のコピーに変項挿入と限定辞置き換えを適用することにより，適切な意味表示を得ることができる．

---

[5] 主語位置にある *everyone* は，演算子としても，変項としても解釈されない．以降，意味表示においては，意味解釈に寄与する要素のみを示し，解釈に関わらないコピーは省略することとする．

(64) a. did not [every x: x is a person] [every x: x is a person] take
    the exam
    　　　　　　　　　　　　　　　　　↓ 変項挿入
  b. did not [every x: x is a person] [every y: y = x] take
    the exam
    　　　　　　　　　　　　　　　　　↓ 限定辞置き換え
  c. did not [every x: x is a person] [the y: y = x] take
    the exam

(64c) では，[every x: x is a person] が，*not* が否定する単位に含まれる．したがって，すべての人が試験を受けるわけではないということが過去に起こったという意味の (65) と同義である．

(65)　Past [Not [[every x: x is a person] x take the exam]]

2. 焦点辞の遅延挿入

Shibata (2015a, b) は，Fox (2003) の提案を基礎としながらも，焦点辞が形成する演算子-変項関係には，この分析がそのまま適用できないことを指摘する．(66) は，問題点を明確に示す一例である．

(66)　Only the boy didn't take the exam.

every や *some* のような数量詞は，限定辞として名詞句内に表れる．例えば (67a) では，数量詞が名詞とともに名詞句を構成する．

(67) a. every boy, some books
  b. *every the boy, *every John

数量詞は，名詞句の一部であるため，(67b) が示すように，*the boy* や *John* などのそれ自体で完成した名詞句ととも表れることができない．一方，*only* や「だけ」は限定辞ではなく，独立した名詞句と共起する．

(68) a. only the boy, only John
  b.　その少年だけ，太郎だけ

Rooth (1985) は，*only* を，(69) のように名詞句に付加する要素としており，青柳 (2006) も「だけ」を同様に分析している．

(69) [_NP only [_NP the boy]]

この *only* と「だけ」の性質をふまえて，(66) がどのように分析されるか考えてみよう．*only the boy* が主語の位置から非顕在的に演算子の位置に転写されると，(70) が得られる．

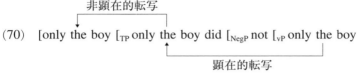

(70) [only the boy [_TP only the boy did [_NegP not [_vP only the boy

　　　[_vP take the exam]]]]]

the boy は，[the x: x is a boy] と解釈される．ここで，*v*P 内のコピーに変項挿入を適用すると，(71) の表示に至る．

(71) 　only [the x: x is a boy] [Past [Not [only [the y: y = x] take the exam]]]

*v*P 内の限定辞はすでに *the* であるから，限定辞置き換えによる変化は生じない．しかし，(71) では *only* が *v*P 内にも表れ，この表示は意味をなさない．求められる表示は，(72b) と同義である (72a) である．

(72) a.　only [the x: x is a boy] [Past [Not [[the y: y = x] take the exam]]]
　　 b.　only [the x: x is a boy] [Past [Not [x take the exam]]]

では，Fox (2003) の解釈メカニズムを維持しつつ，どのようにして (72a) を導くことができるのだろうか．

　Shibata (2015a, b) は，ここで，*only* や「だけ」が名詞句に付加する要素であることに注目する．同じく名詞句に付加する関係節が，同一指示の現象において興味深い振る舞いを示すことが知られている．まず，以下の対比を見よう．

(73) a.　His mother liked the picture of John.
　　 b.　He liked the picture of John.

(73a) では，*his* がジョンを指す読みが可能であり，この例は，ジョンのお母さんがジョンの写真を気に入っていると解釈することができる．他方，(73b) においては，*he* がジョンを指すことができず，この例は，ジョン以外の男性

がジョンの写真を気に入っていることを意味する．

この代名詞と名前の反同一指示現象は，代名詞が名前を c 統御する時に観察されることから，以下の解釈メカニズムが広く仮定されている．[6]

(74) 代名詞は，それが c 統御する名前と同じ人（もの）を指すことができない．

(45) に示した c 統御の定義を (75) に繰り返しておこう．

(75) α が β を c 統御する $=_{定義}$ α を含む最小の枝分かれしている節点が β を含む．

(73a) において his を含む最小の枝分かれしている節点は，主語の NP であり，これは John を含まない．よって，his は John を c 統御しない．(73b) では，he を含む最小の枝分かれしている節点は TP であって，John を含む．したがって，he は John を c 統御しており，(74) により John と同一人物を指すことができない．

(74) は，(76a) の例においても he がジョンを指すことができないことを正しく予測する．

(76) a. Which picture of John did he like?
  b. [$_{CP}$ [$_{NP}$ which picture of John] [$_{C'}$ did [$_{TP}$ he [$_{VP}$ like [$_{NP}$ which picture of John]]]]]

この例は，which picture of John の目的語の位置から文頭への転写を伴い，(76b) に示す統語構造を有する．この構造では，he が目的語内の John を c 統御しており，結果として，he はジョンを指すことができない．

ところが，van Riemsdijk and Williams (1981) などが指摘しているように，(76a) に類似する (77a) では，he と John の同一指示が可能である．

(77) a. Which picture that Mary showed John did he like?
  b. [$_{CP}$ [$_{NP}$ [$_{NP}$ which picture] [$_{CP}$ that Mary showed John]] [$_{C'}$ did [$_{TP}$ he [$_{VP}$ like [$_{NP}$ [$_{NP}$ which picture] [$_{CP}$ that Mary showed John]]]]]]

(77a) の統語構造であると考えられる (77b) においても，he が目的語内の John を c 統御しており，この例は (74) と矛盾するように見える．この種の

---

[6] この解釈メカニズムの詳細については，Chomsky (1981, 1995) とそこで言及されている諸論文を参照されたい．

現象は，*John* が wh 句を修飾する関係節に含まれる時に観察される．

　この問題を解決する提案を行ったのが，Lebeaux (1988) である．Lebeaux は，関係節のような付加句は，転写が適用される前でも後でも，構造に挿入することができるとする．(77a) の関係節が *which picture* が文頭に転写された後に挿入された場合の派生は，(78) のようになる．

(78) a. [$_{CP}$ [$_{NP}$ which picture] [$_{C'}$ did [$_{TP}$ he [$_{VP}$ like [$_{NP}$ which picture]]]]]

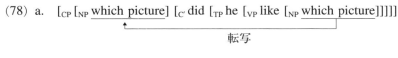

b. [$_{CP}$ [$_{NP}$ [$_{NP}$ which picture] [$_{CP}$ that Mary showed John]] [$_{C'}$ did [$_{TP}$ he [$_{VP}$ like [$_{NP}$ which picture]]]]]

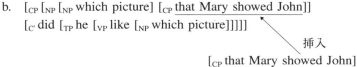

(78b) では，*he* が *John* を c 統御せず，両者の同一指示が可能であることが正しく予測される．

　Shibata (2015a, b) は，Lebeaux の付加句遅延挿入を同じく付加要素である *only* に適用することによって，(79) に再掲する (66) の適切な意味構造を導きうることを指摘する．

(79)　Only the boy didn't take the exam.

この例において，(80i) に示すように，*the boy* のみが *v*P 内から主語の位置に顕在的に転写されると考えてみよう．(80ii) で，転写された *the boy* に *only* が付加し，(80iii) では，*only the boy* 全体が演算子位置へ非顕在的に転写されている．

(80)　[[$_{NP}$ only [$_{NP}$ the boy]] [$_{TP}$ [$_{NP}$ only [$_{NP}$ the boy]] [$_{T'}$ did [$_{NegP}$ not [$_{vP}$ the boy [$_{VP}$ take the exam]]]]]]

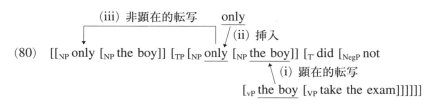

文頭の演算子位置および *v*P 内の *the boy* を [the x: x is a boy] とすると，(81a) が得られる．さらに *v*P 内の [the x: x is a boy] に変項挿入を適用することにより，(81b) が導かれる．

(81) a. only [the x: x is a boy] [Past [Not [[the x: x is a boy] take the exam]]]

　　　　　　　　　　　　　　　　　　↓ 変項挿入

b. only [the x: x is a boy] [Past [Not [[the y: y = x] take the exam]]]

(81b) は，より標準的な (82) と同義であり，(79) の意味を適切に反映する．

(82) [only z: z = [the x: x is a boy]] [Past [not [z take the exam]]]

この分析は，焦点辞を伴う他の例にもそのまま適用されうる．(83) に再掲する (52b) を例にとって考えてみよう．

(83) 花子が太郎だけ叱らなかった（こと）

(84) にこの文の構造を示す．

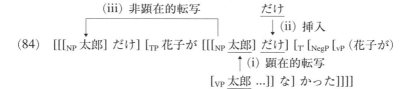

目的語の「太郎」が，時制と動詞の形態的併合を可能にするために，(i) のように，時制の上位に顕在的に転写される．(ii) において「だけ」が転写先に挿入され，(iii) で「太郎だけ」が文頭の演算子の位置に非顕在的に転写される．文頭と目的語に位置する「太郎」を [the x: x = 太郎] と解釈することにより，(85a) が得られる．

(85) a. [the x: x = 太郎] だけ [[[花子が [the x: x = 太郎] を叱る] な] かった]

b. [the x: x = 太郎] だけ [[[花子が [the y: y = x] を叱る] な] かった]

(85a) の目的語に変項挿入を適用して，(86) と同義である (85b) に至る．

(86) [only z: z = [the x: x = 太郎]] [Past [Not [花子が z を叱る]]]

このように，Shibata (2015a, b) は，only や「だけ」の遅延挿入により，これらの要素を含む否定文の意味を正しく捉えうることを示している．Shibata は，さらに，この分析の帰結として，only や「だけ」が必ず転写先で解釈され

る事実が導かれることを指摘する．(87) に再掲する (79) を再び例にとって，この点を見よう．

(87) Only the boy didn't take the exam.

説明すべきは，この例に，その少年だけが試験を受けたわけではない，すなわちその少年以外にも試験を受けた人がいる，という読みがないことである．この解釈を得るためには，以下の構造が可能でなければならない．

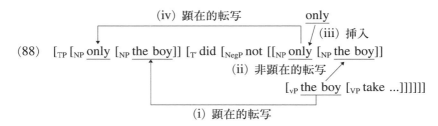

もし，この構造が派生されうるのであれば，*not* に後続する *only the boy* を演算子，vP 内の *the boy* を変項として解釈することにより，問題の読みに対応する (89) の意味構造が導かれる．

(89) Past [Not [[only z: z = [the x: x is a boy]] [the y: y = x] take the exam]]

しかし，(88) の派生は，複数の理由により排除される．まず，(iv) に示した *only* の顕在的な転写が問題となる．*only* を，最初にある名詞句に付加して，顕在的転写により異なる名詞句に付加し，かつ元の位置で解釈することができるのであれば，(90a) は，(90b) のように派生でき，(90c) と同義に解釈できるはずである．

(90) a. Only John admires Mary.
b. [NP only John] admires [NP only Mary]
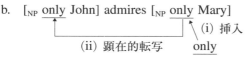
c. John admires only Mary.

(90a) が明確に意味的に (90c) と異なることは，(88iv) の *only* の顕在的転写が不可能であることを示している．

さらに，(88iii) では，*only* が *the boy* の非顕在的な転写先に挿入されてい

る．the boy は非顕在的な転写先では音声素性を有しないが，音声素性を伴う only は，音声素性を伴う要素にのみ付加しうると考えるのが妥当であろう．この点からも，(88) の派生は不可能であると考えられる．

only の挿入先が音声素性を伴う要素に限られるのであれば，(88) では，主語の位置あるいは vP 内で the boy に付加しなければならない．前者の場合には，(80) の派生となり，only は，not が否定する単位に含まれない．また，後者の場合に適切な意味構造が得られないことは，すでに見たところである．この点は，より簡単な例である (91a) からも明らかであろう．

(91) a. Only John went there.
  b. [only x: x = John] x went there
  c. [only x: x = John] only x went there

only が，演算子ではなく，変項として解釈される要素に付加した場合には，(91b) は得られず，意味をなさない (91c) が意味表示となる．Shibata (2015a, b) は，この問題を解決するために，only の遅延挿入を提案したのである．したがって，only は，顕在的な転写先に挿入されなければならず，結果として，再構築化された解釈を許容しない．

おわりに

本章では，Shibata (2015a, b) による日本語否定文の研究を紹介した．第 1 部で，Shibata の記述的研究と日英語の相違に関する提案を見た．記述的研究は，「全員，5 人以上」などの通常の数量詞に加え，「だけ」などの焦点辞の振る舞いを詳細に検討し，英語の分析から得られた知見をふまえて，日英語比較の観点からなされたものである．記述的研究の結論は，日本語においては，すべての vP 内要素が vP 外に顕在的に転写されるというものであった．

さらに重要な点として，Shibata が，日本語でなぜこのような転写が起こるのかを追究したことを見た．Shibata の提案は，日本語における動詞と時制の結合が形態的併合によることが，vP 内要素の転写を強いるということである．科学的探究は，事実を考察し，なぜそのような事実があるのかを問うことによって進展する．Shibata は，日本語における vP 内要素の義務的転写の要因を問い，また，only や「だけ」などの焦点辞が転写先のみで解釈しうるということについても，なぜそのような事実があるのかを問うたのである．第 2 部で概観したように，Shibata は，Fox (2003) の解釈メカニズムを仮定しつつ，

付加要素の遅延挿入を提案することにより，この事実に説明を与えている．形態的要請に基づく日英語の相違に関する説明，意味解釈メカニズムによる焦点辞の特殊性の説明は，いずれも，統語論が，併合による構造構築を中心とした必要最低限の操作によって構成されるとするミニマリストプログラムのアプローチに合致するものである．

今後の研究の進展により，より正確な記述が得られ，Shibata (2015a, b) の説明も深められて，代案も提示されることになろう．本章の目的は，Shibata (2015a, b) の分析や説明を正しいものとして紹介することではなく，その研究姿勢から多々学ぶことがあることを示すことにあった．統語理論の成果をふまえて，比較統語論の視点に立脚した記述的研究を追究し，事象の記述に留まることなく，なぜ，当該の事象が存在するのかを問い続けることにより，日本語研究を通して，言語理論の発展に寄与することができる．Shibata (2015a, b) は，そのような研究のよきモデルであり，その研究姿勢が広く受け継がれていくことを期待したい．

参考文献

青柳宏 (2006)『日本語の助詞と機能範疇』ひつじ書房，東京．
Chomsky, Noam (1957) *Syntactic Structures*, Mouton, The Hague.
Chomsky, Noam (1981) *Lectures on Government and Binding*, Foris, Dordrecht.
Chomsky, Noam (1995) *The Minimalist Program*, MIT Press, Cambridge, MA.
Chomsky, Noam (2008) "On Phases," *Foundational Issues in Linguistic Theory: Essays in Honor of Jean-Roger Vergnaud*, ed. by Robert Freidin, Carlos P. Otero and Maria Luisa Zubizarreta, 133–166, MIT Press, Cambridge, MA.
Fox, Danny (2003) "On Logical Form," *Minimalist Syntax*, ed. by Randall Hendrick, 82–123, Blackwell, Oxford.
片岡喜代子 (2006)『日本語否定文の構造』くろしお出版，東京．
Koopman, Hilda and Dominique Sportiche (1991) "The Position of Subjects," *Lingua* 85, 211–258.
Kuno, Susumu (1980) "The Scope of the Question and Negation in Some Verb-final Languages," *CLS* 16, 155–169.
Lebeaux, David (1988) *Language Acquisition and the Form of the Grammar*, Doctoral dissertation, University of Massachusetts, Amherst.
May, Robert (1977) *The Grammar of Quantification*, Doctoral dissertation, MIT.
Riemsdijk, Henk van and Edwin Williams (1981) "NP-structure," *The Linguistic Review* 1, 171–217.
Rooth, Mats (1985) *Association with Focus*, Doctoral dissertation, University of Mas-

sachusetts, Amherst.
Saito, Mamoru (2010) "On the Scope Properties of Nominative Phrases in Japanese," *Universals and Variation*, ed. by Rajat Mohanty and Mythili Menon, 313-333, EFL University Press, Hyderabad.
Shibata, Yoshiyuki (2015a) "Negative Structure and Object Movement in Japanese," *Journal of East Asian Linguistics* 24, 217-269.
Shibata, Yoshiyuki (2015b) *Exploring Syntax from the Interfaces*, Doctoral dissertation, University of Connecticut, Storrs.
Takubo, Yukinori (1985) "On the Scope of Negation and Question in Japanese," *Papers in Japanese Linguistics* 10, 87-115.

第 13 章

スクランブリングの獲得*

杉崎　鉱司・村杉　恵子

三重大学　　南山大学

　日本語にはスクランブリング（scrambling）と呼ばれる移動操作が存在し，その適用によって（A）の語順から（B）の語順が，さらに（C）の語順から（D）の語順が得られると考えられている．

- (A) 　ケンがその寿司を食べた．
- (B) 　その寿司をケンが食べた．
- (C) 　ケンが [マリがその寿司を食べたと] 主張した．
- (D) 　その寿司をケンが [マリが食べたと] 主張した．

(B) のような単一の節内で名詞句を移動させるスクランブリングは短距離スクランブリングと呼ばれ，(D) のような節の境界を超えて名詞句を移動させるスクランブリングは長距離スクランブリングと呼ばれている．日本語を母語とする幼児はいつどのようにしてこれら2種類のスクランブリングを獲得するのだろうか．もし母語獲得に生得的な仕組みが関与しているのであれば，幼児はこれらのスクランブリングに関して早い段階から成人と同質の知識を持つことが予測されるが，この予測は妥当なのであろうか．本章では，日本語を母語とする幼児を対象とした実験の実施や，幼児に向けられた成人の発話の分析を通してこれらの問いに答えようとした主要な研究を整理し，その成果について概観する．

---

* 本章の執筆に際して，宮本陽一氏，斎藤衛氏，川村知子氏，ならびに初稿に対する2名の匿名査読者から貴重なコメント・示唆をいただいた．ここに謝意を表する．

第 13 章　スクランブリングの獲得　　　　　　　　　　445

本章の構成

　第1部では，日本語の自由語順現象の背後にあるスクランブリングと呼ばれる移動操作について，日本語を母語する幼児が成人と同質の知識を持つことを実験によって明らかにした研究について整理する．第2部では，スクランブリングの適用によって移動した名詞句が元位置に残すと仮定される痕跡に関しても，日本語を母語とする幼児が成人と同質の知識を持つことを示した研究について概観する．

第 1 部　日本語におけるスクランブリングの獲得

1.　日本語のスクランブリング

　日本語が示す主要な性質の1つは，英語などの言語とは異なり，語順が比較的自由であるという性質である．例えば，(1) および (2) の例が示すように，日本語では同じ節の中にある通常の名詞句や wh 句を前置することが可能である（原田 (1977)，Saito (1985) など）．また，(3) および (4) の例が示すように，これらの句を節の境界を越えて文頭に前置することも可能である（Saito (1989, 1992) など）．

(1) a.　ケンがその寿司を食べた．
　　b.　その寿司をケンが食べた．
(2) a.　ケンが何を食べましたか．
　　b.　何をケンが食べましたか．
(3) a.　ケンは [マリがその寿司を食べたと] 主張した．
　　b.　その寿司をケンは [マリが食べたと] 主張した．
(4) a.　ケンは [マリが何を食べたか] 知っている．
　　b.？何をケンは [マリが食べたか] 知っている．

　高野（本書），瀧田（本書）で議論されているように，日本語に関する理論的研究では，日本語の自由語順現象にはスクランブリング (scrambling) という移動操作が関与しており，日本語において自由な語順が可能なのは (5) や (6) に例示されるようなスクランブリングが存在するためであると考えられている．

(5)　　その寿司をケンが＿＿食べた．

(6) その寿司をケンは [マリが＿＿＿食べたと] 主張した．

　(5) のように，要素を同じ節の文頭へ移動させるスクランブリングは短距離スクランブリング (short-distance scrambling) と呼ばれ，(6) のように，節の境界を越えて，埋め込み節内から主節へと要素を移動させるスクランブリングは長距離スクランブリング (long-distance scrambling) と呼ばれる．以下，第1部では，日本語を母語とする幼児がいつ頃にこれら2種類のスクランブリングを獲得するかについて調査した研究を概観する．

2. 短距離スクランブリングの獲得

2.1. Hayashibe (1975) による実験研究

　日本語における短距離スクランブリングの獲得に関する初期の研究の一例として，Hayashibe (1975) を挙げることができる．Hayashibe (1975) の研究では，3歳4か月から5歳11か月までの日本語を母語とする幼児30名を対象に，これらの幼児が (1a) のような「～が～を動詞」の語順を持つ文と (1b) のような「～を～が動詞」の語順を持つ文を正しく理解できるかどうかについて，実験を用いた調査が行われた．この実験では，カメ・アヒル・ネコ・パトカーなどのおもちゃが幼児の前に置かれ，各幼児はこれらを用いて，与えられた文の通りに動作を行うという動作法 (act-out task) が用いられた．調査は比較的静かな部屋で1人ずつ実施された．

　テスト文は24文からなり，その内の16文は (7) のように主語・目的語のいずれもが生物を指す名詞句となっている文で，残りの8文は (8) のように目的語が無生物を指す名詞句となっている文であった．また，これらの16文および8文のうち，それぞれ半数が「～が～を動詞」の語順で提示され，残りの半数が「～を～が動詞」の語順で提示された．

(7) a. カメがアヒルを押す
　　b. アヒルをカメが押す
(8) a. ネコが箱を開ける
　　b. 箱をネコが開ける

　主語・目的語のいずれもが生物を指す名詞句となっている (7) のような文では，(8) のような無生物を指す目的語を含む文とは異なり，名詞句の意味内

容のみからはどちらが主語でどちらが目的語であるかを決めることができないため，これらの文を正しく理解するためには，「が」や「を」といった格助詞に注目して語順を正確に把握する必要がある．これら 16 文に関して得られた結果を整理すると，主に (9) に整理した 4 パターンが観察された．

(9) a.　グループ A：
　　　　16 文のうち，誤った反応を 2 文以下においてしか示さなかった幼児
　　b.　グループ B：
　　　　「〜が〜を動詞」の語順を持つ 8 文に対しては誤った反応を 1 文以下においてしか示さなかった一方で，「〜を〜が動詞」の語順を持つ 8 文に対しては誤った反応を 3 文以上において示した幼児
　　c.　グループ C：
　　　　「〜が〜を動詞」の語順を持つ文と「〜を〜が動詞」の語順を持つ文の両方において，3 文以上に対して誤った反応を示した幼児
　　d.　グループ D：
　　　　16 文のうち，少なくとも 1 つの文に対して「自己中心的な反応」を示した幼児
　　　　（「自己中心的な反応」とは，幼児自身が動作主となり，例えば「カメをアヒルが押す」という文に対して「カメとアヒルの両方を押すという動作を行った反応を指す.）

(9) に示した 4 パターンのそれぞれについて，当てはまった幼児の人数および平均年齢は表 1 の通りである．

	幼児の人数	平均年齢
グループ A	7	5;00
グループ B	10	4;09
グループ C	6	4;00
グループ D	5	3;07

（歳；ヵ月）

表 1：Hayashibe (1975) による実験の結果

表 1 に示される通り，最も多くの幼児が示した反応はグループ B の反応，つまり「〜が〜を動詞」の語順を持つ文は正しく解釈できるのに対し，「〜を〜が動詞」の語順を持つ文に対しては誤った解釈を与えてしまうという反応であった．これらの幼児は，(7b) のような「〜を〜が動詞」の語順を持つ文が

与えられた際，最初の名詞句を動作主，2番目の名詞句を被動作主と解釈し，「アヒルがカメを押す」という動作を行った．このような反応を説明する1つの可能性は，日本語獲得における4～5歳頃には，短距離スクランブリングがまだ獲得されていない段階が存在し，それゆえ幼児は短距離スクランブリングを含む「～を～が動詞」の語順を持つ文を正しく理解することができず，最初の名詞句を動作主，2番目の名詞句を被動作主として解釈し，「～が～を動詞」の語順を持つかのような動作を行ってしまう可能性である．この可能性が正しければ，短距離スクランブリングはその獲得に生後4～5年ほどかかってしまう属性であるということになる．CHILDESデータベース（MacWhinney (2000)）と呼ばれる自然発話データベースに収められた英語を母語とする幼児の自然発話において，日本語の短距離かき混ぜと同様に目的語が前置されている wh 疑問文の発話を探してみると，2歳頃から（10）のような発話が頻繁に観察されることがわかる．

(10) a. what's Mommy doing? (Naomi, 1;11)
　　 b. what is daddy holding? (Nina, 2;02)
　　 c. Mommy # what you doing. (Peter, 2;01)

英語における wh 疑問文の獲得を踏まえると，もし短距離スクランブリングの獲得に4～5年ほどの期間が必要なのであれば，それは比較的獲得されるのが遅い属性ということになる．果たして本当にこの日本語の主要な特徴の1つは獲得にそれだけの時間が必要とされる知識なのだろうか．

2.2. Otsu (1994) および Murasugi and Kawamura (2005) による実験研究

　Otsu (1994) は，Masunaga (1983) の研究に基づき，短距離スクランブリングを含む「～を～が動詞」の語順を持つ文では，文頭に置かれた目的語がすでに文脈において言及された情報，つまり旧情報を担っていなければならない点に注目した．Hayashibe (1975) の実験では，幼児に (7b) のような短距離スクランブリングを含む文が提示された際，これらの文は単独で提示され，文脈は与えられていなかった．Otsu (1994) は，この点を修正し，(11) のように短距離スクランブリングを含む文の前に文脈を形成する文を置くことで，前置された目的語が旧情報を担わなければならないという文脈上の制約が満たされた際に，幼児の正答率が上昇するかどうかを確かめた．

(11)　　公園にアヒルさんがいました．
　　　　そのアヒルさんをカメさんが押しました．

　実験は，12名の3歳児および12名の4歳児を対象に実施された．3歳児・4歳児各12名のうちのそれぞれ6名が実験群に分類され，残りの6名が統制群に分類された．実験群の幼児に対しては，(11)に例示されるように，文脈を伴った形で「～を～が動詞」の語順を持つテスト文が提示され，統制群の幼児に対しては，Hayashibe (1975)の実験と同様，(12)のように文脈が存在しない状態でテスト文が提示された．

(12)　　アヒルさんをカメさんが押しました．

　実験方法は，Hayashibe (1975)と同様に，動作法が用いられ，調査は1人ずつ実施された．この実験では，幼児が課題を理解するための練習文が4文（自動詞を含む文が2文と「～が～を動詞」の語順を持つ文が2文），「～を～が動詞」の語順を持つテスト文が4文の計8文が各幼児に提示された．[1]

　得られた実験結果は，表2の通りであった．なお，「誤った解釈に基づく反応」とは，最初の名詞句を動作主として解釈し，2番目の名詞句を被動作主として解釈したことに基づく反応を指す．

	「～を～が動詞」の語順を持つテスト文に対する反応		
	正しい解釈に基づく反応	誤った解釈に基づく反応	自己中心的な反応
実験群	90% (54/60)	5% (3/60)	5% (3/60)
統制群	55% (33/60)	37% (22/60)	8% (5/60)

表2：Otsu (1994)による実験の結果

　表2から明らかなように，Hayashibe (1975)の実験と同様に文脈なしの状態で「～を～が動詞」の語順を持つテスト文を与えられた統制群の幼児達は37％の割合で誤った解釈に基づく反応を示し，正答率は55％にとどまったのに対し，文脈を伴ってテスト文を提示された実験群の幼児達は，90％の正答率を示し，誤った解釈に基づく反応は5％に過ぎなかった．この結果は，適切な文脈を伴って提示される限りにおいて幼児は「～を～が動詞」の語順を持つ

---

[1] 自動詞を含む文の具体例は，残念ながらOtsu (1994) では明示されていない．実験方法として動作法を用いていることから，「走った」のように人形で動作が行いやすい自動詞であると推測される．

文を正しく解釈することができ，それはつまり短距離スクランブリングの知識がすでに3歳児・4歳児の母語知識に存在することを示している．

　Hayashibe（1975）の実験および Otsu（1994）の実験の統制群において，誤った解釈に基づいた反応が現われたのは，幼児が短距離スクランブリングの知識をまだ獲得していないからではなく，短距離スクランブリングを含む文の使用を適切にするような文脈を自ら補う能力が幼児においてまだ未発達であったからであると考えられる．

　なお，この可能性をさらに追及するため，本章第2部第3節でも述べるように，Murasugi and Kawamura（2005）による実験では，(13)に例示されるような能動文・受身文・短距離スクランブリングを含む文という3種類の課題文を用いた実験研究を行っている．(13a)の能動文および(13c)のスクランブリング文では，主格である「が」を伴った名詞句が「動作主」の意味役割を担っており，目的格である「を」を伴った名詞句が「被動作主」の意味役割を担っている．一方，(13b)の受身文では，主格である「が」を伴った名詞句が「被動作主」の意味役割を担っており，「動作主」の意味役割は「に」を伴った名詞句に付与されている．Murasugi and Kawamura（2005）は，これら3種類の文を実験に含めることにより，幼児の注意を格と意味役割の関係に向けることを試みた．その結果，このような実験上の工夫により文脈を与えなくとも2歳児の短距離スクランブリングを含む文の理解度が上昇することが明らかとなった．

(13) a.　アヒルが牛を追いかけた．　　　　（能動文）
　　 b.　牛が₁ アヒルに t₁ 追いかけられた．（受身文）
　　 c.　牛を₁ アヒルが t₁ 追いかけた．（スクランブリング文）

Murasugi and Kawamura（2005）は，(13c)に示すような短距離スクランブリングを正しく解釈できる幼児が，短距離スクランブリングが照応形である「自分」を含む句に対して適用された(14b)のような文についても正しく理解できる点を，実験により確認している．

(14) a.　<u>アヒルが</u>　牛を　[<u>自分</u>の庭で] 追いかけた．（能動文）
　　 b.　牛を₁ [<u>自分</u>の庭で]₂ <u>アヒルが</u>　t₂ t₁ 追いかけた．
　　　　　　　　　　　　　　　　　　　　（スクランブリング文）

「自分」は通常，それに先行する名詞句を先行詞として持たねばならないが，スクランブリングを含む文においてはこの制約が移動した要素の元位置に適用

される.[2] 短距離スクランブリングの文を理解できる幼児が,（14b）のような「自分」を含む句にスクランブリングが適用された文においてその先行詞を正しく定めることができるのであれば，これらの幼児がスクランブリングという移動に固有の特性についても知っている可能性を示すことになるだろう．Murasugi and Kawamura (2005) および彼らの実験を改良した Isobe (2008) では，幼児がこのような知識もすでに持っている可能性を示唆している．

以上，本節では，幼児が持つ短距離スクランブリングの知識に関する実験研究を整理し，その知識が 3 歳あるいはそれ以前に獲得されていることを示唆する結果を概観した．次節では，長距離スクランブリングの知識がいつ頃から幼児に備わっているかについて調査した実験研究について議論する．

3. 長距離スクランブリングの獲得

日本語における長距離スクランブリングの獲得について扱った研究に，Sugisaki and Murasugi (2015) がある．本節では，その実験方法と結果について整理する．

Sugisaki and Murasugi (2015) の研究では，(15) のような文を用いて，幼児の母語知識の中に長距離スクランブリングが存在するか否かを調査した．

(15)　誰にコマさんは [絵を見せてあげたいと] 言ったかな？

(15) の文において文頭に現れている wh 句「誰に」は，その元位置に関して 2 つの可能性を持つ．1 つは，(16a) に示されるように，「誰に」は主節の動詞である「言う」の間接目的語であり，短距離スクランブリングによって主節の文頭へ移動している可能性である．もう 1 つは，(16b) に示されるように，「誰に」は埋め込み節の動詞である「見せる」の間接目的語であり，埋め込み節の内部から長距離スクランブリングによって主節の文頭へ移動している可能性である．

(16) a.　誰にコマさんは [絵を見せてあげたいと] ＿＿＿ 言ったかな？

---

[2] 正確には，照応形である「自分」は先行詞に c-統御される必要があるが，ここでは説明の便宜上，「『自分』の先行詞は『自分』に先行する名詞句に限られる」という条件を用いる．照応形とその先行詞との構造的な関係に関するより正確な議論については，高野（本書）を参照していただきたい．

b. 誰にコマさんは [＿＿＿ 絵を見せてあげたいと] 言ったかな？

　もし日本語を母語とする幼児の母語知識に長距離スクランブリングが含まれていないのであれば，(15)のような文が与えられた際，幼児はそれに対して短距離スクランブリングを含む(16a)の構造のみを与え，一貫して「誰に」を主節の動詞である「言う」の間接目的語として解釈するはずである．一方，もし日本語を母語とする幼児が長距離スクランブリングの知識を持つのであれば，(15)に対して，短距離スクランブリングを含む(16a)の構造および長距離スクランブリングを含む(16b)の構造の両方を与えることができ，幼児は「誰に」を主節の動詞である「言う」の間接目的語としても埋め込み節の動詞である「見せる」の間接目的語としても解釈できると予測される．

　Sugisaki and Murasugi (2015) はさらに，日本語を母語とする幼児の持つ長距離スクランブリングに関する知識が成人の持つ知識と同質であることを保証するために，(17)のような文に対する解釈も調査している．

(17) 何色でトゲニャンは [コマさんが描いた] 電車を塗ったかな？

(17)の文において文頭に現れている wh 句「何色で」は，(15)の文と同様に，その元位置に関して2つの可能性を持っている．1つは，(18a)に示されるように，「何色で」は主節の動詞である「塗る」と結びついた句であり，短距離スクランブリングによって主節の文頭へ移動している可能性である．もう1つは，(18b)に示されるように，「何色で」は埋め込まれた関係詞節に含まれる動詞である「描く」と結びついた句であり，長距離スクランブリングによって主節の文頭へ移動している可能性である．しかし，瀧田 (本書) 等で議論されている通り，成人の母語知識においては，このような関係詞節の内部から主節への移動は，移動に対する制約の1つである複合名詞句制約によって禁じられている．したがって，日本語を母語とする成人にとっては，(18)の文頭にある wh 句「何色で」は，主節の動詞である「塗る」と結びついており，短距離スクランブリングによって主節の文頭へ移動した構造 (すなわち (18a) の構造) のみが可能となる．

(18) a.　　　何色でトゲニャンは [コマさんが描いた] 電車を＿＿＿塗ったかな？

b.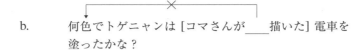
何色でトゲニャンは [コマさんが ＿＿＿ 描いた] 電車を塗ったかな？

　Sugisaki and Murasugi (2015) は，日本語を母語とする幼児が (15) においては文頭の wh 句を埋め込み節内の動詞と結びついた句として解釈する一方で，(17) においては埋め込み節（関係詞節）内の動詞と結びついた解釈を許容しないことを示すことで，幼児の言語知識の中に成人と同質の長距離スクランブリングに関する知識が存在することを明らかにしようと試みた．

　Sugisaki and Murasugi (2015) では，4 歳 11 か月から 6 歳 11 か月までの 16 名の幼児（平均年齢 5 歳 10 か月）を対象にした実験が実施された．16 名の幼児は 8 名ずつの 2 グループに分けられ，1 つのグループ（「実験群」）には，(19a)（= (15)）と (19b)（= (17)）のようなスクランブリングを含む文が提示され，もう 1 つのグループ（「統制群」）には，(19a) のようなスクランブリングを含む文と (19c) のようなスクランブリングを含まない文が提示された．

(19) a. 誰にコマさんは [絵を見せてあげたいと] 言ったかな？
　　 b. 何色でトゲニャンは [コマさんが描いた] 電車を塗ったかな？
　　 c. トゲニャンは [コマさんが何色で描いた] 電車を塗ったかな？

　この実験では，幼児に図 1 にあるような写真を見せながら (20) のような「お話」を聞かせ，その後に (19a-c) にあるような質問を提示した．幼児の課題は，これらの質問に答えることであった．

(20) 「お話」の例：
　　 コマさんとコマじろうは，妖怪保育園でクレヨンでお絵かきをして遊んでいます．コマさんは，「コマじろう，おらは，大好きな水色と緑色で電車を描いたずら．」と言いました．コマじろうは，「兄ちゃん，おらは大好きな茶色で電車を描いたずら．」と言いました．そこへ，いたずら好きのトゲニャンがやってきて，「水色よりオレンジ色の電車の方がかっこいいにゃ！」と言って，コマさんが水色で描いた電車をオレンジ色に塗ってしまいました．コマさんは言いました．「何するずら！まあでもこれはこれで確かにかっこいいずら．」そこへ妖怪保育園の先生がやってきました．コマさんは先生に言いました．「先生，見て！電車が上手に描けたずら．友だちのフミちゃんに見せたいずら．」

図1：Sugisaki and Murasugi (2015) の実験で用いられた写真

　この「お話」の中では，(19a) の文に関しては，wh 句を埋め込み節内の動詞と結びついた句として解釈した場合の答えとして「フミちゃん」，wh 句を主節の動詞と結びついた句として解釈した場合の答えとして「妖怪保育園の先生」が与えられていた．また，(19b) および (19c) のような関係節を含む文に関しては，wh 句を関係詞節内の動詞と結びついた句として解釈した場合の答えとして「水色」，wh 句を主節の動詞と結びついた句として解釈した場合の答えとして「オレンジ色」が与えられていた．

　得られた結果は，表3に示す通りであった．まず，(19a) のような文に関しては，表3に示される通り，ほぼ全ての幼児において，文頭の wh 句を埋め込み節内の動詞と結びついた句として解釈する強い傾向が見られた．「誰に」を主節の動詞の間接目的語として解釈した場合の答えは「妖怪保育園の先生」であり，埋め込み節の動詞の間接目的語として解釈した場合の答えは「フミちゃん」であったため，幼児が示した埋め込み節内での解釈への強い傾向は，おそらく他の登場人物（コマさん・コマじろう）と同様にアニメの登場人物である「フミちゃん」という答えを好んだことによるものと推測される．[3]

---

[3] この推測が正しければ，お話に出てくるキャラクターに関する知識を持たない成人の場合には，文頭の「誰に」を埋め込み節の動詞の間接目的語として解釈する強い傾向は見られないことが期待される．この点については，今後の研究に残された課題のひとつとなっている．

テスト文		(19a) 誰にコマさんは [絵を見せてあげたいと] 言ったかな？	
wh 句の解釈		主節	埋め込み節
グループ	実験群	6.3%（1/16）	93.8%（15/16）
	統制群	0%（0/16）	100%（16/16）

表3：Sugisaki and Murasugi（2015）による実験の結果

一方，(19b) のような文が提示された際，実験群の幼児達は，文頭の wh 句を主節の動詞と結びついた句として解釈する強い傾向を示した．そして，(19c) のようなスクランブリングを含まない文を提示された統制群の幼児は，wh 句を正しく関係詞節の要素として解釈した．

	テスト文	(19b) 何色でトゲニャンは [コマさんが描いた] 電車を塗ったかな？	
実験群	wh 句の解釈	主節	埋め込み節
	結果	93.8%（15/16）	0%（0/16）
統制群	テスト文	(19c) トゲニャンは [コマさんが何色で描いた] 電車を塗ったかな？	
	wh 句の解釈	主節	埋め込み節
	結果	18.8%（3/16）	81.3%（13/16）

表4：Sugisaki and Murasugi（2015）による実験の結果[4]

これらの結果から明らかなように，(19a) のように移動の制約が適用されない文においては，幼児は長距離スクランブリングから生じる解釈を好む強い傾向が見られるのに対し，(19b) のように移動の制約が適用されうる文の場合には，制約に違反しない解釈，つまり文頭の wh 句が主節の動詞と結びついており，短距離スクランブリングによって文頭に現れている構造から生じる解釈を示す強い傾向が見られた．(19a) と (19b) に対する解釈の間に見られる差は，日本語を母語とする幼児が成人と同質の長距離スクランブリングに関する知識を持つことを示すものと言える．したがって，前節で議論した短距離スクランブリングと同様に，長距離スクランブリングに関しても，遅くとも4歳頃ま

---

[4] 統制群において，埋め込み節内に含まれる wh 句を主節の要素として解釈したと思われる誤りが 18.8% の割合で観察されている．これがなぜであるかについては疑問が残るが，幼児は集中力・注意力などが成人に比べて未発達であると考えられるため，およそ 80% 以上の正答率が得られた場合には，成人と同質の知識を持つと分析されることが典型的である．

でには成人と同質の知識が幼児に備わっていると考えられる．

4. スクランブリングの獲得と普遍文法

第2節および第3節では，短距離スクランブリングおよび長距離スクランブリングの両方に関して，日本語を母語とする幼児が成人と同質の知識を獲得していることを示す実験結果を概観した．では，幼児はどのようにしてスクランブリングの知識を獲得するのだろうか．

もっとも単純な可能性は，日本語を母語として獲得中の幼児に向けられた成人の発話には，（短距離および長距離）スクランブリングの適用を受けた文が豊富に含まれており，幼児はそのような言語経験に接することでスクランブリングの知識を獲得するという可能性であろう．

しかし，この可能性は妥当ではないようである．韓国語には，日本語と同様にスクランブリングが存在する．Kang (2005) は，Cho (1982) の観察に基づき，韓国語を母語とする幼児が手にする言語経験において，（短距離および長距離）スクランブリングの適用を受けた文が非常に少ないことを報告し，それが幼児の（短距離および長距離）スクランブリングの獲得にとって直接的な手がかりにならないことを示している．

Sugisaki (2012) は，Kang (2005) に基づき，CHILDESデータベース (MacWhinney (2000)) に収められている日本語幼児自然発話コーパスのうちの3名分（AkiとRyoとTai：Miyata (2004a, b, c)）を取り上げ，そこに収められている母親の発話に，どのくらいの頻度で短距離スクランブリングを含む文が現れるのかを分析した．その結果をまとめたものが表5である．

	幼児の年齢範囲	総発話数	SOV 語順		OSV 語順	
			発話数	%	発話数	%
Aki の母親	1歳5ヵ月-3歳0ヵ月	20828	58	0.278%	1	0.005%
Ryo の母親	1歳4ヵ月-3歳0ヵ月	7345	3	0.041%	0	0.000%
Tai の母親	1歳5ヵ月-3歳1ヵ月	47377	51	0.108%	2	0.004%

表5：幼児に向けられた発話における OSV 語順の頻度

表5に示される通り，幼児に向けられた発話には，短距離スクランブリング

の適用を受けてOSVの語順を持つことになったと思われる文はごくわずかしか観察されなかった．[5] Akiの母親の発話においては1例，Taiの母親の発話においては2例のみ観察され，Ryoの母親の発話においては，スクランブリングの適用を受けたと思われる文は1例も観察されなかった．短距離スクランブリングを含むと考えられる3例は以下の通りである．

(21)　幼児に対する母親の発話に含まれた短距離スクランブリング：
　　a.　Akiの母親：ここ誰が運転するの？
　　b.　Taiの母親：これ誰が作ってんの，これ？
　　c.　Taiの母親：これTaishoが作ったの？

この結果は，Kang (2005) と同様に，母親の発話に含まれる短距離スクランブリングの情報のみに基づいて幼児が短距離スクランブリングの知識を獲得しているというもっとも単純な可能性を，幼児が手にする言語経験の観点から否定するものと解釈できる．

　では，幼児はいったいどのような情報に基づいて当該言語がスクランブリングを許す言語であることを知るのだろうか．それは日本語のどのような特性と関わるのだろうか．

　その答えを得るためにどのような研究が可能であろうか．例えば，幼児の発話に関する縦断的観察によって，スクランブリング文が産出されるようになるのと同時に，他のどのような統語的特性が観察されるようになるのかを綿密に調査することによって，そのヒントを見出すことができるかもしれない．例えば，野地 (1973–1977) の観察したスミハレは，2歳2か月頃に短距離スクランブリングを含むと思われる文を発話しているが，この時期は，「が」「を」といった格助詞が豊富に使用されるようになる時期でもある．語順が入れ替わった際に，名詞句に付随する格助詞がその文の解釈において重要な役割を果たしている点を考慮すると，格助詞の存在がスクランブリングを可能にしている特性であり，幼児は格助詞の存在を手がかりにスクランブリングを獲得している

---

[5] 目的語が主語の前に前置された文のみならず，目的語が副詞の前に置かれた文（例：ケンがリンゴをゆっくり食べた）も，目的語が副詞の後に置かれた文（例：ケンがゆっくりリンゴを食べた）から，目的語に短距離スクランブリングを適用することによって得られると考えられている．そうであれば，幼児にとって，目的語が副詞の前に置かれた文も短距離スクランブリングの存在を示す手がかりになる可能性がある．しかし，オランダ語のような言語（の埋め込み文）では，目的語は副詞の前に移動することはできても，主語の前には移動できないようである．このため，日本語タイプのスクランブリング（目的語を主語の前に移動させることのできるスクランブリング）の存在を明示的に示す証拠は，OSVの語順を含む文であると考えられる．

かもしれない．

　また，基本語順を決定するために必要な言語経験が，その答えの鍵となる可能性もあるだろう．本書で紹介する生成文法理論は，ヒトには遺伝により生得的に与えられた母語獲得のための仕組みである「普遍文法」(UG) が備わっており，母語知識の獲得は，生後外界から取り込まれる言語経験と UG との相互作用により達成されると仮定する．そして，この UG には，全ての言語が満たすべき制約である「原理」(principle) と，言語間の可能な異なり方を少数の可変部の形で定めた制約である「パラメータ」(parameter) が含まれている．

　Saito (1985)，Fukui (1993)，Saito and Fukui (1998) などの研究によると，ある言語に（日本語タイプの）スクランブリングが存在しうるかどうかは，その言語が「主要部後置型」(head-final) の言語であるかどうかという点とパラメータによって密接に結びつけられている．「主要部後置型」の言語とは，英語のような「主要部前置型」(head-initial) の言語とは異なり，各種類の句の中で，中心となる要素が句の中で最後の位置を占める言語を指す．例えば，(22) に示されるように，英語では目的語の前に動詞が現われるのに対し，日本語では動詞は目的語の後に現れる．同様に，英語は前置詞を持つ言語であるのに対し，日本語は後置詞を持つ言語である．

(22)　主要部前置型言語 vs 主要部後置型言語

英語	日本語
ate sushi	寿司を食べた
from Nagoya	名古屋から

Fukui (1993) や Saito and Fukui (1998) などが提案するように，その言語にスクランブリングが存在するためには，当該言語が「主要部後置型」でなければならないということがパラメータによって決定されているとしよう．その仮定に基づけば，日本語を母語として獲得中の幼児は，自分が獲得しようとしている言語が「主要部後置型」であるか否かを言語経験から学び，「主要部後置型」であるということを知ると，UG のパラメータの働きによってほぼ自動的に，当該言語にスクランブリングが存在しうるという知識を身につけることができることになる．では，日本語が「主要部後置型」であることを示す情報は幼児にとってどの程度手に入りやすいものなのだろうか．

　この問いに答えるために，Sugisaki (2012) の研究では，先ほどと同じ 3 名の幼児自然発話コーパスにおいて，母親の発話の中に「名古屋から」のように

後置詞を含む発話がどのくらいの頻度で存在しているかを分析した．その結果をまとめたのが表6である．

	幼児の年齢範囲	総発話数	後置詞句	
			発話数	%
Aki の母親	1歳5ヵ月－3歳0ヵ月	20828	776	3.726%
Ryo の母親	1歳4ヵ月－3歳0ヵ月	7345	204	2.777%
Tai の母親	1歳5ヵ月－3歳1ヵ月	47377	1274	2.689%

表6：幼児に向けられた発話における後置詞句の頻度

表5と表6の比較から明らかなように，スクランブリングの存在を直接的に示す文の頻度が0.1%にも達しないのに対して，「主要部後置型」であることを示す後置詞句は2.7%〜3.7%と高い頻度で観察された．これらの結果から，日本語を母語とする幼児がスクランブリングの知識を獲得する際には，OSVの語順を持つ文に直接頼っているのではなく，スクランブリングの存在とパラメータによって結び付けられた他の顕著な性質（「主要部後置型」）の存在を確認することが引き金となっていることがわかる．したがって，幼児に向けられた成人の発話におけるスクランブリングの頻度に関する分析結果は，スクランブリングの有無を司るパラメータの存在に対し，母語獲得の観点から支持を与えるものと解釈できる．

5. 第1部のまとめ

本章では，日本語を母語とする幼児がすでに4歳頃の段階で，短距離スクランブリングおよび長距離スクランブリングの両方に関して成人と同質の知識を身につけていることを示した研究結果を概観した．さらに，幼児に向けられた成人の発話では，スクランブリングを含んだ文が非常にまれにしか現れないことを観察し，それに基づいて，スクランブリングの獲得にはUGのパラメータが関与している可能性が高い点について議論した．したがって，日本語におけるスクランブリングの獲得は，母語獲得に対するUGの関与に対して，日本語獲得の観点から証拠を提示する現象であると言える．

第2部では，スクランブリングが示すより抽象的な性質に関しても，日本

語を母語とする幼児が成人と同質の知識を身につけていることを示した代表的な研究について議論する．

第2部　幼児日本語におけるスクランブリングとその痕跡

1. 日本語のスクランブリングとその痕跡

　スクランブリングのような移動操作は，その適用によって句を移動させた際，その句がもともと存在していた位置に痕跡（trace）を残すと考えられている．この仮説の妥当性を理解するために，日本語の短距離スクランブリングが痕跡を残すことを示す証拠を2種類議論することにしよう．

　1つ目の証拠は，数量詞遊離と呼ばれる現象に基づく証拠である．黒田（1980）の観察によると，「3人」や「2つ」のような数量詞とそれが修飾する名詞句は雛り合っていなければならず，それらの間に別の名詞句が介在してしまうと，(23b) が示すように非文法的となってしまう．

(23) a.　イギリス人が 3人 うちでの小づちを買った．
　　 b.　*イギリス人がうちでの小づちを 3人 買った．

しかしながら，(24b) が示すように，短距離スクランブリングの適用によって目的語が文頭の位置に移動し，目的語とそれを修飾する数量詞との間に主語の名詞句が介在することになったとしても，(23b) の文とは異なり，非文法的な文とはならない．

(24) a.　イギリス人がうちでの小づちを 2つ 買った．
　　 b.　うちでの小づちをイギリス人が 2つ 買った．

　Saito (1985) は，(23b) と (24b) の間に見られる文法性の違いが，痕跡の存在によって説明されうることを明らかにした．(24b) の文は，(24a) の語順に対して短距離スクランブリングを適用することによって得られるため，文頭に移動した目的語の名詞句がその元位置に痕跡を残しているという分析のもとでは，およそ (25) のような構造をしている．

(25)　うちでの小づちを₁ イギリス人が　t₁　2つ買った．

この構造では，目的語である「うちでの小づちを」の痕跡がそれを修飾する数

量詞である「2つ」と隣接しているため,「数量詞とそれが修飾する名詞句は隣り合っていなければならない」という条件が痕跡によって満たされており,それにより (24b) が可能な文となっていると分析できる.したがって,数量詞を含む (23b) と (24b) との間に見られる文法性の差は,短距離スクランブリングが痕跡を残すことを示す証拠の1つとなる.

2つ目の証拠は,照応形である「自分」の振る舞いに基づく証拠である.日本語の照応形の1つである「自分」は,文内においてその先行詞となる名詞句よりも後に現れていなければならず,「自分」がその先行詞よりも前に現れてしまうと,(26) が示す通り非文法的となる.

(26) a.　ケン$_1$が [自分$_1$の弟が一番足が速い] と思っている.
　　 b. *自分$_1$の弟が [ケン$_1$が一番足が速い] と思っている.

しかし,「自分」を含む目的語に短距離スクランブリングを適用し,その先行詞となる主語よりも前へと移動させたとしても,(27b) が示すように,非文法的とはならない.

(27) a.　ケン$_1$が自分$_1$の弟を応援した.
　　 b.　自分$_1$の弟をケン$_1$が応援した.

(26b) と (27b) との間に見られる文法性の差は,数量詞の場合と同様に,痕跡の存在を仮定することによって説明が可能となる.(27b) の文は,(27a) の語順に短距離スクランブリングを適用することによって得られており,文頭に移動した目的語の名詞句がその元位置に痕跡を残しているという分析のもとでは,およそ (28) のような構造をしている.

(28)　自分の弟を$_1$　ケンが　t_1　応援した.

(28) の構造では,照応形「自分」を含む名詞句の痕跡が,その先行詞である主語に後続しているため,「照応形はその先行詞よりも後の位置に現れなければならない」という制約が痕跡によって満たされていると分析されうる.一方,短距離スクランブリングを含まない (26b) の文は,この制約を満たすことができないために非文法的となっていると考えられる.したがって,照応形を含む (26b) と (27b) との間に存在する文法性の差は,短距離スクランブリングが痕跡を残すことを示すさらなる証拠となる.

以上,この節では,日本語の短距離スクランブリングが元位置に痕跡を残すという仮説を支持する2種類の証拠を議論した.次節以降では,日本語を母

語とする幼児が，果たしてこのような音声に直接的には反映されないような抽象的な要素についても成人と同質の知識を持つのかどうかについて調査した主要な実験研究について，その方法と結果を議論する．

2. 幼児日本語における短距離スクランブリングとその痕跡：その①

　日本語を母語とする幼児の持つ母語知識における痕跡の存在に関して，前節で議論した数量詞に関する現象を基に調査を実施した主要な研究に，Sano (2007) および Suzuki and Yoshinaga (2013) がある．ここでは，より大規模な研究である Suzuki and Yoshinaga (2013) について整理を行う．

　Suzuki and Yoshinaga (2013) の研究は，4歳2か月から6歳11か月までの 33 名の幼児（平均年齢 5 歳 6 か月）を対象に，(29) のような数量詞を含む文に関する幼児の解釈を調査した．これらの文では，「前足で」という句が存在することにより，（足を持つ）イヌが動作主であり，（足を持たない）ヘビが被動作主であることが明示的になっている．これにより，Otsu (1994) の実験のように文脈を与えなくとも，(29b) の文においても文頭にある名詞句が「被動作主」であることが幼児にとって明らかになるよう工夫されている．

(29) a.　イヌが前足でヘビを 2 匹叩きました．
　　 b.　ヘビを$_1$ イヌが前足で t_1 2 匹叩きました．

　(29b) の文は，(29a) の語順に対して短距離スクランブリングを適用することによって得られた文であり，文頭へと移動した目的語はその元位置に痕跡を残している．もし日本語を母語とする幼児が成人と同様に痕跡に関する知識をすでに持っているならば，(29b) の文が与えられた際，数量詞である「2 匹」を目的語である「ヘビを」と正しく結びつけて解釈することができるはずである．一方，もし幼児が痕跡に関する知識を持たないのであれば，(29b) の文が与えられた際，「2 匹」を最も近い名詞句である「イヌが」と結びつけて解釈することが期待される．

　実験方法としては，幼児に 2 枚の絵を同時に提示し，テスト文と合致すると思われる絵を幼児に選択してもらうという方法が用いられた．(29) の場合には，1 匹のイヌが 2 匹のヘビを叩いている絵と，2 匹のイヌが一緒に 1 匹のヘビを叩いている絵が提示された．テスト文については，(29a) のような SOV の語順を持つ文が 6 文，(29b) のような OSV の語順を持つ文が 6 文，計 12 文が提示された．

　得られた実験結果は，幼児がこれらの文の解釈において非常に高い正答率を

示すことを明らかにした．(29a) のような SOV の語順を持つ文の正答率は91.4％，(29b) のような OSV の語順を持つ文の正答率は 86.4％で，これらの正答率の間に統計的に有意な差は見られなかった．したがって，Suzuki and Yoshinaga (2013) が実施した実験の結果は，日本語を母語とする幼児の持つ母語知識においても，成人の母語知識と同様に，短距離スクランブリングが痕跡を残していることを示したものと解釈できる．

3. 幼児日本語における短距離スクランブリングとその痕跡：その②

第1部の2.2節でも紹介したように，Murasugi and Kawamura (2005) の研究では，照応形「自分」を含む句が短距離スクランブリングの適用を受けた文を用いて，日本語を母語とする幼児がスクランブリングの痕跡に関して成人と同質の知識を持つか否かを明らかにするための調査が実施された．被験者は，2歳から6歳までの幼児22名であった．この実験で使用されたテスト文の具体例は (30) の通りである．

(30) a. アヒルが　牛を　[自分の庭で] 追いかけた．
　　 b. 牛を$_1$　[自分の庭で]$_2$　アヒルが　t_2　t_1　追いかけた．

(30b) は，(30a) の語順に対して，「牛を」という目的語の名詞句と「自分の庭で」という後置詞句の2つの句に対して短距離スクランブリングを適用することによって得られた文である．日本語を母語とする幼児が痕跡に関する知識をすでに持っているのであれば，(30b) の文において「自分」がその先行詞よりも前の位置に現れているにもかかわらず，正しく「アヒルが」を「自分」と結びつけて解釈することができるはずである．一方，もし幼児が痕跡に関する知識を持たないのであれば，照応形である「自分」はその直前にある名詞句である「牛を」と結びつけて解釈されると考えられる．

実験は動作法を用いて行われた．幼児には動物の人形およびそれぞれの動物の家と庭のおもちゃが与えられ，幼児の課題はこれらを用いて与えられたテスト文の通りに動作を行うことであった．幼児には計20文のテスト文が提示され，そのうち，6文が (30a) のような SOV 文であり，8文が (30b) のような OSV 文であった．[6]

実験結果によると，22名の幼児のうち，15名が (30a) のような SOV 文お

---

[6] 残りの6文は受身文である．スクランブリングを含む文と受け身文の獲得に関する比較については，Murasugi and Kawamura (2005) を参照．

よび (30b) のような OSV 文の両方に関して，100%の正答率を示した．残り7名のうち，2名の2歳児は，(30a) のような SOV 文を正しく理解できなかったことから，照応形である「自分」の知識をまだ獲得していないものと考えられる．その他の5名のうち，2名については，SOV 文・OSV 文の両方に関して正答率が80%以上であった．つまり，「自分」の知識を身につけていると思われる20名の幼児のうち，17名が非常に高い正答率を示した．

上記の調査に対し，斎藤衛氏は以下の点に改善の余地があることを指摘している．(30a) の文では，「アヒルが」と「牛を」の2つの名詞句が「自分」に先行するにもかかわらず，先行詞になり得るのは「アヒルが」という主語のみである．これは，「自分」の先行詞となりうるのが主語に限られるという制約が存在するためであると考えられている．「自分」の持つこのような「主語指向性」を踏まえると，Murasugi and Kawamura (2005) が用いた (30b) のような文では，主語が1つしか存在しないため，仮に幼児が痕跡に関する知識を持っていなかったとしても，「自分」の先行詞が主語に限定されるという知識を持っていさえすれば，正答にたどり着いてしまう可能性がある．この可能性について，例えば Isobe (2008) では，(31) のように埋め込み文を含むことで主語が2つ存在している文を用いて調査している．

(31) [パンダさんが自分の大きなお鼻をたたいたと]₁ ぶたさんは t₁ 思った．

このような文が与えられた際，幼児が痕跡に関する知識を持つのであれば，「自分」の先行詞として主節の主語である「ぶたさん」を許容するはずであり，一方，その知識を持たないのであれば，「自分」の先行詞は同節内の主語である「パンダさん」に限定されるはずである．日本語を母語とする3歳5か月から5歳2か月までの幼児16名（平均年齢3歳11か月）を対象に調査を行ったところ，(31) のような文に対し，80.9%の割合で，「自分」の先行詞として「ぶたさん」を許容することが明らかとなった．

これらの結果は，照応形である「自分」を含む句が短距離スクランブリングの適用を受けた場合でも，幼児が痕跡を用いて正しくその先行詞を決定できることを示したものである．したがって，Murasugi and Kawamura (2005) および Isobe (2008) による実験の結果は，前節で議論した Suzuki and Yoshinaga (2013) による数量詞を用いた実験の結果と同様に，日本語を母語とする幼児の持つ母語知識において短距離スクランブリングが痕跡を残していることを明らかにしたものと言えるだろう．

おわりに

　本章では，日本語を母語とする幼児がスクランブリングについて成人と同質の知識を持つか否かについて調査を行った主要な研究について概観した．まず第1部では，短距離スクランブリングおよび長距離スクランブリングのそれぞれに関して，実験を行うことで幼児の持つ知識が成人のそれと同質であることを明らかにした研究について概観した．第2部では，スクランブリングが適用された際に，移動した句が元位置に残すと仮定される痕跡について，それが音形を持たない抽象的な要素であるにもかかわらず，幼児がすでに成人と同質の知識を持つことを明らかにした研究について整理した．これらの発見は，幼児がスクランブリングの持つさまざまな属性を早い段階からすでに獲得していることを示すものである．第1部で確認した通り，幼児に与えられる言語経験には，日本語にスクランブリングが存在することを明確に示す発話がほとんど含まれていない．この観察を踏まえると，スクランブリングの獲得が早期に達成されるという発見は，母語獲得を支える生得的な UG の存在に対して日本語獲得からの証拠を提示するものと解釈できる．

参考文献

Cho, Sook Whan (1982) "The Acquisition of Word Order in Korean," *Calgary Working Papers in Linguistics 7*, Department of Linguistics, The University of Calgary.

Fukui, Naoki (1993) "Parameters and Optionality," *Linguistic Inquiry* 24, 399-420.

原田信一 (1977)「日本語に変形は必要だ」『月刊言語』10月号，88-95；11月号，96-103．[『シンタクスと意味：原田信一 言語学論文選集』，福井直樹（編），2000，545-566，大修館書店，東京．]

Hayashibe, Hideo (1975) "Word Order and Particles: A Developmental Study in Japanese," *Descriptive and Applied Linguistics* 8, 1-18.

Isobe, Miwa (2008) "Reconstruction in Child Japaense: A Preliminary Study," *An Enterprise in the Cognitive Science of Language: A Festschrift for Yukio Otsu*, ed. by Tetsuya Sano, Mika Endo, Miwa Isobe, Koichi Otaki, Koji Sugisaki and Takeru Suzuki, 205-215, Hituzi Syobo, Tokyo.

Kang, Bosook (2005) "A Learnability Puzzle in Scrambling," *Proceedings of the 29th Annual Boston University Conference on Language Development*, ed. by Alejna Brugos, Manuella R. Clark-Cotton and Seungwan Ha, 331-340, Cascadilla Press, Somerville, MA.

黒田成幸 (1980)「文構造の比較」『日英比較講座2：文法』，國廣哲彌（編），25-61，大

修館書店,東京.
MacWhinney, Brian (2000) *The CHILDES Project: Tools for Analyzing Talk*, Lawrence Erlbaum Associates, Mahwah, NJ.
Masunaga, Kiyoko (1983) "Bridging," *Proceedings of the XIIIth International Congress of Linguists*, ed. by Shiro Hattori and Kazuko Inoue, 455-460, Proceedings Publishing Committee, Tokyo.
Miyata, Susanne (2004a) *Japanese: Aki Corpus*, TalkBank. 1-59642-055-3, Pittsburgh, PA.
Miyata, Susanne (2004b) *Japanese: Ryo Corpus*, TalkBank. 1-59642-056-1, Pittsburgh, PA.
Miyata, Susanne (2004c) *Japanese: Tai Corpus*, TalkBank. 1-59642-057-X, Pittsburgh, PA.
Murasugi, Keiko and Tomoko Kawamura (2005) "On the Acquisition of Scrambling in Japanese," *The Free Word Order Phenomenon: Its Syntactic Sources and Diversity*, ed. by Joachim Sabel and Mamoru Saito, 221-242, Mouton de Gruyter, Berlin.
野地潤家 (1973-1977)『幼児言語の生活の実態Ⅰ～Ⅳ』文化評論出版,東京.
Otsu, Yukio (1994) "Early Acquisition of Scrambling in Japanese," *Language Acquisition Studies in Generative Grammar*, ed. by Teun Hoekstra and Bonnie D. Schwartz, 253-264, John Benjamins, Amsterdam.
Saito, Mamoru (1985) *Some Asymmetries in Japanese and Their Theoretical Implications*, Doctoral dissertation, MIT.
Saito, Mamoru (1989) "Scrambling as Semantically Vacuous A′-Movement," *Alternative Conceptions of Phrase Structure*, ed. by Mark Baltin and Anthony Kroch, 182-200, University of Chicago Press, Chicago.
Saito, Mamoru (1992) "Long-Distance Scrambling in Japanese," *Journal of East Asian Linguistics* 1, 69-118.
Saito, Mamoru, and Naoki Fukui (1998) "Order in Phrase Structure and Movement," *Linguistic Inquiry* 29, 439-474.
Sano, Tetsuya (2007) "Early Acquisition of Copy & Movement in a Japanese OSV Sentence," *BUCLD 31 Online Proceedings Supplement*, ed. by Heather Caunt-Nulton, Samantha Kulatilake and I-hao Woo.
Sugisaki, Koji (2012) "Poverty of the Stimulus in the Acquisition of Japanese Scrambling," poster presented at Formal Approaches to Japanese Linguistics 6, ZAS, Berlin.
Sugisaki, Koji and Keiko Murasugi (2015) "Scrambling and Its Locality Constraints in Child Japanese," ms., Mie University and Nanzan University.
Suzuki, Takaaki, and Naoko Yoshinaga (2013) "Children's Knowledge of Hierarchical Phrase Structure: Quantifier Floating in Japanese," *Journal of Child Language* 40, 628-655.

お わ り に

宮本　陽一・瀧田　健介
大阪大学　　　明海大学

　言語学を科学として捉え，生成文法の研究を進めていく上での研究方法論が伝えられたとすれば，本書の目的は達成されたと言えよう．生成文法理論もミニマリストプログラムと称されるアプローチへと発展し，併合，素性の一致等の限られた，概念的にどうしても必要と考えられる操作だけを駆使しながら，言語現象を説明し，さらに言語間差異を捉えていくことを研究者は考えていこうとしている．限られた道具立ての中で言語を正確に記述・分析していくことは容易な作業ではない．このような時期であるからこそ，データをより大切にし，分析対象とする現象の真の姿を浮き彫りにすることが重要であるように思う．データは必ずしもインフォーマントチェックから得られるものではなく，先行研究から得られる場合も多々ある．さらに，ミニマリストプログラム以前の先行研究を丁寧に読むことから得られる知見は数知れないのである．

　例えば，生成文法の枠組みにおける日本語研究を振り返ると，研究にはサイクルがあることがわかる．日本語の詳細な研究があり，その研究成果をもとに言語間差異を扱う研究が可能になり，その研究成果があって，さらに日本語の研究が進むという流れである．80年代を例にとると，Hale (1983) の研究に続く Saito (1985) の研究，それに続く Fukui (1986) の研究があり，Kuroda (1988) の研究がある．この Fukui の研究から，日本語には機能範疇がないのかという問いが生じ，この流れを踏まえることによって Saito and Murasugi (1990) に始まる N′ 削除の研究，および Takahashi (1994) 以降のスルーシングの研究の意義が見えてくるし，この後の研究の方向性も自ずと決まるのである．さらに，Kuroda (1988) による日本語は一対多の一致を示す言語であるという主張は，スクランブリング，項省略等の具体的な分析の1つの方向性を示している．他言語との比較から新たな「なぜ」を問う仮説にも繋がっている．

　また，先行研究は，理論研究と獲得研究の関係に目を向けることの大切さも教えてくれる．我々は生まれて数年の間に特に教育を受けることもなく，誰も

が母語が話せるようになる．これがなぜかという問いは，理論構築の際の指針となる．例えば，Saito（1985），さらに Murasugi（1991）において，日本語の関係節は IP（=TP）であるという提案がなされている．もちろん数々の統語的な証拠に基づいているわけであるが，この主張が正しければ，母語獲得の過程についても数々の予測が生まれる．Murasugi によれば，子供の犯す「誤り」は，理論の予測に沿ったものである（詳細は Murasugi（1991）を参照のこと）．しかしながら，この IP 仮説については Hasegawa（1984-1985），Sakai（1994）等において，今後考えるべきデータが数々提示されている．これらの先行研究の研究成果を踏まえ，ミニマリストプログラムにおいて日本語の関係節を分析する際は，併合，素性の一致等の限られた道具立てを用いて捉えていくことが考えられるが，提案された分析から得られる母語獲得の過程に関する「予測」の検証が新たな「なぜ」を問う仮説に繋がり，ひいては理論の発展に繋がることを常に意識していたいものである．

　最後に，各章の分析が正しいかどうかは今後の研究成果を待たなければならないが，ミニマリストプログラムにおける各種現象の分析の方向性を示唆していることは間違いない．各章の分析から生じる新たな予測あるいは疑問が，読者の皆様の新たな「なぜ」を問う仮説に繋がることを願っている．

参考文献

Fukui, Naoki (1986) *A Theory of Category Projection and its Applications*, Doctoral dissertation, MIT.

Hale, Kenneth L. (1983) "Warlpiri and the Grammar of Non-configurational Languages," *Natural Language and Linguistic Theory* 1, 5-47.

Hasegawa, Nobuko (1984-1985) "On the So-called "Empty Pronouns" in Japanese," *The Linguistic Review* 4.3, 289-341.

Kuroda, S.-Y. (1988) "Whether We Agree or Not: A Comparative Syntax of English and Japanese," *Linguisticae Investigationes* 12, 1-47.

Murasugi, Keiko (1991) *Noun Phrases in Japanese and English: A Study in Syntax, Learnability and Acquisition*, Doctoral dissertation, University of Connecticut, Storrs.

Saito, Mamoru (1985) *Some Asymmetries in Japanese and Their Theoretical Implications*, Doctoral dissertation, MIT.

Saito, Mamoru and Keiko Murasugi (1990) "N'-deletion in Japanese: A Preliminary Study," *Japanese/Korean Linguistics* 1, 258-301.

Sakai, Hiromu (1994) "Complex NP Constraint and Case-conversions in Japanese,"

Current Topics in English and Japanese, ed. by Masaru Nakamura, 179–200, Hituzi Syobo, Tokyo.

Takahashi, Daiko (1994) "Sluicing in Japanese," *Journal of East Asian Linguistics* 3, 265–300.

索　引

1. 日本語は五十音順に並べてある．英語（などで始まるもの）はアルファベット順で，最後に一括してある．
2. 数字はページ数を，n は脚注を示す．

[あ行]

位相　150n
一致　257, 307-308
　　人称・数　24, 28
移動　5, 7, 9, 23-24
　　A 移動　356-358
　　A′ 移動　239-243, 356-358
意味役割　104-105, 122, 127-128, 129, 131, 235
意味役割付与の均一性仮説　128
受身　174-175
右方転移　369-371
英語　259
演算子素性　358
演算子-変項関係　432-435
置き換え　4-6, 9, 11, 15-17
音素性　358

[か行]

外延的(他)動詞　52, 55
介在効果　173n, 173-175, 260
書き出し　393, 397
格　21, 232, 259, 261
　　構造格　104-105, 106, 118, 120-122, 120n
格助詞　58, 204-205
拡大投射原理（EPP）　152, 170, 179
過剰生成　46-47, 204-209, 211-216
関係節　46-47

中国語　281
　　日本語　274, 279, 290-291
間接引用　40-43
擬似分裂文　132-141
基底生成分析　271
機能範疇　258
義務的コントロール（OC）　→ コントロール
強交差　240
虚辞　152, 178-179
空項　232, 236, 256
空主語　11, 17, 26, 29n
空代名詞　237, 243, 255
　　ゼロ代名詞　237n
空範疇　232
空話題　239
繰り上げ　27, 155, 260
　　主語-主語繰上げ　383n, 391n
繰り下げ　376n
形式替え　252
形態の併合　425, 430
計量詞　48, 55-56　→ 数量詞
　　単調増加計量詞　56, 66
言語間変異　28, 33
限定辞置き換え　432
言動動詞　50
厳密な同一性（(の)解釈）　244, 252, 254, 257, 276, 301
原理　303
項　229, 305
行為　45

471

項省略　→ 省略
構成素　3-4, 6-7
構造格　→ 格
項素性　358
項と付加詞　106, 135-137
コピー　358
個別事象分析　55-67
痕跡　367, 374, 460
コントロール　133, 140, 170, 170n, 171n, 344-354, 389
　　コントロールの移動分析　349-354
　　義務的コントロール（OC）　25-32
　　非義務的コントロール　26

[さ行]

再帰代名詞　231n, 254
再構築　431
再述代名詞　242
削除　246n, 358　→ 省略
　　動詞句削除　321
　　比較削除　159, 161-163, 166n
作用域　56, 58, 421
残余句移動　375, 380
使役　174-175
　　使役構文　233-235
　　使役動詞　58-60
　　使役文　62, 64, 67
刺激の貧困　18, 33
指示的透明性　52, 55
指示的不透明性　51-54
指示表現　250, 253
事象　39, 45, 48-53, 57, 67
　　事象の個別化　64, 67
時制　28-32
島　23, 242
島の制約　371-374
自由語順　306, 367
主格保持の制約　233

主語指向性　59, 464
主語-主語繰上げ　→ 繰り上げ
主節不定詞　88-97, 196, 201, 204, 217-220
主要部
　　主要部後置型　401, 458
　　主要部前置型　458
　　主要部パラメータ　393
照応形　461
小節　49, 54-61, 63-66
状態　45
状態述語／動詞　148, 171-172, 174
焦点辞　417, 435, 439
情報構造　62-63
省略　5, 7, 9, 10　→ 削除
　　項省略　245, 256, 301
　　動詞句省略　245n, 252-253
省略にかかる条件　270, 274, 283, 291
　　DP内　274
省略分析　273-277
助詞残留　14
叙実（文）　13n, 23, 66-67
叙実動詞　39, 45, 54, 60-64
真偽値判断法　316
数量詞　247, 248
　　数量詞繰り上げ　433n
　　数量詞的解釈　318
　　数量詞遊離　386, 398, 460
スクランブリング　156, 178, 335, 367, 398-403
　　節内のスクランブリング　336
　　短距離スクランブリング　446
　　長距離スクランブリング　336, 368, 372, 446
スペイン語　256
スルーシング　301
接続法　28
節タイプ　20, 29n
　　コト（節）　13-15, 23, 24

テ節　8, 29
ト節　8-9, 18
ニ節　8, 29
ノ（節）　13-15, 23, 24
ヨウニ（節）　13-15
that 節　39, 40-43, 54, 61
ゼロ代名詞　→ 空代名詞
線状化　392
線状化保持　394
選択　20, 22, 29n, 229
前提　39, 45, 62-63
相互代名詞　231, 245
束縛　338, 374, 396
　束縛条件（A）　231n
　束縛条件（B）　59, 238, 249, 254
　束縛条件（C）　250, 253
束縛変項　→ 変項

[た行]

第一次言語データ（PLD）　18, 19, 33
多重主格構文　261
単調増加計量詞　→ 計量詞
遅延挿入　438
知覚動詞　39, 54-60
知覚文　58, 62-64
中国語　→ 関係節
抽象名詞　273, 277, 280
直接引用　40-43, 48, 51-53
定形　24, 27
適正束縛条件　182, 374, 380
転写　246n, 412, 425　→ 移動
同一指示　337
動作法　446
動詞句削除　→ 削除
動詞句省略　→ 省略
動詞句前置　382
動詞句内主語仮説　110-115, 124, 127, 128, 131, 135-137, 384, 400

VP内主語仮説　411
トルコ語　257

[な行]

内包的(他)動詞　52
長崎方言　272, 280, 286-296
二重対格制約　234-235
日本語　→ 関係節
人称・数　→ 一致

[は行]

発話　50-51
パラメータ　303
反一致定理　258
比較削除　→ 削除
非義務的コントロール　→ コントロール
非対格仮説　126-132
非対格動詞　385-390
非定形　24-28
否定辞　413, 416, 427
非能格動詞　385-390
表層照応表現　246
付加詞　305
　付加詞条件　372
複合動詞　8, 29, 232
複合名詞句　242
　複合名詞句制約　371, 452
不定詞　28
不定事象　58-60
不定代用形　16
不定名詞句　247
負のデータ　18-19
普遍文法　18-19, 33, 303, 458
分裂文　47
併合　359, 393
変項　239
　束縛変項　340

変項挿入　432
報告　21-22
補文標識　12, 13, 21-23, 39, 43, 45-47, 50-51, 50n, 53

連続循環移動　350
連続循環性　395
話題文　239

[ま行, や行, ら行, わ行]

ミニマリスト・プログラム　349
緩やかな同一性（(の)解釈）　244, 254, 258, 276, 301
量化子繰り上げ　176-178　→ 数量詞繰り上げ
隣接　426
　線上的隣接　426
　構造的隣接　428
例外的格標識（ECM）　11n
例外的格付与　260

[英語]

CHILDES データベース　456
c 統御　238, 338, 374, 428, 437
DP 仮説　268
E-feature　290
NOC　→ 非義務的コントロール
pro　370-371
Takano-Müller の一般化　380
VP 内主語仮説　→ 動詞句内主語仮説
X バー理論　378
θ 位置　363
θ 基準　235

日本語文法ハンドブック
――言語理論と言語獲得の観点から――

編　者	村杉恵子・斎藤　衛・宮本陽一・瀧田健介
発行者	武村哲司
印刷所	日之出印刷株式会社

2016 年 11 月 19 日　第 1 版第 1 刷発行Ⓒ

| 発行所 | 株式会社　開 拓 社 | 〒113-0023　東京都文京区向丘 1-5-2
電話　（03）5842-8900（代表）
振替　00160-8-39587
http://www.kaitakusha.co.jp |

[JCOPY] ＜(社)出版者著作権管理機構　委託出版物＞　　ISBN978-4-7589-2230-2　C3080

本書の無断複写は，著作権法上での例外を除き禁じられています．複写される場合は，そのつど事前に，(社)出版者著作権管理機構（電話 03-3513-6969, FAX 03-3513-6979, e-mail: info@jcopy.or.jp）の許諾を得てください．